개정2판

무역거래상담과 국제협상의 기본서

세계상거래문화

장흥훈 · 최성희

형지사

머리말

우리 인류의 역사에서 물물교환은 의식주의 생활에서 대단히 중요한 위치를 차지하였고 이러한 교류로 인해 자신의 생활 가치를 향상시킬 수 있게 되었다. 이러한 물물교환은 점점 국제거래로 확산되어 오늘날의 무역거래가 이루어지게 되었다. 이와 같이 인류의 역사에서 무역거래는 중요한 수단으로 활용되어 왔으며, 인류의 삶의 질을 높여주는 역할을 하였다. 21세기에 들어서면서 교통, 통신, 운송수단의 발달로 인해 기존의 무역거래는 새로운 트렌드의 무역거래를 양산해 내기 시작하였다. 이제 기업은 과거보다 더욱 많은 이윤을 창출하기 위해 생산요소가 유리한 지역으로의 해외 투자와 해외진출을 위해 점점 많은 노력을 하고 있다.

무역의존도가 절대적으로 높은 우리나라의 경제를 활성화시키기 위해서는 수출을 증대하는 것이 우리나라 경제를 성장시킬 수 있는 가장 중요한 방법 중의 하나라고 할 수 있다. 수출을 증대하기 위해서는 많은 방법이 있겠지만 우리나라 기업체들이 세계 여러 나라 수출입업자와 만나 무역거래협상을 효과적으로 진행하여 수출계약을 체결함으로써 수출을 확대하는 것이 중요하다고 할 수 있다. 그러므로 세계 여러 나라의 수출입업자와 상거래계약을 체결하기 위해서는 상대방 국가의 상거래문화와 관습을 필수적으로 알고 있는 것이 필요하다. 그리고 그 보다도 먼저 상대방 국가의 문화와 관습에 대한 이해와 함께 국민의 특성, 현지 시장의 특성 등을 모르고서는 무역상담과 국제협상에 좋은 결과를 가져올 수 없을 것이다. 또한 수출입업자가가 서로 무역계약을 이행하는 과정에서 분쟁이 발생했을 경우에도 상대방 국가의 문화와 관습, 국민의 특성 등을 알고 있다면 원만하게 분쟁을 해결할 수 있을 뿐만 아니라 어렵게 획득한 해외 거래선과 지속적으로 무역거래를 유지할 수 있게 된다.

더구나 최근 생산요소의 유리한 지역으로 기업체의 해외 투자 및 진출을 성공적으로 수행하기 위해서는 현지 국가의 일반현황, 경제현황, 종교, 문화, 관습, 시장의 특성을 숙지하여야 현지국가의 투자를 성공적으로 완수될 수 있을 것이라 판단된다. 이와 같이 각 국가에 대한 여러 가지 정보는 무역거래를 위한 수출입업자

뿐만 아니라 해외 투자 기업체에게도 중요한 인지요소가 아닐 수 없다.

따라서 본서는 최근 경제적 지표 변화에 따라 세계 각국의 일반현황, 경제현황, 중요한 여행정보 등을 수록하여 무역상담을 하기 위해 출발하는 사람들이 그 나라의 상황을 판단할 수 있도록 수록하였으며, 문화와 관습 및 국민의 특성을 살펴봄으로써 상담할 때 조심해야 할 내용과 금기사항 등에 대하여 언급하였다. 또한 상대방 국가의 수출입업자들이 상거래를 이행할 때 요구하는 상거래 요구내용, 조건, 동향과 대응방안 등에 대해서도 고찰하였다.

본서를 집필하기 위해서 수많은 자료를 참고하였다. 참고한 자료는 일일이 각주로 표기를 하였으나 너무 방대한 자료를 참고한 관계로 본의 아니게 참고자료를 빠뜨리고 각주로 표기하지 못한 경우가 있다면 원저자의 이해와 양해를 바랍니다.

또한 인터넷의 활성화로 인한 정보의 전달과 공유라는 개념을 가지고 인터넷 홈페이지를 구축하여 각 국가별 · 지역별 · 주제별로 많은 자료를 인터넷에 공개해 주신 모든 분들께 진심으로 깊은 감사의 마음을 전합니다. 그리고 본서를 쓰기 위해 세계 현지의 수출입업자와 상거래하면서 얻은 소중한 경험과 정보를 제공해 주신 많은 기업체, 무역업체, 교수님들에게 이 기회를 통해 감사를 드립니다.

저자들이 본서를 집필하기 위해서 세계 각국에 대한 정보와 상거래문화에 대해 많은 참고 및 연구를 하였으나 일부 내용 중 오류가 발생할 수도 있을 것으로 생각된다. 이런 부분에 대해서는 지속적인 연구를 통해 보완해 나갈 것을 약속하고, 독자 여러분의 많은 관심과 지도를 바랍니다. 아무쪼록 본서가 무역 상담과 해외 투자를 위한 비즈니스맨이나 국제협상을 하기 위한 기업 및 무역거래당사자에게 많은 도움이 되기를 바랍니다.

본서를 개정 · 집필하면서 많은 사람의 도움을 받았다. 특히 어려운 여건하에서도 본서의 출간을 기꺼이 허락해 주신 청목출판사 유성열 사장님과 임직원 여러분께 감사드리고 자료 및 정보제공에 협조한 순천대학교 무역학과 학생들에게도 감사를 드린다. 끝으로 본서를 개정 · 집필하면서 도움을 주신 기업체, 동료교수님, 제자 여러분, 가족들, 도와주신 모든 분들께 진심으로 감사를 드립니다.

2024년 8월 10일

저자 일동

차 례

제2부 유럽 지역

제3부 아메리카 지역

제 4 부 아프리카 지역

제 1 부

아시아 및 중동 지역

1 chapter

아시아 지역

제1절 중 국

세계에서 제4위의 국토 면적을 자랑하는 중국은 세계에서 인구가 가장 많은 나라이다. 중국은 인구가 14억 952만 명이 넘고 세계 인구의 약 20% 이상을 차지하고 있으며, 수 천년 동안 중국의 전통 문화와 역사는 세계문명의 발달에 크게 영향을 미쳤다.

인도, 이집트, 메소포타미아 문명과 함께 중국의 황하문명은 세계 4대 문명의 발상지라고 할 수 있다. 중국은 수 천년 동안 황하의 중원을 중심으로 한족과 이민족 간에 싸움을 계속하면서도 중국의 역사와 문화를 꽃피어 왔으며, 수학과 과학, 의학 등을 서구에 전수시켰다고 해도 과언이 아니다.

서구 열강들의 식민지 확대정책으로 말미암아 중국에서 최후의 왕조라고 할 수 있는 청 왕조는 말기에 아편전쟁 등을 통한 서구 열강들의 진출로 주권이 약화되기 시작하였다. 그 당시에 중국은 내부로는 시기·견제·반란, 외부로는 구미 열강의 침략과 점거로 반 식민지화 상태로 들어가게 되었다. 이러한 과정 속에서 중국을 근대화로 발전시키기 위한 운동이 전국에서 발생하기 시작하였다. 비로소 이

때 중국인들은 근대화의 필요성을 자각하면서 서양문화를 받아들이기 시작하였다. 그리하여 많은 역사적 사건을 거치면서 결국에는 1949년 인민 공화국의 창건으로 중국 공산당은 이 고대 국가를 현대화하는 과업을 시작하였다.[1)]

1. 일반현황

인구(2024) : 14억 2,519만 명(세계 2위)
면적 : 9,597천 ㎢(한반도의 44배, 세계 4위)
수도 : 북경(베이징)
언어 : 중국어(북경어), 소수민족의 언어와 방언 등
민족 : 한족(91.9%), 55개 소수민족(8.1%)
종교 : 유교, 도교, 불교, 이슬람교 등
기후 : 온대 및 아열대성 기후

2. 경제현황

화폐단위 : 원(元), 1US＄ = 7.29元(2024.7 기준)
GDP(2023) : 17조 9,632억 달러(세계 2위)
1인당 GDP(2023) : 11,224 달러
산업구조(2022) : 1차산업(7.7%), 2차산업(37.8%), 3차산업(54.5%) 등
총수출액(2022) : 3조 6,046억 달러
총수입액(2022) : 2조 7,156억 달러
무역수지(2022) : 8,890억 달러 흑자
무역상대국 : 미국, 일본, 한국, 독일 및 EU제국, 인도 등
주요 수출품(2023) : 섬유류, 기계·전자, 비금속 및 금속제품, 화학제품 등
주요 수입품(2023) : 전자 집적회로, 기계류, 섬유류, 금속제품, 화학제품, 자동차, 농산물, 원유 등

1) 장평순, 『Lands & Peoples』, 중앙교육연구원, p. 90.

주요 부존자원 : 석탄, 석유, 철광석, 천연가스, 구리 등
경제적 강점 : 글로기업체들의 중국진출, 저임금의 노동력, 풍부한 천연자원, 정부의 적극적인 지원 등
경제적 약점 : 지역별 사회간접자본시설 불균형, 정부주도형 정치·경제, 환경오염, 지역간 불균형 등

3. 여행정보[2)]

(1) 숙박관련 유의사항

중국 내에서 외국인이 임시로 숙박하고자 할 때, 반드시 규정에 따라 등록해야 한다. 등록하지 않은 자에 대해서는 중화인민공화국 외국인 출입국 관리법에 의거해 경고 또는 50~500위안의 벌금을 부과할 수 있다. 중국 내에서 외국인이 호텔, 학교, 회사 및 기타 장소에서 숙박하고자 할 때, 여권 또는 체류 증명서를 제시하고 임시 숙박등록을 해야 한다.

(2) 모바일 결제 방법

중국은 이미 현금 결제보다 모바일 결제가 더욱 활성화 되어 있다. 노점에서도 위챗(Wechat), 즈푸바오(支付宝) 등 어플로 간편하게 결제가 가능하다. 고객이 노점에 붙어 있는 QR코드를 스마트폰의 알리페이·위챗페이로 스캔한 후 앱상에서 금액을 입력하고 대금을 지불하면 된다. 알리페이나 위챗페이로 결제를 원할 시 중국 은행에서 카드를 개설한 후 정보를 입력하면 지불이 가능하다. 계좌이체, 휴대폰 충전, 인터넷 쇼핑 등 다양하고 편리한 결제 방식으로 스마트폰 하나로 중국에서 편리하게 생활을 할 수 있다.

(3) 외환 소지 관련 유의사항

외국인이 5,000달러 상당 이상의 외화를 소지하고 중국 출입국시에는 반드시 해당 해관(세관)에 신고해야 한다. 총 금액 미화 5,000~1만 달러를 가지고 출국 시

2) http://www.kotra.or.kr, http://www.mofat.go.kr

에는 사전에 여권, 사증 등 유관 서류를 가지고 은행에서 '휴대증'을 발급받아야 한다. 해관은 동 휴대증에 근거해 출국을 허가한다. 그리고 소지 총 금액이 1만 달러 이상일 경우, 우선 상기와 같이 은행에서 '휴대증'을 발급 받은 뒤, 은행소재지 외환관리국에 허가신고를 해야 한다. 해관은 은행과 외환관리국의 도장이 찍힌 '휴대증'을 근거로 출국을 허가한다.

4. 중국의 문화, 관습

(1) 중국인의 지역적 특징

일반적으로 중국인은 기질 면에서 양자강을 중심으로 북방인과 남방인으로 대별될 수 있다. 북방인은 대체로 기골이 장대하고 도량이 크며 인내심이 강하고 의리를 중시하며 비밀유지를 생명처럼 여기는 습성이 강하다. 그리고 남방인은 사고방식이 현실적이라 할 수 있고 전통적으로 상업이나 무역에 탁월한 재능이 있는 것으로 전해지고 있다. 중국이 근대화를 이룩한 1800년대 중반 광동(廣東), 복건(福建), 상해(上海)의 상인들이 서양과의 교역을 한 역사적 경험에다 이들 특유의 장사꾼기질이 통상과 교역을 발달시킨 원동력이 되었다고도 전해진다.

이러한 지역적인 특성 외에도 북쪽지역이 정치, 군사, 문화의 중심지였음에 비해, 남쪽은 지리적으로 자원이 풍부하고 기온이 온화하여 경제의 중심지로 발전하여 왔기 때문에 북방인들은 남방인을 다소 경멸하고 장사꾼이라 얕보는 경향이 있다.

상거래에 있어서도 북방인의 경우 일단 계약이 체결되면, 어느 정도 불이익이 예상될지라도 그다지 문제삼지 않고 체면과 정의를 생각해 넘어가려는 경향이 있다. 그러나 남방인은 체결과정 전반에 걸쳐 문제가 발생되면, 결코 그냥 넘어가지 않고 사사건건 따지기를 좋아하고 반드시 밝히고 난 다음에야 다음 단계로 넘어가는 꼼꼼한 기질을 가지고 있다. 양자강을 경계로 남으로 내려올수록 '대방(大放, 따팡 : 대범하고 관대함)'한 기질이 엷어지고 까다로운 성격이 강해지고 대범함을 찾기 어려워진다.

의사표현에 있어서도 북방인들은 남방인과는 달리 직설적으로 마음속에 있는 것을 표현하기를 좋아하여 우리나라 사람들이 접촉하여 교분을 맺기가 쉽다. 그러나 남방인들은 북방인들에 비해 두뇌 회전과 계산이 빠르고 민첩하여 남방인들을 사귀기도 쉽지 않고 거래도 용이하지 않다.[3)]

〈표 1-1〉 중국인의 지역적 특징

지 역	주요활동업종	특 징
北京人	관료, 군인	자존심과 자부심이 강하고 권력, 명예욕을 가지고 있다. 비교적 예의를 중시하고 보수적이다.
東北人	농 업	약간 다혈질적이며 부지런하고 성격이 개방적이며 활달하다.
山東人	농업, 공업, 교통	성품이 선량하고 정신적인 면에서의 관리형이며 상업에는 그다지 특출나지 않다.
上海人	자영업, 무역업	근검·노력형이며 사업성이 강하고 기업정신이 뛰어나다. 성격이 부드럽고 친절하다.
江蘇人	농업, 어업	상하층민의 문화차가 뚜렷하고 정적이며 유약하다. 전형적인 중국인의 특징을 갖고 있다.
江西人	소상업	양자강 중하류의 소상업을 장악하고 있다. 인정이 약간 없고 타산적이다.
湖南人	관리, 농업	충실, 정직하여 거칠고 반항적이며 보수적 성향이 강하다.
廣東人	공업, 상업	지능, 기업정신, 예술성 등에서 타의 추종을 불허하며 예절이 바르다.
福建人	상업, 무역업	체격이 작고 근검·절약형이 많다. 확실한 보장 없이 투자를 하지 않는다.
山西人	금 융	계산방면에 밝고 문화적 우월감을 지니고 있다. 유태인과 가장 흡사하다.
四川人	농업, 소영업, 선박운수	문화적인 자존심이 강하고 예절을 중시하며 신중한 일처리가 특징이다.

자료 : 강준영외 2인, 『한권으로 이해하는 中國』, 지영사, p. 56.

(2) 사교와 교제단계

① 식사는 사교와 밀접한 관계가 있다.

중국인들처럼 교제의 한 방법으로 식사를 중요시하는 민족도 없다. 중국인과의

3) 대한상공회의소, 『중국인의 상관습과 협상요령』, 대한상공회의소 한중민간경제협의회, pp. 9-10.

교제는 몇 번의 만남을 통해 어느 정도 상호간의 신뢰와 우의가 쌓였다고 생각되면 처음 만난 장소에서 가끔 식사에 초대하는 경우도 있다. 그런데 어느 경우이든 중국에서는 함께 식사하는 것이 상대와의 관계를 증진하는데 상당히 중요한 일로 여긴다. 이들은 함께 식사한다는 것이 구성원끼리 소속감을 느낄 수 있으며, 적의를 갖지 않으며 격의가 없다는 것을 확인하는 중요한 행사로 생각하기 때문이다. 일단 중국인과 함께 식사를 같이 할 수 있다는 것은 중국인과의 교제가 순조롭게 진행되고 있다고 믿어도 좋을 만큼 큰 의미를 지닌다.

중국 사람들로부터 식사에 초대를 받아 식당에 갔을 경우 어디에 앉아야 할지를 몰라 당황할 경우가 있다. 일반적으로 주빈(主賓)이 주인의 왼쪽에 있는 좌석에 앉는 것이 상례이다. 즉, 이는 코스메뉴를 서브할 때 주인의 왼쪽의 주빈부터 대접하고, 그 다음 주인에게 대접함으로써 손님을 존경하면서 주인의 권위와 위치를 잃지 않으려는 중국인의 슬기가 스며 있는 부분이라 할 수 있다.

중국인이 저녁식사에 초대한다고 했을 때 특별한 이유나 선약이 없는 한 이에 응하는 것이 예의에 어긋나지 않는다. 그러나 첫 번째 만남에서 중국인에게 식사에 초대를 제의하면 대부분이 이를 거절한다. 즉, 중국인의 사고로는 단 한번의 만남과 단 한번의 식사초대 제의에 응할 경우 상대방이 자신을 가벼운 인물로 볼 것을 우려하는 경우도 있고, 상호간의 신뢰가 구축되지 않은 상태에서 식사초대에 응할 경우, 식사장소에서 있을 대화도 흉금을 털어놓을 수 없음을 부담스러워 하기 때문이다.

그러나 최초의 거절을 중국인이 자신과의 관계구축을 원하지 않는다고 스스로 성급한 판단을 내리는 것은 바람직하지 못하고, 두세 번 초대하여야 이에 응해올 것이다. 물론 계속되는 초대에도 응하지 않는다면 이 중국인과의 교제는 불가능한 것임을 깨달아야 할 것이다.[4)]

② 가정으로의 식사초대는 최고의 환대

일반적으로 중국인들은 어지간히 친한 사람이 아닌 경우 자신의 가정에 초대하여 살고 있는 모습을 보여주지 않는다. 일단 중국인으로부터 자신의 가정에서 하는 저녁식사에 초대되어 가족을 소개받을 기회가 생겼다면 일단 친한 단계에 이

4) 상게서, pp. 109-110.

르렀다고 생각해도 안심이다. 중국인은 상대방을 최초로 자기 가정에 초대하는 것에 대해 상당한 의미를 부여하고 있고, 특히 상대방에 대해 쉽게 믿으려 들지 않는 그들의 속성에서 보면 가정에의 초대는 쌍방이 기억할 중요한 일로 기억되기를 원하며, 후일 다시 만났을 때도 이를 기억해내고 대화의 소재로 삼을 경우 상당히 기뻐한다.

자기 가정에 초대하기보다는 밖에서 접대하기를 좋아하는 우리나라 사람들과 마찬가지로 중국인들도 가정으로의 초대를 자주 하지 않는다. 다만 차이가 있다면 우리는 흉금을 털어놓을 수 있는 관계에 있어도 가정에 초대하는 경우가 드문 데 비해, 중국인은 가정에 초대한 것으로 인간관계에서 그 친밀도와 친근감을 나타내는 척도로 삼는다는 것이다. 따라서 중국인을 가정으로 식사를 초대하는 것은 중국인과 진정한 오랜 친구가 되는 첩경이기도 하다.

중국인들은 일반적으로 중대한 사항을 결정하기 위한 협상이나 계약에 관한 세부적인 내용은 저녁식사보다는 점심식사 시간을 선호한다. 대부분의 중국인들이 저녁식사시간을 사교를 목적으로 하는 화합으로서 중요시 여기고, 점심식사는 대부분의 식당이 구비하고 있는 크고 작은 방을 예약해 놓고 그 안에서 구체적인 사항을 논의하고 결정한다. 물론 최종 계약서의 체결이나 합작조인식과 같은 중요한 행사는 공식적인 장소에서 성대하게 치르는 것을 좋아한다. 중국인이 점심식사 시간을 이용하여 조용한 식당에서 식사를 하면서 차를 마시고 담소하면서도, 한편으로는 2~3시간이 걸리는 식사시간을 통해 구체적인 상담을 즐기는 이유는 사무실의 분위기가 어수선한 장소보다는 조용한 장소에서 심도 있는 내용을 토의하기를 좋아하기 때문이다.[5]

③ 담배는 인정을 느끼게 하는 윤활유

중국인들도 한국 사람들처럼 담배를 좋아하고 특히 나이가 많은 사람들이 많이 피운다. 그러나 담배와 흡연에 관한 관념과 관습은 우리나라와 큰 차이가 있음을 유의할 필요가 있다. 우리나라와는 달리 중국에서는 연장자 앞에서 담배를 피우는 것이 예의에 어긋나는 일은 아니다. 상급자 앞에서 하급자가 거리낌 없이 담배를 피우고, 부모 앞에서 자식이 담배를 피우고, 아예 아버지가 자식과 자식 친구들에

5) 상게서, pp. 112-113.

게 담배를 권하고 자식이 아버지에게 권하기도 한다.

중국인들에게 있어서 담배는 서로의 대화와 인사의 매개물로 간주된다. 담배 인심은 후하다는 한국 사람도 상대방이 담배 한 개비를 달라고 하기 전에는 먼저 권하지 않으나, 중국인들은 담배를 돌려 피움으로써 공유감과 소속감을 느끼려 한다.

실제로 식사에 초대된 중국인들은 자신이 피우는 담배를 다른 사람에게 한 개비씩 권한다. 이 경우 대부분의 한국 사람들은 자신의 담배를 꺼내 자기 것도 있으니 자기 것을 피우겠다고 거절하는 경우가 많은데, 이는 중국인의 호의를 받아들이지 않은 것으로 보이기 때문에 가능한 한 권하는 것을 받아 피우고, 상대에게는 자신의 담배를 권함으로써 서로의 교류를 도모하고, 또 한편으로는 공동흡연과 교환흡연이라는 의식을 통해 유대감과 인정을 느끼게 할 수 있다.[6] 그러나 흡연의 문제성이 부각되는 현실에서 최근 전 세계적인 금연 열풍에 동참하고 있다.

④ 중국인의 부인(婦人)을 칭찬하지 말 것

우리나라 사람은 상대방 부인에게 "부인이 참 미인이십니다."라는 허례성 인사를 하는 경우가 있으나 중국인에게 부인에 관한 언급은 금물이다. 중국인이 이러한 얘기를 특히 외국인으로부터 들을 경우 자기 부인에게 이상한 호감을 갖고 있는 것이 아닌가 하며 기분 나빠한다. 중국인의 가정에 초대되어 가족과 함께 식사를 할 기회를 부여받는다는 것은 이미 상당히 가까운 관계에 놓여 있지 않고서는 안 되는 일이며, 더구나 중국인의 부인을 소개받는다는 것은 매우 신뢰하거나 아주 친한 친구에 이르지 않고서는 불가능한 일이다. 즉, 부인을 소개한다는 것은 상대방이 자기 사람의 범주에 속하게 되어 함께 사업을 할 수 있다고 믿을 수 있는 시점에서나 가능한 일이므로 불필요한 부인의 칭찬으로 어색한 분위기를 만들거나 오해를 사지 않는 것이 좋다.[7] 그러나 최근에는 외국의 드라마와 같은 다양한 방송매체의 시청으로 인하여 상대방 부인의 칭찬을 좋은 의미로 점차 받아들여지고 있다.

⑤ 숫자금기

숫자의 금기는 한자의 동일한 발음에 의한 것과 문화적인 특수한 배경에 의한

6) 상게서, pp. 113-114.
7) 상게서, pp. 122-123.

나이와 관계되는 것들이 많다. 한자의 동일한 발음에 의한 것으로는 사(四, 중국어로 Si)로 발음이 동일한 사(死, Si)의 음을 피하기 위해 사용을 꺼린다. 따라서 4월에는 혼인을 삼가고, 혼례 등의 축의금을 보낼 때 4단위의 액수를 피했다. 이는 죽음을 싫어하는 심리에서 발생한 것이다.[8)]

5. 중국인의 국민성

(1) 개인주의

중국인은 자기 일이 아니거나 자기의 이익과 상관없는 일에 대해서는 철저히 외면을 한다. 기차표, 영화관람표를 구입할 때에도 줄을 서서 기다리는 사람이 있음에도 불구하고 끼어들어 표를 사는 사람을 만류하지 않는다. 그러나 중국인의 개인주의는 일단 친구가 되면 저절로 사라지고 서로 걱정해준다.[9)]

(2) 느긋함의 만만디(慢慢的)

빠른 것과 느린 것은 상대적인 감각이다. 따라서 그 기준은 민족에 따라 다를 수도 있다. 특히 중국 사람들의 경우 신속함의 차이는 우리와 차이가 많다. 쉽게 말해서 그들이 가장 빨리한다는 것도 우리가 보기에는 느리다. 그러니 그들이 느리다고 하면 우리에게는 거의 정지나 다름없이 느껴진다. 확실히 그들은 느리며 그렇게 서두르지 않는다. 어찌 보면 다급한 것을 선천적으로 싫어하는 사람들처럼 느껴지기도 한다.

중국인들은 아주 급한 경우를 제외하고는 서두른다거나 재촉하지 않는다. 헤어질 때 나누는 인사가 "천천히 가세요."이고, 식당에서 하는 말이 "천천히 드세요." 이다. 그러나 중국의 '만만디'도 시장경제의 도입으로 인해서 점점 사라지고 있다.

만만디의 오랜 습관으로 경쟁에서 이길 수 없다는 기본적인 논리가 점점 생활에 도입되고 있는 것이다. 예전에 중국측과 계약을 맺기까지는 엄청난 절차와 시간이 소요되어 상대측의 불평과 기회를 놓치는 경우가 있었으나, 현재 상당히 개

8) 이수웅 · 김경일, 『중국문화의 이해』, 대한교과서(주), p. 229.
9) 강준영외 2인, 『한권으로 이해하는 中國』, 지영사, pp. 54-60.

선이 되고 있으며 아울러 전체적인 중국 경제의 성장으로 경제 목표를 달성하기 위해 점점 가속도를 내고 있다.

그러므로 상담의 진행이나 무역계약의 체결 과정뿐만 아니라 거래 시에 중국인의 느긋한 성격 때문에 한국인 특유의 조급함이나 서두름으로 협상에 임하는 경우 오히려 불리한 결과를 초래할 수도 있다. 이것에 대처하는 유일한 방법은 똑같이 느긋해지는 수밖에 없다. 즉, 협상에 임하는 중국인의 태도는 대부분의 경우 앞의 긴 시간동안은 다른 얘기를 하다가 마지막에 가서 최종 권한을 지닌 책임자가 나타나 결정을 허락한다든가, 아니면 결정에 이르기 직전이라는 표현을 써 간접적으로 시인하거나, 혹은 협상참가 대표가 최종결정을 선언하는 것이 중국인의 방식임을 이해할 필요가 있다.10)

(3) 양면성을 지닌 중국인

중국인의 양면성과 이중성은 중국의 협상술에서도 그대로 나타나 외국인을 당황하게 한다. 한 순간 중국인들은 겉으로 보기에 외국의 상품이나 기술의 참신함과 우수성에 넋이 나간 사람들처럼 보이다가도 갑자기 태도를 돌변하여 중국의 우수성을 주장하면서 방어적인 자세로 전환한다.

중국인과 협상을 하거나 타협을 하는 사람들은 중국인의 이러한 양면성에 어떻게 대처하는 것이 현명한가를 상황에 따라 판단해야 한다. 중국의 발전상이나 위대한 전통 등에 대해 지나친 아첨이나 칭찬은 어떤 경우에는 불신의 씨앗이 될 수도 있고, 외국이 중국의 낙후성이나 경제발전에 핵심적인 역할을 할 수 있으므로 외국으로부터 과학, 기술, 제도 등을 도입하지 않으면 안 된다고 하는 것 또한 불신을 일으킬 소지가 있다. 어느 상황에서 중국인의 어떠한 감정이나 대외관에 호소해야 할지에 대해서는 분명한 해답은 없으나, 중국인 협상상대자의 양면성을 조화시킬 수 있는 혼합형이 바람직하다.11)

10) 상게서, pp. 54-60.
11) 대한상공회의소, 전게서, pp. 18-19.

(4) 중국인의 금전관

중국 사람들의 상업기질을 뒷받침해 주고 있는 것이 특유의 금전관과 계산감각이다. 돈을 좋아하지 않는 민족은 없다. 그러나 돈에 대한 중국 사람들의 애착은 그 정도가 우리의 상상을 뛰어 넘는다. 예를 들면, 화교들은 장사에 뛰어나 돈을 많이 버는데 일단 돈이 수중에 들어가면 나올 줄을 모른다고 한다. 돈이 늘어나면 이제는 의심이 많아 방바닥을 파낸 다음 묻어둔다는 것이다. 물론 과장이 섞인 이야기이겠지만 그들이 돈을 중요시하는 일면을 말한 것이라 하겠다.

중국 사람들이 돈을 중요시하는 풍조는 일상생활에서도 쉽게 발견된다. 초등학교에 다니는 아들은 등교하기 전에 가게에 나가 일을 거든다. 물론 책가방은 한쪽 구석에 놓아둔 채 일을 하고, 부모도 그것을 당연한 것으로 여긴다. 중국에서 구정만큼 큰 명절은 없다. 설날에 우리들이 즐겨하는 덕담은 "새해 복 많이 받으세요!"이지만, 중국 사람들은 "꽁시파차이(恭禧發財, 돈 많이 버세요!)"라고 말한다.12)

(5) 철저한 현실주의

중국인은 현실을 중요시하는 실용적인 민족이다. 중국인은 외적인 환경이나 외모를 한국인보다는 덜 중요시하며, 실력과 실용을 중시한다. 실제로 출장 상담 시 공장장이나, 총경리(사장)의 차림새는 일반 공인(工人)과 다를 바 없다. 중국인들의 현실중시 경향은 일상생활에서도 쉽게 드러나는데, 그들은 복잡한 형식이나 겉치레를 싫어하고 내용을 중요시한다. 중국인들이 지내는 제사를 보더라도 절차가 한국보다 훨씬 단순하여 형식적인 것보다 실속을 중요시 여기는 것을 알 수 있다.13)

(6) 중용을 중요시함

중국인은 극단을 배격하고 중간점을 찾기 위해 노력한다. 너무 과하지도 않고 모자라지도 않은 상태를 중용(中庸)이라고 한다. 따라서 중용이란 일종의 조화 또

12) 동아일보사, 『중국백과』, 신동아 1월호, pp. 33-35.
13) 정석원, 『불가사의한 中國人』, 대흥출판사, pp. 461-465.

는 균형·원만함을 뜻하는 것으로 중국인들은 조화를 무척이나 중요시한다. 이러한 중용·조화는 모든 중국의 전통 건축물이 좌우 대칭의 형태를 하고 있다는 것과 삼각형보다는 사각형을, 사각형보다는 원을 선호하는 것에서 찾을 수 있다. 그런데 그 중용·조화는 여유에서 나오는 것으로 중국인들은 충분한 여유를 가지고 사람이나 사물을 대한다. 그래서 그들은 단정이나 극단, 과격 같은 것을 좋아하지 않는다.[14)]

(7) 우월성에 대한 자부심

중국인은 광활한 대륙, 유구한 역사, 우수한 문화를 배경으로 자존심이 강한 민족이다. 예로부터 중국인은 문화민족임을 자처하고 주변의 민족을 남만(南蠻)·북적(北狄)·동이(東夷)·서융(西戎)으로 지칭하며 오랑캐로 경시하여 왔다. 이러한 자기 문화·민족 중심주의는 중화사상의 기저에 흐르고 있다. 근대와 현대 이래 중국이 서구에 뒤지고 경제적으로도 낙후한 실정에 있지만, 이러한 중화민족에 대한 자부심은 여전히 내재해 있음을 간과해서는 안 될 것이다.[15)]

(8) 포용성을 가지고 있음

중국인은 대자연 속에서 생활하면서 자연의 섭리에 순응하고 조화를 추구해 왔다. 그것은 광활한 대지 위에 인간은 미미한 존재에 불과하기 때문인데, 이러한 자연에서 중국인은 어머니의 품과 같은 대륙적·대국적 기질을 보유하게 되었다.

이 포용성은 외래문화나 민족을 무조건 배척하지 않고 그것을 중국적으로 동화시키는 데서도 찾아볼 수 있다. 이러한 점은 역사적으로 주변 민족이 중국의 문화에 동화되면 침략하지 않고 오히려 보호해 주는 것으로 표출되었다.[16)]

(9) 인내심을 가지고 있음

중국인의 인내력은 유명하다. 그것은 그들이 축재하는 데에 있어 신용과 함께 가장 중요시되는 덕목이기도 하다. 중국 사람들은 일상생활에서도 참는다(忍)는

14) 상게서, pp. 461-465.
15) 강준영외 2인, 전게서, p. 53.
16) 상게서, p. 53.

말을 자주하고, 무조건 참는 것이 미덕으로 되어 있다. 중국인은 역사적으로 혼란과 전쟁을 수없이 겪어 왔으며, 이민족에 의한 침략과 지배를 당하기도 하였다.

또한, 중국인은 수천 년간 지리적·기후적 악조건을 견뎌 왔을 뿐만 아니라 전제적 통치와 대가족제도에서 인내심을 길러왔다. 또한, 농경문화에서의 자연관 역시 중국인들의 인내심을 기르기에 충분했다.[17)]

중국인의 인내력은 일상생활에도 잘 나타나 있다. 가장으로서 가정을 꾸려나가는 데 가장 중요시되는 것은 근검과 인내이다. 중국인은 옛날부터 여유롭지 못하여 근검·절약해야 했고, 대가족제도로 많은 가족이 함께 살아야 했기 때문에 인내심이 요구되었다. 그러나 뭐니 뭐니 해도 중국인의 인내의 극치는 와신상담(臥薪嘗膽)을 들지 않을 수 없다. 이러한 인내심은 쉽게 체념하고 반항하지 않는 경향으로 이어지기도 하며, 자신의 본심을 잘 드러내지 않는 음흉함으로 나타나기도 한다.[18)]

(10) 대강주의

중국인들은 원만과 조화를 강조하다 보니 부작용 또한 없지 않은데, 이것은 상대방의 체면을 맞추기 위해 마음에도 없는 말을 해야 하기 때문이다. 그러나 무엇보다 중요한 폐단은 태도가 불분명하여 대강주의나 형식주의가 많다고 할 수 있다. 그래서 일을 처리하거나 판단을 세울 때 어정쩡한 태도를 취하는 경우가 많다. 결단이 요구될 때 여기저기 눈치 보느라 시기를 놓치는 수도 많아 과단성이나 추진력이 결여 될 우려도 있는 것이다.[19)]

(11) 근면성

중국인의 근면성은 세계적으로도 유명하며 경제발전의 원동력이 되고 있다. 아시아 신흥공업국가의 4개국 중에서 3개국이 대부분 중국인들로 구성된 국가이다. 3개 국가는 대만, 홍콩, 싱가포르인데 그들의 경제발전은 중국인의 근면성에서 기인한다.

17) 상게서, p. 54.
18) 정석원, 전게서, p. 485.
19) 상게서, p. 489.

중국인들은 '안분수기(安分守己)'라는 말을 한다. 우리말로 하면 '송충이는 솔잎을 먹어야 한다.'로 해석할 수 있다. 그래서 그들은 주어진 직분에 충실한다. 분수를 지키는 것을 훌륭한 덕목으로 생각하는 그들은 웬만해서는 과욕을 부리지 않는다. 과욕이란 일종의 월권으로 보기 때문이다. 그래서 비록 불만이 있더라도 최대한 자기 억제를 하며, 그것이 불가능할 경우 가능하면 온건한 방법으로 의사표시를 한다. 자칫하면 조화를 깨뜨릴 우려가 있기 때문이다. 그래서 과격한 노사분규란 생각하기 힘들고, 일단 어떤 직책에 있든 최선을 다한다. 물론 여기에는 중국인 특유의 근면성이 뒷받침되고 있다.[20]

(12) 낙천성

중국인의 낙천성은 현실 생활에 대한 소박한 만족감에서 비롯되는 것이지만, 현실의 어려움을 회피하려는 허무주의나 무관심 등의 속성이 반영된 것이기도 하다. 그리고 그것은 현세를 즐겨보자는 풍류적 향락주의로 발전하기도 한다. 중국인의 낙천적인 일면은 못 먹는 것이 없을 정도로 다양한 요리를 개발하여 즐기는 점에서나 술이나 차(茶) 등 기호식품과 도박이 보편화 되어 있다는 점에서도 찾아볼 수 있다.[21]

(13) 의심과 불신(不信)

일반적으로 중국인 하면 신용의 대명사쯤으로 알고 있으며 그들은 신용을 중요시한다. 그러나 좀 더 생각해 보면 재미있는 현상을 추측할 수 있다. 즉, 공자(孔子)가 신의를 강조했다는 것은 당시 사회가 그만큼 신의를 지키지 않았다는 반증이 아닐까? 신의의 반대는 불신이며, 그것은 곧 의심을 낳는다. 그래서 신용을 중요시했던 만큼 의심도 그만큼 심했다는 표현이 적절할 것이다.

이러한 불신이 아직도 남아 있는 것이 있는데, 그것은 도장의 사용이라 할 수 있다. 옛날에 공문서를 보낼 때 문서 수발병이 혹시 내용을 뜯어볼까 의심스러워 사용했던 것이 도장인데, 요즘도 일상생활에서 사용하고 있는 이 같은 관습은 우

20) 상게서, p. 513.
21) 강준영외 2인, 전게서, p. 54.

리에게도 전해져 서양인들이 간편하게 사인을 하는 반면 우리는 반드시 도장을 찍어야 믿게 되고, 그것도 부족하여 인감도장이 나왔는데 이것들은 모두 불신의 상징이라 할 수 있다.

어떤 중국인 사업가는 "같은 중국 사람이지만 여러 가지입니다. 우리가 보기에 대만 사람은 그래도 좀 단순한 반면 대륙 사람은 음흉하고, 홍콩에 있는 중국 사람들은 사기꾼이에요. 또한, 싱가포르 사람들은 훈련이 잘 되어 있지만 예리하지요."라고 말한다.22)

(14) 중국인의 인간관계

① 화합을 중요시함

중국인들은 매우 사회 지향적(Social Orientation)이다. 그래서 외부의 환경에 무척 민감하게 신경을 쓴다. 그러다 보니 그들의 처세술에는 몇 가지 특징이 있다.

첫째, 중국인들은 화합을 중요시한다. 비록 자신을 희생해서라도 집단을 위해서는 최대한 자기 자신을 억제한다. 이것은 전통적인 농업사회의 대가족제도 하에서 생겨난 습관이다. 여러 사람이 한 지붕 아래에서 살아가야 하니까 자연히 개인의 존재는 미미할 수밖에 없다. 가정의 화목을 위해서는 궂은일도 해야 했고, 남의 의견에 신경을 쓰지 않으면 안 되었다.

둘째, 중국인들은 환경에 신속히 적응한다. 화합을 위해서는 변화하는 환경에 재빨리 적응해야 하기 때문이다. 중국 사람들이 즐겨하는 속담에 "사람 보면 사람 말을 하고 귀신 보면 귀신 말을 한다."라는 말이 있다. 일단 외부의 상황이 바뀌면 재빨리 자기 변신을 하여야 환경에 적응하게 되고 화합이 가능해지는 것이다. 그러다 보니 언행이 일치하지 않는 경우도 있을 수 있다. 겉으로는 그렇다고 하면서 속으로는 딴 생각을 품고 있을 수 있다.23)

② 자아 억제

중국인들은 나 개인의 이익보다는 단체 또는 사회의 조화를 더 중요시하는데, 그 구체적인 방법이 자아의 억제이며 중국인들은 최대한 자기주장을 삼간다. 여러

22) 동아일보사, 전게 월보, pp. 25-26.
23) 정석원, 전게서, pp. 553-554.

단체의 회의석상에 가보면 대체로 자기주장을 하지 않는 경우가 많은데, 그들의 의견이 없어서가 아니다.[24]

③ 체면을 중요시함

중국인들만큼 체면을 중요시하는 민족도 없을 것이다. 임어당(林語堂)은 "남자는 체면을 세우기 위해 노력하고 여자는 체면을 위해 죽는다."고 했다. 중국인들이 체면을 중시한다는 뜻이겠지만, 체면을 죽음과 바꾼 예는 얼마든지 있다. 옛날 항우가 유방에게 대패하여 도망칠 때였다. 오강(烏江)에 이르자 이미 배가 준비되어 있었다. 부하가 타기를 재촉했지만 거절했다. "내가 무슨 체면으로 돌아간단 말인가?" 그래서 항우는 오던 길을 되돌려 유방의 군사에게 돌진하여 결국 자결하고 말았다.

그런데 중국인들이 중요시 여기는 체면과 현실주의 중에서 어느 것을 더 중요시 여기는가? 이 두 가지는 상호 보완적이라기보다는 상충되는 경우가 더 많다.

너무 체면만 차리다가는 현실의 이익을 놓치기 쉽기 때문에 중국 사람들은 양자가 상충될 때 현실주의를 선택한다. 즉, 양자를 면밀히 검토하여 유리하다고 판단이 서면 체면도 버릴 줄 아는 사람들이 그들이다. 그래서 상대가 아무리 의연하게 대처해도 전후좌우를 따져 유리하다고 판단되면 얼마든지 숙이고 들어가는 사람들이라 할 수 있다.[25]

6. 중국시장의 특성과 주의사항[26]

(1) 일반소비자의 특성

① 전시소비(conspicuous consumption)성향

내구소비재의 경우 항상 친구, 이웃의 브랜드 내지 품질과 비교하는 경향이 있으며, 다른 사람의 것보다 더 좋다거나 최소한 동질의 제품을 구입하려는 경향이 강해지고 있다.

24) 상게서, p. 555.
25) 상게서, pp. 570-580.
26) http://www.kotra.or.kr.

② 외제품에 대한 강한 선호 및 선택 구매 성향

중국인들은 개혁·개방 전에 억압되었던 소비 동기가 소득 수준의 향상과 개방 확대에 따라 외제품을 강하게 선호하고 있다. 최근에는 외제품이라도 품질, 브랜드, 성능, 디자인 등을 비교하여 구매하는 선택적인 구매성향이 점차 강해지고 있다.

(2) 중국시장의 특성

① 브랜드 이미지가 중요한 중·고급품 시장

1992년 이후 외국기업의 다양한 고품질의 상품이 백화점에 진열되기 시작하면서 중국 소비시장은 점차 브랜드 이미지가 중요한 시장으로 변모하였다. 중국시장을 단순히 한국의 재고품을 처리하는 시장으로 간주할 경우 중국 도시민의 외면을 받을 가능성이 높으므로, 중국시장에 진출할 때에는 품질 좋은 고급제품이라는 이미지를 심어 놓는 것이 매우 중요하다.

② 제품의 Life cycle이 짧은 시장

특히 내구소비재의 경우 일반 일용잡화와는 달리 제품의 Life cycle이 짧아 시기별로 수요와 판매량의 기복이 심하다.

③ 지적재산권의 보호가 미흡한 복제품

중국인과 중국 기업들의 특허권, 상표권 등 지적재산권에 대한 인식 부족으로 지적 재산권 침해 사례가 빈번하다.

(3) 중국에서의 한국상품 인지도

중국시장에서 한국상품의 인지도는 점점 높아지고 있다. 중국내에서의 한류의 열풍으로 인하여 드라마 속 주인공들이 먹고 입고 사용하는 화려한 상품과 서비스들은 기업의 스타마케팅으로 연결되고 있다. 드라마에 나왔던 한국의 음식, 화장품, 의류, 가전·주방용품, 에어컨, 디지털 TV, 스마트폰, 믹서, 전기밥통 등이 많은 인기를 얻고 있다. 그리고 한국 드라마 식사 장면에 자주 등장하는 참치, 미역, 된장, 김, 맥주 등의 수출도 증가하고 있다.[27]

27) 고정민, "콘텐츠 수출 1% 그 이상의 가치", 한국콘텐츠진흥원, pp. 25-26.

(4) 중국에서의 주의사항

중국은 한국과 지리적으로 인접할 뿐만 아니라 문화적으로 유사한데다 아직은 미개척 시장으로 인식되어, 한국의 많은 개인 사업자들이 꿈을 실현할 수 있는 기회의 땅으로 간주하여 많이 진출하고 있으나, 철저한 연구와 준비를 하지 않은 개인 사업자의 경우 실패할 가능성이 크다. 개인 사업자들을 포함한 한국의 기업가들이 중국의 법 지식 및 상거래문화를 잘 모르는 경우가 많으며, 사업수행도 원칙적인 방법보다는 편법을 택하는 경우가 많아 실패 가능성이 크다. 따라서 중국에 진출하기 위해서는 다음과 같은 사항을 주의하여야 한다.

① 모든 사업을 할 때 원칙을 충실히 이행하여야 하며 중국의 법과 절차에 따라 수행해야 한다.

② 최후에 자기를 보호해 주는 것은 계약서뿐이다. 계약서에 서명하기 전에 정부유관기관이나 전문가의 조언이 필요하고, 계약서는 모든 문제를 다 검토하고 난 후 이상이 없을 때에만 서명하여야 한다.

③ 절대 타인의 명의를 빌려 사업하지 않아야 한다. 타인 명의로 사업을 하는 것은 고양이에게 생선을 맡기는 것과 같다.

④ 겸손한 마음으로 기 진출기업의 경험을 최대한 경청하여야 한다. 현지 사정에 밝은 기 진출기업의 경험을 참고하는 것이 사업성공의 지름길이라 할 수 있다.

⑤ 중국인과의 관계는 하루아침에 이루어지는 것이 아니다. 중국측 고위인사와 식사를 한번 했다고 해서 관계가 성립되었다고 생각하는 것은 큰 오산이다. 따라서 좋은 협력 관계 구축을 위한 지속적 노력이 중요하다.

⑥ 문제가 생겼을 때는 대화와 협의로 해결하여야 한다. 중국에서는 모든 문제를 법정에서 해결하기보다는 꾸준한 대화와 협의를 계속할 경우 의외로 쉽게 해결을 볼 수 있다.

⑦ 대리인을 통한 기업 경영을 하지 않아야 한다. 자신이 직접 경영을 하지 않고 대리인을 통해서 하는 경영은 모든 권리는 포기하고 의무만을 가진다는 것을 의미할 수도 있다.

⑧ 절대로 조급하게 서두르지 않아야 한다. 중국인들과의 거래는 장기적 안목으

로 투자해야 성공할 수 있다.

⑨ 중국에 투자할 때에는 지역 주민이나 현지 종업원에게 배척당하지 않아야 한다. 지역발전에 기여하는 자세로 임할 때 현지로부터 적극적 지원과 협조를 받을 수 있다.

7. 상거래문화

중국인들은 무엇보다도 정치에 관한 이야기를 좋아한다. 정치에 대해서는 중국인이 먼저 화제를 삼을 때에 가볍게 화답한다면 별다른 문제의 소지는 없으나, 정도가 지나치면 오해의 소지가 있음에 유의하여야 한다. 중국의 내정, 사회체제, 국제관계 등과 관련된 정치적인 문제에 대해서는 민감한 사안이므로 매우 조심해야 한다. 중국인이 보았을 때 반사회적인 행동에 해당되는 마약, 매춘행위, 외화 암거래, 술주정, 고성방가 등은 삼가야 하며, 서구적인 지나친 제스처 또한 중국인들에게는 신뢰감을 주지 못하는 행동으로 비춰지므로 주의하여야 한다.

이러한 중국인들과의 상담 및 협상에 대응하는 좋은 방법으로는 인간관계를 중시하기 때문에 그 인맥을 적극 활용하는 것이다. 일단 상대방에 대하여 신뢰할 수 있다고 판단되면 적극 협조함으로써 평생동안의 신뢰관계를 구축해 두는 것이 바람직하다.

중국은 서열에 따라 움직이는 사회이기 때문에, 중국인과 거래할 때 잘 풀리지 않는 일이 발생해도 고위층과의 교분으로 해결되는 경우가 많이 있다. 또한, 회사 방문 시 간단한 선물은 상담을 부드럽게 해주는 촉매 역할을 하기도 한다. 통역관이 있다 하더라도 무역에 대한 정확한 표현전달이 어려우므로 잘못 전달될 수 있기 때문에, 상담시의 언어는 영어로 하는 것이 좋다. 즉, 아무리 중국어가 유창하다 하더라도 모국어를 쓰는 중국인들 보다 나을 수는 없기 때문에 정확한 의사가 전달되지 못함으로써, 엉뚱한 결과가 초래될 수 있음에 유의하여야 한다.[28]

중국인들은 상담할 때 먼저 상대방을 높여 주거나, 거래의 장미빛 전망을 설명하여 상대방의 호감을 산후 상담을 진행하여야 한다. 이들은 상담할 때 상대방을

28) 이호건외 3인, 『해외지역연구』, 동성출판사, pp. 49-52.

높여주는 연기력이 뛰어나므로, 외국인은 냉정한 태도의 유지 하에 철저한 사업준비와 계획서를 갖고 거래에 임해야 한다.

중국인들은 거래만큼은 냉정하게 임하며, 이해득실의 계산에도 빠르다. 따라서 친한 사람과도 손해 보는 장사는 하지 않으며, "내가 생각해 주는 만큼 상대방도 생각해 주겠지." 하는 우리 식의 정서는 아주 친한 친구 관계가 아닌 한 통하지 않는다. 그러므로 중국인들과 거래할 때는 담담한 마음으로 상대방과 대상물품을 주의 깊게 살필 수 있는 자세가 기본적으로 요구된다.

서구의 어느 회사대표는 동일한 문제를 가지고 협상할 때 미국에서 일주일 소요되는 일을 프랑스에서는 2일, 브라질에서는 3일이 걸리는데 비해 중국에서는 수개월이 소요된다고 지적했다. 중국인들은 시간 엄수는 중요하게 여기지 않고 상황에 따라 신축성이 있어야 한다고 믿고 있으며, 모든 일을 행동에 옮기기 전에 오랜 지연이 때때로 필요하다고 생각한다. 그러므로 중국인과의 협상에 성공하려면 우선 인내심과 성실성이 요구되며, 이들의 거래관습과 사회관습 등 중국문화와의 친밀성을 갖는 것이 무엇보다 중요하다.[29]

8. 상거래 관행과 분쟁사례[30]

(1) 상거래 관행

① 외상결제 선호

중국인들은 상업 활동의 위험성을 최소화하려는 목적으로 많은 사람들이 아직 외상 결제를 선호하지만, 외상 거래의 위험성 때문에 현금거래도 하고 있으며 국제거래에서는 무역거래에 통용되는 대금결제방법이 점차 확산되고 있다.

② 대금회수의 어려움

중국의 업체들은 신용장이나 매매계약서, 원산지증명서의 잘못된 부분과 오타를 문제 삼아 계약내용을 변경한 다음에 가격인하 요구조건이 수용될 경우에 거래대금을 지불하는 사례가 있다. 이와 같은 사례는 주로 계약물품을 선적한 후 국내

29) http://www.kotra.or.kr.
30) http://www.kotra.or.kr.

판매가격이 인하되어 중국의 수입업체가 손해를 입게 되는 경우 클레임을 제기하는 마켓 클레임(market claim)으로 연결될 수 있다.

예를 들어 석유화학, 비철금속, 섬유제품 등 시세변동이 심한 품목을 중심으로 서류나 품질상의 경미한 하자를 이유로 가격을 대폭 인하하거나 물품인수의 거절, 대금결제의 지연·거절 등의 사례가 많이 발생하고 있다.

(2) 상거래분쟁 사례

중국은 우리와는 상관습과 법 개념 등에서 많은 차이를 보이고 있어 다른 나라들에 비해 상대적으로 교역분쟁이 많이 발생하고 있다. 심지어는 해당서류만 완전히 구비되면 개설은행이 대금결제를 해야 하는 가장 안심할 수 있는 신용장거래에 있어서도 對중국지역에서는 대금결제의 지연, 또는 미지급사례가 많이 발생하고 있다.

① 신용장거래의 분쟁

신용장거래 중에서 기한부어음으로 결제하는 기한부 신용장거래에서 사고가 많이 발생되고 있다. 중국에서는 대금결제수단으로는 가장 믿을만한 신용장거래도 위험하다는 말이 나돌 정도로 미지급되는 경우가 많다. 신용장(특히 기한부신용장) 개설 시 중국 은행들은 수입업자로부터 100% 예치금을 받지 않고, 대개 신용장 개설금액의 30~50% 정도만 수입업자로부터 예치금을 받아 놓고 있다가 신용장 만기에 수입업자가 전액 갚지 않으면, 은행에서 신용장 대금을 미지급하는 경우가 많다. 더 큰 문제가 되는 것은 상품에 하자가 있을 때 수출업자가 사기행위를 했다는 이유로 법원을 통해 지급정지명령을 받아 놓고 합법적으로 신용장대금을 미지급하는 경우가 있다. 이럴 경우 수출업자로서는 중국에 있는 법원에 제소해 판결에 의해 대금을 회수할 수밖에 없으나, 이미 지급정지명령을 발동한 당해 법원이 수출업자 편을 들어주기란 쉽지 않다.

② 무신용장거래의 분쟁

중국의 경우 무신용장거래에서 수입대행이 일반화되어 있어 수입대행 할 때에 지급책임이 누구에게 있는지 명확하지 않아 자주 문제가 발생하고 있다. 즉, 수출업자가 실제 수입업자와 무역상담을 한 후 실제 수입업자는 수출입을 이행할 권한이 있는 수입업자와 수입대행계약을 체결하게 되고, 수출계약에는 수출업자와 명의상의 수입업자가 서명해 수출계약이 성립된다. 수출계약시에 명의상의 수입업자가 서명했으므로 명의상의 수입업자는 만기에 당연히 외상 수입대금을 지급해야 하지만, 실제 수입업자가 수입대금을 입금시키지 않았음을 이유로 지급을 거절할 때가 많다. 수입대행계약에 실제 수입업자가 수입대금을 지급하게 되어 있고, 수입대행업자는 다만 수수료만 받게 되어 있다는 것이다.

③ 전신환방식거래의 분쟁

전신환(T/T)거래는 수출대금을 전신환으로 송금해 대금을 지급하기로 하는 무역거래이다. 일반적으로 전신환거래는 공급부족인 화물에 대해 선금을 주고 확보하기 위해 이용되는 거래방식이지만, 중국에서 이해되고 있는 전신환거래는 일반적으로 수출입업자간의 외상거래인 경우가 많다.

인수도조건(D/A, Document Against Acceptance)인 경우에는 환어음이 게재되어 있어 수입업자에게 물품대금에 대한 지급책임과는 별도로 환어음에 의한 지급책임을 물을 수 있다. 그러나 전신환거래는 어음도 없는 외상거래이므로 D/A거래보다 사실상 더 위험하다. 수입업자가 클레임을 주장하거나 할인을 요구할 경우 수출업자는 꼼짝없이 당할 가능성이 많다.

(3) 대응방안

중국과의 거래 시 대금결제 관련 위험도를 줄일 수 있는 확실한 대책은 없으며, 문제가 발생할 가능성을 철저한 사전대책 강구로 최소화시키는 것이 최선책이라 할 수 있다.

중국인들과 거래할 경우 분쟁이 많이 발생하는 이유는 사회주의 국가인 중국의 기본제도와 규정에 대한 이해부족, 신중하지 못한 무역거래 파트너의 선정, 중국인의 비즈니스 마인드 부족, 무역계약을 체결할 때 상호 충분한 의사소통의 미비, 무역계약서를 작성할 때 전문성의 결여, 과열경쟁심리와 성급한 결정과정 등을 들 수 있다. 따라서 중국인들과 거래할 때 분쟁을 사전에 최소화시킬 수 있는 것으로 다음과 같은 대책 마련이 요구된다.

① 신용장의 과신은 금물

우리나라의 무역업체나 은행 등은 對중국 무역거래 시 신용장을 너무 신뢰하다가 문제를 더욱 악화시키는 사례가 많다. 수입업자편에 서 있는 중국측 개설은행은 사소한 하자를 찾아내 대금지급 거절을 국내의 매입은행에 알려오는 사례가 대부분이며, 또한 아무런 서류상 하자가 없더라도 중국의 수입업자가 수입대금을 입금하지 않으면, 중개자인 중국의 개설은행측은 책임을 지지 않는다는 사실을 알고 있어야 한다.

따라서 신용장만 개설되면 모든 거래가 성공리에 끝날 것이라는 생각은 금물이며, 중국측 수입업자가 대금을 지급하지 않거나 못할 가능성을 염두에 두고 거래를 진행하는 것이 중요하다.

② 가능한 한 철저한 신용조사가 필요

자의적으로 거래선의 신용을 판단하는 것을 피하고 가능한 한 상대방의 재정상태, 거래능력 등의 신용도를 사전에 철저히 조사할 필요가 있다. 무역계약 체결 전에 현지를 직접 방문해서 관련 정보를 파악하고, 신용도를 분석해 두는 것이 필요하며, 지속적인 거래 시에도 수시로 상대의 신용상태 변화를 점검하는 작업을 지속해야 한다.

③ 무역계약서 내용을 명확히 하여야 함

품질, 수량 등에 관해 중국측과 구체적인 내용을 반드시 합의한 후 계약서를 작성하는 것이 요구되며, 기타 필요한 서류나 보완내용에 대해서도 양측이 사전에 충분히 협의, 합의한 사항을 계약서 내에 포함 시키는 것이 바람직하다.

④ 중재조항을 반드시 삽입

KOTRA가 유관기관과 공동으로 제정한 '한·중 수출입표준계약서'를 적극 활용하여 최소한 피소지 중재주의를 선택하는 것이 바람직하다. 이 경우 상사중재지는 대한상사중재원과 중국국제경제무역중재위원회가 되는데, 한국측이 중국측에 대해 클레임을 제기한 경우 중재는 중국국제경제무역중재위원회에서 진행하며, 중국측이 한국측에 대해 클레임을 제기한 경우 중재는 대한상사중재원에서 진행하여야 한다. 그러나 무역계약서 내 중재조항이 마련되어 있지 않은 경우의 클레임 등은 구제가 극히 어려운 실정이다.

⑤ 중국측의 의도를 파악한 후 신속히 대응

중국측에서 사소한 하자를 트집 잡아 지급거절을 통보해 올 경우 신속하게 지적내용을 보완·대응하는 것이 최선책이다. 상대방이 하자를 지적하여 지급을 거절할 경우 상대의 궁극적인 의도가 무엇인지를 빨리 파악하고, 이에 대한 유형별로 현명한 대응을 하는 것이 바람직하다.

⑥ 현지공관 및 KOTRA 현지 무역관을 적극 활용

문제가 발생하는 즉시 현지공관 및 KOTRA 현지무역관에 신고하여, 중국의 각급 정부기관을 통해 조속한 문제해결을 위해 꾸준히 압력을 행사하는 것이 중요하다.

9. 중국인에 대한 협상전략

중국인의 상술과 협상술은 타의 추종을 불허하고 있다. 만약 중국인이 사려고 하는 물건에 조그마한 하자가 있다면, 무슨 방법을 쓰더라도 값을 깎아내리려 한다. 일본에 오랫동안 거주했던 한 중국인이 47만엔짜리 가구를 2만엔에 살 수 있었던 것은 바로 이러한 뛰어난 협상술 덕분이다. 그 중국인은 고가인 가구의 옆면에 그다지 심하지 않은 흠집을 발견하고는 곧바로 종업원과 가격협상을 벌였다. 물론 흠집은 가구의 전체기능에는 전혀 영향을 미치지 않는 것이었으나 중국인은 집요하게 이 점을 물고 늘어졌다. 마침내 주인까지 가세하여 3시간의 교섭이 끝난 후 그는 운송비 1만엔을 포함해 2만엔에 살 수 있었다. 만약 중국인이 가구점 주인이었다면 그러한 판매는 불가능했을 것이다. 그 중국인은 무슨 이유를 대서라도 흠집이 결정적인 하자가 아님을 늘어놓을 것이며 기껏해야 1만엔 정도의 값을 깎아 주었을 것이다.

중국상점에서는 '當面点清 過後不管(당미엔칭 꿔호우뿌관 : 그 자리에서 확인하지 않으면 지난 후에는 책임지지 않습니다.)'라는 표시가 붙어 있다. 우리나라에서는 거스름돈이나 예금을 인출할 때에만 적용되는 것이 중국에는 모든 상점에서 통용된다. 즉, 물건을 사는 사람이 현장에서 물건에 대한 하자를 확인하지 않을 경우 나중에 와서 반환이나 교환은 절대 없으며, 절대 책임을 지지 않는다는 것이

중국인 상법의 기본 원칙인 것이다.[31)]

모든 물품거래의 협상에 있어서 미국인이나 일본인은 협상재량권의 귀속이 명확한데 비해 중국인은 그렇지 않다. 중국 협상팀은 단지 조직이 의견일치를 볼 수 있도록 하고 매개체 역할을 수행할 뿐이다. 그러므로 그들은 매개체 입장에서 같은 문제를 가지고 승낙여부를 수 없이 다시 묻는 형태를 보이게 된다. 또한, 협상 진행을 매우 느긋하게 이끄는 표면적인 협상은 시간확보의 수단으로 사용하고 만찬, 연회, 관광 등의 스케줄이 마련되어 있는 것을 볼 수 있다. 중국인의 배타적이고 자기중심적인 사고, 즉 중화사상(中華思想)으로 인해 자기 식으로 협상하려는 태도를 강하게 나타내 보인다.

위의 모든 것들을 보고 결론적으로 말한다면 중국인의 협상관은 단기적, 임기응변적인 협상이 아니라, 장기적으로 투자를 많이 하며 시간적인 여유를 가지고 임해야 하는 협상을 전개하고 있다. 따라서 중국인과의 협상에서는 우리 쪽에서 조급함을 보이지 말고, 협상 단계마다 철저히 사람들을 점검하고 주도권을 빼앗기지 않도록 주의해야 한다.[32)] 그러므로 중국인과 무역계약을 체결하기 위해서는 다음과 같은 협상전략이 필요하다.

(1) 침묵전략

침묵은 때때로 상대방으로 하여금 초조감이나 불안감, 그리고 협상결렬의 위험에 대한 공포감까지 조성할 수 있어 협상상대를 어찌할 바를 모르게 한다. 협상이 지나치게 진행이 느리고 상대방이 지나친 요구를 할 때 이러한 전략이 주효할 때가 있으나, 때로는 침묵이 묵인으로 오인되는 경우도 있어 운용에 주의를 기울일 필요가 있다.[33)]

(2) 배신하려 들지 말 것

중국인들은 일단 신뢰하면 상대방이 배신하기 전에는 먼저 배신하지 않는다. 그러나 상대방이 기만하거나 오랜 친구로써의 의리를 저버리거나 배신할 경우, 반드

31) 대한상공회의소, 전게서, pp. 31-32.
32) 장대환, 『국제기업협상』, 김영사, pp. 107-108.
33) 대한상공회의소, 전게서, pp. 36-37.

시 어떠한 형태로든 보복을 하거나 복수를 해야 직성이 풀리는 속성을 지니고 있다. 그러나 이러한 복수나 보복은 짧은 기간 내에 행해지는 것이 아니라 천천히 시간을 두고 행해지는 것이다.

중국인들은 자신을 배신하거나 속인 사람에 대해 복수해야 한다는 데는 다소 우리와 다른 사고를 가지고 있다. 중국인과 사업관계를 형성하고 있는 사람들이 주의해야 할 점은 속임을 당한 중국인들은 즉각적인 보복행위를 하는 것이 아니라 언젠가는 배신과 기만의 대가를 치르고야 말겠다는 생각을 갖고 있다는 것이다. 실제로 행해지는 방법으로서는 직접적인 것보다는 자기 자신이 갖고 있는 인맥을 통하거나, 거래처 사람들을 통해 상대방의 신용관계를 집요하게 파괴하거나, 속인자가 더 이상 중국에서 사업을 지속할 수 없을 정도로 만들어 버리기도 한다. 즉, 중국인의 보복은 즉각적이라기보다는 십년이 걸려도 늦지 않는다는 것이다.[34)]

(3) 첫 대면시 상대의 시선을 피하지 말 것

일반적으로 우리나라 사람은 대화 중에 상대방이 직시할 경우 어쩔 줄을 몰라 하거나 슬그머니 시선을 아래로 향해 피하려 하는 경향이 있다. 중국인들 뿐 아니라 서양인들은 자신의 시선을 피하는 사람은 자신을 속이고 있거나 자신감이 없는 인물, 혹은 무언가를 감추려고 하는 사람으로 간주한다.

중국인들과의 면담과 협상을 위해 만나는 첫 번째 만남에서 무엇보다도 필요한 것은 상대방의 시선을 직시하고, 자신감을 보임으로써 상대를 안심시켜야 한다는 점이다. 자기 자신을 소개할 때에나 가지고 온 소개장을 건네줄 때에도 상대방의 시선을 피하지 말아야 한다. 자기 자신을 소개할 때에도 통상적으로 자기 자신의 이름과 직책만을 상대에게 알려주는 소극적인 것을 피하고, 자신에 관한 정보를 가능한 한 상세하고 자신감 있게 상대에게 전달하는 적극적인 태도를 보임으로써 상대방에게 강렬한 인상을 줄 수 있도록 해야 한다. 또한, 상대방으로 하여금 자신이 누구이며, 누구를 통해 소개를 받았는가를 확실히 알게 하여, 적의나 경계심을 느끼지 않도록 할 필요가 있다.[35)]

34) 상게서, p. 104.
35) 상게서, pp. 104-105.

(4) 표정관리에 신중할 것

우리나라 사람들은 멋쩍을 경우나 상대방이 논리에 맞지 않는 얘기를 할 경우 특유의 애매한 엷은 웃음을 짓는 습관이 있는데, 이는 중국인과의 첫 대면에서는 무엇보다도 해서는 안 될 금지 사항이다. 중국인의 눈으로 보면 상대방이 우습지도 않은 일에 대해 억지웃음을 짓는다는 것은 자신을 업신여기거나 자신을 대화의 상대로 간주하지 않는 것이 아닌가 생각한다. 중국인은 '대방(大放, 따팡 : 대범하고 관대함)'한 것을 좋아하며, 대화의 내용이 재미있을 때 마음속으로 우러나오는 너털웃음을 짓는 소탈함과 솔직함을 좋아한다.

따라서 중국에서는 상대를 만나기 전에 만날 사람에 대해 충분히 조사한 후, 상대방을 만나게 되면 가족관계, 학력, 기호, 취미, 운동, 흡연, 음주 등에 관해 대화가 자연스럽게 진행되어 웃음을 유도할 수 있게 된다. 상대방에 관한 정보를 사전에 치밀히 조사하여 대화의 소재로 삼을 경우 상대방의 관심을 끌게 되며, 때로는 상대방을 의도적으로 치켜세워서 기분을 좋게 함으로써 협상을 보다 쉽게 끌고 갈 수 있다. 이에 상대방은 자기 자신에 대해 상당한 것을 알고 있다는 것을 알게 되어 '자신과의 교제를 진심으로 원하고 있구나.' 하는 인상을 가지게 된다.

그리고 첫 대면은 깊고 구체적인 협상내용을 타진하고, 교섭하는 장소가 아니라 얼굴을 익히는 일종의 사교장이기 때문에 서로 기분 좋게 담소하고 난 후에 다음을 기약하며, 기분 좋게 헤어지는 장소임을 기억해야 할 것이다.[36)]

(5) 삼고초려(三顧草廬)의 끈기를 살릴 것

삼국지에서 유비(劉備)가 제갈공명을 자신의 군사로 초빙하기 위해 공명의 초가를 세 번이나 방문한 끝에 성공할 수 있었음은 중국인이 첫 만남에서 대사를 논하기를 꺼려하며, 적어도 세 번의 만남을 통해 상대의 진의를 파악한 후에 결정한다는 것을 알 수 있다. 상대의 인물 됨됨이가 어떠한 것이며, 상대가 진실로 자신과 교제를 원하고 있으며, 자신을 필요로 하는 것인가를 판단하기 위해서는 소개장만으로는 부족하며, 끊임없는 만남을 통해 신뢰를 구축하고 관계를 형성해야

36) 상게서, pp. 106-107.

한다.

이처럼 중국인은 첫 번째 만남이나 두 번째의 만남에서 결코 중대사를 논하거나 결정하지 않고, 또한 본심을 쉽게 들어내 보이지 않는다. 만남과 만남에서 상대방의 진의를 파악하거나 상대방 인물의 됨됨이를 평가하고, 이와 함께 상대방이 제시한 조건을 검토하기 좋아하는 중국인들을 상대하기 위해서는 인내와 끈기를 가져야 한다. 중국인들은 한국 사람이 "빨리 생각하고, 빨리 후회하고, 빨리 바꾼다."라고 꼬집는다. 우리가 단숨에 사업의 내용을 결정하고 계약서에 서명하려고 초조감을 보이고 상담을 일사천리로 이루는 것을 자랑으로 여기는데 비해, 중국인들은 이를 달갑지 않게 여긴다. 빠른 시간 내에 결론에 도달하려는 것은 오히려 자신이 무언가 결점을 갖고 있기 때문에 서두르는 것으로 보일 뿐이기 때문이다.

이와 같이 중국인이 중대한 결정을 내리는 것은 세 번 이상의 만남이 이루어진 후에야 가능하다는 것을 깊이 명심해야 할 것이다. 중국인 모두가 만남의 횟수에 중요성을 부여하는 것은 아니지만, 대체로 첫 번째 만남에서 중국인은 '호상인식인식(互相認識認識, 호시앙런쓰런쓰 : 서로 알고 지내는 것)'하는 것으로 생각한다. 이러한 첫 대면을 통해 쌍방은 겨우 아는 사람의 단계에 들어가게 된다. 두 번째 만남은 이미 구면이므로 어느 정도 관계를 설립할 수 있는 단계로 볼 수 있다. 세 번째의 만남에 가서야 비로소 친구의 단계에 왔다고 생각하고 있다. 따라서 중국인과의 교제는 첫 번째 만남에 지나치게 의미를 부여하는 것도, 그리고 이를 가벼이 여기는 것 또한 금물이다.[37]

(6) 중국인과 상담할 때 언어의 뜻을 정확히 짚어 봐야 한다.

중국인과 상담을 하다 보면 사겠다는 것인지 합작투자를 하라는 것인지, 아니면 자기 물건을 사라는 것인지 애매모호한 경우가 많다. 언어표현은 우리말과 같지만 속 내용이 다른 경우가 많아 내용을 자세히 생각해봐야 한다.

(7) 중국 출장 시에는 경험자를 만나 사전에 연구를 해야 한다.

다른 사람을 통해 들은 지식은 반드시 자신의 경험과 합하여 연구해야 한다. 중

37) 상게서, pp. 107-108.

국을 방문하는 업체는 "적어도 구두 세 켤레가 닳아야 중국시장 개척에 성공할 수 있다."는 말을 한다. 끊임없이 돌아다니고 경험해야 길이 보이는 것이 중국시장이라 할 수 있다.[38]

(8) 중국인과 가격을 협상할 때에 최저가격을 과감히 제시하는 일이 없을 것

우리 업체들은 최저가격을 제시하며 이것이 마지막이라고 하는 경우가 많다. 그러나 중국 바이어들은 습관상 이 말을 절대로 믿지 않으며, 심지어 계약서를 쓰고도 가격협상을 다시 하자는 사람들이므로 여지를 남겨놔야 한다. 일반적으로 중국인은 마지막 단계에서도 가장 핵심적인 협상요인인 가격 협상을 하는 경우가 많다. 따라서 마지막 서명에서 잉크가 마를 때까지는 마음을 늦추어서는 안 된다.[39]

제2절 일 본

'일본'이라는 국명은 '태양의 원천'이라는 의미이다. 이 말은 광대한 아시아 대륙의 극동에 있는 이 나라의 지리적인 조건을 반영하는 말이다. 오랜 세월동안 일본은 세계의 다른 지역들과 떨어져 있었기 때문에 외국인들은 일본에 강한 호기심을 품고 있었다. 비록 베니스의 여행자인 마르코 폴로(1254~1324)와 선교사들에게 알려졌지만, 1800년대 중반 일본이 서구 열강들의 압력으로 나라를 개방할 때까지도 이 나라는 유명한 예수회 선교사들에게까지도 수수께끼로 남아 있었다.

자본주의와 제국주의는 표리일체가 되어서 식민지 획득을 위해 아시아분할을 겨루게 되지만, 일본은 '대동아 공영권'이라는 기지를 내세워 열강제국에 대항하게 되었다. 즉, 전쟁은 산업의 부흥과 불황 타파라는 하나의 수단이 되어 버린 것이다.

일본은 혼슈, 규슈, 시코쿠, 홋카이도 등 4개의 주요한 섬과 수천 개의 작은 섬들로 이루어졌으며, 북태평양의 극단에 커다란 곡선을 형성하고 있다. 일본은 영토의 오른쪽을 따라 높은 산등성이가 이어져 달리고 있다. 따라서 대부분의 주민

38) 대한무역투자진흥공사, 『지구촌 비즈니스 테크닉』, 청년정신출판사, p. 32.
39) 장대환, 전게서, p. 108.

들은 좁은 해안 평야에서 생활하고 있다. 일본에는 쓸 만한 땅이 부족하기 때문에 사람과 농토, 도시가 서로 공간을 확보하려고 치열하게 경쟁한다. 결과적으로 대부분의 일본인들은 급속하게 성장하고 있는 상업과 공업의 중심지인 대도시에 집중되어 있다.[40)]

1. 일반현황

인구(2024) : 1억 2,264만 명(세계 12위)
면적 : 37만 7,950㎢
수도 : 도쿄(Tokyo)
언어 : 일본어
민족 : 일본족(98%)
정체 : 입헌군주제
종교 : 신도(神道), 불교, 기독교 등
기후 : 해양성의 온화한 기후(지역에 따라 다양함)

2. 경제현황

화폐단위 : 엔(Yen), 1US$ = 161.42엔(2024.7 기준)
GDP(2022) : 4조 2,602억 달러(세계 3위)
1인당 GDP(2022) : 34,065 달러
산업구조(2022) : 1차산업(1.2%), 2차산업(24.3%), 3차산업(74.5%)
총수출액(2022) : 6,840억 달러
총수입액(2022) : 7,313억 달러
무역수지(2022) : 473억 달러 적자
무역상대국 : 미국, 중국, 한국, 태국, 홍콩, 싱가포르, 인도네시아, 호주 등

40) 장평순, 『Lands & Peoples』, 중앙교육연구원, p. 137; 矢野尊義, 『일본문화의 맥과 한국』, 학사원, p. 111.

주요 수출품(2022) : 자동차, 반도체, 전자·광학장비, 철강, 화학제품 등
주요 수입품(2022) : 원유, 섬유류, 기계류, 전자부품, LNG, 철광석, 식료품 등
주요 부존자원 : 구리, 아연, 산림 및 수산자원 등
경제적 강점 : 고도의 기술 및 혁신성, 연구개발 강점, 제조업 발달, 로봇기술
경제적 약점 : 장기불황, 금융시스템 불안, 고령화 및 인구감소, 높은 공공부채

3. 일본인의 국민성

일본인의 국민성을 말할 때 장점으로는 보통 일본인들은 친절하고, 근면하고, 예의가 바르고, 질서의식이 있고, 정직하고, 법을 잘 지키고, 상·하를 구별할 줄 알고, 국가에 충성심이 강하고, 결백하고, 낙관적이고, 믿을 수 있고, 책임의식이 있고, 의리심이 강하고, 결합력이 있다.

단점으로는 응석을 잘 부리고, 구두쇠이고, 교활·교만하고, 아량이 없어 편협하며, 섬나라적 근성을 가지고 있고, 결벽증이 있고, 허세가 있으며, 호전적이고, 비판적이고, 냉정하고, 잔인하고, 저급의 현실주의적 경향이 있다.[41)]

(1) 일본의 지리와 진출성

일본에는 화산이 많은데 세계 화산의 10% 정도가 일본에 있으며, 제일 높은 해발 3,776m의 후지산은 원추형의 휴화산이다. 또 일본은 환태평양지진대에 속하며 세계의 지진국이라 할 수 있다.

이렇게 지진이 많은 일본에서는 '지진·벼락·화재·아버지의 나라(세상에서 제일 무서운 것이 지진·벼락·화재·아버지의 순서라는 의미)'라고 말해지는 것같이 천재를 제일 무서운 것으로 생각해 왔다. 그래서 인생 그 자체를 긴 관점으로 보지 않았던 것이다.

이렇게 일본은 섬나라로서 위치상으로 외국으로부터의 침략은 받지 않았지만 천재와의 싸움은 숙명이었고, 언제나 만일의 사태에 대비하고 있어야 하는 정신적 긴장과 방비, 그리고 방심하지 않은 여러 가지 방법이 요구되었던 것이다. 일본인

41) 이광준, 『일본 그 문화와 사회』, 학문사, p. 30.

들은 이와 같은 천재지변과 싸우고, 만일의 사태에 대비하기 위해서 옛날부터 열심히 일해 왔던 것이 틀림없다. 그래서 일하는 양이 여러 외국들과 비교해서 일반적으로 많기 때문에 국제경제시대에 들어서자 그 부(富)가 일본에 집중되었다고도 볼 수 있을 것이다.

이런 식으로 편안하고 한가로운 마음으로 가만히 있을 수 없는 국내와 국외의 공통적인 조건에 의한 일본의 근면한 국민성은 당연히 일본인을 자원과 시장을 찾아 외국으로 일찍 진출하게 만들었지만, 미개한 의식수준으로 인해 결국 침략이라는 결과를 초래한 것으로 생각된다.[42]

(2) 약자에게 강한 사람들

우리나라 같으면 한 학생이 왕따를 당하면 대부분의 경우에는 누군가가 나서서 그를 보호해주는 것이 상식인데 일본에서는 그러기는 커녕 오히려 거기에 가세를 하고, 게다가 학교당국 조차도 그 일을 방치해둔다. 일본에서는 약자가 강자에게 왕따를 당하는 것은 당연한 일이고, 약자는 보호받을 가치가 없는 존재라는 것이다. 이런 생각이 국제관계에까지 확대되어 나타난 것이 종군위안부 문제이다.[43] 그리고 이러한 행위를 반성하지 않는다.

(3) 섬나라 근성

일본인들이 자주 사용하는 말에 '섬나라 근성'이라는 말이 있다. 섬나라 사람들의 성질을 의미하는 것으로 시야가 좁고, 생각이 얕으며, 섬의 사람들끼리만 단결하고 타 지역사람과 해외에서 오는 사람을 배척하지만, 일단 패거리가 되면 섬에 있는 구성원 전원이 일치단결해서 복수하기 위해 일어선다. 일본인들의 국민성으로는 단결심, 배타성, 복수심을 그 특징으로 들 수 있을 것이다. 일본에서는 이것을 좋지 않은 것으로 자인하면서도 또 그것을 자랑하고 있는 것 같기도 하다.

그렇다고는 하지만 이러한 성질은 일본 사람 뿐만 아니라 영국 사람에게서도 들 수 있다. 영국 사람들도 보수성과 무서울 정도의 편협한 자존심을 가지고 있는

42) 矢野尊義, 전게서, pp. 159-163.
43) 김현구, 『일본이야기』, 창작과 비평사, p. 229.

것 같다. 같은 섬나라이고 명치이후 국가제도의 대부분을 영국에서 배웠기 때문인지 영국과 일본은 비슷한 점이 많고, 또 지금도 일본사람은 일반적으로 영국을 좋아하고 무엇보다도 영국을 그리워하고 존경하고 있다. 단, 이 섬나라 근성에서도 하나 배워야 할 점이 있다. 그것은 근성이라는 말로 표현되고 있는데, 이들은 도중에 단념하지 않고 최후까지 완수하려고 하는 집념이 강하다는 점이다.[44]

(4) 미래지향의 일본인

일본에는 족보가 없다. 만약 족보를 만들려고 한다면 많은 절을 돌아다니고 친족을 방문하고 동네를 다녀야 한다. 이는 족보를 만들기 위해 스스로 조사하여야 하기 때문이다. 일본역사를 봐도 알 수 있듯이 일본인은 상당히 미래지향적인 국민이다. 주위에 좋은 것이 있으면 무엇이든지 받아들여서 자기 것으로 만들어 가는 진취성이 많다.

1853년 미국의 페리함대가 쇄국 일본에 개국을 요구했을 때 열강의 힘을 바로 깨닫고, 200년간 계속해 온 쇄국을 갑자기 중단한 것도 결단이 빨랐었다. 이렇게 미래지향적인 일본의 국민성은 주변나라들에 큰 피해를 주게 되었지만, 앞으로 전진해 가고자 하는 그 추진력을 읽을 수 있는 것이다.

"이기면 투구끈을 단단히 매라."는 일본 속담이 있다. 그것은 전장에서 이긴 장군은 투구를 벗지 말고 다음의 싸움을 위해 투구끈을 단단히 매고 준비를 해 두어야 한다는 뜻으로 만약 이겼을 때에 방심하면 목숨을 잃게 된다는 의미이다. 일본인의 미래지향성은 일본인의 도덕관을 보아도 알 수 있다. 일본에서는 남에게 자기를 자랑하는 것을 아주 어리석은 것으로 보는데, 지금 좋아도 오늘 노력하지 않으면 내일은 어떻게 될지 모르기 때문이다.[45]

(5) 작은 것을 좋아하는 천천히 정신

일본인이 작은 것을 좋아한다고 하는 것은 세계적으로 잘 알려져 있지만, 그것은 물건의 크기보다도 그 정밀함을 좋아하는 것이고, 지금에 와서 이 '컴팩트 지

44) 矢野尊義, 전게서, pp. 165-169.
45) 상게서, pp. 169-173.

향'은 그 경제성과 편리함을 평가받아 일본의 가전제품이 세계를 석권하고 있다. 이렇게 해서 일본제품의 정밀함은 지금에 와서는 세계 속에서 인정받게 되었지만, 사실은 '기계의 정밀함' 이전에 일본인들이 '섬세함 · 미세함'을 좋아하기 때문이다.

그리고 이 섬세함 · 미세함은 사회생활에 있어서 '정중함'으로 나타나고 있는 것이다. 일본에서는 무엇보다도 '주의에 주의를 거듭하여 행하는 것'이 도덕으로서 요구된다. 실수를 하거나 엉성하게 하는 것은 허락되지 않는 것이다. 이렇게 일본인들은 무엇보다도 정확하게 하여야 하는 곳에서는 빨리 하지 않고 천천히 정확히 하는 민족이다.[46]

(6) 일본인의 부탁매너

타인에게 무엇인가를 부탁한다는 행위는 정도의 차이는 있을지언정 분명히 부담스러운 일임에 틀림없다. 도움을 청해야만 하는 자신이 부끄럽기도 하고, 상대방의 정열과 시간을 낭비하게 한다는 사실을 미안하게 느낄 것이다. 일본인들은 이러한 상황에서 과연 어떤 '문화적 공통성'으로 자신을 표현하는지 알아보자.

① 일본인들은 실제 용건을 말하기 전에 부탁을 해도 되는지, 혹 부탁했다가 거절당하지는 않을지 등을 파악하기 위하여, 상대방의 사정을 자세히 알아보려고 노력하는 것이 일반적이다. 상대방에게 조금이라도 부정적인 요소가 잠재하면, 무리하게 부탁하게 되어 부담을 안기지는 않을까 걱정하게 된다. 또한, 상대방이 거절하게 되는 상황을 만들어 혹시 서로의 인간관계가 나빠지지 않을까 우려하여 피하려 하게 된다.

사정을 자세히 묻고 있으면 듣고 있는 쪽도 상대방이 무엇인가 부탁하려는 의도가 있음을 추측하게 된다. 따라서 듣는 사람은 말하는 사람에게 말하려는 용건을 재촉하여, 상대방의 심리적 부담을 덜어주려고 노력하게 되는 것이다. 대부분의 경우 결국에는 부탁 받는 쪽은 열심히 떠맡으려고 노력하게 되고, 부탁하는 쪽은 망설이면서 그것을 받아들이는 형태가 되어 버린다.

② 모르는 사람에게 무엇인가를 부탁하는 경우는, 친구사이에서 하는 부탁보다 훨씬 더 신중하게 처리하지 않으면 안 된다. 부탁하기 쉬운 환경조성, 즉 인간관

---

46) 상게서, pp. 175-177.

계의 확립에 성공해야만 하기 때문이다. 따라서 인맥형성이 대단한 중요성을 띠게 된다.

일본사회, 특히 회사에서는 소개도 없이 갑작스럽게 사람을 방문한다던가 하는 일은 있을 수 없다. 어떤 목적의 방문이든 상대방과 가까운 관계에 있는 중개해 줄 인물을 먼저 찾아가 소개해 주도록 환경을 조성하는 것이 성공의 비결이다. 그리고 부탁내용에 대해서는 일반적으로 첫 방문 시에는 언급하지 않는 경우가 많다. 극히 비능률적이라 생각되겠지만, 처음에는 인사정도에 그치고 돌아가는 것이 상대로 하여금 자신을 그윽하고, 조심성 있는 태도의 소지자로 호감을 갖고 보게 하는 비결이 된다. 이렇게 하여 인간관계가 확립되었다고 생각될 쯤에 가서 비로소 부탁이나 용건을 꺼내는 것이 일반적이다.

③ 사회인들끼리 처음 만나 인사를 하는 경우 명함을 주고받게 되는데, 일본인들은 그것으로 서로가 어떤 사회적 위치에 있는가를 밝히고 어떻게 대응해야 하는지를 판단한다고 한다. 무엇인가를 부탁할 의도로 인사를 하는 경우, 특히 첫 대면의 경우에는 명함을 곁들이거나, 명함 대신 선물을 내미는 경우가 많다. 이러한 행동패턴은 자기 자신을 진상하는 위치, 즉 상대방보다 낮은 위치에 서서, 상대방을 공경하고 있음을 나타내는 것으로 인식하지, 결코 뇌물로 생각하지 않는다. 따라서 부탁할 일이 있어서 타인을 방문할 때 '빈손으로 가는 것을 부끄러운 일로 생각한다.'는 일본인의 사고방식을 어느 정도 납득할 수 있으리라 생각된다.

④ 일본에서는 부탁을 할 때, 자신을 낮추는 것이 사회적인 관습이므로 일본인에게 부탁 용건을 꺼낼 경우, 먼저 상대방에게 부담을 주게 되어 미안하다는 마음으로부터 우러나오는 조심스러움과 사죄의 마음을 표현하는 것이 그 첫 번째 단계가 된다. 이 표현에는 상대에 대한 배려와 동시에, 그런 상태에 빠지게 한 자기 자신에 대한 실망과 자기반성의 의미도 다분히 포함되어 있다. 그리고 그러한 상황을 탄식한다는 독특한 어조로 부탁을 해야 한다. 이 때 부탁하려는 사람의 표정은 평상시 일본인과 접촉이 많은 사람이라면, 금방 알아차릴 수 있는 것인데, 무언인가를 부탁하려고 하는구나! 하는 것을 눈치 챌 수 있는 그런 표정이다. 말투 또한 낮고 작은 목소리로 고저의 폭을 작게 하여 평상시보다 천천히, 이른바 애원조로 말하게 되는 것이 일반적이다.

이러한 행동패턴은 위에서 말한 '사죄와 자기반성'의 표시로서 언어 이외의 다른 행위, 즉 어깨를 움츠려 자신을 작게 보이려고 하는 몸짓이나 표정 등과 함께 부탁하는 행위라는 신호이다. 민감한 일본인이라면 자신에게 다가오는 사람을 보기만 해도, 또는 처음 한두 마디의 말을 듣기만 해도, 그 사람의 의도를 꿰뚫어 볼 수가 있을 것이다. 이러한 독특한 일본인의 '부탁하는 행위'는 단순한 언어표현에만 국한되지 않고, 문화전체 속에서 다른 행동과의 상관관계를 유지하면서 행해지는 것이다.47)

4. 일본시장의 특성

일본의 소비자들은 일반적으로 교육수준이 높고 중류의식과 집단의식이 강하며, 강한 전통성을 지닌 반면 서구 문명의 모방과 흡수에도 열성적이라는 특징을 지니고 있다. 교육면에서 보면 문맹률은 0.3%에 불과하여 세계에서 가장 낮은 국가 중의 하나이며, 이것은 일본 소비자들이 구매행동에 있어 매우 세밀하고 사려 깊다는 것을 나타내고 있다. 일본 소비자들이 구매행동에 있어, 특히 중시하는 점들을 사항별로 살펴보면 다음과 같다.

(1) 적정한 가격, 엄격한 품질

가격면에서 보면, 생활수준의 상태에 따라 소비가 고급화, 고액화되는 가운데에서도 가격수준에 여전히 세심한 신경을 쓰고 있다. 품질면에서 보면, 소비자들은 장시간 동안 여러 상품을 서로 비교하고 카탈로그와 일일이 대조해 보는 등 지극히 꼼꼼하다. 따라서 일본의 기업은 세계에서 가장 불량품이 적으며 엄격한 품질, 공정관리를 유지하고 있어 일본시장에서의 판매는 품질유지에 최선을 다해야 하는 동시에 불량품이 생긴 경우에는 수리 내지 반품 등의 신속한 조치가 필요하다.

47) Posco, 『일본, 일본을 읽자』, 문각사, pp. 23-25.

(2) 다양한 디자인 및 개성화

일본소비자는 이미 생활필수품 및 내구소비재 등을 보유하고 있어, 앞으로의 소비재시장은 상품의 디자인 및 개성화를 통한 신규 수요 창출에 더욱 초점이 맞추어지고 있다. 중년층의 경우에는 신분과 지위를 상징하는 고급품으로, 청소년층에게는 유행에 맞춘 비교적 중·저급품의 상품을 개성화 하는 것이 중요하다.

(3) 기업, 상품이미지(브랜드) 중시

일본시장의 경우 대부분의 소비자들이 브랜드에 따른 품질, 가격, 평판 등을 숙지하고 있는 편이며, 특히 중년층과 고급품의 경우 상품의 브랜드가 매우 중시되고 있다. 따라서 일본시장에 진출하기 위해서는 장기적인 관점에서 품질과 패션의 고급화를 유지하는 한편, 꾸준한 광고·선전활동을 통해 자기 이미지를 형성하는 것이 중요하다.

(4) 신속한 배달 및 철저한 사후관리

자동차, 가구, 가전제품 등과 같은 내구소비재의 경우 주문에서 배달까지의 시간을 최대한 줄이는 것이 중요하다. 일본 소비자들은 이러한 시간이 길면 길수록 구매를 기피한다. 따라서 색상, 디자인, 크기별로 적정한 재고를 유지하고 신속한 배달체제를 갖추어야 할 것이다.

(5) 일본의 유통구조

일본의 유통구조는 상품과 지역에 따라 세계 그 어느 나라보다 복잡하고 영세하며 다층적인 구조를 갖고 있다. 이러한 유통구조로 인해 마케팅 전략을 이행하기 위해서는 막대한 노력을 투자하여야 한다. 또한, 리베이트 시스템이 잘 발달되어 있어 제조업자에서 도매상으로, 도매상에서 소매상으로 이어지는 각 단계별 적정 마진이 세워져 있다. 만약 이와 같은 유통구조를 무시하고 어느 특정 백화점이나 도매상만을 상대로 직거래를 한다면 실패할 가능성이 많다.

5. 상거래문화

일본인들은 신분에 대한 의식이 높다. 이들에게는 항상 존경심을 보여주고 체면을 손상시키지 않아야 하며 화합정신을 유지하여야 한다. 일본인들은 나이나 사회적 지위 등을 고려하여 상하관계를 중시하는 국민이며, 다른 사람과 동떨어진 행동을 취하는 것을 좋아하지 않고, 말이나 행동도 상대방의 기분이나 입장을 살피면서 말하거나 행동한다. 상대방을 호칭할 때에도 "다나카상"과 같이 성에 접미사 상을 붙여 호칭한다. 성에 Mr., Mrs., Miss.를 붙여 불러도 무방하지만, 이름(first name)만은 사용하지 않아야 한다.[48)]

일본인들을 만나면 악수보다는 가벼운 절에 감사하며, 의복도 보수적으로 입기 때문에 항상 정장을 하는 것이 바람직하다. 일본에서의 '약속'이라고 하는 말에는 새끼손가락을 건다는 이야기가 있다. 어린이들의 노래로 도쿄에는 '간다(神田)의 아줌마는 새끼손가락 걸고 죽었다.'는 노래가 있을 정도이다. 즉, 약속이 깨어져서 죽었다고 하는 말과 연결되어 있는 것이다. 그 만큼 약속은 철저하게 지켜져야 하는 것이다. 일본인들에게 있어서 약속은 참 대단한 위력이 있다. 그러므로 일본인과 약속을 하는 경우에는 그 약속은 언제나 확실하게 지키기 때문에 약속을 해도 언제, 어디서, 몇 시, 몇 분처럼 분명해야 한다. 몇 시부터 몇 시 사이에 만나자는 말은 들어보지를 못한다.

일본적 경영의 특징 3가지는 종신고용제, 연공서열제, 기업별노조 등이다. 서구에서는 노동력과 경영력을 고용하는데 비해, 일본에서는 인간능력의 모든 것을 고용한다고 생각하기 때문에, 종업원은 한 기업에 입사하면 정년까지 근무하는 것이 전제가 되며, 근속연수에 따라서 임금과 지위가 올라간다. 또한, 기업내부에 조직된 조합도 노사간의 공존공영으로 잘 움직이며, 이런 것들이 일체가 되어 종업원의 기업에 대한 충성심이 배양되고, 조직도 원활하게 운영되어 왔다. 일본의 경제적 번영에는 이러한 특징이 크게 공헌하여 자사 제품의 품질과 생산성을 높일 수 있었다는 생각이 일반적이다.[49)]

---

48) 이승영, 『국제협상의 ABC』, 일신사, p. 267.

일본기업의 정보유통과 의사결정구조는 사안의 중요성에 따라 결정권이 하부관리자, 최고경영자에게 각기 분담된 형태를 띠고 있다. 하부관리자는 정보를 수집하여 상부와 하부로 연락하며 비용이 들지 않는 사안을 직접 처리하고, 보다 중요성이 큰 문제에 대해서는 동료 또는 상급자에게 문제해결방안을 제시한다.

최고경영자의 결정권에 속하는 대표적인 사항은 기업의 생산능력 확장에 관한 것이며, 중간관리자의 권한에 속하는 대표적인 정책은 생산의 모형을 바꾸거나 소비자의 클레임을 처리하는 등 신속을 요하는 것이다. 일본 경영자의 의사결정에 있어서의 특징은 장기적 시각과 관점을 강조하는 것으로서 오랫동안 기업의 내부에서 전수되어 오고 있다.

일본에서는 의사결정에 대해 개인이 책임을 지는 경우는 드물며, 공동으로 참여하고 공동으로 책임을 지는 경우가 보통이다. 공동책임에 대한 의사결정은 개인에게 결정권이 집중되어 있는 경우가 별로 없다. 일반적으로 이들의 의사결정과정은 초기에는 느리지만, 일단 결정이 되면 상호 이해와 협력이 이미 합의되어 있기 때문에 실행에 옮기는 과정은 매우 신속하다.

일본인과의 비즈니스에서 또 다른 특징은 판매 및 구매에 있어서 파트너의 기득권을 보호해 준다는 점이다. 처음으로 거래를 시작하기는 어렵지만, 한 번 신용이 쌓이면 비록 실적이 미비하더라도 일정기간 동안 기득권을 인정해 주고 보호해 주는 지속적인 면이 있다. 따라서 첫 거래에서 기대 이상의 물량에 대한 수주를 기대하기보다는 지속적인 거래를 위하여 신용을 쌓는 것이 더욱 중요하다.[50)]

이러한 이유로 일본에서의 상담은 비즈니스와 개인적 교제와의 구별은 애매하여, 설령 업무에 관한 이야기가 전혀 오가지 않는 술자리나 놀이 장소에서도 이 또한 상담의 한 과정으로 생각하는 경우가 많다. 일본에서의 계약이라는 것은 반드시 철칙은 아니다. 쌍방이 서로 비즈니스에 대해 성실하다면, 양측이 서로의 이익을 위해 필요한 것을 스스로 할 것이므로 일부러 문서규정을 끊임없이 참고할 필요가 없다는 것이다. 게다가 일단 신뢰의 첫 기반이 놓아지면 납품지연과 같은 사소한 위반에 대해서는 상대방에게 가능한 한 재량권을 부여한다는 것이 일본인

49) Posco, 전게서, p. 263.
50) 이호건외 3인, 전게서, pp. 36-37.

들의 생각이다.

일본의 비즈니스에서 가장 중요한 점은 교섭 상대가 인간적으로 신용할 수 있는지의 여부에 있다. 일본인 담당자는 여러 차례에 걸쳐 면접의 기회를 만드는데, 이는 계약조건을 좁히는 목적 이외에 개인으로서 신용을 가질 수 있는 인물인가를 관찰하는 것이다. 상대방이 전체 프로세스(Process)를 망치지 않고 제대로 해낼 수 있는지의 여부를 판단하기 위해 한 번에 큰 거래를 하지 않고 조금씩 테스트를 해본다. 그래서 일단 신용을 하게 되면 장기간의 거래를 유지한다.

일본에서는 상담개시에서 계약 성립에 이르기까지 상당히 시간이 걸린다. 의사결정이 나기까지 현장사람과의 합의도 얻는다는 그룹결정의 형식을 취하는 일이 많기 때문이다. 그러므로 일본인과의 교섭은 끈기 있고 성의 있게 임해야 하는 것이다. 일본에서 비즈니스 교섭이라고 하면 시간은 그다지 중요하지 않다는 것이다. 즉, 일본인들은 자신들이 진정으로 관계유지를 중시하는 경우는 그 관계를 가능한 한 확실하게 하고, 장기적인 성공을 보장하기 위해서 기꺼이 시간과 노력을 투자해야 한다고 생각한다. 일본의 계약사항의 검토란 단순히 계약서에 쓰여 있는 것만이 아니라, 인간관계와 마찬가지로 계약상대와 장기적으로 거래해 나갈 수 있는지가 중요하기 때문에 이 점에서도 합의에 이르기까지 시간이 걸린다.[51]

일본인들은 대부분 접대를 음식점에서 이루어진다. 집으로 초대될 경우에는 작은 선물을 준비하여 주인에게 두 손으로 공손히 주어야 한다. 이렇게 가정을 방문할 때 집안에 들어가기 전에 신발을 벗어야 한다. 식사 전에는 보통 정종(술)이 나오고, 술을 마실 때 서로의 잔을 채워 주어야 하고, 상대방이 더 이상 마실 의사가 없을 때까지 잔을 계속 채워 주는 것이 예의이다. 또한, 접대를 받은 후에는 감사카드를 보내야 한다.[52]

일본을 방문할 때 빈손으로 가지 말라고 할 정도로 선물은 상대방으로부터 강요된 호의로 표현되는 만큼 선물에 대한 의미가 크게 부여된 나라이다. 일본인들은 선물을 주고받는 것을 자연스럽게 생각하는 국민이다. 선물은 일반적으로 처음 대면할 때에 준다.

---

51) 김미란, 『일본문화』, 형설출판사, p. 137.
52) 이승영, 전게서, p. 268.

선물을 받고 답례를 할 때 상대방으로부터 받은 것보다 낮은 가격은 예의가 아니다. 이들은 계산에 민감한 국민이기 때문이다. 선물에 자사 상징이 있는 것이나 값싸고 부피가 큰 것은 실례가 된다. 가벼운 선물로는 면세점에서 구입한 고급양주나 유명 브랜드제품, 또는 냉동 스테이크 등이 무난한 선물이라 할 수 있다. 포장은 얇고 고급 포장지를 사용해야 하며, 형식적인 포장은 선물을 안 주느니만 도 못하다는 데에 유의해야 한다.

결론적으로 일본인과 협상을 할 때에는 시간적인 여유를 갖고 처음부터 일방적인 조건을 제시하는 것을 삼가는 것이 좋고, 자주 실무담당자를 접촉하여 인간관계를 돈독히 할 필요가 있으며, 장기적이고도 독점적인 사업관계의 계속적인 유지가 매우 중요시된다고 할 수 있다.[53]

6. 상거래 관행과 주의사항

일본인과 거래할 때 일반적으로 지적되고 있는 상거래 관행의 특징과 주의사항은 다음과 같다.

(1) 품질, 규격에 대한 높은 요구

일본에서의 품질, 규격에 대한 높은 요구는 일본 소비자의 높은 품질감각에서 유래하는 것이지만 지나치게 엄격한 면이 있다. 즉, 상품의 품질 그 자체만이 아니라 디자인, 색상, 포장, 세부적인 부품 변경까지 문제시하며, 규격에도 엄격한 표준을 요구하는 등 매우 까다롭다. 이렇게 품질, 규격에 대한 요구가 높기 때문에 견본과 계약상의 품질, 규격과 다른 상품을 보내오거나 그 중에 불량상품이 조금이라도 섞여 있는 경우, 반드시 클레임을 제기하기 때문에 외국기업인들의 많은 불만을 일으키고 있다.

(2) 납기의 엄격성

일본과의 무역거래에 있어서 납기를 엄격히 지킨다는 것은 매우 중요하다. 그

53) 이호건외 3인, 전게서, p. 37.

이유는 일본 기업들이 수입품에 대한 요구 중에서 '품질 및 가격경쟁력의 강화'와 함께 '납품기간의 단축, 납기의 정확성'에 큰 비중을 두고 있기 때문이다.

이와 같이 일본기업들이 납기의 엄격성을 요구하는 것은 무엇보다도 재고부담을 줄이는데 일차적인 관심이 있기 때문이다. 따라서 수출업자 측에서는 이러한 점을 감안하여 일본 내에 어느 정도 재고를 보유하거나 납품체제를 정비할 필요가 있고, 일본 기업에 대해서도 일정한 재고를 보유하도록 요구하여야 한다.

(3) 장기적 거래관계, 신용관계의 중시

① 신용관계에 의한 거래

일본 기업들은 일반적으로 상거래의 교섭과정에서의 의견교환이나, 타협 등의 과정을 중시하는 경향이 있기 때문에 장기적 신용관계의 수립이 매우 중요하다.

또한, 일본에서도 상거래는 계약서에 의거하여 이루어지고 있으나, 백화점과 같은 정형적인 상거래에 있어서는 계약서를 작성하지 않고 전표로 대신하는 경우도 종종 있는 등 구두상의 계약이 많이 이루어지고 있다.

이와 같이 계약에 있어 탄력적인 사고방식과 행동을 취하는 배경으로는 첫째로 거래당사자가 서로 신뢰하고 있으므로 자세한 계약체결의 필요성이 절실하지 않다는 점, 둘째로 계약서에 세부적으로 기재해야 한다는 것은 상대방의 신용이 결여되어 있기 때문에 기재한다는 전통적인 의식이 깔려 있다는 점 등을 들 수가 있다. 그러나 가끔 최종적인 계약내용과 함께 교섭과정을 포함한 계약의 재해석을 하는 경우도 있으므로, 對日 수출상의 분쟁의 소지를 없애기 위해서는 자세하고 명확한 계약서상의 명문화가 필요한 경우도 있다.

② 어음에 의한 지불과 판매금융을 수출업자가 부담

일본의 상거래는 대부분 약속어음 발행에 의해 이루어지는 상관습이 확립되어 있다. 특히 60~180일의 어음결제가 많아서 지불이 지연되는 경우도 종종 발생하므로 계약할 때에 결제방법, 어음의 기간 등 지불방법을 충분히 명시할 필요가 있다.

③ 상품의 공동개발을 위한 협력

일본에서는 백화점, 슈퍼마켓, 체인점 등과 제조업체의 협력에 의한 브랜드 상품의 공동개발노력이 많이 이루어지고 있다. 이는 소비자기호의 다양화에 대응하기 위한 것으로 볼 수 있는데, 수출업자 측에서도 소재, 디자인 면에서 일본의 상사 및 소매점과 협력할 필요가 증대되고 있다.

④ 인간관계의 중시

일본과의 상거래에 있어서 신뢰관계를 유지하기 위해서는 장기적으로 인간관계를 원활히 하지 않으면 안 된다. 특히 면담 등의 개인적 접촉이 중요시 되고 있으므로 상거래 이전에 인간적으로 친밀해지는 것이 특히 중요하다. 또한, 일본의 상거래는 개인적 연결에 바탕을 두고 있으므로 소개자의 역할이 매우 중요하다.

7. 일본인의 협상전략[54]

(1) 규범적 전략

규범적 전략이란 사회의 규칙이나 규범에 따라 행동하는 방식이다. 규범적인 행동으로는 인사, 악수, 양심에 호소하는 것을 들 수 있다.

① 정중함

일본인들은 외국인과의 모든 협상에서 친절하고 정중하다. 이들은 연상의 사람에 대한 예의를 중요시하고, 이들이 외국에 갔을 때 그 나라의 예의범절을 따르려고 무척 노력한다.

② 상호협력 · 조정

일본에서는 상호협력과 조정을 미덕으로 생각하고 있다. 일본인들은 다른 사람과 공통된 소재, 상호신뢰, 서로가 받아들일 수 있는 것을 제시하는 등 상호협력 분위기를 만들려고 노력한다.

③ 호의에 대한 답례

상대방에게 어떤 호의를 받으면 이에 대해 반드시 답례한다. 이것은 친절과는 좀 다른 것으로 그들은 언제 갚을 것인지를 항상 기억하고 있다.

④ 상황이 변했을 때 계약변경을 요청함

일전의 계약상황이 너무 변해 손해를 볼 우려가 있으면 이의 시정을 위해 도움

54) 장대환, 전게서, pp. 126-131.

을 요청한다. 서구인들의 시각으로는 이해할 수 없는 경우에 속하지만, 일본인들은 상황을 분석하고 평가하여 미리 겁부터 먹는다.

⑤ 정당성과 우선권

특히 외교협상에서 정당성을 확보함으로써 대중의 지지를 얻어 강력하게 밀고 나가려고 한다.

⑥ 인내

일본인들이 협상에서 인내심이 있다는 것은 정평이 나있다. 그들은 조그마한 변화에도 질문을 다시 반복한다.

(2) 이성적 전략

① 신용구축

상호 이해와 상호신용 구축이 일본인과의 협상을 성공적으로 이끄는 지름길이다. 일본인들은 상대방과 처음 만나면 주변 이야기를 하면서 당신은 나와 이질적인 사람이 아니며, 공통적인 관심을 가질 수 있다는 것을 상기시키며 우호적인 관계의 가능성을 제시한다.

② 정보지향주의

일본인들은 정보에 굶주린 것처럼 많은 질문을 한다. 비공식적인 자리를 만들어 현재 벌어지고 있는 상황에 대한 태도를 슬쩍 떠보는 경우도 있으므로 일본인과의 비공식적인 자리에서는 주의를 필요로 한다.

③ 중개인 사용

일본에서 사업관계는 친분과 소개로 시작되므로 적절한 소개가 없는 사업은 통상 잘 이루어지지 않는다. 중개자는 은행, 무역회사 등에서 나오며 이들은 얻기 어려운 정보를 제공하고 문제해결에 큰 힘이 된다. 일본에서 의사결정자는 결정이 임박하지 않으면 전면에 나타나지 않으므로 서구인의 입장으로서는 당장이라도 최고책임자와 면담을 바라지만, 이것은 좋은 방법이 아니므로 중개자를 선정하는 것이 좋다.

(3) 공격적 전략

① 밀어붙이기

목적달성을 위해 자신의 체면을 돌보지 않고 일을 추진하는 경우이다. 그 동안 이것이 어느 정도 통했으나 최근에는 이러한 강경 전략은 점점 감소하고 있다.

② 높은 도덕적 배경

일본은 위계질서, 선후배간의 질서사회이므로 연장자는 조직의 리더로서 조직을 이끌 의무가 있다. 기업계에서는 그 정도가 심하지 않더라도 엄격한 사회적 질서를 가지고 있다.

③ 진술적 질문

일본인들은 의사결정과정에서 확신이 설 때까지 질문을 계속한다. 이렇게 질문을 하는 이유는 통제와 우세를 유지하기 위함과 상대방의 제안을 세밀히 분석하고 시간을 끌어 무지를 드러내지 않기 위해서다.

(4) 회피전략

① 침묵

말이 모든 문제 발생의 근원이라는 관념을 가지고 있다. 침묵은 다음 대답을 하기 위한 시간을 벌 수 있다. 서양에서는 질문에 대답하지 않으면 무례하고 교활한 것으로 간주되지만 일본에서는 그렇지 않다.

② 기다려서 보라

대부분의 경우 일본인들은 먼저 행동하기를 좋아하지 않고 가능한 한 기다리고 관찰하는 편이다. 계획은 연기시키는 것이 이 전술의 진정한 목적이다.

(5) 비언어적 표현

노련한 협상가라도 일본인들은 무표정이 습관화되어 있기 때문에 그들의 감정을 읽는다는 것은 상당히 어렵다. 그들은 자신의 표정과 감정을 얼굴에 직접 드러낸다는 것을 부적절하다고 생각하고 있다.

① 얼굴

어렸을 때는 세상의 여느 어린이들과 같이 쾌활하고 천진난만하지만, 어른이 되면 얼굴 표정을 드러내지 않는 법을 배운다. 일본인들 사이에서는 아무렇지도 않은 일이 외국인에게는 이상한 습관으로 비춰진다. 일본인들 사이에 가장 잘 나타나는 얼굴 표정은 놀라움을 표현할 때이며, 이는 상대방의 기분을 맞추는 것으로 볼 수 있다. 또한, 이는 일본에서는 상대방을 칭찬하는 수단으로 사용되며 정중한 행동으로 간주한다. 그러나 이러한 놀라움도 얼굴표시 외에는 거의 말을 하지 않는다.

② 손

손으로 하는 행동은 몸의 다른 행동과 연결되지 않으면 감정을 표현하는데 충분하지 못한 도구가 된다. 일본에서는 악수하는 것이 서양만큼이나 친숙한 표현이 되지 못하며, 악수할 때 바지에 손을 비비고 하는 것이 우호적인 표현이라고 생각한다.

③ 입

문제가 난감할 때 일본인들은 'O'형의 입술을 지으며 머리를 한쪽으로 갸우뚱거린다. 여성들은 갑작스런 웃음을 참기 위해 손으로 입을 가리며, 굉장히 놀라는 상황에서는 머리채를 손으로 끌어내리거나 인지와 중지로 입을 가린다.

④ 몸짓

일반적으로 위험이 닥쳤을 때 서양인들은 위험에 대항하려는 자세로 중심을 앞으로 두고 쓰러지지만, 일본인들은 몸자세를 낮추고 머리에 손을 얹고 주저앉는 경우를 볼 수 있다. 또한, 엉거주춤하며 뒷걸음을 친다. 이런 행동은 지진이 일어나거나 집에 벼락이 떨어졌을 경우에도 볼 수 있다.

⑤ 의견일치

일본에서는 다른 사람의 행동과 같은 행동을 하는 경향이 있다. 회의하는 동안에 머리를 끄덕이는 것을 볼 수 있는데 그것을 일본에서는 "아이즈치"라고 한다. 일본에서는 단체가 움직일 때 보폭과 빠르기를 조정하여 일치된 행동을 하도록 한다. 이러한 모방행동이 필수적인 비언어적인 수단이 된다.

8. 일본인에 대한 협상전략[55)]

일본인들은 대체로 협상을 싫어하며, 상대방과 정면충돌을 피하려고 하는 경향이 강하여 막후에서 조종하려고 한다. 막후 조정은 'Give and Take'에 기초를 둔다. 대체로 일본인들은 서구인들을 말로만 모든 것을 해결하려 하는 피상적이고 불성실한 사람으로 간주하고 있다.

일본인들에 대한 어려움은 그들이 무엇을 생각하고 있는지, 그들의 개성이 무엇인지를 이해하기 어렵다는데 있다. 그들은 자신들의 감정을 잘 드러내지 않는다. 그러나 상대방과 대화를 할 때 침묵을 지킨다는 것은 그 문제에 대해서 할 말이 없다든가, 말재주가 없어 가만히 있는 경우이거나, 그 문제를 호의적으로 깊이 생각하는 것으로 간주할 수 있다.

일본인들은 상거래에서 빈틈없는 준비보다는 완전한 인간관계에 의한 신용상태에서 거래협상을 행하므로 계약서, 송장(invoice), 상품목록과 같은 것을 주고받지 않고 거래하는 경우가 많다.

문화적인 차이로 상대방이 공격적이라든가 비윤리적인 고정관념에 사로잡힌다면, 공통의 이해에 대한 진전을 기대할 수 없고 협상은 중단되게 된다. 따라서 이런 측면에서 한쪽에서의 강한 의사전달이 상대방에게 절대적으로 보이는 오해를 낳게 된다. 일반적으로 일본인과 협상할 때 다음과 같은 사항을 유의하여야 한다.

첫째, 많은 명함을 가지고 다니면서 여행하고, 본인의 이름을 소개하여야 할 때마다 명함을 사용하여야 한다. 서로 인사할 때에 명함은 그 자리에 있는 모든 사람들에게 주어야 하고, 인맥에 의한 소개는 필수적이다.

둘째, 항상 일본인에게 자신을 알리고 신뢰할 수 있도록 하기 위해 노력하여야 한다. 또한, 다양한 상황에서 선물을 줄 수 있도록 준비하여야 한다. 저녁에는 일본인 동료들과 함께 술을 들며 자유롭게 대화를 나눌 수 있는 모임에 참석하는 것이 유익하다.

셋째, 모든 일을 할 때에 서두르지 않아야 하고, 의견대립이나 체면을 잃게 할

55) http://www.khan.co.kr, http://www.mofat.go.kr

지도 모르는 난처한 경우를 피하여야 한다.

넷째, 일본인들은 전통적으로 각 분야의 전문가들로 구성된 팀단위로 협상에 임한다. 협상은 당사자의 목적과 장기적인 상호 이익의 가능성과 같은 근본적인 문제에 대해 조용히 검토하는 것으로부터 시작된다. 협상은 일정기간 몇 차례의 회합을 가지면서 계속되거나 서신왕래 및 이메일을 통해 정보가 교환된다. 따라서 어느 정도의 홍정을 예상하여야 하지만 제의를 크게 부풀리지 않아야 한다. 이들과 상담할 때에 처음부터 끝까지 성실하고, 예의 바르게, 그리고 관심을 보이는 자세를 유지하는 것이 중요하며, 문제가 발생하면 중재자를 개입시켜야 한다.

제3절 태 국

일년 내내 찌는 듯한 더위가 계속되는 열대의 나라이지만, 국토가 기름져서 동남아 유수의 곡창지대를 이루고 있는 태국은 그 오랜 역사 속에서 한 번도 남의 나라에 짓밟힌 적이 없다. 그런 만큼 국민들은 강한 자긍심을 지니고 있지만 오만하지는 않다. 그것은 한없이 푸른 하늘, 투명한 산호 빛 바다, 그 아름다운 자연 속에서 대자 대비한 부처의 가르침을 받들며, 삶을 즐기는 마음의 여유를 지녔기 때문이다. 그들은 친한 사람을 만나면 반드시 두 손 모아 공손히 인사한다. 몇몇 종족이 어울려 살고 있지만 민족적 분규도 없고, 가족끼리의 유대감이 남달리 강하다. 태국은 아시아 고유의 아름다운 풍습과 화합의 정신이 살아 있는 국가라고 할 수 있다.[56)]

1. 일반현황

인구(2023) : 7,028만 명

수도 : 방콕(Bangkok, 820만 명)

56) 권태명, 『타이, 동남아시아』, 동아출판사, p. 9.

언어 : 타이어(공용어)

민족 : 타이족(81.5%), 화교(13.1%), 말레이족(2.9%), 기타(2.5%)

종교 : 불교(소승불교, 국민의 95%가 불교도)

기후 : 고온다습한 열대성 기후이며, 3계절로 대별됨(3~5월 고온, 6~10월 우기, 11~12월 비교적 저온)

2. 경제현황

화폐단위 : 바트(Baht), 1US$ = 36.37 Baht(2024.7 기준)

GDP(2023) : 5,489억 달러(세계 26위)

1인당 GDP(2023) : 7,813달러

산업구조(2023) : 서비스업(58.0%), 제조업(26.9%), 농업(9.1%), 광업(3.1%), 건설업(2.9%)

총수출액(2022) : 2,872억 달러

총수입액(2022) : 3,033억 달러

무역수지(2022) : 161억 달러 적자

무역상대국 : 일본, 미국, 중국, EU제국, 싱가포르, 홍콩, 말레이시아 등

주요 수출품(2022) : 전기·전자제품, 컴퓨터부품, 쌀, 자동차 및 부품 등

주요 수입품(2022) : 자본재, 원자재 및 중간재, 전자기계, 소비재 등

주요 부존자원 : 천연고무, 타피오카, 쌀, 안티모니, 텅스텐, 천연가스 등

경제적 강점 : 천연자원 및 관광자원 풍부

경제적 약점 : 사회간접자본 및 고급 기술인력 부족, 높은 정부 및 가계 부채, 외국인 투자 유치 부족

3. 여행정보[57)]

(1) 식음료

태국에서는 수돗물을 마시지 않아야 하고, 폴라리스라는 미네랄워터나 청량음료수를 사서 마셔야 한다.

(2) 화장실에는 화장지를 꼭 준비

공중 화장실을 찾기가 힘든 나라이지만 고급호텔이나 레스토랑은 문제될 것이 없다. 남성용이면 SUKHA CHAI, 여성용이면 SUKHA YING이라 쓰여 있다. 그러나 가격이 저렴한 호텔이나 지방도시에서는 튀르키예식이라 하여 통의 물을 떠서 내려 보내는 수세식으로 되어 있다. 쭈그리고 앉는 방식도 한국과는 반대방향이다. 화장지는 없거나 아예 사용하지 않는 경우가 있다. 이러한 경우 용변 후에는 왼손에 물을 묻혀 처리하고 물비누로 손을 씻는다. 따라서 여행자는 화장지를 꼭 준비해 가야 한다. 그러나 최근 도시가 현대화 되어가고 있어 많이 개선되고 있다.

(3) 태국의 트랜스젠더 문화

태국에는 우리의 상상을 초월하는 숫자의 성전환한 남성들이 있다. 즉 남성이 여성으로 성전환하는 숫자가 거의 백만 명 정도가 있을 정도이고, 그들은 주변으로부터 여자로서의 삶을 인정받고 살 수 있다는 것도 우리에게는 상당히 생소하다고 할 수 있다.

그런데 이 문제는 태국 역사를 엿보면 어느 정도 짐작할 수 있다. 근세 태국은 많은 전쟁을 겪었는데 미얀마와의 전쟁을 통해 태국 국토는 거의 피폐화되었고, 이어진 크메르 원정도 태국 문화에 도움은 되었지만, 계속되는 전쟁 등을 통해 많은 남자들이 희생되어 졌고, 이로 인해 가장이 없는 태국의 각 가정들은 모계를

57) http://www.travart.com

중심으로 가정이 형성되기 시작했다. 이러한 모계 중심은 여성이 상대적으로 적은 남성을 보호하고 생활 전반에 걸쳐 권리를 행사하기 시작하여, 모계중심의 가정이 자연스럽게 형성되어 오늘날까지 이어져 현존하고 있다.

그래서 태국은 여권 천국이라 해도 과언이 아닐 정도로 법적, 풍습적으로 여권이 보장되어 졌다. 이로 인해 편모슬하, 또는 많은 사춘기 무렵의 소년들은 남성보다 강한 여성이 되고 싶어 하는 마음을 행동으로 옮기기 시작했다. 현재 태국 내 고등학교에는 성전환자들이 상당히 많다고 한다. 하지만 초등학교에는 거의 성전환자가 없다고 한다. 그리고 사회 각 직장에서도 이러한 성전환자는 여성으로서 직위를 보장받고, 무엇보다 태국인의 성전환자를 바라보는 시각은 다른 여성을 바라보는 눈길과 같기 때문에 성전환자들이 많아지는 현상이 계속되고 있다. 태국의 유명한 파타야의 알카자 쇼, 방콕의 갸바렛 쇼 등의 거의 모든 출연진이 다 '성전환자'들이 출연한다고 볼 수 있다.

(4) 남의 머리에 손을 얹지 않도록 할 것

태국의 풍속은 철저하게 불교의 영향을 받고 있다. 그들이 감사하다는 표시로 합장할 때 합장으로 답례하면 좋아한다. 결혼을 하면 일정기간 처가살이를 하므로 일종의 모계 가족제도라고 할 수 있다. 이들은 친척끼리 10여 가구씩 집단생활을 하며 마을의 장로와 승려의 발언권이 매우 강하다.

사찰이나 왕궁에서는 샌들을 신지 못하고, 짧은 바지도 입지 못한다. 사찰이나 왕궁 안에 들어갈 때는 신을 벗어 들어야 하고, 때 묻은 옷은 입지 않도록 한다. 또한, 왕실에 대한 경의를 잊지 않아야 하며 남의 머리에 손을 대서는 안 된다. 어린애라도 머리에 손이 닿았을 때는 사과해야 한다. 그리고 물건을 건네주거나 받을 때에는 반드시 오른손으로 해야 하는데, 그 이유는 왼손은 부정한 것으로 생각하기 때문이다.

(5) 주의사항

주로 남자들의 경우겠지만 혈기방탕하다 보니 시비가 싸움으로 번져 낭패를 보는 경우가 종종 있는데, 태국인들과는 싸우지 않아야 한다. 태국 사람이 대부분

체구가 작고 마른 편이어서 쉽게 생각하는데, 이들의 싸움방식에 일 대 일이라는 개념이 없고, 외국인과 싸움이 벌어지면 외국인 對 태국인과의 싸움이 되어 주변에 있는 모든 태국인의 공격을 받는다. 또한, 태국인들은 싸울 때 목숨을 걸고 싸운다. 그 이유는 우리보다 생명을 중요시 여기지 않으며, 불교의 윤회사상으로 인하여 세상에 다시 태어나는 것으로 믿고 있기 때문이다.

(6) 태국에서의 예절

① 태국 국민들은 왕실을 존경한다. 법률이나 사회적인 관습을 지키지 않는 사람이라 할지라도 태국 왕실에 대한 존경심만은 대단하다. 따라서 왕실을 우습게 보는 행동은 하지 않는 것이 좋다.

② 태국인들은 자신의 감정을 그대로 표출하는 것은 무례하고 교양이 없는 것으로 간주된다. 이들도 평소에는 성격이 온순하고 감정을 표현하지 않는다.

③ 공공장소에서의 남녀간의 애정표현은 바람직하지 않다. 서구화된 태국의 연인들도 손을 붙잡고 다니는 정도이다.

④ 발로 사람이나 사물을 지칭하는 것은 무례한 행동으로 여겨진다.

⑤ 태국인들은 사람의 머리를 신체 중에서 가장 중요한 부분으로 생각한다. 따라서 친밀함을 표시하는 경우라도 머리를 치는 것을 삼가야 한다.

⑥ 태국의 개인 가정집에 들어갈 때는 신발을 벗어야 한다. 불상이 보존된 법당이나 이슬람 사원에 들어갈 때도 신발을 벗어야 한다.

⑦ 종교적인 성지를 방문할 때는 깨끗한 옷차림을 해야 한다. 셔츠를 입지 않았거나 너무 짧은 옷, 핫 팬티 및 기타 단정치 못한 옷차림으로는 입장할 수 없다.

⑧ 크기나 훼손 정도에 관계없이 모든 불상들은 신성시되고 있다. 사진을 찍기 위해서 불상에 올라간다든지, 또는 어떠한 형태로든 불상을 무시하는 행동을 하면 안 된다.

4. 태국의 문화, 관습[58)]

태국의 법률에는 종교 모독에 관한 많은 특별 조항이 있는데, 이 항목들은 국교인 불교에만 해당되는 것이 아니라, 태국 내에 보급된 타종교들까지도 포함된다. 예를 들어, 어느 지역사회의 종교에 대한 모독이나, 법적으로 허용된 종교의식 행사에서 행사를 방해하는 자는 누구를 막론하고 모두 법적인 처벌을 받게 되며, 종교적인 숭배를 얻고자 성직자를 상징하는 의상이나, 그 외의 상징물을 도용할 경우에도 처벌을 받는다.

이와 같이 태국은 종교를 중요시 여기므로 불교 사원들을 방문할 때 소매 없는 상의, 또는 짧은 스커트 반바지 등의 착용을 삼가해야 하고 의상은 항상 단정해야 한다. 불교 사원 내를 방문할 경우 신발 착용은 허용되나, 불상이 있는 사당 내에서의 신발 착용은 금지된다. 회교 사원 내에서는 남자는 모자를 착용해야 하고, 여자는 긴 스커트와 목까지 단추가 채워진 긴소매의 상의를 입고 머리에는 스카프를 해야 한다. 사원에 들어갈 때는 신발을 벗어야 하고, 집회를 할 때에는 관광객의 출입이 금지된다.

태국에서는 불교 성직자들이 여자에게 손을 대거나, 여자가 불교 성직자들을 건드려서도 안 된다. 물건도 여자의 손으로부터 전달되어서는 안 되며, 여자가 성직자에게 전달하려는 물건을 먼저 남자에게 건네주어 그 남자가 성직자에게 물건을 전달해야 한다. 직접 여자가 건네주어야 할 경우 승려가 노란색 천이나, 손수건을 내밀어 여자가 물건을 천위에 놓도록 해야 한다.

태국에서는 필요 이상으로 상대방을 오래 쳐다보는 것도 무례한 행동으로 여겨진다. 이것을 때로는 싸움을 거는 행동으로 받아들여질 수도 있다. 태국인들은 공공연한 장소에서 입씨름을 하는 것을 좋아하지 않는다는 것도 기억해 둘 필요가 있다. 그런 행동을 가장 몰상식한 행동이라고 생각하고 있기 때문이다.

태국 사람들은 서로 인사를 할 때 악수를 하는 것이 아니라, 기도하는 자세와 같이 양손바닥을 합장한 자세로 목례를 한다. 이들은 'WAI'라는 말로 인사하며,

58) http://www.travart.com

일반적으로 손아랫사람이 윗사람에게 먼저 인사하고, 손윗사람은 같은 자세로 이에 응답한다.

5. 태국인의 국민성

이들은 많은 국민이 농업과 관련된 일에 종사하고 있으며, 곡물이나 과일, 양란, 화초 등을 수출하여 외화를 벌어들인다. 농업과 종교적인 의식, 축제 등은 태국을 이국적인 나라로 만들었다. 그리고 타이에서는 군주와 종교가 신성시되고 있다.

인구의 구성은 태국인이 약 81.5%, 화교가 13.1% 그 외에 말레이계 및 메오족, 카렌족, 아카족 등 고산족들로 구성되어 있으며, 그 중의 13.1%에 해당하는 중국인들이 태국 경제권의 80% 이상을 장악하고 있다. 여러 민족들이 살기 때문에 태국인 고유의 전형적인 생김새를 규정짓기 어려운데, 일반적으로 북으로 갈수록 키가 크고 피부가 희며 콧대가 서 있고, 남으로 갈수록 키가 작고 피부가 검으며 콧대가 낮다.

대개 북부 여인들이 아름다운 것으로 알려져 있으며, 외국인 혼혈이 많이 증가했고, 몇몇 혼혈인 연예인들이 인기를 얻고 있기도 하다. 태국인들의 특징 중 하나는 모두 쌍꺼풀이 있다는 것이다. 태국인들의 미의 기준은 피부가 얼마나 흰가의 여부에 있다.

태국인들은 평상시에 온순하고 자유로운 마음으로 생활하나, 자존심이 상하면 다혈질의 성격을 보이며 매우 거칠어진다. 그렇기 때문에 평소에 잘 참으며 싸움에 말려들지 않으려 한다. 한 번 싸움을 하면 목숨을 걸고 사생결단을 내려 하기 때문이다.

국교는 불교로써 전 국민의 95%가 불교를 믿고 있다. 말레이반도에 접해 있는 남부 지역은 말레이시아의 영향을 받아 더러는 이슬람교를 믿기도 하고, 극소수의 인원이 기독교, 천주교를 믿는다. 우리나라도 종교를 믿으면서 토속신앙을 어느 정도 믿는 것처럼 태국인들도 불교를 믿으며, 토속 귀신인 '피'를 '싼피품'이라 하는 태국식 집 모양의 제단을 만들어 각 집에 모신다. 이 '싼피품'을 상당히 신성하게 여기기 때문에 이 나라를 찾는 외국인들도 이를 함부로 대하다가는 낭패를 보

기가 쉽다.[59)]

이외에도 태국인은 자신의 정령이 머리에 있다 하여, 상대방이 머리를 만지면 자신의 정령이 만진 사람에게 빠져나간다 하여, 어린아이의 머리를 만져도 굉장히 불쾌해 한다. 또한, 물건을 주고받을 때 왼손을 사용하면 부정스럽다 하여 사용하지 않는다. 왼손은 불결한 손이라 하여 오직 화장실 갈 때만 사용한다.

태국인들은 날이 더워 짜증스러워도 그늘 밑에 앉아 서로 농담을 주고받으며 얼굴에 웃음을 잃지 않는다. 흔히 사람들이 태국을 '미소의 나라'라고 하는 이유가 바로 이 때문일 것 같다.[60)]

태국인들은 아열대성 기후로 인하여 모든 일을 서두르지 않고, 오늘 못 다한 일은 내일로 미루고 일과시간이 끝나면, 즉시 업무를 끝내 버린다. 이들은 모든 일을 안일하게 생각하고 내일에 대한 걱정은 하지 않는다. 이들은 빈부의 차가 존재하더라도 큰 의미를 두지 않는다. 부자도 가난한 사람을 무시하지 않고, 가난한 사람도 부자를 크게 부러워하지 않는다. 이러한 국민성은 단합은 잘 되지만, 가난한 사람조차도 열심히 일할 생각을 하지 않는다는 문제가 있다.

태국인들은 함께 '더불어' 사는 국민인 것 같다. 필자가 태국을 갔을 때의 일이다. 태국의 큰 상점 앞에 작은 손수레의 과일 노점상이 과일을 팔고 있었다. 그것도 그 큰 상점 바로 앞에서 과일 노점상이 과일을 팔고 있었던 것이다. 내가 그 큰 과일상점 주인한테 "자신의 영업에 방해되는 과일 노점상을 다른 곳으로 이동해달라고 언급하지 않는 이유가 무엇인지?" 물어 보았다. 그 큰 상점 주인은 "나는 큰 상점을 갖고 있고 장사도 잘 되기 때문에 충분히 돈을 많이 벌 수 있는데 반하여, 작은 과일노점상도 가족이 있을 것이 분명하므로 돈을 조금이나마 벌어야 하지 않겠느냐."고 대답하였다.

그리고서 큰 상점의 주인은 나에게 되물었다. "왜 한국 사람들이 이런 질문을 많이 하는지요? 라고 물어보았다. 필자 말고도 다른 한국 사람이 그러한 질문을 이미 몇 번이나 한 것 같았다. 이와 같이 태국에서는 가진 사람이 못 가진 사람을 위해서 조금이라도 도와주는 것이 당연하다고 생각한다는 것이었다. 당시 필자는

59) http://www.cwmpcts.org
60) http://www.travart.com

아마도 이렇게 더불어 사는 국민정신이야말로 태국이 아시아에서 유일하게 독립국가를 지켜 왔던 정신이 아니었는가 하는 생각이 들었다.

6. 태국시장의 특성

이 나라 소비자의 구매성향은 제품의 브랜드를 중시하여 브랜드의 명성이 확립되면, 무조건 신뢰하는 경향이 높고 품질보다는 가격 및 외견을 중시하고 있다. 그러므로 상품은 새로운 디자인과 산뜻한 제품을 선호하고, 색상도 밝고 화려한 것을 좋아한다. 유행은 미국의 영향을 많이 받으며, 왕실이나 불교에 역행되는 디자인이나 포장은 경시한다.

태국의 거리를 가면 우리나라 자동차가 많이 다닌다는 것을 알 수 있다. 태국인들은 우리나라 상품을 상당히 좋은 제품으로 인식하고 있고 호의적이다. 따라서 이러한 한국의 이미지를 더욱 개선하면서 판매활동을 한다면, 한국의 좋은 시장이 될 것으로 예상된다.

태국인들과 거래할 경우에는 주로 운임·보험료포함조건(CIF조건)으로 하고 대폭의 가격할인에 대해서도 사전에 대비하여야 한다. 태국에서는 백화점과 서점 등을 제외하고는 많은 폭의 할인을 한 후 구매하고 있다. 실제로 태국을 여행하다 보면 길가에 있는 상점이 처음에는 20달러짜리라고 하여 그냥 가려고 하면 5달러로 급변하기도 한다. 이처럼 물품의 가격은 단지 흥정을 위한 것으로 생각하므로 우리가 상점이나 거리에서 물건을 살 때에는 상대방이 부르는 가격에서 30% 정도 심지어는 50% 정도까지 할인해야 하는 경우도 있다.[61]

7. 상거래문화

태국은 대부분의 상품이 자유롭게 수입되고 있으나, 사치품이나 자국산업 보호에 필요한 품목은 수입을 상당히 규제하고 있는 편이다. 태국은 경상수지를 관광수입으로 많이 벌어들이고 있으며 관광프로그램과 상품을 다양하게 운영하

61) http://www.kotra.or.kr

고 있다.

대화할 때는 정치나 왕실 또는 종교에 대한 언급은 피해야 한다. 태국인들은 왕실을 지극히 존중하며, 심지어는 현 정치에 불만을 갖고 있는 세력도 왕실에 대한 비난은 용납하지 않는다. 집에 들어가면 반드시 신발을 벗고 불상 앞에서는 경건한 자세를 취하여야 한다. 이들은 상대를 부를 때에 성(姓) 대신 이름을 부르므로 당황할 필요가 없다.

태국은 커다란 빈부격차로 인해 소득계층의 이중구조가 심화되어 있기 때문에, 태국시장은 고가제품과 저가제품이 주류를 이루고 있는 반면, 중가제품을 찾는 고객은 상대적으로 적은 편이다. 태국에는 외국자본의 진출도 활발하여 세계 유명브랜드의 제품을 쉽게 발견할 수 있고, 자동차의 경우 일제차는 물론이고 벤츠, 볼보 등을 조립·생산하여 판매하기도 한다. 도시와 농촌을 비교하면 큰 도시에는 유명브랜드가 점유하는 비중이 높고, 농촌지역에는 중·하류의 제품들에 대한 로컬브랜드가 보다 강력한 판매력을 가지고 있다.

태국인들의 소비성향을 살펴보면 그들은 소득수준에 비해 상대적으로 높은 구매력을 보유하고 있다. 태국인의 소비성향을 알기 위해서는 타이족 및 중국계 화교로 나누어 분석해 볼 필요가 있다. 타이족이 전 국민의 81.5% 정도를 차지하고 있으나, 중국계 화교가 태국의 경제권을 대부분 장악함으로써 경제력이 화교들에게 집중되어 있다. 이에 따라 타이족은 1, 2차 산업이나 공무원직에 주로 종사하고 있다. 타이족의 소득은 태국 전체적으로 볼 때 평균 이하이며, 이들은 재산의 축적보다는 여유소득을 소비하는 경향을 보이고 있다.

태국에는 전문수입상이 발달되어 있지 않아 주요 거래업자들의 유통조직에 의존하는 경향이 강하다. 그러나 최근 들어 인구의 도시집중화에 따른 도시생활권의 확대와 문화시설의 확대 등으로 대량판매업체들이 크게 발달하고 있다. 모든 경제활동이 심각할 정도로 방콕 수도권으로 집중되어 있으며, 백화점 이외의 전문상권이나 유통구조는 미비한 상태이다.

태국에서는 상품의 각 유통단계 대부분이 화교들 간에 동족적인 연결고리로 이어져 있기 때문에, 현지인은 물론 외국상사의 신규참여가 매우 어렵다고 할 수 있다. 보통 수입업자가 도매업도 겸하고 있기 때문에 수입품이 그대로 소매상에게 도매되는 경우가 많으나, 상품에 따라 제1차 도매업자인 수입업자로부터 제2차, 또는 제3차 도매업자를 통하여 소매업자에게 넘겨지는 경우도 종종 있다.

태국의 상권은 여타 동남아 국가들과 마찬가지로 화교들에 의해 장악되고 있다. 태국과의 비즈니스에서 만나는 사람의 대부분을 일단 중국인이라 보면 된다. 이들은 상대방의 약점을 파악하는데 매우 능숙하다. 그들은 한국인의 특성이라고 할 수 있는 "직선적이고 급한 성격에 쉽게 마음을 여는 것" 등을 잘 알고 있으므로, 한국인들은 이러한 점들을 충분히 고려하여 신중하게 상담을 이끌어가야 한다.

대형 프로젝트를 성사시키기 위해서는 태국 내 상류사회와의 인맥이 매우 중요하다. 따라서 상류사회를 이루는 왕과 왕족, 군, 경찰, 정치가, 기업인들과의 교류가 필요하다. 그리고 신상품 판매나 새로운 사업추진을 위해서는 태국이나 제3국과의 판매실적을 요구하는 경우가 있으므로, 상담하기 전에 이에 대한 충분한 자료를 준비하여 미리 대비함으로써 그들에게 신뢰감을 줄 수 있도록 하여야 한다.

태국인은 자존심이 대단한 국민이기 때문에 한국에 대하여 질투, 또는 경쟁상대로 생각하는 경향이 있다. 따라서 자만심을 갖거나 고자세의 태도로는 그들과의 원만한 비즈니스관계를 유지할 수 없으며, 태국인을 정중하게 대우해 주면서 도움을 줄 수 있는 관계임을 보여줄 때 진정한 파트너가 될 수 있다.[62]

제4절 싱가포르

조그마한 공화국 싱가포르(사자의 도시)는 동남아시아에서 가장 부유한 나라 가운데 하나로 꼽힌다. 그러나 정작 이 나라를 찾는 방문객들은 상반되는 느낌을 동시에 받는 경우가 많다. 어떤

사람들은 이 나라의 깨끗함과 국민들의 근면함, 절제 있는 모습 등에 감탄하는가 하면, 또 어떤 사람들은 싱가포르의 평화와 번영이 강압적인 정부정책에 의존하고 있음을 지적하기도 한다. 싱가포르 정부는 공적인 생활과 사적인 생활에 엄격한 통제를 가하고 있으며, 심지어는 의복과 개인위생까지 일정한 기준을 부여하고 있

62) 이호건외 3인, 전게서, pp. 112-115.

다. 그 예로 남자의 장발은 공식적으로 제재대상이 된 적이 있다. 싱가포르는 일찍부터 중계무역항으로 번영해 왔지만 독립 이후 중앙정부의 강력한 공업화정책에 힘입어 정유, 주선, 철강, 화학과 경공업 분야에서 눈부신 발전을 거듭해 왔다.[63]

1. 일반현황

인구(2023) : 564만명
면적 : 718㎢
위치 : 적도 북쪽 137km 지점
수도 : 싱가포르(Singapore)
정식명칭 : 싱가포르공화국(Republic of Singapore)
언어 : 영어, 중국어, 말레이어, 타밀어(이상 공용어) 등
민족 : 중국계(76.2%), 말레이계(13.8%), 인도계(8.3%), 기타(1.7%)
종교 : 불교·도교(51.0%), 이슬람교(14.9%), 기독교(14.6%), 힌두교(4.0%) 등
기후 : 고온 다습의 열대성 기후(11~1월은 Monsoon기로 기온이 비교적 낮음)

2. 경제현황

화폐단위 : Singapore Dollar(S$), 1US$ = 1.35S$(2024.7 기준)
GDP(2023) : 5,015억 달러(세계 37위)
1인당 GDP(2023) : 84,735 달러
산업구조(2023) : 제조업(19.2%), 서비스업(72.2%), 건설업(3.6%) 등
총수출액(2023) : 4,754억 달러
총수입액(2023) : 4,226억 달러
무역수지(2023) : 528억 달러 흑자
무역상대국 : 중국, 일본, 미국, 한국, 인도, 호주, EU, 대만, 인도네시아 등

63) http://www.myhome.netsgo.com

주요 수출품(2023) : 석유제품, 선박해양구조물 및 부품, 반도체, 의약품, 전기제품 등

주요 수입품(2023) : 기계・장비류, 공산품, 원유, 석유제품, 화학제품, 농산물 및 식품 등

경제적 강점 : 자유무역항(글로벌 물류 중심지), 금융산업 발달, 정치적·사회적 안정

경제적 약점 : 부존자원 부족, 고령화, 높은 대외의존도, 내수시장 협소

3. 여행정보

(1) 담배꽁초와 쓰레기

싱가포르에서는 거리에 담배꽁초나 쓰레기를 버리면 벌금을 내야 하는 제도가 있어서 철저하게 지켜지고 있다. 그래서 싱가포르의 거리에서는 담배꽁초 하나 눈에 띄지 않는다. Clean & Green(청결과 푸르름)을 표방하는 정부의 정책이 성공을 거두고 있는 것이다. 담배꽁초나 쓰레기를 함부로 버리다가 걸리면 S$ 500의 벌금을 물어야 한다. 또한, 공공 건물을 더럽히고 청소비용이 많이 든다 하여, 정부에서 껌의 수입과 제조판매를 금지하는 조치를 발표하기도 하였다. 거리나 광장 곳곳에는 쓰레기통이 마련되어 있고, 그 쓰레기통 안에는 담뱃불을 비벼 끌 수 있는 재떨이까지 부착되어 있다. 침이나 가래를 내뱉는 것도 벌금대상이 되지만, 이것만은 여전히 도처에서 발견된다. 전동차 안에서 음식을 먹어도 많은 벌금을 물어야 한다.[64]

(2) 교통규칙과 종교적 금기

싱가포르에서는 교통규칙이 엄하고, 관광객이라고 해서 봐주는 일도 없다. 횡단보도나 지하도와의 거리가 50m 이내인 장소에서 무단 횡단하다가 걸리면 S$50의 벌금을 물어야 된다. 근처에 횡단보도가 없을 때에는 자동차용 교통신호가 있

64) http://my.dreamwiz.com/kokikoki

는 곳에서 건너는 것이 좋으며, 보행자를 위한 신호는 짧으므로 빨리 건너야 된다. 사원이나 교회에서 큰 소리를 지르거나, 기도에 방해가 되는 일은 삼가야 된다. 그리고 이슬람교도나 힌두교도에게는 왼손으로 물건을 건네주면 안 된다.[65)]

(3) 기타 법규

싱가포르에서 음주운전을 하였을 경우, 혈(血) 중 알코올 농도가 100㎖당 80㎎이 넘으면 현장에서 체포되고 수갑이 채워진다. 법정에서 음주운전 유죄 판결이 나면 초범은 싱가포르 $1,000~5,000의 벌금, 또는 6개월 이하의 징역형(최소 1년 이상 운전면허 정지)을 받으며, 재범의 경우에는 싱가포르 $3,000~10,000의 벌금, 또는 1년 이하의 징역형을 받는다. 그리고 용변 후 물을 내리지 않으면 첫 번째 적발 시 싱가포르 $1,500, 두 번째는 싱가포르 $500, 세 번째부터는 싱가포르 $1,000 달러의 벌금을 내야 한다.

그리고 호텔, 관청, 공공건물, 학교, 버스정류장 등과 같은 사람들이 줄을 서서 있는 곳에서의 흡연은 법으로 금지되어 있다. 대부분이 벌금 제도이며 자신이 직접 적발되지 않았어도 목격한 다른 사람의 신고에 의해서도 벌금이 부과될 수가 있다. 하지만 실제로 작은 법규는 어기는 사람이 많은데 경찰의 숫자가 우리나라보다 훨씬 적기 때문이다.

정치적으로는 사회주의에 가까운 면을 보이고 있으며, 경제적으로는 자유경제를 지향하는 싱가포르는 타국가보다 비교적 강한 법 체제(태형제도 포함)를 유지하고 있고, 일반 사회제도 및 국민의식이 선진화되어 있어 치안상태는 양호한 편이다.

여성에게 성희롱을 하거나, 먼저 시비를 걸거나(먼저 폭력을 행사하는 경우), 원산지를 속인 음식물로 사기나 장난을 치는 경우 태형을 선고받는데, 예전에는 사람에 의해 형이 집행됐으나 최근에는 컴퓨터에 의한 신체검사 후 기계에 의한 형의 집행으로 태형 1대를 맞으면 2-3개월 정도의 치료를 요한다.(죄인의 건강상태를 체크하여 2-3개월 치료받을 정도로 기계가 죄인을 가격한다). 그리고 죄인은 언도된 형을 모두 채워야 하기 때문에 3-4대의 태형이라도 집행기간이 1년 가까이 걸리며, 태형을 언도 받은 사람은 태형의 공포로 인해 극심한 스트레스에 시달린

65) http://my.dreamwiz.com/kokikoki

다고 한다. 그래서인지 치안상태가 아주 양호하다. 또한, 사회주의에 가까운 정치성향 때문인지 데모를 아주 싫어하여 세계적 수준이라는 싱가포르 국립대학에는 정치학과가 없다.[66]

4. 싱가포르의 문화, 관습

싱가포르는 여러 세대 동안 중국인, 말레이인, 인도인 등 다양한 민족들에 의해 활기 넘치는 지역으로 발전해 왔다. 이들 각 민족은 제각기 다양한 문화와 언어습관 등을 유지 발전시켰는데, 이러한 다양한 문화의 뒤섞임은 싱가포르의 문화를 더욱 살찌우고 있다. 절이나 교회에서 큰소리를 내거나 기도의 방해가 되지 않도록 주의해야 하며, 종교적 의식이나 장소의 사진촬영은 미리 허가를 받아두는 것이 현명하다. 이 밖에 이슬람교나 힌두교의 법도로는 왼손으로 물건을 건네주거나 악수를 해서는 안 되므로 주의해야 한다.

싱가포르 인구의 76.2%를 차지하는 중국계는 풍요로운 음식과 근면성, 다양한 문화와 축제 등을 지니고 있다. 13.8%를 차지하는 말레이계는 독특한 이슬람교와 현란한 색의 의상, 향신료를 사용한 음식문화를 자랑하며, 8.3% 정도의 인도계는 강렬한 종교축제와 독특한 음식 등을 선보인다. 그 밖에 싱가포르에는 16세기 말라카를 지배했던 포르투갈을 비롯한 유럽인들도 적지 않다. 이들은 싱가포르 초기 개척자들의 후예라고 할 수 있는데, 결과적으로 싱가포르를 보다 다양한 세계로 이끄는데 중요한 역할을 하고 있다. 이런 다양한 민족 구성에도 불구하고 이들 민족은 하나의 싱가포르 건설이라는 과제에 동참하고 있어 주변 국가들의 부러움을 사고 있다. 이렇듯 다양한 민족 구성에 걸맞게 싱가포르에는 공용어만도 영어, 중국어, 말레이어, 타밀어 네 가지가 있는데, 정책적으로 점차 영어의 사용 영역을 넓혀가고 있다.

싱가포르에서는 이름(First name)을 불러주기를 요청할 때까지 Mr., Mrs., 또는 Miss를 사용하여야 한다. 중국인은 성을 이름 앞에 두고, 말레이인은 성을 가지고 있지 않다. 자신의 이름에 "....의 이름"을 의미하는 'bin'과 함께 아버지의 이름이

66) http://home.hanmir.com/~kangjc/frameset.htm

붙는다. 또한, 대부분의 인도인들도 성을 가지고 있지 않으나 아버지 이름의 첫 글자를 사용할 수도 있다. 예를 들면, 중국인 Jang Mun Dong은 Mr. Jang이고 말레이인 Hassan bin Ahmed는 Mr. Hassan이라 할 수 있다.

싱가포르에서는 만날 때와 헤어질 때에 악수를 한다. 그리고 인사할 때 명함은 필수적이며 연장자에게 항상 큰 존경심을 보여야 한다. 싱가포르에서도 중국의 문화가 많이 존재하고 있다. 그리고 회교사원이나 교회에서는 신을 벗어야 한다.[67]

5. 싱가포르 시장의 특성

인구가 적은데 비해 큰 소비시장인 이 나라는 200여년 이상 영국의 지배를 받은 탓으로 일반 소비자들의 소비성향은 영국식 생활관습의 영향이 강하여 내구성과 경제성을 중시하고 있다. 그러나 의류 등 소비재에 대해서는 유행성과 외양이 중요시되고 있으며, 일반적으로 영국 상표에 대한 선호도가 높은 경향을 보이고 있다.

이 나라의 유통구조는 수출입, 도매, 소매 등으로 뚜렷이 구분되어 있지 않으며 도매업은 비교적 낙후되어 있다. 유통부문에 있어서는 영국계가 지배하고 수입업무 분야에서도 주도권을 갖고 있는데 비해, 중국계는 국내유통단계 전체에 종사하며, 인도계는 주로 섬유, 잡화류 및 귀금속제품 등을 취급하고 있다.[68]

싱가포르는 동남아의 중계무역 중심지로써 동남아의 무역, 금융, 물류의 중심지로 전 세계 상품이 집결하고 있고, 다른 국가에 재수출하여 많은 이익을 얻고 있다(총 수입액의 40% 정도가 재수출되는 중계무역센터). 비록 싱가포르는 도시국가이지만 무시할 수 없는 시장규모를 가지고 있으며, 소득분배가 균등하고 외국인 방문객이 연간 700만 명 이상으로 구매력이 적지 않은 시장이라 하겠다. 싱가포르는 자유무역정책을 취하고 있고, 자유무역시장이 형성되어 있어 술, 담배, 자동차, 유류 제품 등 4대 상품군을 제외한 모든 상품이 무관세로 수입되며, 전 세계 유명 브랜드가 집결하는 시장이다. 더구나 싱가포르는 자유무역국가이므로 관세나 비관

---

67) http://www.newasia/singapore.or.kr
68) http://www.mofat.go.kr.

세 장벽이 거의 없고, 수많은 잠재 공급업자들이 존재하므로 싱가포르 시장에서 경쟁이 치열하다. 따라서 시장개척을 위해서는 가격경쟁력의 확보가 관건이라 할 수 있다.

싱가포르는 다민족, 다종교로 구성된 국가의 특성을 반영하듯이 소비패턴 역시 다양한 수요층이 있는 시장이라 할 수 있다. 싱가포르 시장은 고소득층과 외국인 거주자(총인구 중 외국인이 16% 이상을 차지함) 및 관광객 대상으로 하는 고가 유명브랜드 제품, 서민층 대상으로 하는 중국 및 인근 개도국에서 수입된 중・저가 제품 등이 공존하고 있다. 현재 싱가포르 시장은 대규모의 유통업이 발달되어 있고, 연간 700만 명 이상의 관광객과 거주 외국인 및 고소득층을 대상으로 백화점, 쇼핑몰, 면세점, 할인점, 전문용품점 등으로 다양한 대규모 유통센터가 발달되어 있다. 특히, 현지 유통업에 일본계 대형 백화점 및 쇼핑센터와 같은 외국자본이 대거 진출하여 경쟁이 치열하다.

싱가포르는 아시아의 대표적인 전자시장으로써 다국적 기업들의 전자상품을 생산・유통하는 기지라고 할 수 있다. 싱가포르의 최대 수출입 업종은 전자제품이고, 특히 반도체 등 전자부품류와 컴퓨터 및 동 부품이 높은 비중을 차지하고 있으며, 한국과의 수출입 거래도 전자상품이 중심이라 할 수 있다. 한국 상품의 경우, 대부분 일본계인 유명백화점에 진출하는 데에 어려움을 겪고 있고, 한국 상품의 인지도・이미지 부족으로 고전을 하였으나, 최근 가격경쟁력 회복과 함께 이미지도 점차 증대되고 있다.[69]

6. 상거래문화

이 나라는 부존자원이 없으면서도 아시아에서 가장 높은 생활수준을 향유하고 있는 국가 중의 하나이며, 정치 및 경제가 스위스만큼이나 안정된 것으로 평가받고 있다. 자유무역항으로서 내・외국인 구분 없이 비즈니스에 동등한 기회를 부여하고 있다. 싱가포르에서는 많은 서구의 비즈니스 관행이 채택되고 있으나 아직은 중국식 관행이 우세하다.

69) http://www.mofat.go.kr

우리나라와 싱가포르간의 교역은 계속 증가세를 나타내고 있다. 한국으로는 중요한 교역국가라고 할 수 있다. 싱가포르는 경제발전에 따라 소비패턴이 다양하며 유명브랜드 제품을 선호한다. 일반인들은 크리스마스가 시작되는 11월말부터 2월말 구정까지의 기간 중 구매력이 제일 높다. 현지 관례상 연말에 상여금이 지급되기 때문에 연말, 연초(11-1월)가 최대의 구매시즌이며, 주민의 76.2%가 중국계임에 따라 중국인의 최대 명절인 구정이나 전체의 13.8%를 차지하는 말레이계의 최대 명절인 'Hari Raya(4-5월)'를 즈음하여서도 많은 구매가 이루어지고 있어 동 시즌에는 의류, 일용품 등 일부 소비재의 가격이 오르는 경향이 있다.[70]

지금까지 한국 상품의 수출이 어려웠던 점은 물량의 불안정한 공급, 한국 업체간의 과도한 경쟁, 현지 업체와의 커뮤니케이션 부족, 효과적 홍보대책 및 장기적 판매전략 부재 등이라 할 수 있다. 최근 들어 한국 상품이 가격경쟁력에 따른 우위를 확보하고 있던 상품시장에서 인근 개도국(말레이시아, 인도네시아, 태국 등) 및 중국에서 밀려들어오는 저가품에 의해 기존시장을 잠식당해 왔다. 그러나 이러한 저가품과의 경쟁을 벌이기보다는 효과적인 홍보와 장기적인 판매 전략을 구사하여, 중·고가품 시장에서 확고한 이미지를 구축하고 선진국 제품에 대비한 가격경쟁력을 갖추어 나가야 할 것이다. 이에 따라 현지 유통업에 대한 전략적 진출방안 및 제조업의 경우 인근지역에의 공장설립을 통한 물량공급으로 가격경쟁력의 확보방안, 주요 산업별 수출조정의 기능강화로 물량의 안정적 공급 및 과도한 경쟁 방지 등을 적극 추진해 나가야 할 것이다.[71]

싱가포르 사람들은 모든 일을 할 때 천천히 하지 않고 서두르는 편이다. 그러나 서두르는 것을 좋아하는 한국 사람의 눈에는 싱가포르인의 서두르는 모습이 별로 빨라 보이지 않는다. 싱가포르인들은 걷는 것도 그다지 빨리 걷지 않는다.[72]

거래상대는 대부분이 화교들인데 이들과 인간적 신뢰감이 구축되어야 접근하기가 용이하다. 이들과 거래할 때에는 그 내용을 구두로 확인하는 것보다 문서화 해두는 것이 좋으며, 그들은 사소한 일이라도 문서 확인과정을 거치는 습관이 있다. 싱가포르 상인들은 겉으로는 매우 친절하고 친화력이 뛰어나지만, 금전문제가 개

70) http://www.mofat.go.kr
71) http://www.mofat.go.kr
72) http://my.dreamwiz.com/kokikoki

입되면 냉정해지기 때문에 이와 관련된 문제들을 명확하게 처리하여야 한다.

싱가포르에서 활동하는 상인은 크게 화교계 상인과 인도계 상인으로 구분된다. 화교계 상인들은 논리보다는 친숙도와 인간관계를 중시하며, 첫 대면시의 명함교환은 사업상 또는 사교상 필수적이라 할 수 있는데, 화교들은 명함을 줄 때 반드시 두 손으로 준다. 영어이름을 갖지 않은 화교인 경우에는 명함의 제일 처음에 나오는 것이 그의 성이며, 화교를 호칭할 때에는 이름보다 성으로 부르는 것이 예의이다. 유교의 영향을 받아 가부장적인 성격이 강하므로 실무자보다는 회사대표를 상대로 상담하는 것이 좋으며, 실무자와 상담할 경우에는 대표의 심중을 확인하고 거래를 진행해야 한다.

다른 화교들과 마찬가지로 싱가포르의 화교기업들도 가족중심으로 회사를 운영한다. 즉, 아침식사 때 가족들과 할 일을 논의하고 저녁식사 때 그 날 일을 결산하므로, 거래상대방을 접대하기에는 점심이 효과적이라 할 수 있다. 이들은 상대의 약점을 철저히 공략하여 이득을 취하는 전형적인 장사꾼 기질이 있으며, 신용을 강조하면서도 계약체결 후 상황이 바뀌면 내용 취소, 또는 수정을 요구하는 경우도 많이 발생한다. 또한, 화교상인들은 상담할 때 실제보다 과장되게 표현하는 경우가 많으므로 주의해야 한다. 싱가포르의 화교상인들은 홍콩, 대만, 태국, 인도네시아 등지의 화교들보다 훨씬 서구적인 마인드를 가지고 있으며, 이들은 술과 담배를 별로 즐기지 않고 과다한 선물이나 과도한 접대를 꺼리는 경향이 있다.

반면에 인도계 상인들은 인도와 파키스탄 등 서남아 지역과 중계무역을 주로 하고 있는데, 거래 초기에 마켓클레임(Market Claim)이나 수주취소 등 계약불이행 관련사례가 빈발하는 등 거래관행이 악의적이고 신의가 없는 경우가 많다. 그러나 개인적인 친분이 두터워지면 신뢰성 있는 거래가 지속되기도 한다. 상담 시 화를 잘 내지 않고 거의 불가능한 요구조건에 대해서도 문제가 없다는 식의 태도를 보이지만 이를 전적으로 믿어서는 안 된다. 상담 시 그들의 요구조건에 대한 수용이 불가능하면 명확한 거절의사를 표시할 필요가 있다. 인도계는 대부분이 힌두교도이므로 힌두교의 종교의식 및 관행을 숙지하고 있으면 그들과 거래할 때 유리하다. 즉, 그들은 육류와 생선을 먹지 않으므로 식사는 가능하면 인도식당에서 함께 하는 것이 좋으며, '금주, 금연, 금녀'의 3원칙을 지키는 경우가 많으므로 이에 유념해야 한다.

싱가포르는 인구의 76.2%를 차지하는 중국계가 전 업종에 걸쳐 종사하고 있다. 이들과의 상거래는 대부분 신용장거래이지만, 소규모 직물공장의 경우 면사를 신용으로 공급해 주고 2~3개월 후에 입금시키는 '신용거래'가 필요하다. 그러나 이러한 신용거래에 담보를 제공치 않고 있다. 따라서 이들과의 상거래에 있어서는 개인적인 신뢰감, 친분 등이 거래 성사나 지속에 절대적인 요인으로 작용한다.

중국계 싱가포르인은 비즈니스에 있어서 일반적으로 본토의 중국인보다는 솔직하다고 할 수 있다. 그리고 원만한 인간관계를 유지하고 법률적인 서류작성은 간소화하여야 한다. 이들은 법률적인 서류보다 신용에 의한 거래를 중요시 여기기 때문이다. 이러한 것은 중국의 문화와 상당히 일치한다는 것을 알 수 있다.

그러나 싱가포르에서의 협상은 중국보다 신속히 이루어지고 진실에 기초를 두어야 한다. 싱가포르인은 특히 가격과 일정에 대해 까다롭다. 협상에서는 일체의 비리 및 금품의 수수 등은 용납되지 않기 때문에 뇌물수수에 대해서는 암시도 하지 않아야 한다.

인도계 싱가포르인들은 주로 섬유업과 섬유무역에 많이 종사하고 있으나, 일반적인 인식이나 평가는 좋지 않은 편이다. 이들은 계약을 체결할 때에 가격을 계속 깎아주도록 요구하며, 또한 가격을 깎기 위하여 고의적으로 클레임을 제기하거나 서류하자를 이유로 대금지급을 하지 않는 경우가 많다. 이들은 가격을 협상하기 위해서 최소한 3개 이상의 동종업체를 접촉하여 상담을 진행하는 경우가 보통이므로 경우에 따라서는 동종업체간 가격 담합이 필요하다.

싱가포르에서는 식사 중에는 비즈니스에 관하여 토의할 수 있지만, 최근에 알게 된 사람은 만찬에 초대하지 않는다. 그러므로 몇 차례 만남을 가질 때까지 기다려야 한다. 싱가포르에서 공무원은 초대를 받아들이도록 허용되어 있지 않다. 보통 식사를 할 때 젓가락을 사용하지만, 말레이인과 인도인은 손을 사용할지도 모르지만 식사할 때는 왼손을 사용하지 않아야 한다. 싱가포르에서 대부분의 접대는 음식점에서 이루어진다. 만일 가정에 초대되면 조그만 선물을 가져가도록 하고, 사탕이나 꽃이 적당하다. 그들은 선물을 손님 앞에서 개봉하지 않는다.

수출 시 유의해야 할 점으로는 사전 시장조사를 철저히 해야 한다는 점과, 무역업자와 직접 대면하는 것이 무엇보다도 중요하다는 점을 들 수 있다. 다만 협상 초기단계부터 에이전트를 선정하여 그들에게 인센티브를 부여해 주는 방법을 활용하면 시장에 진입하는 것이 용이할 수도 있다. 시장에 진출하고자 할 때에는 사전 제품테스트가 필요하며, 공략대상제품으로는 싱가포르인의 구미에 맞는 것으로서 고품질의 제품을 선택하는 것이 좋다. 그리고 에이전트의 도움을 얻어 관련산업 및 제품분야와 관련된 법을 숙지할 필요가 있고, 가격경쟁력을 가져야 하며, 제품과 관련한 소비자 교육 또한 판매에 중요한 역할을 담당하므로 이를 참고할 필요가 있다.

이들과 거래할 때는 열대기후를 고려한 제품포장 및 선적이 필요하며, 싱가포르인의 생활습관에 맞는 제품 이용법을 개발하여 보급할 필요가 있다. 싱가포르를 통한 역내 다른 시장, 즉 인도네시아나 말레이시아 시장 등으로의 진출을 감안한다면 인내심을 바탕으로 장기적인 경영전략을 수립하여 시행하는 것이 바람직하다.[73)]

제5절 인도네시아

대소 1만 7,508개 가량의 도서로 이루어진 인도네시아에는 300여 종족이 살고 있으며, 풍속, 문화, 말 등이 모두 다르다. 종교 하나만 보더라도 일찍이 힌두교를 받아들인데 이어 불교·이슬람교·기독교를 모조리 수용하고 있다. 인도네시아는 참으로 다양하고, 조화된 사회를 유지해 나가는 나라이다. 또한, 발리섬 같은 아름다운 자연과 가믈란(Gamelan) 음악, 바티크(Batik) 등 독자적인 문화를 지니고 있어 관광객의 발길이 끊이지 않고, 석유를 비롯한 부존자원도 풍부하여 잠재력이 큰 나라이다.

73) 이호건외 3인, 전게서, pp. 76-79.

1. 일반현황

인구(2023) : 2억 7,743만 명(세계 4위)
면적 : 191만㎢(한반도의 약 9배)
수도 : 자카르타(Jakarta, 인구 약 1,046만 명 거주)
도서수 : 17,508개(무인도 7,133개)
주요 도서 : 자바, 칼리만탄, 수마트라, 술라웨시, 파푸아 등
언어 : Bahasa Indonesia(인니어) ※ 자바어 등 지방어 포함 모두 600여종
종족 : 자바족(45.0%), 순다족(13.6%), 아체족, 바딱족, 발리족 등 300여 종족
종교 : 이슬람교(87%), 기독교(7%), 가톨릭(3%), 힌두교(2%), 불교(1%) 등
기후 : 열대성 몬순기후, 고온 무풍다습(11~2월 우기, 3~10월 건기)

2. 경제현황

화폐단위 : 루피아(Rupiah), 1US$ = 16,178.53 IDR(2024.7 기준)
GDP(2023) : 1조 3,191억 달러(세계 16위)
1인당 GDP(2023) : 4,291 달러
산업구조(2023) : 농업어업(11.8%), 제조업(18.7%), 서비스업(18.6%), 도소매업(13.1%) 등
총수출액(2023) : 2,924억 달러
총수입액(2023) : 2,373억 달러
무역수지(2023) : 551억 달러 흑자
무역상대국 : 중국, 일본, 싱가포르, 한국, 미국, 인도, 말레이시아, 호주 등
주요 수출품(2023) : 석탄, 원유, 가스, 고무, 금속광물, 섬유, 신발, 종이제품 등
주요 수입품(2023) : 기계류, 자동차, 산업용 및 가정용 전자 제품, 전자기기, 유기 화학 제품 등
주요 부존자원 : 석유, 천연가스, 원목, 주석, 고무, 망간, 금, 은 등의 천연자원

경제적 강점 : 풍부한 부존자원과 노동력, 연 5% 이상의 높은 경제성장률
경제적 약점 : 사회간접자본 미비, 빈부격차가 심한 경제구조, 의료시설 부족

3. 인도네시아의 국내정보[74)]

1960년대 이래로 이룩해 놓은 경제와 기술의 급성장은 주로 석유와 천연가스로 얻은 수입으로 가능했다. 석유와 천연가스는 제2차 세계대전 전에도 인도네시아제도의 많은 지역에서 생산되었지만, 1970년대에 국제시장 가격이 급등하면서 비로소 석유와 천연가스에서 나오는 수입이 국가 예산에서 큰 비중을 차지하기 시작했다. 1980년대 중반까지는 인도네시아 수출로 번 수입의 약 3분의 2가 석유산업에서 발생했다. 인도네시아는 세계 석유수출국기구(OPEC)의 회원국이기도 하다. 지질학자들은 인도네시아에 광범위하게 매장되어 있는 석유와 천연가스 자원이 다음 세기까지는 충분히 사용할 수 있을 것으로 예상하고 있다.

지질학적 구조 덕분에 인도네시아는 다른 광물자원도 풍부하다. 그러나 섬 가운데 미개발된 곳이나 현재 인도네시아 영토의 일부를 이루는 해저에서는 어떤 자원이 매장되어 있는지 정확히 아는 사람은 아무도 없다. 현재 이 나라 영토의 4분의 1에 해당되는 지역에서만 조직적인 광물탐사가 이루어진 상태이다.

아연과 니켈 생산에 있어서 인도네시아는 세계에서 주도적인 역할을 하며, 경제적인 가치 때문에 채굴하는 다른 중요한 광물로는 보크사이트, 구리, 사철, 망간, 원광, 금, 은 등이 있다. 그러나 1980년대 말에 석유와 천연가스, 그 밖의 원자재의 국제가격이 하락하여 인도네시아는 산업구조를 공업 위주로 개편하기 위해 하부 구조를 변혁시키는데 필요한 야심에 찬 대규모 계획들을 대부분 포기하거나 축소하지 않으면 안 되는 상황이 되었다.

인도네시아의 현재 목표는 농산물과 목재의 가공이나 직물제조와 같은 공업화뿐만이 아니라 다른 부분을 강화하는데 집중되어 있다. 산업부문에서 석유와 천연가스가 계속 중요한 비중을 차지할지라도 국가의 무역균형에 있어서 석유와 천연가스의 역할은 거의 절반으로 줄었다.

74) http://www.khan.co.kr, http://www.mofat.go.kr

(1) 일련의 활화산들

이 지역은 활화산 지대여서 파괴적인 지진이 빈번히 발생하는 것으로 볼 때, 인도네시아 사람들은 지구상에서 가장 위험한 지역을 삶의 터전으로 삼은 것이다. 300개도 넘는 활화산들이 미얀마로부터 뉴기니까지 이어지는 풍경은 과거에 이곳에서 무슨 일이 일어났었는지를 생생하게 상기시켜 준다. 그것은 또한 섬에서 일상생활을 하는 주민들에게 지금까지 잠재해 온 위험이 언제라도 갑작스런 큰 재해로 닥쳐올지 모르는 위험을 느끼게 한다.

인도네시아는 70개 이상의 화산들이 아직도 활동 중이며, 한 해라도 커다란 화산 폭발 없이 지나가는 경우는 거의 없다. 그 중에서도 자바 섬과 수마트라 섬 사이의 순다해협에 있는 크라카타우는 이 지역에서 가장 유명한 화산일 것이다. 1883년 이 화산의 폭발로 발생된 해일 때문에 36,000명이 익사하는 사고가 발생했었다. 그 폭발소리는 오스트레일리아의 앨리스스프링스까지 들렸으며, 대기 중으로 날아간 화산재의 구름은 전 세계적으로 진홍빛 일몰 현상을 일으켰다. 1815년 탐보라 화산 폭발은 사상 최대의 화산 재해였을 것이다. 그 폭발로 1만 명이나 되는 사람들이 목숨을 잃었고, 82,000명이 기아와 질병 때문에 죽었을 것으로 추측된다. 더욱이 최근 1982년에는 자바의 간랑궁 화산이 분화하여 400만 명의 사람들이 집과 땅을 잃었다.

(2) 일하는 인도네시아 어린이

인도네시아에서는 학교에 다녀온 어린이가 거리에 나가서 돈벌이를 하는 모습을 종종 볼 수 있다. 그들이 하는 일은 다양하다. 일반적으로 신문팔이를 하는 어린이가 많고, 시장에서 비닐주머니를 들고 섰다가 무거운 짐을 나누어 날라다 주고 돈을 받는가 하면, 비올 때 우산을 빌려주기도 하고, 구두를 닦거나 주스를 팔기도 한다. 그러나 최근 인도네시아의 급속한 경제성장으로 이런 모습은 지방에서나 볼 수 있다.

4. 인도네시아의 문화, 관습75)

(1) 가족생활

인도네시아에서의 결혼연령은 지방으로 갈수록 낮아서 13~15세의 조혼풍습을 가지며, 특히 농촌지역에서는 결혼지참금을 목적으로 한 결혼도 빈번한 편이다. 그런데 이들은 이혼율도 높은 편인데, 이혼이 많은 것은 남성우위의 이슬람사상의 영향에서 비롯된 것으로 실제 생활에서도 결혼과 이혼이 자유로운 편이다.

그러나 정부의 각료를 포함한 공무원에 대해서는 둘째 부인을 인정하지 않고 있고, 결혼과 이혼에 있어 반드시 상사와 상의를 하거나 특히 이혼의 경우에는 상사의 결재를 얻는 것을 관례화하고 있을 정도이다.

가정에서의 의사결정권은 중・하류층의 경우에는 남성이 가지지만, 상류층으로 갈수록 대개 여성들이 주도권을 행사하고 있어서 주택임차료 결정시 집주인인 남성이 수락하였다고 하더라도 나중에 부인이 거절하면 허사로 돌아가는 경우가 빈번하다고 한다. 또한 외국인이 인도네시아인 부부를 초대할 경우 남성만을 초대하면 초대를 거절하는 경우도 많다.

(2) 식사 및 초대

이들이 식사를 초대하였을 경우에는 반드시 응하는 것이 예의이며, 이러한 초대에 대한 거절은 상대방을 모욕하는 것으로 간주한다는 점에 유의하여야 한다. 인도네시아는 우리가 생각하는 것보다 외식문화가 발달해 있기 때문에 인도네시아 음식점은 물론, 중국, 일본, 서양식 음식점 등이 다양하게 존재한다.

식사를 초대받았을 때 약속시간은 정확하게 하는 것이 좋으며, 참석인원을 사전에 통보하여 예약할 수 있도록 하고 상대방을 위해 조그마한 선물을 준비하는 것이 좋으며, 결혼식 등에 초대될 경우에는 축하화환을 준비하는 것이 무난하다. 반대로 이들을 식사에 초대할 경우에는 미리 상대방이 좋아하는 식당을 파악하여

75) 김희준, "인도네시아의 통상환경과 상관습에 대한 소고", 『통상정보연구』, 제1권 1호, 한국통상정보학회, pp. 47-49.

정하는 것이 좋다. 그러나 이슬람교를 믿는 인도네시아인일 경우 돼지고기는 먹지 않으므로 주의하고, 사전에 좋아하는 음식 등을 알아보고 예약하여 통보하는 것이 관례이다.

인도네시아에서는 날씨가 덥기 때문에 음주문화는 크게 발전되지 않았다고 볼 수 있기 때문에 주로 음료수를 준비하는 것이 좋으나, 화교들의 경우에는 약간의 술은 즐기는 편이기 때문에 맥주나 약한 칵테일 정도를 사전에 준비하는 것이 유리하고, 일반적으로 알려진 것처럼 폭음을 하는 경우는 거의 없다.

(3) 종교, 금기사항

원칙적으로 인도네시아에서는 종교의 자유가 있다. 그러나 이슬람교가 국교라고 할 수는 없지만 87%가 이슬람교이기 때문에 문화에 큰 영향을 주고 있으며, 특히 국가의 고위직 공무원이 되기 위해서는 이슬람교이어야 하는 비공식적 조건이 있을 정도이다.

따라서 이슬람교에 대한 비판은 피하는 것이 좋고, 타종교와 비교하는 것은 상당한 결례에 해당한다. 특히 금요일 오전에는 이슬람교도들의 예배가 있어 방문을 피하는 것이 좋으며, 방문을 한다고 해도 만날 수 없는 경우가 대부분이다. 이슬람교도의 라마단의 금식과 금주를 존중하여야 하고, 낮 시간 동안에는 이슬람교도 앞에서는 음식을 먹지 않아야 한다.

인도네시아에서는 정부가 하나의 인도네시아를 상당히 강조하는 편이지만 다인종, 다언어, 다문화의 사회이기 때문에 실제로 인종간의 보이지 않는 갈등과 차별이 있다. 따라서 사전에 상대방의 종교와 종족에 대하여 알아두는 것이 유리하다.

인도네시아의 중국인들은 어느 정도 별개의 미심쩍은 종족으로 존속한다. 모든 인도네시아인들은 누가 중국인이고 누가 중국인이 아닌지를 알고 있으며, 또한 중국인은 완전한 인도네시아인으로 인정하지 않는다는 사실에 유의해야 한다. 인도네시아인은 외국인을 싫어하는 경향이 있으며, 서구적 행동은 전적으로 환영받지 못한다.

(4) 관습

인구의 87%를 차지하고 있는 이슬람교도는 왼손을 불결하다고 보아 남에게 내밀어서는 안 되게 되어 있다. 식사할 때에는 오른손을 쓰고, 돼지고기나 술은 입에 대지도 않는다. 또 종교의식이 거행되는 곳이나 사원에서는 옷차림을 함부로 해서는 안 된다. 한편, 인도네시아인들은 화합의 정신과 상호부조를 신조로 하여 관혼상제나 일상의 농경작업에 서로 협력을 아끼지 않는 미풍을 지니고 있다. 그리고 사회생활에서 절대적인 것이 예로부터의 마을 법도인 아다트라는 관습법인데, 이 법에 따라 질서와 평안이 유지되고 있다.

(5) 예 절

인도네시아에서 처음 소개되거나 오랫동안 작별한 때에는 고개를 약간 숙여 절해야 하며 악수는 예의에서 벗어난다. 자카르타에서는 사교상의 키스(처음에는 오른쪽 뺨에 다음에는 왼쪽 뺨에 입 맞춘다.)가 유행하고 있다. 그리고 회교사원이나 다른 성스러운 장소에 들어갈 때, 또는 주인이 신을 신고 있지 않은 집에서는 신을 벗어야 한다. 또한, 다른 사람의 머리(심지어 아이들의 머리조차도)를 손으로 만지지 않아야 한다.

5. 인도네시아인의 국민성[76)]

국민의 87%가 이슬람교 신앙을 가지고 있기 때문에 신에 대한 믿음이 느긋함을 유지할 수 있도록 한다. 인도네시아인들의 사고방식은 다소 안이하고 노력이 부족하며 서두르지 않는 편이다. 따라서 미래에 대한 계획보다는 현실 만족을 중요시하는 경향이 있다.

인도네시아 상권을 장악하고 있는 중국계의 주축인 화교와 사회의 지도층을 이루는 일부 인도네시아인들을 제외하고는 약속을 잘 지키지 않고 변명하곤 한다. 또한, 자존심이 매우 강한데다, 다른 사람을 많이 의식하는 편으로 남에 대한 수

76) 김희준, 전게논문, pp. 45-47.

모를 잘 견디지 못하고, 돌발적인 행동을 하는 경우도 종종 볼 수 있다.

이러한 이유는 인도네시아의 오랜 식민지 역사에서 비롯되었다고 언급도 하는데, 지난 350여 년간의 네덜란드 식민 지배와 일본의 통치를 받아왔기 때문에 주체적이기 보다는 비교적 수동적인 타인 의존적인 사고를 가졌다고 볼 수 있다.

인도네시아인들은 다른 사람의 입장을 이해할 줄 알고, 참을 줄도 알며 기다릴 줄 아는 심성도 엿보이는데, 인도네시아인들이 변명을 잘한다는 사실도 자신이 잘못하였을 때 이를 인정하지 않으려는 태도는 창피한 상태를 벗어나려고 하는 데서 오는 것이라고 보는 것이 적절할 것이다.

한편, 인도네시아 원래의 원주민은 주로 말레이 인종으로 자바족 45.0%, 순다족 13.6% 등이 다수를 차지하는 70종족을 포함하여 300여 종족으로 이루어져 있다. 그리고 이들은 상이한 생활습관과 관습을 가지고 있으며, 이들 가운데 사회의 큰 영향력을 갖는 종족들을 기준으로 살펴보면 다음과 같다.

(1) 자바족

인도네시아의 다수 종족으로 정치 지도자들의 대부분이 자바족 출신이다. 대부분 이슬람교를 신봉하지만, 중동의 이슬람교와 달리 힌두교의 영향을 크게 받은 현지의 자바 종교가 토착화된 이슬람교를 신봉하고 있다.

(2) 순다족

대부분의 행정관료가 순다족 출신인데 이슬람교를 신봉하며, 이슬람교의 계율인, 1일 5회의 기도와 라마단의 뿌아사(단식 기간) 등을 좀더 엄격히 지키는 편이다. 피부가 비교적 희고 여타 종족에 비해 깨끗하기 때문에 일반 직공보다는 서비스 계통에 많은 종사율을 보이고 있다.

(3) 바딱족

50%가 이슬람교이고, 나머지는 기독교, 가톨릭이다. 바딱족의 결혼은 씨족(마르가)과 씨족간의 결합을 의미하기 때문에 대도시를 제외한 지방의 바딱족이 결혼할 때 남성은 여성에게 자유로이 결혼을 신청할 수 없다. 이들 종족은 성격이 비

교적 공격적이며 거칠고 투박하지만, 체구가 크고 리더십과 진취적인 성향이 있어 직장의 매니저급 등의 직업을 갖는 경우가 많다.

(4) 미낭까바우족

일명 빠당인(Padang)으로도 알려져 있는데 대부분이 이슬람교도이고, 인도네시아인 중에서 이슬람교 교리에 가장 충실한 종족으로 알려져 있다. 모계사회로 알려진 미낭까바우족의 결혼은 여성 측이 남성 측에 구애하고, 신분에 상응하는 현금이나 물품을 주는 것이 통례로 현재도 이를 답습하고 있다. 이들 종족은 사업수단이 좋아 화교상인에 뒤지지 않을 정도여서, 자카르타는 물론 전 인도네시아에 자신들의 고유문화인 빠당음식점을 운영하고 있고, 명성 있는 기업인의 대부분이 이곳 출신이다.

6. 인도네시아 시장의 특성[77)]

(1) 제품선호 성향

경제개발 이후 인도네시아인의 시장은 여타 개발도상국과 마찬가지로 고급제품 시장과 중·저가 제품시장으로 양분되어 있다. 고급 제품 시장에서는 이미 오래 전부터 개방이 된 나라이기 때문에 세계의 일류 브랜드 대부분이 현지시장을 장악하고 있으며, 일류브랜드에 대한 선호경향이 매우 크다. 그러나 중·저가 제품인 경우에는 가격이 제품선택의 매우 중요한 요소가 되며, 일반적으로 동일한 가격이나 약간의 차이에서는 한국산보다 일본산 제품을 선택하는 경우가 많았다. 그러나 최근 한류 영향으로 한국 상품의 인지도가 상승하였다.

(2) 상권

인도네시아의 경제는 75% 이상이 중국인의 화교자본이 장악하고 있기 때문에 대부분의 거래에서 화교를 만나게 된다. 이곳의 화교들은 대부분이 중국인 2~3세

77) 김희준, 전게논문, pp. 50-51.

로서 중국어를 구사하지 못하는 등 많은 부분에서 현지화 되었다고 볼 수 있으나, 기본적으로 화교들과의 거래에는 신뢰가 필요하고 인도네시아 화교들은 계산에도 매우 밝은 편이다. 따라서 중국인을 상대로 거래한다는 생각으로 접근하는 것이 무난하다.

7. 상거래문화

인도네시아인들은 모계사회의 관습이 아직도 남아 있어 상류계층으로 갈수록 여성의 발언권이 세기 때문에 중요한 의사결정에서는 여성의 권한이 절대적이다. 따라서 계약을 체결할 때에 계약당사자에게 이러한 문제를 주지시키는 것이 안전하다.

인도네시아인은 머리에 영혼이 담겨 있다고 생각한다. 우리나라에서는 귀여움의 표시로 어린아이의 머리를 쓰다듬는 경우가 있지만, 인도네시아에서는 어린아이의 경우라도 머리를 만지는 것은 절대적인 금기사항이다. 또한, 왼손은 불결하다고 생각하기 때문에 악수, 서명 등에서는 사용하지 않아야 한다. 이러한 이유는 이들의 식사습관과 관련이 깊은데, 대부분의 인도네시아인들이 음식을 먹을 때 숟가락, 젓가락, 포크 등의 도구를 사용하지 않고 오른손을 사용하고, 용변을 보고 나서 뒤처리할 때 왼손을 사용하기 때문이다.

서양에서는 친근함의 표시로 공개적인 장소에서 포옹이나 키스를 하는 경우가 종종 있는데, 인도네시아에서의 이러한 행동은 아주 무례한 사람으로 간주된다. 인도네시아에서 주의해야 할 점으로는 현지인과 대화할 때 절대로 화를 내지 않아야 하고, 작은 목소리와 미소를 띤 표정을 의식적으로 보일 필요가 있다. 인도네시아인들은 큰소리로 이야기하는 것에 대해 상대방이 화가 난 것으로 판단한다. 따라서 현지인과의 대화 시에는 느긋한 자세로 대화내용에 대한 충분한 설명을 해야 하며, 확답을 피하는 것이 좋고 상대방의 자존심을 자극하는 말과 행동은 절대적인 금기사항이라고 할 수 있다. 이들은 국민성이 비교적 느긋하기 때문에 서두르거나 급한 표시를 하면, 오히려 역효과가 난다는 점에 유의하여야 한다.

그리고 상대방과 대화할 때에는 특정 인물이나 물건을 손으로 지칭하지 말아야 하며, 큰 모션을 취한다든가 목소리를 높이는 일은 상대방을 무시하는 오만한 행동으로 간주하기 때문에 삼가야 한다. 그리고 상대방과 대화할 때에 수치심을 느끼게 한다거나 체면을 손상시키면, 그 사람은 가장 큰 모욕을 당한 것으로 생각한다. 따라서 절대로 상대방을 공개석상에서 난처하게 하지 않아야 한다.

자카르타 등 대도시에서는 악수가 보통의 인사방법이지만, 이들 대도시를 제외한 지역에서는 아직도 머리를 숙이는 인사 방법이 보편적이며, 예의를 차린 인사 방법으로 간주된다.

인도네시아인과 약속을 하는 경우에 약속을 당사자에게 직접 하는 것은 결례로 간주되기 때문에 사전에 비서를 통하여 예약하는 것이 일반적이며, 약속시간은 잘 지키지 않는 경우가 많으므로 느긋하게 기다린다는 식의 인내가 필요하다. 이들은 약속시간에 늦는 경우에도 변명으로 일관하며, 미안해하지 않기 때문에 이러한 행동에 대해서 화를 내기보다는 관습이라 생각하고 이해하는 편이 좋다. 따라서 인도네시아인들과 상담할 때 사전에 시간을 약속 받고 시간은 엄격히 지켜야 하지만, 이들은 과장된 표현을 즐겨 쓰며 하나의 거래가 완결될 때까지는 많은 시간이 소요된다.

한편, 인도네시아 회사와의 협상은 최고경영층에서부터 관리자, 실무담당자와 같이 여러 단계에서 각기 이루어지며, 협상의 진전은 느리다고 할 수 있다.

인도네시아인은 상담할 때 거절의 표시를 정확히 하지 않으므로, "두고 보자"는 식이나 "한번 생각해 보겠다"는 형태의 답변은 거절의 표시로 받아들이면 정확하다. 또한, 일단 약속을 해놓고도 이에 대하여 잘 이행하지 않는 경우가 있으며, 거기에 따르는 변명을 하곤 한다. 따라서 인도네시아인들과의 상거래시에는 구두에 의한 계약보다는 서면으로 이행하는 것이 좋으며, 이러한 서면도 상세한 형태로 작성해 두는 것이 향후 이와 관련된 문제가 발생할 때 유리하게 대처할 수 있다.

이들은 상거래에서 교섭을 할 경우 비록 상대방과 의견차이가 있다고 하더라도 공감대가 형성될 때까지 상위한 점을 간접적·우회적으로 표현하는 성향이 있고, 가격흥정을 즐기는 편이기 때문에 백화점 등 몇몇 장소를 제외하고는 무엇이든지 흥정이 가능하다. 한편, 계약이 체결되어도 이행여부는 인샤알라(insha'alla:h : 알라신이 허락하신다면)식이므로 계약이 이행되지 않는 경우가 많으며, 계약불이행

은 신의 뜻이 아니라고 생각하는 경향이 있음에 유의해야 한다.[78)]

가정에 초대받으면 신발을 벗고 들어가며, 정상적인 가정은 대개 7시나 7시 30분에 저녁식사를 한다. 손님은 대개 남의 집에 들어가기 전에 "permisi(들어가도 좋습니까?)"라고 물어본다. 손님은 먹거나, 마시거나, 문을 통과하거나 할 경우에 주인이 권할 때까지 기다려야 한다. 감사의 표현은 떠날 때에 문 앞에서 "감사합니다"라는 한마디로 충분하다.[79)]

인도네시아인에게 있어 가정이라는 것은 그 무엇보다도 큰 의미를 지니고 있기 때문에 가정을 대화 주제로 삼으면 업무적인 만남에서 나타나는 어색한 느낌을 지울 수 있으며, 개인 신상에 관한 질문(종교, 인종, 출신지역 등)은 가급적 삼가는 것이 좋은데, 이는 개인 신상에 의해 자기 체면이 손상되는 것을 우려하는 경향이 크기 때문이다. 특히 이슬람에 대한 비판과 현 정권에 대한 비판은 금지사항이라는 점을 명심해야만 한다.

선물이란 '세일즈맨의 구급약'이라는 말처럼 인간의 마음을 약하게 만들고 선물을 받고 기분 나빠 할 사람은 거의 없다. 이러한 사실은 인도네시아의 경우에도 동일하게 적용된다. 인도네시아에서 선물은 공개적인 장소에서 주는 것을 삼가 하여야 하며, 상대방이 부담가지 않고 오래 기억할 수 있는 물건이면서 정성을 나타낼 수 있으면 좋다. 인도네시아 현지 방문 시 이러한 점을 고려하여 한국산 인삼, 외국과자 등을 선물하는 것이 좋고, 시계, 지갑, 인삼차 등도 무난하다고 할 수 있으나, 여성용 선물은 종교적 이유로 삼가야 한다.

행정체계는 상당히 낙후된 편으로 관료적이며, 비리가 노골적이고, 각종 비리행위가 공공연하게 성행되고 있다. 따라서 기업 활동 시 표면에 나타나지 않는 커미션을 항상 10~20% 정도를 사전에 계산해 두지 않으면 손실이 발생할 정도로 관례화 되어 있다.

외국 기업들이 인도네시아 시장에서 성공적인 기업 활동을 수행하기 위해서는 무엇보다도 우수한 브랜드 이미지, 좋은 품질, 효율적인 판매망의 구축이라고 할 수 있다. 이러한 요소는 인도네시아 시장 외의 다른 시장에서도 중요한 요소라 할

78) 김희준, 전게논문, pp. 49-51.
79) 이승영, 전게서, p. 265.

수 있다. 인도네시아 소비자들에게 좋은 브랜드 이미지를 남기기 위해서는 고객서비스를 강화하는 것이 무엇보다 중요하다. 고객에 맞는 서비스체제를 구축하고 만족스러운 고객서비스를 통해 좋은 브랜드 이미지를 남겨야 한다. 이와 아울러 지역사회 발전에 기여하는 것도 브랜드 이미지 향상에 도움이 된다.

한국 기업들은 인도네시아를 아직도 경제수준이 낙후된 저 기능, 단순제품의 시장으로만 생각하지만, 전 세계 유명 브랜드들의 각축장이 되어 있는 인도네시아에서 좋은 품질만이 확고한 입지를 다질 수 있다는 것을 알아야 한다.

인도네시아에서 효율적인 판매망을 구축하기 위해서는 좋은 합작 파트너 선택이 중요하다. 국토가 넓고 지역마다 다른 소비특성을 가지고 있는 인도네시아는 초기에 한국기업이 성공적으로 진출하기가 용이하지 않으므로, 현지 전문가나 탁월한 현지 파트너를 통해 판매망을 구축하고, 어느 정도 시간이 지난 다음 독자적인 입지를 구축하는 것이 바람직하다.[80]

제6절 필리핀

필리핀은 대소 7,107개의 섬으로 이루어진 군도(群島)국가로서, 이름이 붙은 섬만 해도 2,700개가 넘는다. 북부의 루손 섬이 가장 크고, 남부의 민다나오 섬이 그 다음이다. 필리핀은 전체적으로 화산국이며, 현재 활동하고 있는 화산도 50개가 넘는다. 또한, 동서지각의 접점이 단층을 이루는 불안정한 지반 때문에 해마다 크고 작은 지진이 수없이 일어난다. 최근 1990년 7월에 일어난 진도 8.3의 지진은 필리핀 역사상 최대의 지진으로써 사망자만 1,000명 가까이 생겨났을 정도이며, 이 지진으로 루손 섬의 마닐라 북부 바기오 일대는 폐허로 변했다.

필리핀에는 원주민 네그리토족의 문화와 스페인 통치시대의 유럽문화가 혼합되어 독특한 문화를 꽃피우고 있다. 또한, 현대의 최첨단문화와 석기시대의 원시문화가 공존하고 있는 다양한 문화형태를 보이고 있다. 한 마디로 말해서 필리핀은 복잡한 언어와 풍습이 공존하고 있는 복합사회라고 할 수 있다.[81]

80) 김희준, 전게논문, pp. 48-53.

필리핀은 천연자원이 풍부한 나라이다. 채광할 수 있는 광물자원만 해도 구리, 철, 니켈, 망간, 크롬, 아연, 금과 은, 코발트, 석탄, 석회석 등이 있다. 광물자원 외에도 천연자원으로 어종이 풍부한 연안어장과 화산성 물질이 퇴적된 일부지역의 비옥한 농토, 그리고 다시 재생할 수 있고 상업적으로도 쓸 만한 가치가 있는 풍부한 임산자원이 있다. 일반적으로 필리핀은 번영할 수 있는 기반이 탄탄하며, 실제로도 이 천연자원들이 상당히 많은 국가수입을 가져다준다.

그러나 여러 가지 요인으로 인해 필리핀 경제는 성숙단계에 이르지 못하고 있다. 국제적인 요인으로는 주요 수출품인 원자재의 국제시장가격이 급격히 하락했기 때문이다. 또한, 동시에 필요한 에너지의 절반 이상을 차지하는 석유의 급격한 가격 인상으로 대체 에너지를 찾을 수밖에 없었다. 에너지를 찾는 하나의 해결책으로 레이테 섬의 오르목 부근에 있는 많은 화산과 온천에서 발생하는 지열(地熱)을 이용하는 방법을 계획하고 있다.

한편, 경제발전을 가로막는 국내요인들로는 미비한 계획에 따른 잘못된 경영과 정부당국 및 정치지도자들의 부패한 정치를 들 수 있다. 이러한 국내 요인들 때문에 빈부의 격차가 극심하여 인구의 20%가 국가 부의 80%를 장악하고 있으며, 소수의 지식계층이 정치적 지위를 이용하여 상당한 부를 축적하는 반면, 수백만의 필리핀 사람들은 고질적인 빈곤에 허덕이고 있는 실정이다. 이와 같은 극심한 빈부의 격차로 인한 불평등은 스페인 식민지 통치시대부터 생긴 인습적인 것이기도 하지만, 토지개혁을 실시하려는 시도들이 번번이 지주들의 완강한 저항에 부딪혔기 때문이기도 하다.[82]

1. 일반현황

인구(2023) : 1억 1,733만 명

수도 : 마닐라(Manila)

언어 : 타갈로그어(공용어), 영어(상용어)

81) http://phil.youhak.com/first.htm
82) 장평순, 전게서, 제2권, pp. 55-56.

민족 : 말레이계가 주종이며, 중국, 미국, 스페인계 혼혈 다수
종교 : 가톨릭교(83%), 기독교(9%), 이슬람교(5%) 등
기후 : 고온다습한 아열대성(12~4월 건기, 5~11월 우기)

2. 경제현황

화폐단위 : 페소(Peso), 1US$ = 58.36 Peso(2024.7 기준)
GDP(2022) : 4,241억 달러(세계 39위)
1인당 GDP(2022) : 3,761 달러
산업구조(2022) : 1차산업(8.9%), 2차산업(30.8%), 3차산업(60.3%) 등
총수출액(2022) : 826억 달러
총수입액(2022) : 1,386억 달러
무역수지(2022) : 560억 달러 적자
무역상대국 : 미국, 일본, 싱가포르, 중국, 홍콩, 한국 등
주요 수출품(2022) : 반도체 부품, 전기·전자장비, 의류, 당류 원목가공품 등
주요 수입품(2022) : 기계류, 철강제품, 원유, 전기장비 제조부품, 전자제품 등
주요 부존자원 : 금, 은, 동, 망간, 구리, 니켈, 석유, 임산자원 등
경제적 강점 : 천연자원과 노동력이 풍부, 관광산업 발전
경제적 약점 : 부정부패로 기업 경영환경 불만족, 지역간·계층간 소득격차 극심, 수출구조가 취약, 인프라 부족

3. 필리핀의 문화, 관습

(1) 문화의 형성

필리핀의 문화는 중국 문화의 토대 위에서 발전했고, 중국의 철학 사상과 정신문화가 필리핀인의 정신에 많은 영향을 주었다. 중국의 문화라고 할 수 있는 자식과 부모와의 관계, 인간의 윤리 관계 등의 경건사상이 그들의 생활에 적용되어 필

리핀에 독특한 문화를 형성하게 만들었다.

또한, 스페인은 필리핀에 가톨릭과 서구 사회의 문화를 전하며 스페인의 법률, 언어 등 많은 문화를 남겼다. 필리핀어의 수많은 방언도 스페인어에서 빌려온 것이다. 필리핀은 인구의 83%가 스페인의 가톨릭을 믿고 있다. 미국은 필리핀에 현대 기술과 서구 민주주의를 정착시켰으며, 기독교를 필리핀에 전파하여 영적 운동을 전개시켰다.[83)]

(2) 필리핀인의 가족과 친족

필리핀에서는 가정이 기본 구성원으로 연합된 조직체이다. 필리핀의 사회는 가정이 서로 친밀하게 연합된 것이 특징이다. 이들은 가족이 중심이 되므로 가족이 다른 친척에 영향을 준다. 모든 필리핀의 사회조직은 가족 공동체로부터 많은 영향을 받는다. 특히 종교적인 면에서 많은 영향을 받았기 때문에 그들은 종교 조직의 행동에 순응한다. 필리핀인의 가족의 특징은 경제생활을 할 때도 그들은 서로 단결하여 족벌주의 형태로 발전하여 나가며, 결과적으로 가족중심의 혈족으로 구성된다. 일반적으로 가족 중의 핵심적인 구성원들이 지도자로서 가족을 지배하고 이끌어 나간다.[84)]

(3) 국기 · 국가에 대한 경의

필리핀에서는 동일성의 상징으로 국기와 국가가 매우 존중된다. 학교에서도 국기의 게양식이 엄수되고 국가 제창을 하며, 영화관 등에서도 국가를 연주하므로 국기나 국가에 대해서는 외국인도 경의를 표해야 된다. 이러한 것은 과거 우리나라 중 · 고등학교와 극장에서 행했던 유신시대를 생각하면 된다.

(4) 종교

역사적으로 필리핀은 가톨릭과 이슬람교가 이 나라의 주요한 종교였다. 이슬람교는 14세기에 모험심이 강한 남아시아 상인들에 의하여 필리핀에 들어왔다. 16세

83) http://www.imway.com/phil-invest.htm
84) http://www.imway.com/phil-invest.htm

기까지 이슬람교를 전파하였으나, 스페인이 필리핀에 1571년에 들어오게 됨으로써 이슬람교 전파가 억제되었다. 오늘날에는 제한적으로 남쪽 민다나오 지역주민이 주로 이슬람교를 믿고 있다. 역사적으로 그들은 엄청난 핍박과 환난을 당하였다. 그들은 자신의 신앙을 지키기 위하여 약 300년 동안 스페인군과 연합군이 피의 혈전을 벌여서 수많은 사람이 희생당하였다.[85]

(5) 화장실에는 양변기에 앉게 되어 있는 자리가 없다.

이들은 양변기 위에 올라서서 용무를 보는 사람이 많기 때문에 불필요한 것은 아예 치워버린 것 같다. 또한, 화장실 옆에 물병이 놓인 경우도 있는데 이는 용무를 본 후 물로 씻으라는 이슬람식의 관행이 일반서민층에 널리 퍼져 있다.[86]

(6) 예절[87]

필리핀에서는 남자나 여자에 있어서 모두 악수가 보편화되어 있다. 그러나 여자와 악수할 때에는 여자가 먼저 청할 때까지 기다리는 것이 예의이며 인사는 상냥하게 하여야 한다. 필리핀에서는 다음과 같은 것을 주의하여야 한다.

① O.K를 표시할 때 보통 사용되는 손가락을 둥그렇게 하는 사인을 사용하지 않아야 한다. 이것은 돈을 의미하는 것이므로, 이 사인 대신 엄지손가락을 위로 올려 보여야 한다.

② 필리핀인에게는 멍청하다는 말을 사용하지 않아야 하는데 이 말은 대단히 큰 욕이다. 또한 짐승과 결코 비교하지 않아야 하는데, 특히 돼지와 원숭이를 가지고 비교해서는 안 된다.

③ 필리핀인을 초청할 때에는 한두 번은 늘 거절하기 때문에 세 번 이상하여야 한다. 또한, 그들의 초대에 응하여 놓고 가지 않는 것은 그들의 자존심을 크게 건드리는 행위이다.

④ 음식을 대접받을 때에는 배부르거나 설령 원치 않더라도 조금이라도 들어야 한다. 만약 정말로 못 먹겠거든 커피, 바나나, 과자 등 대체품이라도 들어야 한다.

---

85) http://phil.youhak.com/first.htm
86) http://www.phillippines21.co.kr
87) http://mynetian.com/ilj002/105.html

인간관계에서 필리핀인들에게는 음식의 나눔이 매우 중요하다.

⑤ 공식모임에서는 결코 샌들을 신지 않아야 한다. 구두로 정장했다는 것은 그 모임이 중요하다고 생각했다는 표시이기 때문이다. 또한, 반바지를 입고 돌아다니지 않아야 한다. 물론 해변가나 유원지는 허용된다지만 필리핀 사회에서 외국인의 반바지 차림은 무례하게 보인다.

⑥ 선물을 받았을 때 선물을 준 사람의 허락을 받지 않고 대중 앞에서 열어보지 않아야 한다.

⑦ 환자에게는 꽃 대신에 음식을 가져가야 한다. 꽃은 죽은 사람을 위한 것이기 때문이다.

⑧ 노인을 공경하여야 한다. 필리핀에서는 노인을 존경하고 아끼는 풍습이 철저하다. 젊은이는 아침과 저녁에 노인을 만날 때마다 노인의 오른손에 키스를 하고 경의를 표한다. 따라서 필리핀의 가정에 초대받았을 때, 그 집의 노인에게는 반드시 경의를 표해야 한다. 그런데 필리핀인이 그들의 가정으로 초대할 때 "저희 집에 와서 식사를 같이 하십시다"라고 한 번만 말했을 때는 가지 말아야 된다. 몇 번이고 되풀이하여 말했을 때만 진짜 초대한다는 뜻이 되기 때문이다.

⑨ 만약 필리핀 가족과 함께 거주한다면, 당신의 물건을 공용화한다는 것을 명심하여야 한다. 예를 들어, 화장품과 빗, 치약 등 그들 눈에 보이는 것은 모두 공용으로 사용한다는 뜻이다. 이를 원치 않으면 속에 놓고 잠가 두어야 하는데, 쉽게 보여지는 것은 같이 써도 좋다는 표시이다.[88)]

⑩ 필리핀인의 자택을 방문하였을 때 작은 것들을 보고 너무 감탄조로 칭찬하지 않아야 한다. 만약 그렇게 칭찬한다면 필리핀 사람이 그것을 당신에게 주어야 한다고 부담감을 느낄 수 있기 때문이다. 따라서 예를 들면, 펜과 인형, 꽃, 벽장식품 등보다는 오히려 집이나 자동차, 어린아이, 가족 관계나 사람의 성격 등을 칭찬하여야 한다. 역으로 생각해서, 우리 집에 누가 방문했을 때 작은 것을 칭찬하면 갖기를 원한다는 표시일 수도 있으므로 웬만하면 그것을 선물하는 것이 좋다는 생각을 가지고 있다.

⑪ 필리핀에서는 어린아이와 친구가 되는 것이 좋다. 그 이유는 어린이는 어른

88) http://phil.youhak.com/first.htm

과 통하는 길이기 때문이다. 따라서 어린이를 위해서 캔디를 항상 가지고 다니면서 주면 좋아한다. 그리고 만약 이를 거절하더라도 속마음이 아니고 단지 사양하는 것이기 때문에 주머니에다 넣어주는 것이 좋다.

⑫ 여행을 다녀오면 작은 선물일지라도 선물을 가져오는 것이 좋다. 선물은 인간관계를 매는 끈으로 생각하는 것이지 결코 선물 자체에 큰 의미가 있는 것이 아니다.

⑬ 필리핀에서는 돈을 꾸어 주지 않아야 하며, 허용되는 범위 내에서 나누어주는 것이 좋다. 꾸어진 돈으로 인하여 서로간의 감정이 이상해져서 본래의 사업이 망쳐질 수 있기 때문이다. 만약 돈을 꾸어 주었는데 갚지 못하고 있는 사람이 있을 경우, 그와 계속 교제하기를 원하거든 어떠한 명목을 붙여서라도 돈을 갚도록 해주는 것이 좋다.[89)]

4. 필리핀인의 국민성

필리핀인은 매우 정적이지만 조롱 당하고, 경멸 당하는 것을 싫어한다. 그러나 정적이면서도 공격적이라 할 수 있다. 필리핀은 역사적 · 문화적으로 수많은 민족으로 구성된 혼합 민족이다. 토속 피그미족, 인도네시아, 말레이시아, 인도, 아라비아, 중국, 스페인, 미국 등의 다양한 문화를 받아들였으며, 그 나라 민족과 혼합되었다.

스페인 통치시대 이후 가톨릭을 배경으로 하는 스페인 문화가 필리핀 재래의 문화와 결합하여 독특한 문화풍토를 조성해 놓았다. 그 위에 미국적인 문화가 가미되고, 민다나오와 술루 등을 중심으로 남부지방에는 이슬람문화의 전통이 뿌리를 내리고 있다. 필리핀은 동서 문화의 융합에서 오는 독특한 문화의 영향을 받아 국민성이 밝고 낙천적이며, 음악과 색채감각에 뛰어나고 더운 기후 탓인지 만사에 여유가 있다. 필리핀은 여성의 지위가 높은 편이고, 노동자의 권리도 보장되어 있다.

필리핀 사람들은 모든 일에 서두르는 경향이 없고 느릿느릿 여유가 있다. 햇볕

89) 본 자료는 Juan M. Flavier, M. D.가 "M.p. H. Rural Recostruction Review, pp. 3-5."에서 기재한 내용을 한국 선교사에 맞게 재 요약한 것을 참고함.

이 강한 한낮에는 대개 그늘에서 쉰다. 또한, 유럽문명의 영향을 받아 여성의 사회적 지위가 높고, 어디에서든지 레이디 퍼스트가 철저히 지켜지고 있다.

필리핀 사람들은 비난이나 의견의 차이에 의해 쉽게 감정이 상한다. 개인의 자존심을 손상하지 않도록 주의하여야 한다. 나이든 상대방에게는 각별한 존경심이 요구되며, 유연하고 조화된 관계를 유지하도록 노력하여야 한다.

필리핀 사람들은 직업에 관계없이 체면과 자존심을 유지하려고 노력하며, 이는 그들이 상당한 대가를 치르더라도 지키려고 하는 중요한 부분이다. 따라서 필리핀 사람들에게 가장 심한 표현은 수치심을 모른다고 하는 말이다. 이는 대단히 모욕적인 발언으로 간주되므로 공개적이든 비공개적이든 이러한 표현은 삼가야 한다. 그들은 모욕을 당했다고 생각되는 순간 남방민족의 다혈질 성향을 그대로 나타내기도 한다.

그들은 가족을 중요하게 생각하므로 가족문제로 인한 결근이 잦은 편이다. 필리핀 사람들의 가족에 대한 애정은 남다르다고 할 수 있다. 모든 생활이 가족과 직결되는 부분이 많다. 재산을 많이 모으려는 노력도 자신보다는 가족을 위한다는 생각에서 시작되는 경우가 많다.

그들은 낯선 타인에게 매우 친절한 편이며, 남과 원만한 인간관계를 유지하려는 성향을 가지고 있다. 필리핀 사람들은 기본적으로 소박하고 순수한 국민성을 가지고 있으며, 라틴계처럼 낙천적이고 다혈질적인 성향도 있다.[90]

필리핀 사람은 유순하고, 유머를 알며, 신념이 없이 사는 사람 같이 보인다. 그들의 정갈한 성품은 또한 작은 인형과 같아서 웅장하거나 우람한 모습이 별로 없다. 그들은 성품이 내면성을 지향하기 때문에 슬픔도 안으로 갈무리하고 눈물도 안으로 갈무리하고, 화가 나도 웃음으로 넘어간다. 그러나 진정 이들은 안으로 갈무리하는 동안에 휴화산이 된 것이다.[91]

(1) 긍정적인 면

① 필리핀인은 친절하기로 유명하다. 그들은 외국인 및 그들의 적까지도 그들의

90) 이호건외 3인, 전게서, pp. 121-122.
91) http://my.netian.com/~ilj002/121.html

가정에 방문하게 하여 따뜻하게 대우하고 있으며 예의 바르고 신사적이다.

② 필리핀인은 다른 아시아인들과 같이 점잖고 유순한 민족이고, 저돌적이고 무분별하지 않다.

③ 필리핀인은 감사를 잘하는 민족이다. 그들은 어떤 사람이 그들에게 좋은 일을 베풀면 그 호의에 감사를 표한다.

④ 필리핀인은 협동을 잘 하는 민족이다. 선조 때부터 협동하여 남을 도와주는 것을 미덕으로 생각하고 있다. 시골 오두막집에서도 다른 곳으로 이사하면 서로 도와준다.

⑤ 필리핀인은 용감한 민족이다. 그들은 전쟁 중에는 최선을 다해 싸운다. 따라서 필리핀인은 자부심이 강한 민족이고, 그들은 민족적으로 열등의식을 갖지 않는다. 그들은 정당성과 명예를 위하여 죽음을 무릅쓰고 싸운다.

⑥ 필리핀인은 인내하며 극복할 수 있는 적응 능력이 뛰어나다. 수세기를 통하여 많은 침략을 당하고 반란, 혁명, 전쟁, 지진, 태풍, 화산, 폭발 등 수많은 고통을 겪었다. 그러나 그들은 결코 무너지지 아니하였다. 그들은 어떤 문화, 어떤 기후에도 잘 적응하고 동화될 수 있었다. 태풍으로 계속 재난을 당하여도 그들은 다시 나무나 대나무로 그들의 주거지를 복구시켜 나갔다.[92]

(2) 부정적인 면

① 필리핀인들은 도박병이 있다. 그들 대부분 사람들은 어떤 것을 할 때 내기를 좋아한다. 비가 올지 안 올지, 선거후보자가 당선될지 안 될지, 첫 어린아이가 아들일지 딸일지, 또한 집에서 닭싸움을 하게 하여 내기를 한다. 또한 포커, 마작 등 다양한 놀이로 내기를 한다.

② 필리핀인은 자기들의 모든 인생을 숙명론적으로 생각한다. 그들은 무슨 일이 발생하면 좋은 일이든 나쁜 일이든 운명론적으로 생각하며, 또한 그대로 믿고 있다.

③ 필리핀인은 열대성 기후의 환경 때문인지 몰라도 인내심이 부족하다. 그들은 처음에는 열성적으로 일을 잘 하다가 나중에는 그 열성이 점점 수그러든다.

④ 필리핀인은 너무 정치에 열성적인 애착을 느끼고 있다. 젊은 소년들은 정치

92) http://my.netian.com/~ilj002/104.html

가가 되는 것이 그들의 위대한 소망이다. 정치가가 되면 능력을 과시하고 부를 누릴 수 있기 때문이다. 정치는 필리핀 사회의 암적인 요소가 되어 가고 있다. 선거 때가 되면 후보자들은 정치토론은 하지 않고 상대 후보자를 비방하고 비행을 들추어내는 토론을 하는데 많은 시간을 낭비한다.[93]

5. 필리핀 시장의 특성

필리핀 소비자들의 상품구매패턴은 브랜드 이미지(Brand Image)에 매우 민감하므로, 가전제품이나 자동차 등은 유명브랜드의 상품을 선호한다. 이들은 소득에 비해 화려한 생활을 하는 경향이 있으며, 구매는 여성 쪽에서 주로 하고 있다.

필리핀은 인구 1억 명이 넘고, 국토 30만㎢ 정도의 방대하고, 성장잠재력이 있는 시장으로 소비문화가 잘 발달되어 있으며, 과거 스페인과 미국의 식민지 지배를 받은 바 있어 서구적 소비패턴의 경향이 있다. 따라서 필리핀 사람들은 수입외제품에 대한 선호도가 높으며, 특히 유명브랜드의 경우에는 상품의 질과 가격을 떠나 매우 높은 신뢰감을 갖고 있다.

한국 상품에 대한 인지도가 아직 일본상품에는 못 미치지만, 필리핀인에게도 우리 상품이 일본상품에 버금가는 품질을 갖추고 있으며 가격이 저렴한 것으로 인식되어 있다. 따라서 필리핀 기업들이 저소득층 상품이나 원・부자재, 자본재 등을 수입할 때 한국 상품이 우선적인 고려대상이 되지만, 대만이나 홍콩, 싱가포르, 이슬람권 국가들의 상품이 저렴하게 수입되고 있어서 한국 상품의 필리핀 진출에 어려움이 많다. 그러나 최근 한국의 스마트폰 제품과 가전제품 등이 인기를 누리고 있다.

한편, 현지투자와 연계된 수출증대 방안도 모색할 필요가 있으며, 전시회 참가를 통한 상품 및 기업의 이미지 홍보, 판매제품에 대한 A/S 강화 등이 병행되어야 한다.[94]

93) http://my.netian.com/~ilj002/104.html
94) 이호건외 3인, 전게서, pp. 125-127.

6. 상거래문화

아시아의 많은 나라 중에서도 필리핀만큼 영어가 잘 통하는 나라는 없을 것이다. 이들은 장기간 미국 통치의 영향을 받았기 때문에 고등교육을 받은 사람은 물론이고, 나이가 많은 사람들까지도 영어로 의사소통이 용이하다.

필리핀은 다른 아시아국들에 비해 여성의 사회진출이 크게 눈에 뜨이며, 여성들이 관공서의 요직에 많이 진출해 있는 것은 놀라운 일이다. 여성간부가 남성직원과 함께 일하는 경우를 많이 볼 수 있다. 이는 스페인이나 미국의 지배를 많이 받았기 때문이 아닌가 싶다.

필리핀에서처럼 '가족'이라는 의미가 광범위하게 사용되는 나라는 없다. 생활이 어려워지면 다른 사람에게 신세를 지고 살아가는 것이 관습이어서 그런지 몰라도 필리핀 사람들은 타인에게도 매우 친절하고, 손님접대도 매우 융숭한 편이다. 기질 자체가 낙천적이고 다혈질적이기 때문에 파티를 자주 연다. 만난 지 얼마 안 되는 사람의 집으로 초대되어 가도 전혀 어색함을 느낄 수가 없을 정도다. 비즈니스 관계로 필리핀 사람과 식사를 하게 되었는데, 식사가 끝나자마자 여흥이 벌어져서 분위기가 고조되어 방금 전까지 나누던 심각한 사업관계 이야기를 까맣게 잊어버리게 되었다는 한 대기업 간부의 이야기가 무척 인상적이다.

필리핀에서 비즈니스를 하기 위해서는 다음과 같은 사항을 알아두어야 한다. ① 택시를 타기 전에 미리 요금을 흥정하거나, 요금 미터기가 달린 택시를 이용하도록 한다. 밤에 마닐라 외곽으로 나가는 일은 위험할 수 있다. 만약 대중교통을 이용할 경우에는 현금이나 귀중품을 많이 소지하지 않도록 한다. ② 팁은 서비스 요금에 이미 계산되어 있는 경우가 많으나 2~3% 정도의 금액을 따로 지불하는 것이 관례이다. 주차 서비스 등 생활 곳곳에서 팁이 필요한 경우가 많으므로 잔돈(10, 20, 50 페소)을 항상 준비해 다니는 것이 좋다. ③ 매월 1일이나 15일에는 백화점 등에 가지 않는 게 좋다. 사람들이 많아서 기다리는 시간이 많다. ④ 상대방이 실수를 저지르더라도 공개석상에서 이를 질책하지 않아야 한다.

필리핀의 상권은 거의가 중국에서 건너온 화교가 장악하고 있다. 인구의 3% 남짓한 화교가 필리핀 전체 상권의 70% 이상을 장악하고 있다. 화교 상인은 신뢰성, 업무추진력 등에서 필리핀인 보다 우수한 것으로 평가받고 있어 이들과 거래하려는 외국 업체들이 많다. 자연자원과 인적자원이 풍부하다는 이점을 갖고도 소수의 타민족(화교)에게 다시 한 번 경제력을 빼앗기고 있는 셈이다.

필리핀인들은 미국의 영향을 많이 받은 탓으로 상담할 때에는 동양인이라는 생각으로 대하지 않아야 하며, 상담시간은 시간관념이 없다 하더라도 정시에 방문해야 한다. 또한, 상대를 만나면 남녀 구별 없이 악수를 나누고, 헤어질 때도 같다. 대부분 기업의 간부들은 미국에서 대학을 졸업했고 서구의 산업과 기업관행에 대해 잘 알고 있다.

필리핀에서 자신의 회사가 잘 알려져 있지 않다면 신용조회처와 소개장을 제시하여야 한다. 만약 정부와 거래할 때에는 고위층을 만나도록 시도하여야 한다. 또한, 상담한 후 계약이 이루어지기 전에 자신의 비즈니스 파트너가 될 사람의 배경을 확실히 알아보도록 하여야 한다.

필리핀 기업과 거래를 해 본 사람들이 가장 불만을 토로하는 것은 무엇 하나 확실하게 정해지는 것이 없다는 사실이다. 힘든 협상을 끝마치고는 "한번 해 보겠다"는 말만 믿고 안심하고 있다가 뜻하지 않은 계약 파기를 통고 받을 때가 많다.

따라서 협상을 할 때는 아주 사소한 문제까지도 확실히 정하도록 한다. 그래야 나중에 잘못되는 일이 없다. 특히 제품명세, 품질, 안전검사, 가격산정, 추가주문, 원료, 부품(원산지), 기한, 신용장, 샘플발송 기한, Incoterms 등에 대해서는 주의해야 한다. 가격은 보통 협상의 막바지에 결정된다. "한번 해보겠다"라는 말을 너무 믿지 말고, 확실한 약속을 받아내고 정확한 가격을 정하도록 한다. 필리핀인들은 상담 분위기를 느슨하게 만들지만, 이로 인해 불필요하게 힘을 소모하지 않는 게 좋다. 마지막 계약이 이루어지기까지는 몇 차례 더 만날 각오를 해 두어야 한다.[95]

필리핀에서는 호텔이 사교모임의 중심지라고 할 수 있으며, 에티켓은 대체로 미국식을 따른다. 만약 이들을 접대할 때 친절하게 대해 주면 고마워한다. 손님을

95) 대한무역투자진흥공사, 전게서, pp. 72-77.

항상 접대할 준비가 되어 있어야 하고 재치가 있어야 한다. 그러나 현지인을 초대하였을 경우 약속시간 보다 늦게 나타나는 것이 보통이며 초대받지 않은 사람들이 모습을 나타내는 경우도 있다.

초대를 받으면 방문할 때 꽃을 선사하고, 대화할 때에는 정치, 부정·부패, 종교문제 등은 삼가야 하고, 가정문제 등을 대화의 소재로 삼는 것이 좋을 것이다. 일부 필리핀인들은 미국에 대한 감정이 나쁜 사람도 있어 미국에 관한 대화의 소재도 바람직하지 않다. 또한, 선물은 선물을 준 사람 앞에서 열어보지 않는 것이 일반적이다.

제7절 인 도

지구상에서 제일 큰 국가 가운데 하나인 인도는 그 문화와 전통, 그리고 숨이 막힐 듯한 아름다움으로 빛난다. 인도는 많은 사람들에게 많은 의미를 부여하는데 대중에게는 가난을, 소수의 사람들에게는 부유함을 준다. 시대에 뒤떨어진 농업 기반을 가진 공업 국가, 파멸적인 가뭄과 대 격동의 홍수, 무성한 열대 우림과 생물이라고는 거의 없는 사막, 옛 궁전과 현대의 빈민가, 인도의 평화로운 타지마할은 지난날 무굴시대의 사치와 영광을 보여준다.

인도는 면적으로 보면 세계에서 일곱 번째로 큰 나라이지만, 인구가 주요지표로 사용될 때는 세계 제2위의 대국이다. 이것은 다시 말하면 경제적 부가 모든 국민에게 적게 돌아간다는 의미도 될 수 있다. 가난하게 살 수 밖에 없는 다수의 국민, 그 북적거리는 도시에 사는 많은 사람들에게 부는 너무나 적게 돌아간다. 하지만 국민은 처참한 상태에 빠져 있을지라도 마하트마 간디(1869~1948)가 가르친 무저항주의 덕분에 평화롭게 인내하는 미덕을 지니고 있다.

각 지역의 다채로운 의상과 맛있는 음식, 그리고 멋진 공예품들은 북부의 카슈미르에서 남쪽의 마드라스에 이르기까지 모든 면에서 이 나라의 자연을 잘 나타내 준다. 이국적인 과일들, 손으로 짠 직물, 정교한 조각과 금 세공이 얼마 안 되는 인도의 매력을 먼 곳까지 전해 준다.

인도는 이제 군사적으로 강력하여 다른 나라들이 두려워하고 있으며 정치적으로도 독립되었고, 비동맹 태도에 도전하는 초강대국들에 대해서도 긍정적인 면모를 보이는 나라가 되었다. 인도는 아시아 전체를 대표하는 이미지가 있을 뿐만 아니라, 심오하고 강한 영향력을 발휘하는 자부심이 강한 나라이다.[96)]

1. 일반현황

인구(2024) : 14억 4,172만 명(세계 1위)
수도 : 뉴델리(약 1,780만 명)
언어 : 헌법상 힌디어를 포함한 18개 언어가 지역별 공용어로 인정됨. 힌디어(전국적 공용어), 영어(입법부 및 사법부 공용어)
민족 : 아리안족, 드라비다족, 힌두스타니족, 몽고족 등
종교 : 힌두교(79.8%), 이슬람교(14.2%), 기독교, 시크교, 불교 등
기후 : 인도의 최북단이 제주도와 위도가 같은 열대 몬순형 기후 혹서기(3~6월), 우기(7~9월), 건기(10~2월)로 구분됨

2. 경제현황

화폐단위 : 루피(Rupee), 1US$ = 83.59 Rupee(2024.7 기준)
GDP(2022) : 3조 3,851억 달러(세계 5위)
1인당 GDP(2022) : 2,389 달러
산업구조(2022) : 농업부문(14.0%), 제조업부문(23%), 서비스업부문(61%)
주요산업 : IT산업, 통신, 자동차, 섬유, 인프라, 건설업 등
총수출액(2023) : 3,693억 달러
총수입액(2023) : 4,405억 달러
무역수지(2023) : 712억 달러 적자
무역상대국 : 미국, UAE, 중국, 스위스, 홍콩, 영국, 독일, 사우디, 이라크 등

96) 장평순, 전게서, 제9권, p. 87.

주요 수출품(2023) : 석유, 광물, 보석, 의약품, 쌀, 기계류 등
주요 수입품(2023) : 원유, 석탄, 보석, 석유가스, 석탄, 전자부품 등
주요 부존자원 : 망간, 철광석, 보크사이트, 베릴륨, 크롬, 다이아몬드, 금, 은 등
경제적 강점 : 풍부한 천연자원, 저렴한 노동력으로 인한 낮은 제조비용, 풍부한 젊은 인구 구성
경제적 약점 : 만성적인 무역수지 적자, 국내자본의 빈약, 인프라 및 기간산업의 낙후, 환경오염

3. 여행정보[97]

(1) 낯선 사람이 의도적으로 접근시 일단 경계하기

관광지 등에서 한국에 호감을 표시하며 의도적으로 접근하는 사람에게 일절 관심을 보이지 말고, 계속 접근시 거절 의사를 분명하게 표시해야 한다. 그리고 낯선 사람이 건넨 음식이나 음료수는 요령껏 먹지 말고, 맥도날드 등과 같이 공개된 음식점에서도 방심은 금물이다.

특히 불법 사제 총기 등에 의한 무장 강도가 빈발하는 점을 감안하여 잘 모르는 사람이 여행안내나 차량 동승을 제안할 경우에 단호히 거절해야 한다. 또한, 관광지나 기차역, 기념품점, 시장 등 혼잡한 장소에서 지갑, 카메라 등 고가품을 소매치기 당하는 사례가 자주 발생하므로 호객하거나 말을 걸며 접근하는 사람은 경계하는 등 각별히 주의가 필요하다.

(2) 가방 등 귀중품 보관 및 관리 철저히 하기

오토바이 등을 이용한 날치기 예방을 위해 외출할 경우 귀금속류 등 고가품 휴대는 가급적 자제하며, 차량으로 이동할 경우 창문을 내려 소지품이 바깥에서 관찰되도록 하는 행위는 삼가야 한다. 그리고 장거리 대중교통(특히, 슬리퍼 기차)을 이용할 경우 배낭이나 가방은 잠금장치를 하고, 타인이 쉽게 들고 갈 수 없도

97) 주인도대한민국대사관, 『안전하게 인도 여행하기』, pp. 4-27.

록 가급적 의자 등에 고정시킬 필요가 있다.

귀중품은 복대를 이용해 항상 몸에 소지하고, 지갑은 바지 뒷주머니에 넣는 것보다 바지 앞주머니나 상의 안주머니에 넣는 것이 안전하다. 특히 가방을 가지고 걸을 때 어깨로부터 가슴을 가로질러 X자로 매어 휴대하고, 식당에서는 가방을 의자에 걸어두지 말고, 식사 동안 가방을 본인 무릎 위에 두며, 휴대폰, 카메라도 식탁에 놓지 않고 본인이 직접 소지해야 한다.

호텔 체크인과 체크아웃시 또는 기차역이나 터미널 이용시 수하물은 반드시 본인 시선이 닿는 곳에 놓고, 일행이 있으면 한사람은 수하물을 반드시 지켜야 한다. 특히 으슥한 지역에는 출입을 피하고, 야간이나 한적한 곳에 위치한 ATM 기기를 이용할 경우 각별히 조심해야 하며, 약물에 의한 범죄를 당한 경우 의식을 회복하더라도 약물 부작용 유무 확인 및 예방을 위해 병원을 방문해 의사와 상담해야 한다.

(3) 부당요금 등 사기

택시를 이용할 경우 사전에 숙소의 위치, 연락처 등 정보를 파악하고, 오토릭샤, 택시기사 등이 다른 곳으로 안내하려고 할 경우에도 우선 원래 예정하였던 목적지로 가자고 해야 한다. 그리고 예약한 숙소 담당자와 통화해서 확인하는 것도 좋은 방법이다.

여행사를 이용할 경우 사설 여행사가 마치 정부가 운영하는 여행사인 것처럼 속이고 자신들의 여행사로 안내해서 바가지 상품을 강매하는 경우가 발생하곤 한다. 정부 운영 또는 정부 보증 운운하는 사기판촉에 속지 않도록 주의가 필요하다. 또한, 기차역 등에서 호객 행위를 하며 저렴한 가격의 숙박 및 관광을 권하지만, 대부분의 경우 과다 요금을 청구하여 부당한 피해를 입는 경우가 많이 발생하기도 한다.

(4) 테러 및 폭동, 소요 피해 예방

인도 입국 전에 미리 언론 보도 및 주인도한국대사관 또는 해외안전여행 홈페이지에서 인도 관련 최신정보를 확인해야 한다. 그리고 종교시설, 공항, 쇼핑몰 등

다중 밀집장소 이용시 신변 안전에 각별히 주의해야 하며, 국경일 등 상징성 높은 주요 기념일에는 인도 당국이 발령하는 테러경보 유무를 언론매체 또는 대사관 홈페이지 등을 통하여 사전에 확인해야 한다.

여행 경보가 발령된 잠무카슈미르 지역을 불가피하게 여행시 동부 라다크 등 비교적 덜 위험한 지역을 선택하고, 파키스탄 국경지역, 종교간 부족간 분쟁이 잦은 곳, 공산반군의 출몰이 빈번한 주간(州間) 경계지역 및 산간오지로의 여행은 자제해야 한다.

선거기간 동안 정당 사이의 긴장이 고조되고, 테러단체들의 주목표가 되기 쉬우므로 선거유세장 주변으로 접근하는 것을 자제해야 한다. 그리고 대규모 시위가 일어났을 경우 특정 시위대를 대표하는 색상의 옷을 입거나 상징물을 지참하는 것은 매우 위험하므로 피하는게 좋다.

(5) 각종 질병 감염

일체의 모기를 주의하고, 진드기, 벼룩 등 벌레에 물리지 않도록 해야 한다. 반드시 활동시에는 긴 소매와 긴 바지를 착용하고, 몸에 바르거나 뿌리는 모기 퇴치제를 휴대하면 도움이 된다. 그리고 수질 상태가 좋지 않으므로 생수를 마시는 것이 안전하며(생수 구입시 용기 뚜껑 밀봉여부 확인), 생수 이외의 정수한 물은 가급적 끓여서 섭취. 또한 음식은 가능한 한 익혀 먹고, 길거리 음식은 먹지 않는 것이 좋다.

개와 고양이, 원숭이 등 동물을 만지지 말아야 하고, 동물에게 물리거나 긁혔을 경우에는 비누와 물로 상처를 깨끗이 씻은 후 즉시 병원을 찾아 광견병 주사를 수차례 맞아야 감염되지 않는다.

(6) 네팔 등 인접국가 출입국시 유의사항

네팔 등을 여행하는 경우, 반드시 입출국 심사 스탬프를 받아야 한다. 특히 육로를 통해 국경을 통과하는 경우, 인도 국경검문소 직원들이 부주의로 입출국 심사스탬프를 날인해 주지 않는 사례가 빈번히 발생하곤 한다. 여권 상 입출국 심사 스탬프가 없는 경우에는 인도에서 한국 또는 제3국으로 출국할 수가 없고, 경찰

또는 이민국에 적발될 경우 장기간 구금 및 재판에 회부될 수 있기 때문에 주의해야 한다.

(7) 여권 도난 및 분실 시 조치

사후조치 순서 : ① 경찰서 방문하여 FIR 발급(FIR 서류는 외국인 등록사무소에서 출국허가를 받는데 반드시 필요한 서류임), ② 대사관 방문(여행증명서 등 발급), ③ 외국인 등록사무소(FRRO 등) 방문하여 출국허가(여권 분실시 여권에 있는 인도비자도 분실한 것으로 간주되므로 외국인 등록사무소를 방문하여 출국허가를 받아야 출국 가능)

4. 인도의 문화, 관습

(1) 인도의 특징

① 다양성 속에서의 조화

인도는 다양성 속에서 조화를 찾는 나라이다. 인도의 인구는 세계인구의 6분의 1에 가까운 13억 명 이상에 달하고 있다. 또한, 지방에 따라 판이한 풍토조건, 다양한 인종구성, 공용어만도 18종에 이르는 복잡한 언어분포, 힌두교 및 이슬람교 등 각종 이질적인 종교의 번성, 극심한 빈부의 격차, 교육의 차이, 그 외에 수 천년을 내려온 '카스트'와 같은 사회신분제도 등 사회구성이 매우 다양하다. 그러한 가운데에서도 인도인들은 다양성과 이질감을 자연스럽게 수용하고 조화를 이루어 가면서 수 천년의 전통을 계승하여 왔으며, 이러한 점에 커다란 자부심을 가지고 있다.[98)]

② 세계 최대의 민주주의 국가

정치면에서 보면 인도는 문자 그대로 세계 최대의 민주주의 국가라고 할 수 있다. 높은 문맹률과 심한 빈부 격차에도 불구하고, 자유 민주주의에 대한 신념은 국민사이에 일반화되어 있다. 또한, 인도 국민성의 특징은 인내와 관용에 있다고

98) http://www.empas.co.kr

할 수 있으며, 이러한 국민성이 자유, 박애의 민주주의 정신에 대한 신봉으로 나타나고 있다. 그러나 경제·사회 발전을 위해서는 강력한 행정부가 필요하다는 데 대하여 국민들은 공감하고 있다.[99]

(2) 종교와 신분제도

일상생활 면에 있어서는 국민 대다수가 아직 오랜 전통사회의 생활양식을 벗어나지 못하고 있다. 종교와 신분제도는 인도인의 생활을 지배하는 가장 큰 요소로서, 이들은 이를 숙명론적으로 받아들이고 있으며 종교 없는 생활은 생각할 수 없을 정도로 종교가 생활에 밀착되어 있고, 카스트제도(신분제도) 또한 사회생활의 가장 큰 특징이 되고 있는데, 카스트제도는 아직도 많은 국민에게 저항 없이 받아들여지고 있어서 카스트 제도의 폐해를 줄이기 위한 각종 조치에도 불구하고, 그 깊은 뿌리를 단기간 내에 제거하기 어려울 것으로 보인다.[100]

(3) 교육, 부인 운동

빈곤한 생활로 인해서 교육을 받지 못한 문맹률은 26%에 달한다. 이처럼 높은 문맹률은 인도의 발전에 큰 장애가 되고 있으며, 이를 위해서 정부는 교육에 힘쓰고 있다. 여성의 지위는 일반적으로 낮으나 법률에 의한 남녀평등의 원칙이 인정되고 있다. 여자는 가정에서 가사를 돌본다는 의식이 강하지만, 하층의 여자는 토목공사나 농업노동 등 남자에 뒤지지 않게 열심히 일을 한다. 또한, 많은 지식계급의 여성이 정치가, 교원, 공무원이 되고 있으며 여성운동도 활발하다.[101]

(4) 미혼 남녀 관리가 엄격하다.

인도에서는 일반적으로 결혼을 신성시하고 있기 때문에 미혼남녀에 대한 관리는 엄격하다. 젊은이들은 자유로운 연애결혼을 동경하지만, 실제로는 부모가 결정해 준 정략결혼(Arranged Marriage)인 경우가 대부분이다. 따라서 젊은 남녀가 단둘이서 친하게 만나는 것은 그것만으로도 문제가 되는 것이다. 인도에서 이성과

99) http://www.empas.co.kr
100) http://www.empas.co.kr
101) http://www.lycos.co.kr

의 교제는 충분히 조심하도록 해야 한다. 도시에서는 간혹 자유연애를 즐기는 젊은이들도 있지만, 여성에게로 향한 비난의 화살 역시 강하다.102)

(5) 악수나 물건을 받을 때는 오른손으로 하여야 한다.

서구식 관습에 익숙한 사람이나 상대가 외국인이므로 그에 맞는 접대를 하기 위해 악수의 손을 내밀어 온다. 이럴 때에 왼손은 부정한 것으로 간주하므로 반드시 오른손으로 악수에 응해야 한다. 그러나 여성은 상대에 따라서 악수에 응하지 않아도 된다. 또한, 악수할 때뿐만 아니라 물건을 받을 때와 내릴 때에도 오른손을 사용하는 것이 좋다.

왼손을 사용할 때에는 화장실에서 뒤를 씻을 때, 코를 풀고 귀를 청소할 때, 눈곱을 뗄 때 사용하며, 목욕 시에 오른손으로 상체를 닦고 왼손으로는 허리 아래 부분을 닦는다.103)

(6) 식사도 오른손만으로 한다.

인도에서는 식기를 통해(종교적 의미) 더러움이 전해지지 않도록 하기 위해 오른손 하나만으로 식사를 한다. 그러나 인도인 중에서도 왼손을 보조적으로 사용하는 사람도 있다. 인도인이 오른손만으로 훌륭하게 음식을 입으로 가져가는 솜씨는 그야말로 세련된 예술을 연상케 한다. 오른손의 손가락 끝을 가지런히 모아 숟가락 같이 만들면 수프 등을 떠먹을 수 있게 된다. 손을 이용해서 이런 일까지 할 수 있다는 것에 감탄할 정도이다.

카레를 손가락 스푼으로 떠서 밥 위에 놓고 뒤섞는데, 이 감촉이 먹으려는 음식의 따뜻함이나 부드러움을 느끼게 되면서 더욱 음식을 먹는 즐거움을 만끽할 수 있을 것이다. 다 먹으면 손끝에 묻은 것을 빨고 핥아서 맨 마지막에는 손을 씻는다. 바자르의 저렴한 식당에 가면 가게 입구의 한쪽에 손을 씻는 곳이 있고, 돌비누도 놓여 있다. 식후에도 여기에서 손을 씻고 입을 헹구고 가게를 나서는 것이 인도식 예법이다. 이런 식관습 때문인지 몰라도 인도에선 충치에 걸린 사람이 비

102) http://www.empas.co.kr, http://www.lycos.co.kr
103) http://www.empas.co.kr, http://www.lycos.co.kr

교적 적은 것 같다.[104)]

(7) 인도인의 특징

인도인들은 갠지즈강에서 목욕을 하는 사람들이 많다. 인도인에게 강은 더럽혀진 몸과 마음을 정화하는 곳이다. 살아서 갠지스강에서 목욕하고 물을 마시면 죄가 씻기고, 죽어서 강변에서 시체를 화장하고 그 재를 강에 뿌리면 구원에 이른다는 것이 인도인들의 믿음이다.

1년에 한번씩 한 달 동안 인도의 무슬림들은 라마단이라는 금식 기간을 갖는다. 해가 있는 낮에는 어떤 음식도 먹지 않고 물도 마시지 않는다. 그러나 캄캄한 밤에는 상관없다.

인도인들은 신체에서 가장 천하게 여기는 부분을 '발'로 여기고 있으며, 발을 다른 사람의 머리에 대거나 신발로 머리를 때리는 것은 그들에게 최대의 모욕이다. 반대로 신체에서 가장 신성하게 여기는 부분은 머리라고 생각하고 있다. 또한, 여성들이 다리를 내놓고 다니는 것은 절대 금물이다.[105)]

(8) 결혼

결혼하기 위해서는 인도의 주요 신문과 잡지 주말 판에 구혼광고를 낸다. 숭고한 목적으로 '홀로 서기'를 추구하는 출가자는 존경의 대상이지만, 그밖에 결혼 안 한 사람은 아무리 나이가 많더라고 '애' 취급을 당한다. 결혼은 선택이 아닌 필수이며 의무라고 할 수 있다.[106)]

(9) 인도 사람들은 영화를 무척 좋아한다.

동서고금을 막론하고 영화를 싫어하는 사람이 없겠지만, 특히 인도인들은 영화를 좋아한다. 극장도 시설은 별로 좋지 않지만 규모는 대단히 큰 경우가 많다. 또 거주지 집도 얼마 되지 않은 아주 작은 동네에도 극장이 있는 모습도 볼 수 있다. 특별한 때를 제외하고는 대개 극장들은 인도인들로 가득 찬다. 인도에는 별다른

104) http://www.empas.co.kr, http://www.lycos.co.kr
105) http://www.empas.co.kr, http://www.lycos.co.kr
106) http://www.empas.co.kr, http://www.lycos.co.kr

오락거리가 없기 때문에 대개 가난한 인도 사람들은 자연히 극장으로 몰리게 된다는 것이다.[107]

(10) 인도여인들의 이마 중간에 빨간 점

이것은 세 가지의 뜻이 있는데, 첫째는 결혼한 여자라는 표시이며, 둘째는 정조를 지키기 위해서 빨간색의 독극물을 붙이고 다니는데 이것을 먹으면 예전에는 죽을 수 있는 독극물이었는데, 현재는 그렇지는 않지만 어지러울 정도의 자연적인 열매의 독극물이라고 한다. 셋째는 신에게 내가 제사를 드린 사람이라는 표시로 피의 상징인 빨간색의 점을 찍는 거라고 한다.[108]

5. 인도인의 국민성

인도인들은 순진하고 호기심이 많다고 할 수 있다. 또한, 인도인들은 느긋하기도 하고 때로는 성격이 급하기도 하다. 길이 막혀 매연이 심한 도로 한 복판에 버스가 1시간 정도 서 있어도 불평하는 사람이 없고, 식당에서 음식을 늦게 갖다 준다고 해도 아무 소리 않고 기다리는 것이 보통 인도인의 모습이다. 하지만 때로는 엄청나게 급한 성격의 모습도 있는데, 이 급한 성격을 볼 수 있는 곳은 버스 스탠드나 기차역이다.

인도인은 평화를 사랑하고, 인도에는 전통적으로 생명을 소중하게 여기는 사상이 있다. 이것은 부처님의 가르침이나 간디가 역설한 아힌사(불살생, 비폭력)에서 잘 나타나 있다. 종교적 생활을 하고 있는 사람들은 정말로 온화하며, 인도 대중들의 마음 밑바닥에는 생명을 존중하는 사상이 깔려 있다. 이들은 서로 치고 받고 싸우는 것은 보기 힘들며, 얼굴을 맞대고 큰소리를 지르더라도 절대 때리거나 하지 않는다. 싸우는 사람은 논쟁에 있어 평행선을 그리며 주위 사람들을 향해서 상대의 나쁜 점을 호소한다.

인도 정부의 관리들은 겉모습을 보고 사람을 판단하기를 좋아한다. 그러므로 여

---

107) 안동권, 『젊은 여행자들(인도)』, 여행문화센터, p. 43.
108) http://members.tripod.lycos.co.kr/india/index1.html

러 가지 사정으로 인도 관리를 만나야 될 경우가 있을 때는 우선 옷부터 거창하게 차려입고 갈 필요가 있다. 그러나 인도 정부의 관리들은 대개는 정확하기 때문에 '인도 관리에게 돈만 주면 모든 것이 가능하다.'라는 생각은 버리는 것이 좋다. 생각보다 자신의 명예를 소중히 생각하는 관리들도 많다. 따라서 처음에는 정상적인 방법으로 나가는 것이 제일 좋고, 자신에게 아무런 잘못이 없을 경우에는 일단은 당당해질 필요가 있다.109)

6. 인도시장의 특성

인도의 주요 수출 품목으로는 광석 및 광물, 보석류, 전기제품, 경기계류, 자동차, 섬유, 가죽, 해산물, 양념류, 차, 커피 등이다. 주요 수입 품목으로는 모바일 휴대폰, 원유, 산업용 기계류, 식용유, 철강, 수송수단, 화학섬유 등이다. 한국과의 교역 상황을 보면, 인도의 주요 수출 품목은 석유제품, 식물성물질, 천연섬유사, 철광, 철강판, 정밀화학원료, 기타 금속광물, 면류, 곡물 등이며, 우리나라가 수출하는 품목은 무선통신기기, 자동차 부품, 선박해양구조물 및 부품, 철강판, 합성수지, 컴퓨터, 전자관 등이다.110)

인도는 전통적인 상품의 가격이 지배하는 시장이고, 상권이 주요 대도시·지역별·경제권으로 분리되어 있다. 상당수의 미래학자들이 미국, 독일, 한국, 중국, 일본, 인도네시아 등과 더불어 인도를 21세기 세계 7대 경제대국의 하나로 지목하고 있다. 특히, 앞으로 중국과 인도 시장을 석권하는 국가가 세계의 무역대국으로 군림할 것이라는 의견이 지배적이다. 인도는 지리적으로 유럽과 아시아의 중간에 위치하고 있어 유럽, 중동 및 아프리카 시장진출 거점 및 對선진국 우회수출 기지로서의 여건도 양호하다. 따라서 미국은 인도를 대표적인 신흥거대시장(BEM: Big Energing Market)으로 선정하여 집중적인 수출 및 투자진출 확대 노력을 전개하고 있다.

인도의 상품별 수입대상국의 주요 순위를 살펴보면, 중국, 미국, 스위스, 러시아,

---

109) http://www.mofat.go.kr, http://www.kotra.or.kr
110) http://myhome.netgo.com/newmaina/main.htm

벨기에, 독일, 호주, 영국, 한국, 일본 등의 순으로 기록되고 있다. 인도시장에서의 한국 상품에 대하여 인도인들은 대체로 한국상품은 품질대비 가격경쟁력 면에서 싱가포르, 대만 및 말레이시아산보다 우수하며, 선진국 수준에 버금가는 것으로 인식·평가하고 있다.[111]

인도는 경제적으로는 아직 많은 어려움이 있지만 정치적 안정, 외부에 크게 의존할 필요 없는 풍부한 자원, 광범위한 산업기반 및 증가 일로에 있는 양질의 기술인력 등 경제의 밝은 장래를 약속해 주는 긍정적인 측면도 있다.[112]

7. 상거래문화

인도는 소프트웨어 세계 제2위 국가로서 21세기 산업인 정보통신 분야에서 세계적인 강국으로 구분할 수 있다. 인도정부는 인도 경제의 원동력을 외국인투자를 통해 찾고자 하고 있어 앞으로 외국인 투자 유치 제도는 더욱 더 개방적이고, 적극적으로 개편될 것이다. 한편, 인도정부는 현재 인도 경제발전의 최대 장애물로 꼽히고 있는 사회간접자본 문제를 해결하기 위해 과거 정부투자 위주로 이루어져 왔던 전력, 항만, 도로 등의 인프라 확충사업에 민자(民資)를 적극적으로 유치할 예정이다. 이에 따라 최근 통신, 에너지부문에 대한 외국인투자 촉진 및 규제제한 조치를 단행하는 등의 가시적인 성과가 나타나고 있다.[113]

인도에는 뉴델리, 봄베이, 캘커타, 마드라스로 대표되는 4대 상권이 있다. 봄베이는 비교적 신용도를 중시하는 상인들로 구성된 인구 1,300만 명의 최대 상업도시이고, 뉴델리는 인구 1,780만 명 정도의 북인도 상권의 중심지로서 소비문화수준은 매우 높은 편이다. 마드라스는 인구 약 540만 명의 남인도 상권의 중심지로서 이곳의 상인들은 대체로 정직·섬세하고 온화한 성격에 보수적인 기질을 가지고 있다. 그리고 캘커타는 동인도 상권의 중심지로서 정치적 성향은 강하나, 경제적인 활력은 비교적 낙후되어 있는 편이다.

111) http://www.mofat.go.kr/ek/ek_a001/ek_inin/ek_01.jsp
112) http://www.mofat.go.kr, http://www.kotra.or.kr
113) http://members.tripod.lycos.co.kr/indai/1.html

전반적으로 볼 때, 인도인들은 행동이 느리지만 영리하고 말주변과 문장실력이 뛰어난 편이다. 그들은 장기적인 비전보다는 단기적 이익을 추구하고, 계산에 매우 밝은 편이며, 현세를 중요시함으로써 운명론적 현실에 충실하는 사고방식을 가지고 있다. 그리고 인도인들은 자신에게는 매우 관대한 편이나, 상대방에 대해서는 혹독하게 대하는 면도 가지고 있다.

인도인의 특성은 다음과 같이 정리할 수 있다. 인도인들은 정에 약하며 다양한 재주가 많고 말하기를 좋아한다. 인도인들과의 상거래 시에는 그들에 대한 신의가 다소 떨어지는 편이다. 인도인은 미사여구, 즉 언변이 뛰어나므로 이에 현혹되어서는 안 된다. 또한, 그들은 상거래를 하다가 자신들이 불리할 경우가 발생하면, 자기 합리화를 시키는 데에 타고난 재주를 가지고 있으며, 그들은 오랫동안 영국의 식민지 및 계급사회에서 생활해 온 습성이 있는 국민인 관계로 인간적 측면에서의 거래관계 유지를 매우 중요시 여기는 경향이 있다.114)

인도에서 종교는 사회활동과 비즈니스 활동에 막대한 영향을 미치고 있다. 인도인들은 종교를 매우 진지하게 받아들이고 있으므로 종교적 의식에 대해서 경멸이나 비난의 말을 절대로 하지 말아야 한다.

인도에서는 헌법으로 18종류의 언어를 국어로 인정하고 있으며, 전국공통 공용어로 영어도 사용하도록 정해 놓았다. 그러나 실제로는 수백 종류의 언어가 사용되고 있다. 게다가 가장 많이 사용하고 있는 힌디어조차 국민의 반수 가량밖에 사용하지 않고 있어, 이것을 통일국어로 삼는 데도 큰 문제가 있다.115)

인도시장에 진출하기 전에는 KOTRA에서 시행중인 수탁조사 및 신용조사를 사전에 조사·분석하여 무역거래의 안전성을 확보하여야 하고, 인도시장의 상황을 정확히 파악하는 것이 바람직하다. 그리고 상거래를 이행할 때 인도 수입상의 재정 및 거래현황 등을 파악하여 상거래이행 여부를 결정하여야 한다.116)

현재 인도에서는 대부분의 소비재 완제품을 수입제한 품목으로 분류하고 있으며, 수입 시 수입허가를 받도록 하는 등 엄격히 통제하고 있다. 인도시장에 효과적으로 진출하기 위해서는 직접적이고 공격적으로 해외 세일즈 활동을 전개하여

114) 이호건외 3인, 전게서, pp. 146-149.

115) http://www.myhome.netsgo.com

116) http://sibas.pufs.ac.kr/~shpark94/india_today.html

야 한다. 이를 위해서는 지속적이고 유력한 전문전시회에 참가하여야 하고, KOTRA가 주관하는 시장개척단 및 해외 세일즈 활동 등을 통하여 시장개척 및 진출을 확대하여야 한다.

인도시장에서는 유력한 에이전트 선정 및 관리를 강화하여야 한다. 인도에서는 시장특성상 수입대행업체를 통한 수입이 성행할 뿐만 아니라, 각 지역 경제권역별, 산업별 에이전트가 유통에서 매우 중요한 역할을 수행하고 있다. 일본의 경우에는 독점 에이전트를 선정하여 A/S, 부품공급 및 관리, 광고 및 교육훈련 등을 통해 4-5년에 걸쳐 유능한 에이전트로 육성하고 있고, 주요지역 경제권역별 판매거점, 유통망 및 체계적인 A/S망을 구축하고 있다. 따라서 우리나라도 에이전트를 육성하고, 독자적으로 판매거점망과 유통망 및 체제 구축을 통하여 지속적인 시장관리가 필요하다.

인도는 가부장적 사회이고, 의사결정은 최고경영층에서 이루어진다. 인도에서 상거래 시 훌륭한 가문과 관계를 맺는 것은 아주 도움이 된다. 따라서 최고경영층과 접촉을 시도하고 중간경영층은 당신의 관심사와 제안을 상부에 전달하도록 가교로서 활용할 수 있다. 인도에서는 합법적인 모든 거래를 위해서는 정부의 허가가 필수적이므로 필요한 서류를 반드시 구비하여야 하며, 그렇지 않으면 허가가 지연된다.

인도상인들의 근본적인 비즈니스에 대한 사고는 계산에 따른 철저한 단기이익 추구라고 할 수 있다. 그러므로 상담 시 거래조건을 철저하고 면밀하게 검토해야 하며, 원칙을 고수함으로써 전체적인 흐름을 유리하게 이끌어 나갈 필요가 있다.

인도인들은 상대방의 실수나 어려운 상황을 절대 이해하지 않으며, 이를 오히려 그들의 좋은 기회로 활용하는 편이므로 주의할 필요가 있다.

이들은 영국의 영향으로 인해 계약에 관한 문화가 비교적 잘 발달되어 있다. 따라서 계약서를 작성할 때에는 상당한 주의가 요망되며, 계약의 주요 내용이 아닌 사안에 대한 통보나 요청도 반드시 문서로 남겨둘 필요가 있다. 인도에서는 공개입찰인 경우 대리인을 통하는 것이 관례화 되어 있다. 또한, 회계 연도가 시작되는 3월 말경에는 신용장 개설이 거의 이루어지지 않는다는 점을 유의하여야 한다.[117)]

이들과 상거래를 이행할 경우 결제 조건에 유의할 필요가 있다. 첫 거래의 경우 예외 없이 일람불신용장(At Sight L/C)이 필수적이나, 신용장 거래조건으로 수년간 협조적인 관계가 지속되다가도 갑자기 결제조건이 변동되면, 대금 송금이 지연되거나 중단되는 등의 사례가 빈번하기 때문이다. 인도 내의 시장개척을 위한 에이전트 선정도 특별한 경우를 제외하고는 인도 전국을 커버하는 독점권을 부여하는 문제는 신중하게 고려해 보아야 한다. 재전매 가능성이 있기 때문이다.

인도인들과 상담을 하는 경우에 제스처를 알고 있어야 하는데, 이들이 천천히 머리를 한번 흔드는 것은 "Yes"를 의미하고, 빠르고 부정적인 몸짓은 "No"를 뜻한다. 인도인에게서 직접적으로 "No"라는 말을 듣기는 그리 흔치 않다. 예의상 상대방의 의사에 반하는 표현을 하지 않기 때문이다. "No problem"이라는 말은 "알아들었다."라는 의미일 뿐, 앞으로의 상황에서 전혀 문제가 없음을 뜻하는 것은 아니다. 또한, 인도인들은 직접적으로 상대방의 제안을 거절하지 않기 때문에, 거절의사를 파악하려면 신경을 많이 써야 한다. 협상 중에는 서두르거나 조급해 하지 말아야 하며, 인내심을 가지고 꾸준히 접촉해야 한다.[118]

비즈니스맨들이 언급하는 바에 따르면, 협상할 때 제일 힘겨운 상대는 뭐니뭐니 해도 일본인이고, 두 번째 어려운 상대는 인도인이라고 할 수 있고, 세 번째 어려운 상대는 프랑스인 일 것이라고 말한다. 인도인은 우선 영어를 우리보다 자유자재로 더 잘하지만, 영국식 영어에다가 특유한 악센트로 또 너무 빨리 말하고 말이 너무 많아 정확한 의도를 간파하기 어렵다. 인도인은 절대로 자기 의사를 분명히 하지 않고 빙빙 돌려 얘기하며, 핵심적인 사안에서는 빠져나가 버린다. 게다가 조금 전에 한 말도 따지고 들면서 부정하고 그런 뜻으로 얘기하지 않았다고 이야기하고 협상중에 지나치게 까다롭게 하는 경우가 많다.

일반적으로 협상할 때에 주고받아야 하는 것이 원칙인데, 인도인들은 오직 받는 것 밖에 모르고 자기의 이익만을 항상 계산하는 버릇이 있다. 누가 말했듯이 세계에서 제일 장사 잘하는 사람은 유태인이라고 한다. 그 유태인도 아랍 상인보다는 못한데 아랍상인도 인도상인한테는 매번 당했다고 하는 속담도 있다.[119]

---

117) 이호건외 3인, 전게서, p. 149.
118) 대한무역투자진흥공사, 전게서, pp. 46-47.
119) http://www.mofat.go.kr, http://www.worldtour.com

대부분의 접대는 호텔이나 음식점에서 이루어지며 일반적으로 부인이 초대된다. 어떤 음식은 손(오른손)으로 먹는 경우도 있다. 독실한 힌두교도들은 쇠고기를 먹지 않는다. 반면에 이슬람교도들은 돼지고기, 햄, 베이컨 등을 먹지 않으며 술도 마시지 않는다. 많은 사람들이 육류, 생선, 달걀 등을 먹지 않는다. 그리고 음식을 먹기 전에 손을 꼭 씻고 식사를 끝낸 다음에 입을 헹구는 것이 이들의 일반적인 습관이다.120)

인도 비즈니스맨이 가지고 있는 사업관행과 한국인이 가지고 있는 일반적 사업관행의 괴리에서 발생하는 문제에 특히 유의해야 한다. 인도 바이어들은 직접 상담을 하고 난 후 바로 거래가 성사될 것 같은 느낌이 들어도 실제 주문이나 대금결제까지는 많은 시간과 노력이 소요된다. 무엇보다도 여유를 가지고 느긋한 마음으로 임해야 한다.121)

제8절 튀르키예

튀르키예(Turkiye)는 두 대륙에 걸쳐 있기 때문에 역사상 동양과 서양을 연결하는 정치적, 경제적, 문화적 교류지 역할을 해 왔다. 튀르키예(과거국명 튀르키예)는 유럽적인 요소와 아시아적인 요소가 공존하고 있는 나라이다. 최근 튀르키예는 꾸준히 유럽과 유대를 강화해 가는 추세이다. 1960년대 초 이후 많은 튀르키예의 해외 이주자들은 일자리를 찾아 구서독으로 갔다. 한편, 튀르키예의 멋진 경관과 햇빛 찬란한 해변들, 특히 지중해와 에게해 연안, 그리고 고대 문명의 유적들과 유서 깊은 매력적인 도시들을 찾는 유럽 관광객의 수는 날로 증가하고 있다. 대부분의 유럽 방문객들이 이스탄불을 통해서 아시아로 들어오기 때문에 이스탄불은 동양의 관문이라고 불린다.

수도인 앙카라는 아나톨리아 평원 동쪽에 위치한다. 현대적인 도시 앙카라는 1923년에 케말 아타튀르크가 오스만 제국의 폐허 위에 튀르키예 공화국을 건설했

120) 안동권, 전게서, pp. 40-50.
121) 대한무역투자진흥공사, 전게서, p. 46.

을 때만 해도 조그만 도시였다. 하지만 오늘날의 앙카라는 아다나와 이즈미르 등의 도시들과 더불어 튀르키예 경제 성장의 큰 몫을 차지하고자 이스탄불과 경쟁을 하고 있다.[122)]

튀르키예는 연간 2.5%의 높은 인구 증가율을 보이고 있어, 튀르키예에 심각한 문제를 안겨 주고 있으며 이러한 추세로 간다면 튀르키예는 유럽공동체에서 가장 인구가 많은 나라가 될 가능성이 있다. 특히 도시에서 일어나는 급격한 인구 증가율은 높은 실업률을 뜻하는 것으로, 이러한 현상은 아나톨리아 소작농들의 급격한 도시 이주로 가속화되고 있다. 또한, 튀르키예는 정치적 문제들도 안고 있는데, 그 중에는 쿠르드인들이 그들의 단독 국가를 세우고 싶어 하는 것과 같은 소수 민족의 열망도 포함되어 있다.

튀르키예는 아시아, 유럽, 아프리카의 세 대륙을 연결하는 교두보로서 삼면이 북쪽은 흑해, 서쪽은 에게해, 그리고 남쪽은 지중해로 둘러싸여 있으며, 그리스, 불가리아, 구소련, 이란, 이라크, 시리아 등의 6개국과 국경을 접하고 있다.

튀르키예는 다양한 지형적 특성, 특히 해안과 평행으로 뻗은 산맥의 영향으로 지역마다 심한 기후의 차이를 보인다. 지중해 지역의 기후는 일반적인 지중해성 기후와 비슷하지만, 여름에는 무덥고 건조하며 겨울에는 온난 다습하고 비가 많이 내린다. 에게해와 마르마라해 남부 역시 지중해와 비슷하나, 마르마라해 북쪽으로 갈수록 기온이 약간 떨어지고 흑해 기후의 특성이 나타난다. 흑해 연안은 온화한 해양성 기후가 뚜렷하며, 기온의 월교차가 매우 작다. 아나톨리아 내륙지방은 여름에는 고온 건조하고 거의 비가 내리지 않으나, 겨울에는 눈이 많이 내려 한랭 다습한 전형적인 고원 지대의 기후이다.

튀르키예는 북위 36도와 42도 사이에 위치하고 있어 우리나라처럼 4계절이 구분되어 있다. 여름에는 아조레즈 제도에서 발생하는 건조한 기류의 영향으로 아열대성 기온 지대에 속하고, 겨울에는 시베리아의 한랭한 고기압의 영향을 받는다. 해안의 온화한 기류와 대륙의 한랭한 기류가 충돌하여 내륙 지방에는 눈이 많이 내린다.[123)]

122) 장평순, 전게서, 제9권, p. 11.
123) http://www.turkeycenter.or.kr/korea

1. 일반현황

인구(2024) : 8,627만 명
수도 : 앙카라(Ankara)
언어 : 튀르키예어
민족 : 튀르키예족(75%), 쿠르드(15.9%), 아랍족, 아르메니아족, 기타 그리스인, 유태인 등
종교 : 전 국민의 99%가 이슬람교(수니파 다수, 시아파 소수)
기후 : 내륙지방은 대륙성 기후이며, 해안지방은 지중해성 기후

2. 경제현황

화폐단위 : Turkiye Lira(TRY), 1US$ = 32.90 TRY(2024.7 기준)
GDP(2023) : 1조 1,491억 달러
1인당 GDP(2023) : 10,541 달러
산업구조(2023) : 서비스업(65%), 제조업(27%), 농목축 · 수산업(8%)
총수출액(2023) : 2,558억 달러
총수입액(2023) : 3,618억 달러
무역수지(2023) : 1,060억 달러 적자
무역상대국 : 독일, 영국, 러시아, 프랑스, 이탈리아, 미국, 중동국가 등
주요 수출품(2023) : 철강, 섬유 및 의류, 자동차 및 자동차부품, 식품 및 음료, 기초금속, 기계류 등
주요 수입품(2023) : 광물성 연료, 기계 및 기계부품, 유기화학제품, 자동차 및 자동차부품 등
주요 부존자원 : 붕소, 보크사이트, 구리, 철광석, 원유 등
경제적 강점 : 지리적 위치, 미개발 천연자원 풍부
경제적 약점 : 복잡한 조세제도, 제조업 취약, 물가 불안정, 소득분배 불균형

3. 여행정보

튀르키예의 치안상황은 그다지 나쁜 편은 아니지만 1980년대 후반 이후, 시리아, 이라크, 이란 국경 주변을 중심으로 테러, 게릴라 사건이 많이 발생하고 있으며, 튀르키예 국내에서도 난폭 운전에 의한 사고가 빈번히 일어나고 있다. 또한, 여행객들을 상대로 한 절도범이 증가하고 있기 때문에 남동부 지역으로 여행할 경우나, 여성 혼자 여행, 렌터카를 이용하여 여행할 경우에는 주의를 해야만 한다.[124]

또한, 튀르키예에서는 짧은 복장을 고려해서 입어야 한다. 여름에는 에게해와 지중해의 관광지에서 일광욕을 즐기며, 간편한 차림으로 활보하는 유럽인들을 많이 볼 수 있는데, 물론 파무칼레, 카파도키아와 같은 관광지에서는 복장을 간단하게 해도 상관이 없다. 그러나 그 외의 아나톨리아 지방에서는 아무리 더운 날씨라도 긴 옷을 입으며, 심지어는 입과 머리까지 가리고 다니는 곳이 있다. 이런 곳에서 배꼽티 차림이나 짧은 반바지는 피해야 한다. 그리고 이슬람 사원에 들어가기 위해서는 긴 스커트나 머리를 덮는 스카프를 걸쳐야만 한다.[125]

튀르키예에서는 유적 등에 대한 사진촬영은 허락하고 있지만, 후레쉬의 사용은 제한되고 있으며 군사시설에 대한 촬영은 금지되어 있다. 특히 군사관련 시설 등에 대한 출입이 금지되어 있어, 만약 불법출입이 발견되었을 경우에는 구속되기도 한다. 또한, 박물관 내에서 사진촬영을 할 경우에는 박물관장의 허락을 받아야 한다. 길거리에서 음식물을 먹거나 담배를 피울 경우에는 조심해야 하며, 때에 따라서는 담배를 피우고자 할 때 허락을 받아야만 한다.[126]

124) http://av5900.khan.co.kr
125) http://jungwoon.gazio.com
126) http://hestia.interpia98.net/~bluecyn/main.htm

4. 튀르키예의 문화, 관습

(1) 인 종

튀르키예족에 대한 인류학적 설명은 매우 다양하다. 튀르키예족은 황색 인종인 몽골족의 특성을 지니고 있는 것으로 알려져 왔다. 그러나 최근 반세기 동안에 이루어진 인류학의 발전과 그 연구 결과 튀르키예족은 알타이 산맥의 남동부 스텝 지역에서 발원하였고, 인종학적으로는 몽골로이드가 아닌 백인계 유로피드(Europid) 그룹 튜라니드(Turanid)계 종족에 속하는 단두형(Brachycephalic)의 특징을 띠고 있다는 일설이 제기되었다.

현재 튀르키예족은 중앙아시아 일대에서부터 발칸 제국 및 동유럽 여러 국가에 광범위하게 분포되어 있으며, 그 수는 약 1억 6,000만 명 정도로 추산된다. 튀르키예 공화국에는 약 5,800만 명이 거주하고 있다. 그 외에 러시아, 중국, 발칸 제국 및 동유럽에 1억 명 이상의 튀르키예족이 있으며, 이 가운데 러시아 남부의 우즈베키스탄, 키르기즈스탄, 카자흐스탄, 투르크메니스탄, 아제르바이잔 등에 5,000만 명 이상의 튀르키예인이 집중적으로 모여 산다.127)

(2) 종 교

튀르키예는 99%가 이슬람교도(수니파)로 구성되어 있는 회교 국가이지만, 토요일과 일요일을 공휴일로 준수하는 등 상당히 서구화되어 있고, 일상생활도 서방과 마찬가지라고 할 정도로 매사에 융통성이 있는 사회이다. 종교연휴(연 2회)는 한국의 연말연시와 같아서 서로 카드를 보내고 중요한 상대에게는 선물을 보내며, 소속직원들에게도 선물, 또는 금전을 지급함이 관례이다.

현재 튀르키예의 헌법에는 "모든 개인은 양심과 종교적 신앙과 의견의 자유를 가지며, 모든 종류의 예배나 종교 행사 및 의식은 도덕 및 법률에 저촉되지 않는 한 자유이다."라고 명시되어 있다. 따라서 어느 누구도 종교 행사와 의식에 참가

127) http://www.travel21.co.kr

하도록 강요받지 않는다.

튀르키예는 이슬람의 전통과 관행이 매우 중요시되며, 특히 법을 해석하고 적용하는데 있어서 종교적 율례의 영향을 받기 쉽다. 또한, 금식월(Ramazan : 라마잔)이 끝나는 날 이후의 3일과 희생절은 종교 축일로서 성대한 행사가 치러진다. 많은 이슬람교도는 금요일 낮에 사원을 찾아 예배를 올린다.

튀르키예에서 종교는 주요 정치적 관심사 가운데 하나이며, 종교와 정치는 상호 밀접하게 연관되어 있다. 튀르키예인들은 주민등록증에 종교를 기재해야 하며, 각종 행정상 서류에 종교란이 있어서 생활 전체가 종교의 영향을 받지 않을 수 없다. 비무슬림 소수 민족들은 기독교인과 유태인으로 구별된다. 기독교인은 주로 그리스 정교도와 아르메니아인, 가톨릭 교도로 구성된다. 이들은 조상으로부터 물려받은 종교를 믿으며 튀르키예에서 자신들의 고유한 종교 행사에 참여할 수 있다.[128)]

(3) 음 식

아침은 빵 한두 조각에 수프, 또는 따끈한 차를 마시는 정도로 간단하게 먹는다. 일부 사람들은 아예 아침식사를 거르기도 하고 차를 마시고 끝내기도 하지만, 이러한 관습은 서양으로부터 영향을 받아 나타난 현상으로 여겨진다. 그들은 아침식사를 간단히 하기 때문에 대체로 점심식사를 빨리 하는 편으로 육류에 빵과 샐러드를 곁들여 먹는다.

저녁식사는 가족들이 모두 집에 돌아온 후 식탁에 모여서 하게 된다. 그 때 가족의 남성 최연장자가 "아피에 올순(Afiyet olsun : "맛있게 드세요."라는 뜻으로, 식사 후에 말할 때는 "맛있게 먹었습니다."라는 뜻으로 사용된다.)"이라고 말하며, 최연장자가 음식을 들기 전까지는 아무도 먹지 않는 것이 상식으로 통한다. 이러한 관습은 유목민의 전통적인 가부장적 가족 체계를 반영하는 것이다. 종교성이 강한 집에서는 식사 전에 남성 최연장자가 식사 기도를 하는 것이 상례이다.

튀르키예인은 음식을 불에 구워 먹는 습관을 가지고 있다. 이것은 유목 생활을 해서 육류가 풍부하고 오히려 물이 귀하기 때문에 개발된 음식법으로 여겨진다.

128) http://www.travel21.co.kr

튀르키예인은 우리나라 사람에 비하여 음식을 짜게 먹기 때문에 음식을 구운 다음 소금을 많이 뿌리는 것을 보게 된다. 육류는 당연히 구워 먹을 뿐 아니라, 심지어 고추나 토마토 등의 채소도 구워서 반찬으로 먹을 정도로 구워 먹는 음식문화가 발달해 있다. 튀르키예인과 식사할 때는 다음과 같은 식관습에 유의해야 한다.

① 음식에 코를 대고 냄새를 맡지 말아야 한다.

② 음식을 식히기 위해 입으로 불지 않는다.

③ 숟가락이나 포크를 빵 위에 놓지 않는다.

④ 상대방 앞에 있는 빵의 조각을 먹지 않는다.

⑤ 식사 중에 사망자나 환자에 대해서 언급하지 않는다.

⑥ 음식을 그릇에 남기지 말고 깨끗하게 비운다.

⑦ 음식을 마련한 사람에게 감사의 표시로 "에리니제 사을륵("당신의 손에 축복이 있기를"이라는 뜻으로 대개 "맛있게 먹었습니다."라는 인사로 생각하면 된다.)"이라고 표현하는 일을 빠뜨려서는 안 된다.

라마단(ramadan)은 이슬람력으로 9번째 달에 해당한다. 특별한 사정이 있는 사람을 제외하고 모든 무슬림 성년 남녀는 라마단 기간에는 금식을 할 뿐만 아니라, 술과 담배, 성적 관계를 되도록 삼간다. 금식은 일출 시부터 일몰시까지 한정되기 때문에 일몰 직후부터는 식사를 시작하게 되는데, 하루 종일 물조차 마실 수 없었기에 저녁이 되면 매우 허기를 느끼는 것이 사실이다. 따라서 일몰 시간을 확실히 파악한 뒤 저녁이 되면 시간을 보고 있다가 일몰 시간이 지나자마자 저녁식사를 하기 시작한다. 라마단 기간 중 일몰 후 먹게 되는 저녁식사를 '이프타르(Iftar)'라고 하며, 이프타르에는 친척, 친지, 직장 동료 등을 초대한다.[129]

(4) 결혼관과 여성의 지위

결혼적령은 여자는 24~25세, 남자는 27~28세이며 남자쪽에서 청혼하는 것이 보편적이다. 결혼식은 웨딩드레스를 착용하는 서구식 결혼식을 한다. 결혼은 대개 결혼할 당사자들의 합의에 의한 것이 아니라, 결혼을 통한 두 집안이 결속 관계

129) http://www.tourservice.co.kr

형성이라는 전통에 따라서 무엇보다도 양쪽 가문이 친척이 되기를 원할 때 가능하게 된다. 그러나 이러한 전통에 따른 결혼 양식이 결혼 당사자들의 동의를 전혀 무시한다는 의미는 아니다. 실제로 농촌 지역에서 이슬람의 여성들은 얼굴을 가리는 천을 사용하는 전통이 있지만, 결혼이라는 것은 여자들이 천으로 얼굴을 가려 서로를 모르게 할 수 있는 환경이 아니기 때문에 결혼 적령기의 젊은이들은 서로를 잘 알게 된다.

신랑측에서 먼저 신부측에 의사를 전달하는데 포도 따기, 포도주 만들기, 연초 재배, 버찌 따기, 양고기 저미기 등 협동으로 행해지는 일터에서나 초여름 축제, 결혼, 모임과 같은 곳에서 어른들은 결혼 후보자를 충분히 살펴보고 검토할 기회를 갖는다. 그러고 나서 필요한 것들을 준비한 후에 구체적으로 청혼을 하게 된다.

결혼이 합의되면 약혼식을 하게 된다. 이러한 일련의 절차와 기간들을 통해서 서로를 가까이 알 수 있는 기회를 갖게 된 신랑과 신부 후보자는 서로 선물도 교환하게 된다. 신부 후보자는 자신이 만든 갖가지 색상의 손수건을 신랑 후보자에게 건네주며, 신랑 후보자는 거울, 머리핀, 장식품 같은 선물을 신부 후보자에게 보낸다. 여자가 약혼자에게 손수건을 보내지 않는 것은 결혼할 의사가 없음을 나타내는 것으로서, 이러한 풍습은 중앙아시아를 포함한 전체 투르크인들 사이에 널리 퍼져 있다.

만일 딸이 약혼을 했을지라도 상대방과 결혼하기를 거부하면, 그의 부모는 절대로 강요하지 않는다. 튀르키예에는 "말에 탄 신부의 길을 오직 사촌 오빠만이 막을 수 있다."라는 말에 숨겨진 뜻처럼 친족 결혼이 상당히 많이 행해지고 있다. 전통 사회에서 전체 결혼의 절반에 가까운 44%가 친족간에 이루어지고, 나머지도 대개 이웃 친지들 사이에서 이루어진다. 그러므로 딸을 다른 곳으로 시집 보낼 때는 아저씨로부터 반드시 허락을 받아야 한다. 튀르키예 농가에서 보편적으로 행해지는 사촌간의 결혼은 이슬람화된 이후 지금까지 계속되고 있다.

튀르키예의 전통적인 결혼의 '결혼 지참금' 문제는 전통적 경제체제와 연관되어 피할 수 없을 만큼 중요하다. 결혼하게 된 여자는 자신의 경제 활동 단위인 아버지의 집을 떠나서 신랑집 경제 단위의 일꾼으로 들어가게 된다. 이것은 분명히 신랑이 신부의 집에 모종의 경제적인 보상을 치러야 하는 일로써 결혼 지참금 문제가 대두되게 하는 것이다.

튀르키예의 전통 사회에서는 생산 활동을 위해 성별이나 나이를 불문하고 가족 구성원 모두의 노동력이 필요하기 때문에 가족원의 감소, 즉 이혼이나 분가는 허용되지 않는다. 전통 사회에서 이혼의 가장 큰 요인은 불임이다. 그러나 불임으로 인해 발생한 문제의 해결은 이혼을 하기 보다는 다산한 경험이 있는 과부나 결혼하지 않은 여자를 후처로 맞아들이는 편을 선택하므로 튀르키예 전통 사회에서 이혼율은 극히 미미하다.[130]

5. 튀르키예인의 국민성

튀르키예인은 일반적으로 친절한 편이며, 인정이 많아서 한국의 70년대 인심과 유사하다는 것이 한국인들의 튀르키예인에 대한 평가이다. 튀르키예인은 미국보다는 유럽의 보수적인 기질에 가까운 편이고, 중동식의 화려함도 싫어한다.

이슬람의 영향으로 낙천적인 편이며, 이는 업무처리에도 나타나서 급하게 서두르는 일이 별로 없으므로 중요한 일은 반드시 시간을 두고 추진해야 실패하는 일이 없다. 이러한 현상은 관공서의 업무처리 과정에서 현저하게 나타나며, 이러한 면에서도 서구화된 합리적인 논리보다는 인간적인 유대가 중요한 요소로 작용한다.

튀르키예는 허가를 받아 총기를 휴대할 수 있으며, 자존심이 강한 편으로 심한 모욕감을 받았다고 생각하면 반드시 복수를 해야 한다는 의식이 지배하고 있어서 튀르키예인과 극단적인 마찰은 피하는 것이 바람직하다.[131]

흔히 튀르키예를 동양과 서양을 연결하는 다리라고 말하는데, 이와 같은 지정학적 특징상 튀르키예인들은 수 세기에 걸쳐 유럽과 아시아의 영향을 동시에 받아왔으며, 양쪽의 특징을 그들의 사고방식이나 생활양식에 적용해왔다. 또한, 튀르키예인들은 오스만 제국의 영광에 대해 자부심이 크기 때문에 민족의식이 매우 강하고, 튀르키예 사회에서는 위계질서를 중요시하고 있는데, 이 때문에 단기간에 성과를 거두고자 하는 일이 있다면 그 분야에서 가장 힘 있는 사람과 교섭하는

130) http://www.worldtour.co.kr
131) http://www.members.tripod.co.kr

것이 가장 좋은 방법이 된다.132)

튀르키예인들은 한국전쟁 시 참전으로 맺은 인연으로 인하여, 한국인을 코렐리(Koreli)라고 부르고 우호적인 태도를 보이며, 문제가 발생하였을 때 적극적으로 도와주려 한다. 튀르키예인은 전통적으로 체면과 무예를 존중하며, 매우 정열적이고 다혈질이나 서두르지 않는 것이 특징이다.133)

6. 튀르키예 시장의 특성

튀르키예의 총인구가 많아 내수 시장만 해도 대규모 시장이며, 이 밖에 튀르키예를 둘러싼 흑해지역, 중동국가, 동구국가, 북아프리카 국가들과 EU를 비롯한 유럽국가 및 중앙아시아 국가들을 볼 때 튀르키예의 시장 규모는 매우 크다. 실제로도 튀르키예 상인들은 내수뿐만 아니라 이들 지역에 대한 상권을 넓혀가고 있어, 튀르키예 시장을 바라보는 시각은 내수뿐만 아니라 이들 지역 전체에 초점이 맞추어져야 한다.

한국의 對튀르키예 수출은 괄목할만한 신장률을 보여 왔지만 아직도 한국의 튀르키예 시장진출 확대에 더욱 많은 관심이 요망되는 실정이다. 튀르키예의 소비특성은 지역마다 약간씩 다른데, 유럽쪽 이스탄불과 아시아쪽 이스탄불 지방 주요도시(앙카라, 이즈밀, 안탈리아, 메르신 등) 간에 구매력이나 소비 특성이 다르며, 또한 농촌과 도시간에도 상당한 차이가 있다.134)

7. 상거래문화

튀르키예인은 일반적으로 친절한 편이며, 인정이 많고, 상당히 보수적인 기질을 가지고 있다. 또한, 이슬람의 영향으로 낙천적인 편이며, 이는 업무처리에도 나타나서 급하게 서두르는 일이 별로 없으므로 중요한 일은 반드시 시간을 두고 추진

132) http://av5900.khan.co.kr
133) http://www.worldtour.co.kr
134) http://www.kotra.or.kr

해야 실패하는 일이 없다. 이러한 현상은 관공서의 업무처리 과정에서 현저하게 나타나며, 이러한 면에서도 서구화된 합리적인 논리보다는 인간적인 유대가 중요한 요소로 작용한다.

튀르키예에서 친절한 사이의 인사는 서로 뺨을 왼쪽/오른쪽 교대로 가볍게 부딪치는 인사법이 통용되며, 비즈니스맨 사이에는 악수도 일반적이다. 튀르키예에서 튀르키예공화국 창시자 케말 파샤는 튀르키예 국부로 숭상되며, 그에 대한 모욕이나 비평은 법으로 금지되어 있다. 대학교에서도 그의 사상은 필수 교양과목으로 지정되어 있을 정도이므로 상거래의 상담 시에는 그에 대한 비판은 금물이다. 또한, 튀르키예인들의 신체 일부를 만지는 것에 대하여 조심하여야 하는데, 튀르키예 속담에 "남자의 수염, 여자의 머리를 건드리는 것은 최대의 모욕이다."라는 말이 있다.

튀르키예는 경제여건이 우리나라에 비해 많이 뒤떨어져 있지만, 그곳 수입상들을 결코 만만히 봐서는 안 된다. 우리 기업들이 튀르키예 수입상들과 거래를 하면서 가장 곤혹스러워 하는 점은 쉽게 결정을 내리지 않는다는 것이다. 우리나라와 경쟁이 되는 국가는 물론이고, 우리나라의 많은 수출업체들과 접촉하여 충분히 비교해 본 후 최종 의사 결정을 한다. 이 과정에서 일부 수입상들은 우리 업체들끼리의 경쟁을 부추기기도 한다. 또한, 어떤 수입상들은 1년간 매달 다량의 물건을 수입하겠다는 약속으로 최대한 좋은 가격을 받고서는 2~3번 주문 후 추가 인하를 요구하거나 수입을 중단에 버리는 경우도 흔히 있다.

튀르키예 시장은 70~80%가 가격시장이라 평가될 만큼 가격을 중시하는 경향이 높지만, 최근 들어 소득수준 향상으로 품질비중이 높아가고 있다. 인구가 약 8,000만 명이 넘는 대규모 국내시장을 보유하고 있으며, 최근 러시아 경제위기 이후 위축되기는 했지만, 러시아 보따리 장수들이 Suitcase로 구입해 가는 액수가 연간 120억불을 상회하고, 이외 CIS국가, 시리아, 이라크 등 중동은 물론이고 불가리아, 루마니아 등 동구권으로 진출할 수 있는 교두보이자 교역의 관문 역할을 하고 있는 결코 만만치 않는 시장이라 할 수 있다.

튀르키예 수입상들은 독점판매권을 요구하는 일이 많다. 이 경우 수입상이 얼마나 많은 제품을 소화할 수 있는지, 특히 기계류인 경우 A/S는 물론이고 하자 발생 시 클레임 해결 능력이 있는지를 철저히 조사한 후 결정하여야 한다.

튀르키예에는 유럽문화의 영향으로 상거래관습이 상당히 서구적이며 특별한 금기사항, 준수의무 등이 거의 없다. 그러나 인간적인 관계가 비즈니스관계의 성공에 중요한 요소이므로 본격적인 사업얘기를 하기 전에 먼저 친근감 있는 대화를 하는 것이 중요하다. 명함은 항상 교환하여야 하므로 명함을 소지하고 있어야 하며, 방문자에게는 대개 차나 튀르키예식 커피가 제공된다.

문화가 그렇듯이 튀르키예의 비즈니스 스타일 또한 유럽식과 중동식이 혼재되어 있다. 고등교육을 받고 대기업체에서 근무하는 비즈니스맨들은 유럽인들과 업무 스타일이 거의 동일하다. 그러나 교육수준이 낮고 중소기업의 비즈니스맨들은 중동 스타일을 벗어나지 못하는 경향이 있다. 이들 소규모 수입상들은 대부분 영어를 구사하지 못해 비즈니스에 많은 어려움을 겪게 된다. 일부 소규모 수입상들은 L/C(신용장)개념 조차도 모르는 경우도 있다. 또 이들 중에는 오히려 영어보다 독일어를 구사하는 비즈니스맨들도 다수 있다. 따라서 상담을 하기 전에 상대방이 어떤 언어를 사용하는지 미리 알아보고 통역을 이용하는 것이 좋다.[135]

이들은 일상적으로 접촉할 때에는 상당히 친절한 편이나, 금전적인 문제에 관한 한 절대 손해를 보지 않으려는 태도를 보인다. 따라서 상거래를 상담할 때 집요하게 가격 인하를 요구하기 때문에 우리나라 비즈니스맨들이 양보하는 사례가 많다. 그러나 이슬람교도의 공통적인 사상인 약속이행에 대한 의무감이 부족하여 계약은 문서화 하는 것이 좋다.[136]

튀르키예 수입상 대부분은 무역만을 하는 무역업체보다는 직접 제품을 만드는 제조업체를 선호한다. 무역업체는 중간 마진이 있기 때문에 제조업체보다 가격이 비쌀 것이라는 선입견 때문이다. 따라서 무역업체라면 제조업체보다 어떤 점에서 더 유리한지 상대방에게 설명할 수 있어야 한다.

대규모 수입상들은 대부분 L/C 거래를 하지만, 중소규모 수입상들은 L/C 보다 T/T 또는 T/T와 현금지불 병행을 선호한다. L/C를 통한 거래라 하더라도 At Sight L/C(일람불신용장)보다는 Usance L/C(기한부신용장)를 선호한다. 상당수

135) 대한무역투자진흥공사, 전게서, pp. 176-178.
136) http://www.members.tripod.co.kr

의 바이어가 관세를 회피하기 위해 제품의 가격을 낮추어 세관에 신고하는 언더밸류(Undervalue) 수출을 요구하고 있으나, 세관통관 시 문제가 될 수 있으므로 지나친 언더밸류 수출은 삼가해야 한다. 특히 첫 거래일 때는 D/A, D/P 방식을 철저히 피해야 하며, 오랫동안 거래해 온 바이어라 하더라도 조금만 제품에 하자가 생겨도 이를 빌미로 수출대금을 지불하지 않는 경우가 많으므로 주의해야 한다.[137]

튀르키예에서는 친구를 만나거나 상대방을 처음 대할 경우 먼저 악수를 청하고, 또한 대부분의 튀르키예인은 집안에 들어갈 때 신발을 벗기 때문에 초대를 받았을 경우, 손님은 이와 마찬가지로 문 쪽에 신을 벗어 놓고 슬리퍼를 신으면 된다. 그러나 주인은 신발을 벗을 필요가 없다고 말하는 것이 일반적이지만, 이러한 경우라도 역시 신발은 벗는 편이 좋다. 튀르키예의 손님 접대는 매우 기쁘게 이루어지기 때문에, 나쁜 소식이나 문제를 들추는 것은 다른 기회에 하는 것이 좋고 개인적인 질문은 피해야 한다. 튀르키예인을 방문할 경우 사탕이나 과일, 꽃을 선물로 준비하는 것도 좋다.[138]

제9절 호 주

오스트레일리아 대륙은 지구상에서 가장 작고 건조하며 평평한 대륙이다. 오스트레일리아는 적도 아래쪽인 남반구에 위치한다. 그래서 이 곳 사람들은 한여름의 태양빛 아래에서 크리스마스를 맞고, 또렷한 남십자성이 밤하늘에 걸려 있는 것을 볼 수 있다. 4대 사막과 끝이 없는 '붉은 흙의 평원들'이 오스트레일리아의 인적 없는 '붉은 심장' 지역에 광활하게 펼쳐져 있다. 따라서 대다수의 주민들은 비옥한 동부 해안 평야의 크고 작은 도시에서 생활하고 있다. 오스트레일리아 북부는 열대 지역에 속하는 반면, 동남부에 있는 산들은 눈으로 덮여 있다.

오스트레일리아가 광활한 오지로 유명한지는 모르지만, 실제로는 도시화되고 기

137) 대한무역투자진흥공사, 전게서, p. 177.
138) http://hestia.interpia98.net/~bluecyn/main.htm

술적으로 진보된 선진국으로, 대체로 농산물과 광물 자원 덕분에 높은 생활수준을 유지하고 있다. 또한, 오스트레일리아는 세계 최대의 양모 수출국이며, 쇠고기, 사탕수수 및 밀의 주요 생산국이다. 광물 자원 또한 풍부하여 알루미늄 원광인 보크사이트를 생산·수출하는 나라로도 유명하다.

기후는 대체로 덥거나 따뜻하여 오스트레일리아인들은 옥외 생활을 즐긴다. 이들의 바베큐 요리와 해변 생활, 그리고 스포츠 열기는 유명하다. 반면에 산불과 가뭄, 그리고 홍수가 많은 나라이기도 하다. 강렬한 여름 사이클론(열대 저기압)과 계절풍이 열대지역을 통과하거나 내륙의 가뭄이 몇 해씩 계속되기도 하며 산불이 도시 근교를 위협하기도 한다.[139)]

1. 일반현황

인구(2023) : 2,634만 명

수도 : 캔버라(Canberra)

언어 : 영어(영국식)

민족 : 영국·아일랜드계(89.2%), 아시아인(4.1%), 원주민(1.6%), 아랍인(1%) 등

종교 : 국민의 74%가 기독교로 가톨릭 27.3%, 영국 성공회 23.9%, 프로테스탄트 22.8% 등

기후 : 서부의 40%, 북부의 80%가 열대성, 나머지는 온대성 기후 계절이 우리나라와 정반대가 될 뿐 아니라 북쪽으로 갈수록 더워지고, 남쪽으로 갈수록 추워짐.

2. 경제현황

화폐단위 : Australian Dollar(A＄), 1US＄ = 1.48A＄(2024.7 기준)

GDP(2023) : 1조 6,859억 달러

1인당 GDP(2023) : 62,597 달러

139) 장평순, 전게서, 제2권, p. 67.

산업구조(2023) : 서비스업(71%), 제조업(26.6%), 농업(3%)
총수출액(2023) : 3,086억 달러
총수입액(2023) : 2,302억 달러
무역수지(2023) : 784억 달러 흑자
무역상대국 : 일본, 중국, 미국, 한국, 뉴질랜드, 영국, 싱가포르 등
주요 수출품(2023) : 철광석, 석탄, 곡물, 귀금속류, 천연가스, 원유, 알루미늄, 광석 등
주요 수입품(2023) : 원유, 정제석유, 자동차, 정밀기기, 전기통신장비, 의약품
주요 부존자원 : 석탄, 보크사이트, 철광석, 금, 우라늄, 납, 천연가스 등
경제적 강점 : 부존자원 풍부
경제적 약점 : 외국 자본에 대한 높은 의존도, 저축이 낮고 노동력이 부족, 가계부채 과다, 중국 수출의존도가 높아 구조적인 취약성 존재

3. 호주의 문화, 관습

호주의 국어는 영어이다. 그러나 같은 영어이면서도 호주인들의 용모 이상으로 그들만의 독특한 발음, 사투리, 어법 등을 발전시켜 왔다.

호주인들은 쾌락주의자들이라고 할 수 있는데, 반드시 그들이 행복을 만끽하는 사람들이라고는 할 수 없다. 어떤 면에서는 성격적으로 호전성 내지 공격성이 강하며, 사회병리적인 현상도 두드러진다. 예를 들어, 1951년에는 자살률이 10만 명 중에서 9.5명이던 것이, 1971년에는 13.6명, 1991년에는 14명으로 늘어갔다. 이러한 자살률은 청소년 사망률 중에서 자동차사고를 제외한 가장 큰 사망요인이다. 자살의 증가율에 대한 학자들의 의견은 실로 분분하다. 그러나 가장 신빙성 있다고 간주되는 요인 중에 하나는 삶의 부담이다. 김형식 교수는 호주가 다시 '불안의 시대'에 살고 있다고 언급하고 있다.

이렇게 증가하는 청소년의 자살률에 대처하기 위한 하나의 예방 전략으로서 마치 성교육처럼 '죽음에 대한 교육'을 실시할 필요가 있다는 주장이 나오고 있다. 한마디로 아동, 청소년들은 죽음이라는 것이 무엇인지 모른다는 것이다. 죽음은

영원한 것이며, 그들의 자살이 가족에게 끼치는 치명적인 상처를 이해하지도 못한다는 주장이다. 이러한 것은 최근 우리에게도 역시 교훈을 주는 내용이라 하겠다.[140]

(1) 여가문화

도시에 살고 있는 호주인들은 거의가 수풀 속으로 들어가길 좋아하며, 일요일에는 자동차 드라이브를 떠나 야외에서 피크닉을 즐기는 것이 거의 국가적인 행사처럼 되어버렸다. 이렇듯 빼어난 자연환경과 사람들의 낙천적인 성격은 레저산업과 관광산업을 발전시켰으며, 특히 레저 산업의 성장은 호주의 산업발전과 경제성장에 큰 기여를 했다. 특히 오페라하우스의 건설이나, 수십 여 곳의 공연장, 그리고 해안의 시설물 건설은 실업률을 안정시키는 데 중요한 몫을 했다고도 할 수 있다.[141]

(2) 회식문화

호주에는 술 마실 곳이 없으므로 밤 문화가 없다고 해도 과언은 아니다. 직장인이든 학생이든 밤늦게 귀가하는 법이 없기 때문에 금요일 밤을 제외하곤 오후 7시 이후에 도로는 항상 썰렁하기만 하다. 여기에는 여러 가지 이유가 있는데, 가장 중요한 이유는 우선 술 사기가 어렵다는 것이다. 모든 술은 허가받은 소수의 술 가게(Liquor Shop)에서만 팔며, 만 18세 이하는 절대로 살 수 없다. 따라서 술집도 적고 밤늦게까지 술 마시는 일도 없다.

또한, 호주는 개인주의를 기반으로 한 사회로 남의 사생활에 간섭하는 것은 큰 실례가 된다. 그래서 근무시간이 지나면 바로 퇴근하고 누구도 개인의 자유시간을 침해하지 않기 때문에 근무시간이 끝난 후 밖에서 회식자리를 마련하는 일은 거의 없으며, 무슨 특별한 일이 있을 경우에는 각 직장, 또는 부서마다 완비되어 있는 휴게실에서 간단하게 맥주나 와인을 한잔씩 들고 담소하는 정도이다.

모든 비즈니스는 근무시간에 이루어지며 근무시간이 끝난 후 술집에서 거래처

140) 김형식, 『호주의 사회와 문화』, 지구문화사, pp. 60-75.
141) http://www.welcomevictoria.com/culture.htm

를 따로 접대하거나 향응을 제공하는 일은 있을 수 없다. 그래서 업무와 관련된 일 때문에 밤에 개인시간을 따로 할애하는 일이 없을 뿐만 아니라, 이런 목적의 접대비가 따로 계산되어 있지도 않다. 종합상사에 근무하는 한 한국직원의 말처럼 술 좋아하고 사람 좋아하는 한국 사람들에게는 업무 끝난 후 뜨끈한 알탕에 기분 좋게 마시는 소주 한 잔이 호주에서는 어렵다는 탄식이 어느 정도 이해될 만하다.[142]

(3) 뇌물은 상상도 하지 말 것.

얼마 전에 호주에서 한 의원이 자기에게 지급된 승용차를 개인 용도로 사용하여 1만 달러 정도의 국고 손실을 끼쳤다 해서 온 나라가 시끄러운 일이 있었다. 결국 그 의원은 원 내외의 압력으로 의원직을 사퇴하는 지경에 이르렀다. 또 다른 예로는 장관 두 명이 남은 여행경비를 제대로 반환하지 않았다고 하여 파면된 사건이 있었는데, 이는 호주가 부정부패에 얼마나 민감하고 단호한지 단적으로 보여주는 예이다.

싱가포르 같은 나라는 국가권력이 부정부패를 금하고 있지만, 호주는 사회관행이 그걸 용납하지 않는다. 호주에서는 사회정의가 확립되어 있고, 모든 일에 원리원칙이 통용되기 때문에 뇌물을 주고받는다는 것은 상상할 수도 없는 일이다.[143]

4. 호주인의 국민성[144]

(1) 낙천적인 쾌락주의자

호주인의 국민성은 '의도적이고 타고난 쾌락주의자'라고 해도 과언은 아니다. 호주는 이러한 쾌락주의자들을 유혹하기에 충분히 아름답고 긴 해변과 계속되는 청명한 날씨, 국경일과 휴일이 많고, 여기에 연 4~6주의 유급 휴가가 있으며, 노동시간도 주당 38시간에 불과하니 피크닉을 하듯 생활한다는 말이 나올 만도 하다.

---

142) http://www.welcomevictoria.com/culture.htm
143) http://my.netian.com/~ganghosu/ready-a.html#lifestyle
144) 김형식, 전게서, pp. 78-85.

호주인은 무엇보다도 인생을 즐기기를 원하기 때문에 책임의식 따위보다는 태양과 맥주와 여가를 더 중요하게 여긴다는 말이 나올 만도 하다. 이들은 산다는 것은 단순히 생을 즐기기 위한 것이지, 힘들여 무엇을 성취한다는 것이 아니라는 태도를 가지고 있다.

호주인들이 스스로 예를 드는 호주인들의 장점으로는 다양성, 관용, 유머, 가식 없는 대화, 회의적, 겸손, 공정함, 낙천성 등을 들었다. 그러나 단점으로는 적은 인구, 지성적이지 못함, 남성 중심, 꼼꼼하지 못함, 야망의 부족, 형식에 대한 반발, 관공서의 은폐성을 묵과하는 것 등을 들었다.

호주의 유명한 역사학자인 클라크(Clark)교수는, "호주인들이란 아주 여유 있고 낙천적인 태도를 깊숙이 지니고 있기 때문에 소위 성공을 해야 한다든가, 야심이라고 하는 것은 제쳐놓고 아무런 부담감 없이 행복의 추구에 전념하는 사람들이다."라고 언급했다.

전 호주 주재 임동원 대사로부터 들은 다음과 같은 일화가 이를 잘 설명해 준다. 한국인들이 호주로 이민을 오는 가장 큰 이유 중의 하나는 자녀들의 장래, 특히 교육을 위해서라고 한다. 그런데 호주에서 자라나는 우리의 자녀들은 한국인으로서 성장하는 것이 아니라 호주의 청소년들과 똑같이 자라게 되어 "왜 공부를 열심히 하여 남보다 더 성공해야 하느냐?"라고 반문을 한다. 소위 성공과 야망이란 별 큰 의미가 없는 어휘일 뿐이며, 11% 정도의 계층에만 특별한 의미를 준다고 생각해도 되겠다.

이러한 호주인들의 여유 있는 삶에 대한 자세에 비하여, 많은 교민의 자녀들이 호주사회의 성공적인 일원이 되어가고 있으며, 호주 학부형들 가운데에는 한국인을 포함한 동양인의 친구가 되어야 학업성적이 올라간다고 믿는 부모들도 있다. 호주의 재래부두 노동자들이 며칠씩이나 걸려 화물을 하역하는 것을 본 한국 선원들은 "우리가 하면 하루에 다 하겠다."라고 말하며, 느린 노동 자세에 불평을 털어놓았다고 한다.

물론 어느 국민이든지 나름대로의 장단점을 가지고 있음이 사실이다. 그러나 김형식 교수의 견해로는, 풍요하던 과거의 유산으로 인한 여유와 원만함이 몸에 깊게 배어 있기 때문에 급속히 변화하는 경쟁적인 현세에 다소 뒤지고 있다는 느낌이 든다는 것이다. 경제적으로 부상하고 있는 싱가포르, 홍콩, 한국, 대만 등 신흥 공업국이 호주와 동등하거나 앞서가고 있는 면이 많음에도 불구하고 너무나 여유가 있고 긴장감이 없다는 지적도 지나친 것은 아니다. 바로 이러한 요소가 호주를 제2의 삶의 터전으로 자리 잡은 한국교민들을 불안하게 하기도 한다.

호주에서는 좀 서둘러 일을 마치려 하면 "너무 서둘지 말게, 사람 심장 떨어지겠네."라는 표현을 듣게 된다. 1주 38시간의 노동시간도 길다고 이제는 35시간으로 줄이도록 노동쟁의를 벌이고 있는 이들이야말로 여가를 노동보다 더 중요히 여기는 사람들이며, 참으로 잘 놀 줄 아는 사람들이다.

참고로 언급하고 넘어가야 할 점은 이민의 증가로, 특히 중국계의 월남 피난민, 한국인을 포함한 비교적 가난한 이민자들의 가치관은 책임 의식이 강하고 여가보다는 삶의 경쟁을 통한 성공과 야망을 추구하기 때문에 본토박이 호주인들이 당혹해 하고 두려워하는 모습도 보이곤 한다. 경제적으로 성공을 거둔 미국, 캐나다에서의 한국 이민사가 호주에도 똑같이 반복된다고 생각해 보자. 이러한 사실은 왜 호주인들이 복고적인 태도로 돌변하여 호주는 '백호주의'로 돌아가야 한다고 주장하는지 알게 될 것이다.

(2) 호주인들의 사교성

호주인들은 좀 사귀기가 어려운 사람들이 아닌가 하는 의혹을 갖는 것도 큰 무리는 아닐 것이다. 그러나 많은 여행자들의 글이나 작품에서 보면 호주인들은 강하면서도 부드러운 사람들로 표현되고 있다. 다른 어느 나라보다도 집과 집 사이에 울타리가 없는 나라, 존칭 대신에 누구나 이름만으로 통하는 나라, 낯선 사람이 이사를 오면 먼저 찾아와서 인사를 나누는 나라, 기꺼이 이야기하기를 좋아하는 사람들이라는 정평이 나와 있다.

(3) 공격성, 회의성

호주인들은 섬세하다기보다는 공격성, 회의성 등의 성격을 가지고 있다. 이러한 성품이 가장 잘 표현되고 있는 일면이 자동차 운전에서 볼 수 있다. 호주는 생활수준이 높다는 것 외에도 광대한 국토면적 때문에 자동차가 없으면 일상생활이 거의 불가능하다. 인구에 비례해서 영국, 미국, 캐나다 등의 나라를 제외하고 세계에서 교통사고율이 가장 높은 곳으로 호주를 꼽는다. 즉, 빠른 속력으로 자동차 경주를 하듯 운전을 한다는 이야기이다.

(4) 이상한 영웅심

호주인들에게 있어서 선망의 대상이 되는 영웅들이란 사업가나 영화배우가 아닌 죽도록 고생만 하는 사람들이다. 노다지를 찾겠다고 평생을 산으로 들로 쏘다니지만 결국 실패만 하는 사람, 첩첩산중에 들어가 농토를 일구겠다고 평생을 고생만 하다가 그냥 끝내는 사람들을 영웅이라 생각한다.

이러한 생각 때문에 호주에서는 가난한 '아일랜드'의 자손으로 태어나서 영국의 식민주의자들과 부자들에게 항거하여, 그들의 재물을 털고 범법자가 되어 식민지의 경찰들과 대항하다가 사살당한 네드 켈리(Ned Kelly)가 호주의 민족적 영웅으로 자리를 굳히고 있는 것도 우연한 일은 아니다. 그래서인지 아직도 호주인들은 스스로 자기들이 열패자(underdog)라는 강한 의식을 가지고 있으며, 자신이 의지하고 기대할 수 있는 것은 자신밖에 없다고 생각한다.

5. 호주시장의 특성[145)]

① 선진국인 이 나라는 여타 선진국에 비해 국민저축이 낮고, 오히려 미국, 영국, 일본 등을 중심으로 한 선진국들이 호주에 자본을 저축하는 특성을 지니고 있다. 따라서 호주경제는 이들 제국의 경제와 외국인 투자동향에 상당한 영향을 받고 있다.

② 호주는 시장규모가 협소하고, 다품종 소량·소액 주문이 주종을 이룬다. 구매력은 OECD 중급 수준이고, 거점 소비시장이 분산 및 광역화되어 있다. 호주는 시드니, 멜버른, 브리스번, 퍼스, 애들레이드 등 5개 주의 수도에 총인구의 60%가 거주하고 있다. 따라서 주요 도시가 멀리 분산되어 있어 수송비 등 유통 코스트가 높고 소량·소액 주문형태를 가진다. 호주는 국토가 광활하기 때문에 호주내

145) http://www.kotra.or.kr, http://www.lycos.co.kr

2,000km 이상의 장거리 운송은 필요에 따라 견고한 포장이 중요한 수출 요건이 되는 경우가 많다.

③ 호주는 보수적 상거래 관습과 기존거래관계를 중요시 여긴다. 호주인들은 영국식의 보수적 상관습을 갖고 있어 첫 거래에 대량 주문을 내는 경우가 거의 없고, 여러 차례의 소규모 거래를 통해 신뢰가 형성되면 거래선을 계속 유지하는 경향이 있다.

④ 호주는 고가시장과 저가시장으로 양분되어 있다. 이들은 저축보다 소비성향이 높으며, 가격에 민감한 성격을 강하게 지니고 있다. 특히 의류, 신발, 문구 등의 경공업 제품은 중국산 저가 제품이 시장에 범람하고 있고, TV 등 가전제품은 세계 유명업체의 브랜드를 부착한 중국 및 동남아 현지제품이 주류를 이루고 있다.

⑤ 호주는 소비자보호제도 및 관행을 가지고 있다. 따라서 호주는 철저한 소비자보호제도와 관행이 정립되어 있어 A/S, 부품의 효율적 공급체계 구축이 시장개척에 필수적이라 할 수 있다. 호주는 제품안전규정 및 소비자보호규정이 까다롭고 소비자 보호제도가 정착되어 있어, 사후 클레임 소지가 큰 시장임을 감안하여야 한다. 따라서 수출할 때에 관련 안정규정, 소비자보호규정 등을 반드시 확인하여야 한다. 그 동안 우리나라 수출업체들이 가격 및 품질 경쟁력에만 신경을 써왔지만 비가격 경쟁력 면에서는 매우 부족하였으므로 이를 개선할 필요가 있다.

⑥ 호주에서는 믿을 만한 바이어를 선정하여 집중 지원하는 방식이 필요하다. 호주는 국토에 비해서 워낙 시장이 작기 때문에 여러 명의 바이어들에게 동일 제품을 공급할 경우, 바이어들 간에 충돌이 생겨 바이어 모두를 잃어버리는 결과를 초래할 수 있다. 따라서 시장이 작고 광역화, 분산되어 있는 호주에서는 호주전역을 커버할 수 있는 유통 채널을 가지고 있는 믿을 만한 바이어를 선정한 후, 선정한 바이어가 열심히 뛸 수 있도록 집중적으로 지원해 주는 것이 매우 중요하다. 그러나 한 업체에 호주 전역을 커버하는 독점권을 주는 것이 어려울 경우에는 반드시 바이어별로 판매할 수 있는 권한을 권역별이나 제품 유형별로 구분하여, 제품을 공급하여 바이어들 간의 충돌을 방지하는 것이 필요하다.

⑦ 호주의 상거래 관습은 매우 보수적이며 조회(문의, inquiry) 등에 대한 대응도 신속하지 못하나, 단시일 내 만족할 만한 결과가 없다고 거래를 미리 포기하는 것은 금물이다. 현지 KOTRA 무역관에 따르면, 한국산은 품질은 괜찮은데 물건 사기가 어렵고 물건을 구입한 후에 서비스 받기가 어렵다는 말을 종종 들었다고 한다. 이는 간과할 수 없는 매우 중요한 지적이며, 수출 확대를 위해 시급히 개선되어야 할 사항이다.

⑧ 호주에서는 계약을 철저히 이행하여야 하고 납기 지연, 가격 인상 요인의 발생 등으로 계약이행이 어려울 경우에는 사전에 수입업체의 양해를 구하여 향후 문제 발생의 소지를 없애야 한다. 조회에 대한 무응답과 늦은 회신, 신용장만으로의 대금결제 요구, 납기 미준수, 엉성한 끝마무리, 잦은 하자 발생, 클레임에 대한 소극적인 대처, A/S 및 부품 공급의 불성실에 대한 개선에 대해 적극적인 관심이 필요하다.

⑨ 호주 경제의 강점으로는 농업과 공업이 효율적으로 움직이고 있으며, 대량의 광물 자원을 가지고 있다는 것이다. 무한한 가능성을 가지고 있는 관광산업도 호주에 있어서는 중요한 흑자산업이다. 그리고 호주는 베트남과 같이 경제성장이 현저한 동남아시아 국가를 대상으로 투자활동을 활발히 하고 있다. 반면, 약점으로는 호주의 주요 수출 상대국인 동남아시아는 정세가 불안정한 나라도 있어서 수출이 제대로 성장하지 않는다는 단점이 있다. 또 값싼 노동력으로 지탱하고 있는 아시아 여러 나라와는 험난한 경쟁 상대이다. 이 때문에 무역수지는 적자이고 실업률은 저하될 조짐이 보이지 않는다.

⑩ 호주에서는 한국 상품을 일반적으로 품질면에서는 중·고급, 가격면에서는 경쟁 상대국에 비해 다소 비싼 편이라고 생각한다. 특히, 신발류는 고가의 고급제품으로 인정받고 있으며 가전제품은 중 · 고가라고 할 수 있다. 최근에 한국자동차가 품질과 가격면에서 호평을 받고 있으며 점점 인기가 높아지고 있다.

⑪ 호주인들은 소비지출의 대부분을 여행과 레저에 사용하고 있다. 호주인들의 소비패턴을 보면 견고하고 실용적인 것을 좋아한다. 특히, 중년층 이상의 사람들은 전통적인 영국풍의 디자인을 선호한다. 그러나 청년층은 2차 대전 이후 들어온

미국풍의 영향을 받고 미국풍의 디자인을 좋아하는 경향이 있다. 이들은 가구·유행상품으로는 영국과 프랑스제, 자동차·가전제품은 미국 상품을 선호하고 있다. 최근에는 일본의 카메라, 전자제품이 급속히 퍼지고 있다. 이들은 일주일분의 일상 생활용품을 매주 목요일 쇼핑 Day와 토요일 오전에 한꺼번에 구입하는 습관이 있다. 계절별로는 10~11월과 4~5월에 상품 구입량이 많다. 호주인은 일반적으로 저축성향보다 소비성향이 강하고 가격에 무감각하지만, 내구 소비재에 대해서는 품질을 중요시하는 경향이 있다.

6. 상거래문화[146)]

호주는 여러 민족의 이민으로 구성된 다민족국가임에도 불구하고, 이민족들 간의 문제는 별로 없는 동질화 된 사회이다. 그러나 2005년도에 시드니 인종폭동과 2014년도에 인종별 공격에 따른 이슬람세력의 저항 등으로 호주사회의 저변에 인종주의가 깔려 있다는 것을 알 수 있다.

호주는 계층 간의 소득격차가 심하지 않아 빈부격차도 낮고 사회보장제도가 잘 되어 있는 복지국가이다. 인구가 적기 때문에 노동력이 부족한 호주에서는 노동조합의 힘이 매우 강력하여 최고의 정치세력이 되어 왔다. 이로 인해 빈번한 노동쟁의 발생과 과도한 임금인상 요구는 물가상승의 요인으로 작용하여 대외경쟁력을 약화시키고 있다.

그리고 산업자본 축적이 미비하여 공업화와 자본개발은 일본·미국·영국의 자본과 기술에 크게 의존해 왔다. 따라서 각 분야에서 외국자본에 대한 소유와 경영지배의 비중이 현저하게 높다. 제조업의 미발달은 민간소비의 확대가 바로 수입으로 연결되고, 경상수지 적자로 연결되는 수입유발적인 경제구조를 갖게 되었다.

이렇듯 2차 산업의 취약으로 공산품 수입이 매우 높다. 또한, 외국자본에 대한 의존도가 매우 높다. 호주인들과 상거래를 이행할 때에는 다음과 같은 것을 주의해야 한다.

① 이들과 거래를 상담할 때는 신속성이 요구되며, 경영주가 대부분 서한문을 작

146) http://www.kotra.or.kr, http://www.lycos.co.kr

성하므로 모든 서한문은 정중한 표현을 쓰도록 해야 할 것이다. 그리고 모든 일에서 적당히 넘어가는 부분이 없으므로 논리적으로 상대방을 설득하도록 해야 한다.

② 호주인들은 차를 마시며 가벼운 비즈니스를 한다. 영국의 영향이 아직도 남아 있어서인지 시드니의 많은 사람들은 여전히 영국식의 'Afternoon Tea Time'을 가진다. 학교에서도 점심을 먹기 전과 점심을 먹은 후 10~20분 정도를 'Tea Break'라고 해서 간단하게나마 차를 즐긴다. 이것은 주로 홍차에 우유를 넣은 밀크 티와 큼직한 비스켓 등을 즐기는 것으로 호주인들에게 중요한 부분이다. 점심을 충실하게 먹지 못하기 때문이기도 하겠지만, 사실 이 시간동안 여러 가지 이야기를 나누는 것을 중요하게 생각하기 때문이기도 하다.

티 타임동안에는 주로 개인적인 생활에 얽힌 다양한 이야기들을 서로 주고받기도 하지만, 비즈니스맨들은 여러 가지 문제들을 토의하기도 한다. 이 때를 이용한다면 부담 없이 상대방에게 접근하고 친밀해 질 수 있어 비즈니스에도 많은 도움이 된다.

③ 호주에서는 저녁식사를 강제로 권하면 실례가 된다. 세계의 어느 나라 비즈니스맨들이 다 똑같겠지만, 호주의 비즈니스맨들도 점심을 그다지 잘 챙겨 먹지는 못한다. 비즈니스맨들이 가장 많이 모여 있는 마틴 플레이스 주변과 같은 곳은 사무실 건물 근처나 지하의 몰에 간단한 점심을 파는 식당이 많은데, 주로 에스프레소 커피와 함께 햄버거나 샌드위치로 점심을 해결하기 위해서 모이는 비즈니스맨들로 붐비는 곳이다.

그러나 저녁은 사정이 다르다. 호주에는 가정적인 비즈니스맨들이 많아서인지 저녁 때 식당에서 식사하는 비즈니스맨들을 찾아보기가 쉽지 않다. 저녁 식사만은 집에서 가족들과 하려는 이들에게 밖에서 식사할 것을 강제로 권한다면 큰 실례가 될 수 있다. 이들은 특별한 일이 아니면 외식을 잘 하지 않는데, 외식을 한다고 해도 가족들과 함께 즐길 수 있는 패밀리 레스토랑을 주로 찾는다. 만일 사업상 저녁식사를 하더라도 우리나라 사람들과 같이 2차를 기대하지는 않는다. 호주인들은 식사 후 가족이 기다리는 집으로 빨리 돌아가려고 하기 때문이다.

④ 호주에서는 문서뿐 아니라 구두로 이루어지는 일도 중요하게 생각한다. 일반적인 호주인들이 다 그렇듯이 사람들도 서로를 믿는데 익숙하다. 그래서 그다지

중요하지 않은 일로 팩스를 보내더라도 반드시 회신을 보내 주는 사람들이다. 그리고 한번의 경험은 쉽사리 잊지 않기 때문에 첫인상이 대단히 중요하다. 사업상의 일이든 아니든 일단 한번 이야기하고 나면 꼭 지켜야 한다.

이들은 서구의 영향을 받아서 문서로 된 것이 중요하게 취급되는 것은 두말할 나위도 없지만, 호주인들은 구두로 이루어지는 일에 대해서도 상당히 중요하게 생각한다. 만일 중요한 일을 간단한 식사 시간에라도 이야기하게 된다면 쉽사리 이야기를 끝내지 말아야 한다. 이런 때는 "다시 이야기하자."라든가 "나의 결정 사안이 아니다."등의 말로 결정을 미루는 것이 낫다. 만일 이런 자리에서 결정된 것을 별것 아니겠지 하고 잊어버린다면, 그들과 다시 거래하는 것은 상당히 어려운 일이 될 것이다.

⑤ 호주에서는 꼼꼼히 챙긴 서류와 브리핑 자료가 필수적이다. 서양의 여러 나라들에서도 그렇지만 시드니에서도 모든 일은 주로 문서화한다. 호주에서 집을 구해서 세를 들게 되면 부동산 사무소로부터 몇 가지 서류를 받게 된다. 이 서류라는 것이 세를 들어 살게 될 집에 있는 물건과 설비의 상태를 체크하기 위한 것인데, 심지어 숟가락이 몇 개 있는지도 기록에서 빠뜨리면 안 된다. 우리가 흔히 별것 아니라고 생각하기 쉬운 것들도 문서화하고, 꼼꼼히 챙기는 이들과 비즈니스를 하기 위해서는 그들의 이런 성격도 알아두어야 한다.

따라서 비즈니스에서는 일반적인 서류뿐 아니라, 자신이 브리핑하려는 것에 대해서도 지나치게 꼼꼼하다 싶을 정도로 준비해서 문서화하여야 한다. 우리가 일반적으로 구두로 해결하는 문제들도 이들을 위해서 일일이 문서화하는 것이 좋다. 일반적으로 우리에게 익숙하지 않은 이런 준비들은 고되고 힘들겠지만 그 열매는 달콤할 것이다.

⑥ 호주에서 약속시간을 지키지 않으면 비즈니스를 망치게 된다. 호주인들은 여유롭게 살고 있지만 약속시간은 철저히 지킨다. 약속을 하고 10분전에 나와서 기다려야 한다는 것은 당연하다고 생각하는 이들에게는 약속시간이 몇 분만 지나더라도 더 이상 기다릴 필요가 없다고 여기는 것이 오히려 당연한 것이 된다. 따라서 약속시간에 2~3분 늦어서 상대가 떠나고 없음을 알고 나서 야속하다고 하는 것은 이들에게겐 있을 수 없는 일이다.

⑦ 그러나 역으로 호주인들이 약속시간을 지키지 않은 경우가 많으므로 호주 바이어의 말을 액면 그대로 믿지 말고 신중하게 대처하여야 한다. KOTRA 무역관의 경우 우리 시장 개척단의 현지 수출상담시 호주 바이어들이 사전에 상담 약속을 해 놓고도 상담 당일에 아무런 연락도 없이 나타나지 않는 경우도 있다. 또한, 세일즈 출장을 온 우리 업체들과 상담하면서 호주 바이어들이 여러 가지 약속을 해 놓고도 이를 일방적으로 파기하고 지키지 않아 우리 기업들이 실망하는 사례가 적지 않다.

⑧ 호주에서는 철저한 사전 시장조사가 필요하다. 남반구에 위치해 있는 호주는 계절부터가 우리나라와 정반대이다. 자동차 핸들도 우리나라와 반대로 오른쪽에 있으며, 전압도 240V에 50Hz로 110 및 220V에 60Hz인 우리나라와 다소 다르다. 호주는 지역적으로 대륙에서 떨어져 있기 때문에 유행에 둔감한 편이고 선호되는 디자인, 색상 등이 미국, 일본, 한국 등 북반구 국가들과 상이한 경우가 상당히 많다.

⑨ 호주 바이어의 보수적·소극적 성향을 적극 활용하여야 한다. 호주는 지리적으로 격리되어 있고 1973년까지 White Australian Policy, 즉 백호주의를 고수해 온 나라로 호주인들은 대체로 보수적이고, 일단 맺어진 거래선은 바꾸지 않는 소극적인 성향을 보이고 있다. 호주에서는 소량·소액 주문이 주종을 이루기 때문에 구태여 거래선을 바꿀 경우에 초래될 각종 위험 등을 감안하여야 한다.

이러한 호주인들의 성향 때문에 한국에서 출장 온 비즈니스맨들은 호주 바이어를 만나는 것조차 쉽지 않으며, 즉석에서 주문을 받는 경우는 거의 없다. 따라서 이러한 호주 바이어들의 소극적인 자세에 실망하여 포기해 버린다면 호주시장 진출은 불가능할 것이다.

따라서 호주인들의 소극적이고 보수적인 성향을 역으로 이용하면 장기적이고 안정적인 거래선이 될 수 있다. 이를 위해서는 장기적인 관점에서 인내를 가지고 접근해야 한다. 하찮은 조회(문의, inquiry)일지라도 즉시 회신해 주고 소량 주문이라도 적극 수주하여 지정된 날짜 안에 물건을 납품하는 것이 필요하다.

2
chapter

중 동 지 역

제1절 중동지역의 국민성과 상거래문화

대부분의 중동인은 이슬람을 믿는 무슬림147)들이고, 종파로는 시아파에 비해 정통파인 수니파가 많다. 무슬림의 성서는 코란(Koran)으로 중동어로 씌어 있으며 서기 7세기 초에 예언자라고 할 수 있는 중동인 무함마드(서기 569-632)에 의해서 계시되었다.

중동인은 사회생활의 근간을 이슬람 교리에 두고 있다. 이들은 하루 5회씩 성지 메카의 카아바 성전을 향해 기도하며 휴일인 매주 금요일은 가능한 모스크(이슬람사원)에 나가 기도한다. 이들은 성지 사우디아라비아 메카에 있는 카아바 성전을 순례하며, 이슬람교도인이 가장 중요시하는 종교행사로 하지(성지순례)행사가 있다.148)

147) Moslem, Moslim, Muslem, Muslim이라는 것은 회교도를 뜻한다.
148) 전완경, 『아랍의 관습과 매너』, PUFS, p. 4.

1. 인사 예절과 종류

중동어에는 만나면 나누게 되는 정형화된 인사와 예의, 그리고 우호적인 표현이 매우 풍부하다. 만약 이와 같은 전통적인 중동어 표현을 이해하고 사용할 수 있다면 만나는 중동인들로부터 존경을 받게 되고, 중동 사회에서 교분을 쉽게 쌓을 수 있다.

중동 세계에서 인사말은 보통 길고, 일종의 의식으로서 행해지고 있다. 방에서나 사무실에서 자주 악수하게 되며 그것도 오랫동안 악수하는 것을 볼 수 있다. 심지어 악수 후에도 대화 도중 손을 서로 잡고 있기도 한다. 처음 만났을 경우라도 똑같은 인사말을 자주 반복하거나 내용이 비슷한 인사말을 자주 사용한다.

이와 같은 전통적인 인사법을 간략히 줄여버리는 것은 중동 사람들에게는 예의에 벗어나는 일로 간주되며, 무례라고 생각한다. 무슬림들의 언어(중동어)에 끼친 이슬람의 영향은 매우 크다. 인사와 호의를 표시하는 데에 하느님(중동어로 알라)이란 단어가 자주 입에 오르내린다.[149)]

2. 종교생활

예배의식 중에 하루 다섯 번(해뜨기 전, 낮, 오후, 해진 후, 밤) 예배 시마다 노출되는 부분은 꼭 물로 닦고, 물이 없을 때는 깨끗한 천연의 모래로 닦으며, 특히 대소변 후에는 물로 닦는 것이 원칙으로 되어 있어 식사 전후에는 물로 반드시 손을 닦는다. 관습적으로 오른손을 청결하게 다루어 경전을 읽거나 음식을 먹든지 악수를 하고, 왼손은 부정한 일에 사용하여 왼손으로 물건을 건네주거나 왼손으로 음식을 먹지 않는다.[150)]

149) 상게서, pp. 5-6.
150) 상게서, pp. 7-9.

3. 중동인의 관용구

중동인은 언제나 미래에 약속을 하거나, 어떤 일을 도모하고자 하는 경우에는 '신의 뜻이라면', 즉 인샤알라(insha' alla:h)를 쓴다. 이들은 이 인샤알라 없이는 어떤 계획도 세우지 않으며 아무것도 하지 않는다. 마음으로부터 신의 뜻에 따르는 것이다. 즉, 무슬림들의 말에 따르면, 인간의 모든 행위는 알라에 의해 지배받고 그의 뜻 없이는 성취되지 않는다는 말이라고 한다. 그래서 인간이 미래의 일은 알 수 없고, 신만이 모든 것을 알고 있으므로 무슬림은 어떤 사소한 일이라도 인샤알라라고 말한다.

이 말은 상당히 종교적이고 윤리적인 말이지만, 보통은 불성실한 행동의 책임을 전가하는 말로 많이 사용되고 또 오해도 받는다. 그리고 인사치레의 의미로 전락해 버릴 수도 있기 때문이다. 따라서 'No'라는 말의 정중한 표현으로 받아들여질 수 있는 것에 주의해야 한다.[151]

사업차 중동을 방문한 사람들이 가장 많이 듣는 말 중 하나가 '인샤알라'이다. 중동인들은 '예', '아니오' 대신 언제나 '인샤알라'라고 말한다. KOTRA 무역관 주최로 바이어 초청 간담회를 연 적이 있었다. 1주일 전에 참가 여부를 확인하고 개최 당일에도 재확인했지만, 일부 바이어들이 통보도 '인샤알라'라고 답변하였다는 것이다.

또 한번은 관련 기관에 급한 자료를 요청한 적이 있었다고 한다. 꼭 필요한 자료니 보내달라고 부탁하자 담당자 대답이 '인샤알라'였다. '인샤알라'란 말에 부정적 이미지를 갖고 있던 터라 자료 구하기가 어렵겠다고 생각했는데 다음날 특사편으로 원하던 자료를 받아볼 수 있었다고 한다. 너무 고마워 전화를 하니 대답은 역시 '인샤알라'였었다.

똑같은 '인샤알라'라는 말을 한 사람은 약속을 지키겠다는 말로, 또 다른 사람은 별 의미 없는 말로 사용하니 외국인으로서는 상대방의 의도를 판단하기가 매우 어렵다. 원래 '인샤알라'는 일에 최선을 다하지만 결과는 신에 의지한다는 뜻으로

151) 상게서, pp. 16-17.

이슬람 문화권에서는 가장 신성한 말 중의 하나다. 그러나 의미가 많이 퇴색되어 지금은 책임을 회피하는 수단으로 사용되는 경우가 많으므로 잘 구별해야 한다. 그러나 바쁘고 틀에 얽매인 세상에서 잠시나마 여유를 갖게 해주는 말이 바로 '인샤알라'가 아닌가 하는 생각이 들기도 한다.152)

4. 중동의 문화, 관습

(1) 오른손 사용

왼손은 불결한 일에만 사용하며, 이와는 반대로 깨끗한 일은 오른손으로 하기 때문에 세수를 한다거나 물건을 주고받거나 음식을 주고받을 때에는 반드시 오른손을 사용해야 한다.

또한, 악수를 하거나 음식을 먹을 때, 그리고 선물을 주고받을 때 반드시 오른손만을 사용하고, 왼손은 화장실에서 용변 후 씻을 때, 신발을 닦을 때, 그리고 코를 풀 때 사용한다. 심지어 잘 때도 오른쪽으로 자야 하며 왼쪽으로 자는 것은 가급적 피한다. 손톱을 자를 때 먼저 오른손, 왼손, 오른발, 왼발 순서로 깎으며 칫솔질도 입안의 오른쪽부터 한다고 할 정도로 오른손 문화가 보편화되어 있다.153)

(2) 청결

이슬람교에서는 사람마다 마음은 물론 외양의 청결이 중요함을 강조한다. 즉, 신체와 정신의 청결함이 자주 코란에서 언급되고 있다. 청결은 신앙심이 두텁다는 것을 의미한다. 예배하기 전 세정하는 것 이외에 생리적 현상을 한 후, 음식을 먹기 전, 잠에서 깨어난 후, 불결한 물체를 다룬 후에 반드시 씻어야 한다. 성 관계 후 그리고 생리 및 출산 후의 여성은 흐르는 물에 씻어야 한다.154)

152) 대한무역투자진흥공사, 전게서, pp. 339-340.
153) 전완경, 전게서, pp. 69-70.
154) 상게서, p. 70.

(3) 결혼과 이혼

이슬람에서 혼인은 특별한 사유가 없는 한 모든 무슬림이 맺어야 하는 신성한 계약이다. 따라서 코란은 "너희 가운데 홀로 된 자를 남종과 여종들 중 적절한 자와 혼인시켜라. … 결혼 상대를 만나지 못한 사람으로 하여금 알라가 그들을 부유케 할 때까지 순결을 지키게 하라."고 기재되어 있다. 이슬람에서 독신생활은 무함마드에 의해서 명백히 금지되었다.

"아랍의 남자는 네 사람의 아내와 가정을 가질 수 있다."라든지, "무슬림이 되면 네 명의 아내까지 혼인할 수 있다."라고 하는 이야기를 듣는데, 이것은 코란에 나와 있는 내용이기 때문에 사실 넷까지 아내를 둔 예가 있으나, 최근에는 대부분 경제력과 공평을 문제로 삼아 한 사람의 아내와 결혼한다. 아랍에서 혼인문제는 개인의 문제가 아닌 가족전체의 문제이다. 따라서 신랑은 자기 인생의 반려자를 스스로 선택하는 것이 아니라, 가족 구성원이 공동으로 물색하여 서로 상의하여 선택한다.

아랍에서의 결혼은 신부 값을 보내고 계약서가 교환됨으로써 성립된다. 이러한 관습은 예나 지금이나 거의 변하지 않고 있다. 두 집안 사이를 분주하게 드나드는 중매쟁이들에 의해서 결혼준비가 진행된다. 보통은 신랑・신부가 어렸을 때 청혼을 하는 경우가 있고, 아버지가 죽으면서 유언으로 아들, 딸의 결혼을 정하는 경우도 있다. 대개 여자는 11～13살이 되면 혼인 얘기가 오간다. 가족 안에서 결혼 상대자가 정해지고, 만약 가족 밖에서 찾게 되면 재산과 사회적 지위가 주요 변수로 작용한다. 남자 측에서 준비하는 신부 값과 이혼할 때 지불해야 할 위자료의 액수, 그리고 여성측이 갖추게 될 장신구에 대해서 쌍방이 대체로 합의하고 양해되면, 남자 측으로부터 정식 결혼신청을 받는다. 그리고 여자 측이 결혼 신청을 받아들이면, 두 집안의 대표자 사이에 최종적인 신부 값의 액수와 장신구의 수가 결정된다.

두 집안의 대표자로는 신랑과 신부의 보호자인 부친이 되는 것이 본래의 전통이지만, 금전에 관계되는 이야기는 서로 하기가 거북한지 '와킬'이라고 불리는 대리인이 표면에 나서는 경우가 많다. 혼인 서약식에는 여성의 아버지나 가까운 친척(작은 아버지, 큰아버지 등) 또는 남자 형제가 여성의 의사를 대신한다. 그러나 요즈음 많은 아랍국가에서는 혼인 서약이 법원과 공무원 앞에서 이루어진다.

이슬람에 의하면 예외적인 상황에서만 이혼의 길을 열어 두고 있다. 그러나 일반적으로 이혼의 필요성은 모든 사람에 의해 인정되어 왔다. 이혼이 가장 증오스러운 것이라고 선언한 것은 바로 이러한 코란의 가르침 때문이었다고 무슬림들은 말한다. 무슬림의 정신세계는 결혼생활의 즐거움과 함께 결혼생활의 어려움을 이겨 나가는 것이고, 최후의 방편으로서만 이혼을 생각하며 가능한 한 가족관계가 파괴되는 혼란을 막았다. 그래서 무슬림들은 이혼을 위해서는 이에 상응한 충분한 이유가 있어야 하고, 또 극단적인 조치로서 최후의 방편으로서 이혼이 필요하다고 생각되기 전까지는 다른 방편과 수단을 강구한다는 것이다.[155)]

(4) 화장실 문화

최근에는 서양식 화장실이 호텔에나 레스토랑에 잘 설치되어 있지만, 시골이라든가 장거리 버스가 잠시 쉬는 정류장은 아직도 아랍식 화장실이 많이 남아 있다. 아랍식 화장실에 들어가면 일반적으로 변기와 수도, 빈깡통이 놓여 있거나, 양동이에 물을 담아 놓은 것을 볼 수 있다. 변기는 한가운데에 둥근 구멍이 뚫려 있고, 준비된 빈깡통과 수도는 배변처리를 하기 위한 것으로, 아랍식 화장실에는 종이를 사용하지 않는다. 그 대신 깡통에 물을 담아서 왼손으로 항문을 씻거나 호스를 대고 흐르는 물에 닦는다.

남자들의 경우에는 소변을 본 후 물로 씻어내고, 배변 후 처리를 하는 왼손은 아랍세계에서는 부정한 것으로 여겨지기 때문에 음식을 먹을 때, 악수를 할 때, 돈을 줄 때는 반드시 오른손을 사용한다. 아랍지역은 밤이면 아무 곳에서나 볼일을 보는 경우가 있다. 시골에서는 밤이 되면 사방이 화장실이라고 할 수 있다. 특이한 것은 남자도 소변을 볼 때 남자들이 입는 전통적인 복장 '잘라비야'를 입은 채 앉아서 볼일을 본다. 아랍의 도시지역에서는 그래도 공중도덕이 어느 정도 지켜지지만, 시골에서나 저개발국에서는 아직도 화장실 문화가 부족한 경우가 많다. 부부관계 후에는 반드시 샤워를 해야 하는 이슬람식 전통에 따라 욕실이 있고 샤

155) 공일주, 『아랍문화의 이해』, 대한교과서, pp. 309-345.

워를 한다. 그런데 샤워도 우리처럼 옷을 다 벗고 하는 게 아니라 속옷을 입은 채 하는 경우가 많다.156)

(5) 이웃 관계

이웃 어른에 대한 존경심은 부자간의 예의 못지않게 이슬람 예절의 중요한 자리를 차지한다. 특히, 시골의 경우 이웃 관계는 매우 끈끈하다. 일반적으로 중동에서는 혈연 다음으로 지연이 중시되는 경향이 있다. 요즘은 학연도 큰 영향을 발휘하고 있다. 예를 들어, 변호사 동창이나 엔지니어 동창들로 이뤄진 신디케이트가 유명하다.157)

(6) 친구 관계

친구 관계를 형제애 관계로 인식하고 있기 때문에 친구 관계는 형제 이상으로 헌신하고 보살펴 준다. 친구가 역경에 처해 있을 때는 무조건 도와주어야 한다. 친구의 애경사도 중요하며 남자의 경우, 특히 교우 관계가 사회적으로 중요할 때가 많다.158)

(7) 시간 개념

약속 시간에 늦거나 약속 시간에 갔는데 없거나, 약속 자체를 지키지 않고도 중동인이 별로 신경을 쓰지 않는 것을 많이 경험할 것이다. 이런 시간 개념에 대해 짜증을 내거나 안절부절 못해도 별 다른 방법이 없다. 그저 이해하고 참는 것이 건강에 좋다. 중동인들은 오랫동안 목축문화를 지속해 왔기 때문에 시간을 중시하지 않는다. 이들은 하루 다섯 번의 기도 시간을 기준으로 약속을 정하는 것이기 때문이다. 그 기도 시간은 나라마다 계절마다 조금씩 차이가 난다.159)

156) 상게서, pp. 339-340.
157) 전완경, 전게서, pp. 71-72.
158) 상게서, p. 72.
159) 상게서, p. 71.

(8) 중동인의 접대

중동인들은 관계를 중시하기 때문에 손님 접대도 후하게 한다. 환대를 통해 남들로부터 존경받고 상호 의무를 실행하는 것이다. 가족을 매우 중요시 하지만 여자 가족 구성원들에 대해 물어보는 것은 전혀 용납되지 않는다. 중동에서는 프라이버시를 매우 중시한다. 이들은 윗사람을 매우 공경하고, 찾아오는 손님은 극진하게 대접해 오는 것이 예절이며, 미덕으로 간주되고 있다. 이는 사막과 같은 인적이 드문 환경에서 생활하다 보니 만나는 사람에 대한 반가움과 종교의식에서 공덕을 쌓기 위한 행위로 여겨진다.

이와 같이 중동인들은 대접을 잘하는 사람들로서 부자이거나, 가난하거나, 도시 거주자거나, 사막의 유목민인 베드윈(Bedouin)이거나에 관계없이 차별을 두지 않고 예의와 존경으로 손님을 맞이한다. 비록 관습에 의해 환대의 실제 기준이 설정된다 하더라도 중동인들은 손님을 맞이함에 있어 자발적으로 따뜻하게 적용한다. 방문객에게는 모든 정성을 기울여야 하며 웃음 띤 얼굴로 맞이해야 한다. 접대에는 최선을 다해 온갖 정성을 기울이되 어떤 화제를 내놓느냐 하는 것은 대체로 주인 측에서 결정한다.

모든 중동인들의 가장 보편적인 환대의 표시는 커피를 제공하는 것이다. 특히, 도시에서 여름에는 상점을 방문할 때 커피나 홍차 또는 찬 음료를 대접받는다. 이때 커피 잔은 왼손으로 받아서는 안 되며 빈 컵을 마루에 놓거나 엎어서는 안 된다. 식사시간에 손님은 보통 마루에 앉는다. 이럴 경우 발바닥이 다른 사람에게는 보이지 않도록 앉아야 한다. 왼손처럼 발바닥은 불결하며, 만약 발바닥을 보일 경우 고의성 있는 모욕으로 상대방이 받아들이기 때문이다.

이들은 자리에 앉으면 우선 손을 씻으며 물 항아리와 대야를 하인이 제공한다. 그리고 웃어른이 먼저 음식에 손을 대야 비로소 식사가 시작된다. 여자보다 남자가 먼저 음식에 손을 대고 먹을 것을 선택한다. 음식은 보통 오른손 엄지와 두 손가락만을 사용한다. 식사 전에는 큰 소리로 덕담을 나누지만 식사 중에는 별로 말을 하지 않으며 물은 식후에 마신다. 또한, 이들은 식사 후 물로 손을 씻는다. 손님 역시 차려준 음식을 많이 먹어주는 것이 초청인에 대한 예의라고 할 수 있

다.[160]

권유받은 선물이나 음식 등은 거절하지 않는 것이 좋으며, 집으로 초대받았을 때에는 세 번 이상 거절하면 곤란하며, 초대받았을 때에는 반드시 답례하는 것이 좋다.

(9) 선물

중동은 팁과 더불어 선물 문화가 발달되어 있다. 상대방에게 선물을 주는 것은 조그만 선물이라도 관심을 표명하는 것으로 여기기 때문에 선물을 주고받는 것을 무척 좋아한다. 그러나 뇌물로 비칠 수 있는 선물은 삼가는 것이 좋으며 한국적인 선물이 호평을 받는다. 중동 속담에 "선물로 얻은 친구는 선물로 잃는다."라는 말이 있다.[161]

5. 중동인의 국민성[162]

① 일반적으로 중동인들은 아집과 자존심이 강하다. 자기 스스로를 높이고 남으로부터 존경받는 것을 대단히 중요시 여긴다. 중동 속담에 "도움을 청하는 것보다 굶어 죽는 편이 낫다.", "허기보다는 자존심이 먼저", "왼손이 오른손의 도움을 필요로 하지 않도록 하라.", "수치보다는 죽음"이라는 표현이 있다. 중동인은 종교와 습관 전통, 생활 방식에 나름대로의 자부심을 지니고 있다.

② 중동인은 자기의 약점을 비난받으면 단호한 자신감과 도전, 위협적인 태도를 보이며, 결의와 용기를 과시한다. 이와 같은 중동인의 공격성은 다분히 중동 세계의 자연 환경에서 비롯된 것이 아닌가 한다.

③ 중동인은 깍듯한 예의범절로 지킬 수 있는 이상의 것을 약속하기도 한다. 중동인은 맵시 좋고 사교적이며 예의 바르다. 그러나 자기 기대가 충족되지 않고 위신이 손상된다든가 가족의 명예가 훼손되거나 하면, 그 바른 예의는 포악한 성격

160) 상게서, pp. 32-34.
161) 공일주, 전게서, p. 354.
162) 전완경, 전게서, pp. 39-41; 공일주, 전게서, pp. 214-217.

으로 돌변하기도 한다.

④ 중동은 가부장적인 성격이 강해 결혼, 이혼 등은 가장의 의사에 따라서 쉽게 결정된다. 또한, 경로우대가 철저하고 이교도(이민족)에 대한 배타심이 강하다.

⑤ 그들은 사생활의 공개를 싫어하는 편이다. 따라서 남의 비밀도 끝까지 지켜 준다. 이들은 가끔 심한 농담을 하여 상대방의 감정을 상하게 하기도 하지만, 자신과 의견이 부합되면 절친하게 대해 준다. 그러나 대화에서 이슬람이 나오면 무조건 이슬람이 최고라는 논리를 펴기 때문에 그 분위기가 썩 좋지 않은 경우가 있다.

⑥ 중동인들은 내용이나 실속보다 체면, 수치, 겉치레를 중요시한다. 다른 사람으로부터 비웃음을 당하거나 조롱받는 것을 죽음보다 싫어한다고 한다.

⑦ 아랍인들은 이스라엘과 유대인에 대해 적개심이 대단하다. 아랍인들은 비무슬림들에게 약점을 보이지 않으려고 애쓰며, 때로는 하찮은 일까지 강하게 반응하는 경우가 있다. 아랍인들은 오랜 세월동안 외세의 지배를 받아옴으로써 '적대감'과 '복종'이라는 상반된 양면성을 지니고 있다. 스스로 독립할 수 없다고 느끼거나 확신이 서지 않으면, 자신을 굽혀 복종하고 어느 정도 상대가 된다고 느끼면 자만, 이기주의, 자기주의를 고집한다. 그리고 다른 사람으로부터의 작은 비난이라도 굉장한 모욕으로 여긴다. 또, 아랍인들의 개인적인 불안감은 그들의 성격을 친절과 의심이라는 양극단으로 치닫게 한다. 이들은 과장된 친절로서 자신을 지키려 하므로 손님들에게 친절을 베푸는 것이 진정에서 나온 것인지 생각해 보게 한다.

⑧ 아랍인은 일반적으로 의심, 공포, 불안정, 그리고 미래에 대한 불안을 갖고 있다. 의심은 개인이 자라온 과정에서 생기기도 하지만, 아랍인의 역사적 소산이기도 하다. 특히, 서구인에 대한 의심이 많아 그들이 곧 지배해 버리지 않을까 하여 마음 놓고 일하기 어렵다. 이런 공포와 불안정으로 인하여 미래에 대한 확신이 결여되고 남이 나를 어떻게 생각할까에 대해 관심이 많다. 그들은 좋은 일을 하려다 사회적인 비난이 쏟아지면, 감당하기 어렵다는 것을 알고 있기 때문에 선불리 좋은 일에 가담하려 하지 않는다. 아랍 사회에서 단 한 번의 실수나 실패는 가문의 큰 수치로 여긴다.

⑨ 아랍세계에서 어떠한 오명이나 치욕을 받을 때 곧장 자제심을 잃거나 감정의 폭발로 치닫는 경우가 많다. 아랍인의 인성을 살펴보면 자신에 대한 끊임없는 자제는 기대할 수 없다. 어느 정도 인내심을 보이기는 하는데, 그것은 사막이라는 자연환경의 탓도 있으나, 혹자는 종교적인 원인에도 있다고 한다. 무함마드 언행록에 "화가 날 때는 불을 끄듯이 세수를 하라."는 말이 있다고 한다. "화가 날 때 서 있지 말고 앉아 있어라."는 말은 상당한 자제심을 보여 주는 격언이다. 그러나 재미있는 것은 자제심을 잃는 횟수가 잦다는 것인데 일단 자제심을 잃으면, 성난 파도처럼 짧은 시간에 인격을 바꾸어 버리는 것이다.

아랍인들은 화가 날 때는 소리를 높인다. 물론 시장에서 물건을 팔 때에도 소리를 높인다. 그러나 감정의 상처를 받았을 때는 고통을 말과 소리, 제스처를 써서 표현한다. 불평을 털어놓을 때에도 투덜거리며 그가 당한 것을 표현한다. 죽음이 있을 때 아랍인 문화는 감정의 폭발을 허용한다. 감정과 슬픔을 공개적으로 드러낸다. 여성들은 큰 소리로 울부짖으며 남성들은 비탄에 젖는다. 그들은 강한 충격이 왔을 때 감정을 표현하는 것은 남성다움을 잃어버리는 것이 아니라고 생각한다.

6. 중동사회에서의 금기 사항[163)]

① 중동에서는 술과 도박을 해서는 안 된다. 술은 모든 악의 모체이며, 술과 도박은 큰 죄악으로써 이성을 잃게 하고 대중의 평화가 혼란스러워진다. 술은 인간의 정신과 육체, 그리고 신앙과 생활을 해친다고 생각한다. 따라서 이슬람은 음주로 인한 유익보다는 그 해독을 중요시하는 것이다.

② 중동에서 마약은 정신을 흐리게 하기 때문에 금지된다. 또한, 마약뿐만 아니라 인간의 정신에 영향을 주는 모든 약들이 여기에 포함된다. 마약은 인간을 무기력하게 하며, 신경의 마비를 일으키고, 건강을 쇠퇴시키며, 생기 없게 만들뿐만 아니라 품행을 타락시키고, 의지 능력을 파괴하는 등 사회의 병적인 존재를 만들기 때문이다.

163) 상게서, pp. 214-217.

③ 중동은 이슬람교의 영향으로 음식이 매우 까다로운데 돼지고기나 짐승의 피를 재료로 한 음식은 먹지 않으며, 이슬람식으로(하느님의 이름으로) 도살하지 않은 고기, 조개, 비늘 없는 생선 등은 먹지 않는다.

④ 중동에서는 이슬람이나 코란, 무함마드를 비난해서는 안 된다. 특히 성전인 코란은 소중히 다루어야 한다. 코란 위에 다른 물건을 놓아서도 안 되며 더럽혀서도 안 된다.

⑤ 무슬림이 5대 의무를 행할 시, 큰 소리로 방해하거나 좋지 않은 예절을 보여서는 안 되며, 그들의 종교 관습을 이해해 주는 것이 좋다. 중동은 이슬람교 국가이기 때문에 라마단 기간 중에 외국인은 이슬람교도 앞에서 음식을 먹거나 담배를 피우지 않는 것이 좋으며, 특히 거리에서의 흡연을 삼가 하여야 하고, 이슬람교도들의 종교생활에 거슬리는 행동은 하지 않는 것이 좋다.

⑥ 중동에서는 남녀 공히 반바지 차림이나 노출이 심한 옷을 입지 않는 것이 좋다. 남자라도 신체를 지나치게 노출하거나 요란한 복장은 금하여야 하고, 여성들은 손등과 발목 등을 외부에 노출시켜서는 안 되며, 외간 남자들 앞에 얼굴을 드러낸다든지 말을 걸지 않는 편이 좋다. 또한, 남녀 관계에 대한 이해가 다르므로 중동 여성을 희롱하는 것은 매우 불쾌한 일이라고 생각하므로 절대 금하는 것이 안전하다.

⑦ 왼손으로 음식을 먹거나, 악수하거나 물건을 건네받아서는 안 된다.

⑧ 엉덩이를 만지는 것은 좋지 않다. 동성연애의 의사 표시라고 보아도 무방하다. 이슬람은 동성연애와 자위행위를 금지한다.

⑨ 중동에서는 비단 옷을 입는 것은 삼가는 것이 좋다. 전통적으로 비단 등 부드러운 옷감은 여성들이 사용한다. 특히 빨강, 노랑 등 원색은 여자들이 입는 것으로 생각한다. 또한, 중동의 기후가 더워 땀이 많이 나오기 때문에 비단을 대체적으로 입지 않는다.

⑩ 코란은 살인, 간통, 위증, 도둑질, 기타 다른 범죄에 대해 가혹한 처벌을 규정하고 있으므로 이러한 사항을 준수하여야 한다.

7. 상거래문화

중동은 과거를 중요시하는 경향이 강하다. 진보와 변화보다 전통과 관습의 보존을 훨씬 중시한다. 또한, 중동인들은 근대적인 경영 기술을 발전시키는 데 큰 관심이 없으며 미국에 비해 비즈니스가 느리게 진척된다.

중남미인들과 마찬가지로 중동인들도 계획이 수시로 바뀌며 회의를 방해받는 일도 많다. 이슬람교도들은 시간이 신의 손에 달려 있다고 보기 때문이다. 과거와 현재, 미래 모두 신이 주관할 것이고, 예정되어 있는 일이라면 틀림없이 신이 정한 시간에 달성될 것으로 믿기 때문에 느긋하다. 따라서 회의 시간을 정확하게 지키는 것을 별로 좋아하지 않는다. 그런데 시간문제에 있어 알라의 뜻을 내세우는 것이 진정으로 종교에 충실해서 그런 것인지, 아니면 단순히 시간을 끌기 위한 지연작전 인지를 구분하기 힘들 때가 많다. 중동에서 서두르는 것은 상대를 모욕하는 것이 되므로 시간을 가지고 검토하고 숙고할 필요가 있다. 따라서 중동인과 상담할 때는 여유 있게 계획을 짜야 하고, 시계를 자주 보지 않아야 한다. 상대방은 이런 태도를 자신의 인격을 모욕하는 것으로 받아들인다. 그리고 상담을 끝낼 시간을 의식하지 말고 하던 이야기를 계속 하여야 하며, 기도 시간에는 일을 하지 않는다는 것을 명심하여야 한다.

중동인은 직원채용이나 제품 구매 시 개인이 지닌 장점이나 성취보다 개인의 인격과 성격, 인간관계 등을 훨씬 많이 고려한다. 또한, 비즈니스보다 관계와 종교를 앞세운다. 중동인은 중요한 순서를 직계가족, 중동의 회교공동체, 친지, 국가, 중동의 이슬람교도 친구들, 비중동권 이슬람교도 등으로 생각한다.

그러므로 중동인들은 사업을 그다지 중요시 여기지 않고, '신의 뜻이라면'이라는 생각을 가지고 있으므로 상담할 때 곧바로 비즈니스로 들어가지 않아야 한다. 또한, 중동인들에게는 다음과 같은 행동을 이행하여야 한다.

① 우쭐대는 태도는 금물이지만 적당히 과신할 필요가 있다.

② 여행을 통해서 친해질 수 있으므로 관계형성을 목적으로 한 여행을 할 필요가 있으며, 신뢰를 구축하기 위하여 노력하여야 한다.

③ 중동인에게 초대를 받았을 때는 반드시 한번은 공손하게 거절한 다음에 받아들여야 하고, 접대를 받고 난 후에는 감사함을 표시하여야 한다.

④ 가족 칭찬을 많이 하여야 하지만, 부인을 칭찬해서는 안 된다.

⑤ 중동인과의 만남은 첫 인상이 중요하고 상대를 존중하고 있다는 것을 보여주도록 노력하여야 한다. 대부분 첫 만남에서는 여유가 있고 사교적인 분위기가 유지되지만, 그 순간에도 상대를 계속 평가하고 있다는 것을 생각하여야 한다.

중동에서는 차나 커피를 대접받게 될 때 이를 거절하는 것은 큰 실례가 되므로 주의한다. 상담의 경우 자기 사정이 나빠지면 거리낌 없이 약속을 파기하는 경우가 많기 때문에 상담내용을 문서로 확인해 둘 필요가 있다. 상담 중에 '인샤알라'라는 표현은 이슬람권에서는 자주 사용하고 있으며, 상당히 상대가 판단하기 어렵게 만든다. 그러나 대개는 만약 상담 후 샤프까(의미 있는 악수나 정감 있는 말 등 인간적인 확인절차)를 거쳤으면 인샤알라는 'Yes'의 의미로 이해될 수 있지만, 그러한 절차가 미흡했다면 인샤알라는 'No'라는 의미일 가능성이 높다.

중동인들과 상거래에 관한 상담을 할 경우에는 다음과 같은 특성과 사항에 대하여 유의해야 한다.

(1) 문화적 특성

이들의 상담, 회의, 설명회는 서구사회와 조금 차이가 있다. 특히, 사우디아라비아에서는 "그 곳에는 오직 알라 밖에 없고 무함마드는 그의 사신이다."라는 글귀가 '국기'에 새겨져 있을 정도로 어떠한 직업, 사회적 지위에 있는 사람이라도 항상 이 말을 하고 그 의미를 되새기며 생활한다. 이들의 문화적 특성에서 오는 협상관행을 몇 가지 적어보면 다음과 같다.

① 시간관념

이들은 시간관념이 철저하지 못하다. "Bukra In Sha Allah(내일은 신의 뜻에 달려 있다.)"라고 생각하고 생활을 하므로, 이들에게 시간을 지키도록 강요하면 실패한다. 약속시간을 지키는 법이 별로 없다. 오히려 이들은 늘 상담을 지연시켜 상대를 초조하게 만들며 시간에 쫓기는 공급선의 약점을 교묘하게 이용하는 협상관행을 가지고 있다. 이러한 성격 때문에 바쁜 일이 없고 오늘 일을 내일로 미루고 금년에 못하면 내년에 한다는 식으로 매사를 서두르지 않는다.

② 주제 및 의사결정

본질에 관한 주제가 일반적이지만, 사소한 것이 주제가 되기도 한다. 보통 서신, 전화로는 의사결정을 하지 않는다. 직접 대면하여 의사결정을 하며, 주로 최고 경영자가 결정권을 가지고 있다. 결정을 할 때는 개인적인 인상, 신용 및 인간관계에 상당한 비중을 둔다. 그리고 그들은 상품의 사용설명서나 지침서보다는 직접 상품을 보이고 설명하는 설명자에 의해 쉽게 설득이 되곤 한다.

③ 의사소통 형식

이들은 외국인과 사적인 만남을 가질 때 우호감을 위하여 포옹을 좋아하므로 두 팔을 벌려 포옹을 받아들이는 것이 바람직하다. 외국인과 처음 만날 때는 악수를 하지만 강하지 않고 맥 빠진 듯이 한다(서양식의 악수를 좋아하지 않기 때문이다).

(2) 무슬림의 기업윤리

① 충성심

무슬림들의 제1차적인 충성심은 혈연관계로 맺어진 자신의 사촌과 조카들을 포함하는 대가족제도 때문일 것이다. 이 혈연관계를 넘어서면 인종적, 또는 문화적 실체로서 "아랍민족"에 대한 충성심이 강하다. 특히 종교적인 충성심으로 무슬림 형제와 이슬람 공동체에 대한 희생을 강조하고 있다. 이와 같이 서구사회에서 볼 수 없는 종교적·동족적인 충성심은 거래관계에서도 볼 수 있다. 매매당사자 간의 상호 충성심이 강하게 작용하여 자기가 잘 알고 있는 혈연집단이나 종교집단의 상점에서 물품을 구입한다. 즉, 자신들이 믿을 수 있는 상점에서 상품을 구매하여 서로 충성심을 높여 가고 있는 것이다.

② 기업간의 경쟁회피

이들 사회의 기업은 고객을 두고 서로 경쟁하는 것을 피하고 있는데 이는 코란의 "무슬림간의 불필요한 경쟁을 금한다."는 내용에 근거하고 있다. 그러나 고객과 상인과의 가격 흥정은 시장(Souk ; 수우끄)에서 격렬하게 이루어지며, 특히 가격표시가 없다는 것이 특징이다.

(3) 시장 관습의 기업 윤리화

이들은 전통적으로 시장관습에 젖어 있어서, 물품을 팔 때는 터무니없이 값을 비싸게 부르기도 하고, 반대로 물품을 구입할 때는 값을 터무니없이 싸게 부르기도 하여 서구인들을 어리둥절하게 만들기도 한다. 이러한 시장관습은 정부공사에 대한 계약에까지 광범위하게 적용되고 있다. 그래서 외국기업들은 현지의 유력한 회사와 합작을 물색하기도 한다.

중동의 엘리트는 대부분 서구에서 교육을 받고 온 사람들이 많다. 특히, 프랑스의 식민지였던 알제리, 튀니지, 레바논, 모로코의 경우 프랑스 문화의 흔적이 강하게 남아 있다. 그럼에도 불구하고 이들은 중동의 문화와 종교를 떼어놓고 생각할 수 없는 관계라는 점이다. 따라서 중동인들에게는 상거래에 있어서 서구적인 시각을 가지고 접근하면 상담과 협상은 결렬될 가능성이 있고, 중동에 가기 전에 이슬람교를 연구해 두면 많은 도움이 될 것이다.164)

8. 중동인에 대한 협상전략

(1) 상품 견품을 가지고 보여 주면서 직접 책임자에게 상세한 설명을 하는 것이 좋다. 결정권은 일반적으로 책임자가 갖고 있다. 그런데 견본에 인물 또는 동물 사진을 넣지 말아야 한다. 왜냐하면 이러한 행위는 우상숭배로 생각하기 때문에 계약에 마이너스 요인이 된다. 이들은 단순한 제품을 좋아하고 단색을 선호한다.

(2) 이들과 계약할 때는 다음과 같은 계약 성립의 특성에 대비하여야 한다.

① 이질적인 계약관념 : 이슬람법에는 선택권이 있으므로 체결된 계약을 일방적으로 취소하는 관행이 있다. 그러므로 계약 체결 후 신용장이 도착하기 전까지는 생산에 착수하지 말아야 한다.

② 승낙의 도달주의에 유의 : 이슬람법은 격지자 간의 계약에도 도달주의를 택하고 있으므로 계약의 성립을 위하여 계약서 도착, 견본 도착 등을 확인하는 것을

164) 변재훈, "이슬람 무역계약의 관행에 관한 연구", 동국대학교 대학원, pp. 73-76.

항상 유념하여야 한다.

③ 금지물품은 계약대상에서 제외 : 코란에서 금지한 물품과 행위는 삼가 또는 제외하여야 한다.

④ 청약자의 사망 : 이슬람법에서는 청약자가 사망하면 효력이 없으므로 불필요한 언쟁을 하여 거래선을 놓치지 않도록 하여야 한다.

⑤ 사기, 착오 또는 강박 : 이슬람법에서는 사기, 착오 또는 강박에 의한 계약은 무효 또는 취소가 가능하므로 한국적 법리(취소)만을 고집하지 않아야 좋은 거래관계를 유지할 수 있다.

(3) 이들과는 다음과 같이 정확한 계약서를 작성하는 것이 필요하다.

① 계약서의 정확한 작성 : 이슬람법이 구두를 존중한다 할지라도 국제거래에서는 서면으로 작성하여야 증거가 될 수 있다. 계약언어는 영어 또는 아랍어가 호감을 줄 수 있고 작성된 계약서를 정정하는 것은 삼가야 한다.

② 이슬람법에 대한 이질감 : 이슬람법에서도 계약은 신의성실의 원칙에 따라 체결, 이행되며 계약자유 및 과실 책임 원칙도 인정하고 있으므로 이질적인 법이라는 선입관을 버려야 한다.[165]

제2절 사우디아라비아

사우디아라비아는 서쪽의 홍해로부터 동북쪽의 페르시아만까지 아라비아 반도의 대부분을 차지하고 있다. 이 나라의 크기에 관한 자료는 여러 가지이다. 사우디아라비아 당국은 나라의 면적이 250만㎢라고 주장하는 반면, 국제 연합은 그 수치를 215만㎢로 잡고 있다. 이와 같은 논쟁이 되고 있는 지역은 소위 공백 구역과 남북 예멘을 가르고 있는 불명확한 경계선을 따라서 있다.

사우디아라비아는 서유럽만큼이나 크지만 전체 영토의 약 1%에서만 경작이 가

165) 변재훈, "전게논문", pp. 138-144.

능하며, 전체 인구수는 아주 적다. 자연 경관의 특징은 극단적인 불모성과 건조함이며, 바람이 휘몰아치는 모래사막, 모래와 자갈로 이루어져 거의 식물이 자라지 않는 평원과 산악 지역으로 이루어져 있다는 것이다. 영구적인 강이나 호수는 없지만 비옥한 오아시스들이 평원이나 사막에 산재해 있다. 사우디아라비아 왕국의 많은 지역에서는 거의 비가 오지 않는데, 수년 동안 비 한 방울 오지 않는 지역도 있다. 다만 서부 고지대에서만 농경이 가능할 만큼 비가 내린다.

사우디아라비아의 기후는 세계에서 가장 뜨거운 기후 중 하나이다. 공기가 건조한 중부 고원 지역과 사막 지역에서는 여름철 낮의 온도가 49℃까지 올라가며, 밤에는 급격히 낮아진다. 해안 지역은 매우 후덥지근하며, 낮 평균 기온은 32℃ 정도이다. 1년 중 가장 추운 시기는 11월~4월까지이며, 중앙과 서부 및 북부 사우디아라비아의 몇몇 지역들에서는 빙점 아래로 떨어질 때도 있다.166)

1. 일반현황

인구(2024) : 3,748만 명

수도 : 리야드(Riyadh)

언어 : 아랍어(88.8%), 기타(11.2%)

민족 : 아랍족(베드윈족 27%, 기타 아랍 정착민 73%)

종교 : 이슬람교(수니파 90%, 시아파 10%)

기후 : 열대성 사막기후, 고온 건조한 대륙성 기후

2. 경제현황

화폐단위 : Saudi Riyal(SR), 1US$ = 3.75 SAR(고정 환율제)

GDP(2022) : 1조 1,091억 달러

1인당 GDP(2022) : 30,449 달러

산업구조(2023) : 농업(5.4%), 석유업(30.4%), 제조업(10.3%), 건설(9.1%) 등

166) 장평순, 전게서, 제7권, p. 133.

총수출액(2023) : 2,075억 달러
총수입액(2023) : 1,604억 달러
무역수지(2023) : 471억 달러 흑자
무역상대국 : 중국, 미국, EU제국, 동남아 등
주요 수출품(2023) : 석유 및 광물성 연료, 석유화학제품, 천연가스 등
주요 수입품(2023) : 기계류, 운수장비, 섬유류, 철강 및 금속제품, 자동차, 식품 및 농축산물 등
주요 부존자원 : 원유(세계 매장량의 약 25.2%)
경제적 강점 : 세계 최대의 석유자원 보유국
경제적 약점 : 노동력 부족, 전근대적 회교원리주의 신봉

3. 사우디아라비아의 문화, 관습

우리나라에서 형식적으로 인사할 때 가족의 안부를 물어보는데, 중동에서는 가족 중 여자에 대해서 묻지 않아야 한다. 중동에서는 커피나 차 대접을 사양하지 말고 받아야 하고, 만나거나 떠날 때 자리에 있는 모든 사람들과 악수를 하여야 한다. 인사할 때는 명함을 사용하여야 하는데 그 곳에 있는 모든 사람에게 주어야 한다.

사무실을 방문하여 앉을 때에는 구두 밑바닥이 보이지 않도록 주의하여야 한다. 그리고 왼손을 사용하지 않아야 하고, 방문객은 큰 거리까지 마중하는 것이 예의이다. 또한, 우리나라에서는 가정이나 사무실을 방문할 때 그 곳의 장식품이나 물건을 보고 좋다고 칭찬하면서 주인과 동질감을 형성하기도 하는데, 사우디아라비아에서는 어떤 물건을 보고 감탄해서는 안 된다. 그러면 사우디아라비아인은 그것을 상대에게 주어야 한다는 의무감을 느낀다.

사우디아라비아에서는 라마단 기간 중 낮에 사람들 앞에서 음식을 먹거나 담배를 피우지 않아야 한다. 술과 여자는 이슬람 교리 상 절대 금기사항이다. 여자의 옷차림은 팔, 다리, 또는 몸의 형체가 노출되어서는 안 된다. 그리고 이슬람교도를 무함마드교도(Mohammedan)라고 부르지 않아야 하고, '페르시아만'이 아니라 '중

동만'이라고 지칭하여야 한다. 또한, 중동에서는 여자, 정치 또는 종교에 대한 토론을 피하여야 한다.167)

4. 상거래문화

사우디아라비아는 원유와 유류제품의 수출이 전체 수출의 90%, 정부 재정수입의 73%를 차지하는 등 전형적인 석유의존경제 형태를 보이고 있어 경기의 호·불황은 전적으로 유가에 달려 있다고 해도 과언이 아니다. 국제유가의 등락은 정부재정 수입에 직접적인 영향을 주며, 이는 다시 공공부문 지출 및 국내 경기에 파급효과를 가져오고 결국 수입 수요에까지 파장을 미친다.

그러나 최근에 사우디아라비아의 국왕과 왕세자 '무하마드 빈 살만'의 등장으로 서방세계와의 경제교류를 증대시키고 기존의 석유산업에 의존한 경제 일변도에서 탈피하고자 노력하고 있으며, 이에 따라 민간 투자를 유도하기 위한 '비전 2030' 프로젝트를 계획·추진함으로써 다양한 경제발전을 위해 노력하고 있다.

사우디아라비아의 인구 중 약 600만 명 이상이 제3국의 저임금 근로자들이어서 빈부의 격차가 크며, 고가품과 저가품에 대한 수요가 양분화 된 시장이다.

사우디아라비아는 이슬람 종주국으로서의 강한 자부심을 가지고 있으며, 비즈니스 활동에도 이슬람문화의 영향이 많이 작용하고 있다. 라마단과 하지시즌이 연간 최대 구매시즌이며, 성지 순례객들에 의한 중동·아프리카지역에의 브랜드 파급효과가 크다. 그리고 사우디아라비아는 수입규제를 거의 하고 있지 않아 자유경쟁시장의 성격을 갖고 있어, 유사가격으로는 시장 확대가 어려우므로 품질이나 새로운 디자인을 무기로 한 시장접근을 시도하여, 경기회복 후 본격적인 활황기에 대비하는 전략이 바람직하다.

사우디아라비아 시장에 진출하여 성공하기 위해서는 판매촉진 수단으로서 광고가 매우 중요하며, 주로 이용되는 광고매체는 인터넷, 신문, TV, 광고전단, 입간판 등이라 할 수 있다. 유통구조는 수입상, 도매상, 소매상의 형태를 보이고 있으며, 수입상(에이전트)의 경우 대부분 사우디 전체 또는 지역별로 분할하는 독점

167) http://www.mynetian.com, http://www.worldtour.com

공급계약을 체결하여 특정 브랜드를 취급하고 있다. 사우디에서는 유력한 에이전트(Agent)의 선정이 진출여부를 판가름할 정도로 중요하다.

현재 사우디아라비아는 경기가 활성화되지 않아 가격경쟁이 치열하므로 경쟁적인 가격을 제시하여야 한다. 장기적으로는 시장진입에 성공한 후 브랜드 인지도가 상승하면 부가기능에 맞춰 고가화 전략도 바람직하다. 따라서 고부가 기능, 경량화 추세에 편승하여, 사용하기 편리하면서도 디자인이 세련된 모델 공급과 함께 에이전트, 유통업자(Distributor)들을 대상으로 제품 설명회, 국내초청 기술연수회 등을 개최하고, A/S의 서비스 기능을 향상시켜 신속하게 서비스함으로써 소비자들의 만족도를 제고시키는 방안을 수립하여야 한다. 또한, 신제품을 개발할 때나 사우디 최대 구매시즌인 라마단과 하지에는 구 모델을 할인·판매하여, 재고 소진 및 판매량 증대효과를 노리는 전략을 병행하는 것도 고려해야 한다.[168)]

말끔한 정장차림의 직장인들에 익숙한 우리 세일즈맨들은 가끔 사우디인들의 허름한 전통복장에 매우 혼란스러워할 수 있다. 우리의 경우 복장이나 매너가 가끔은 그 사람의 신용도나 재력까지도 표현하나 사우디는 복장으로 사람을 판단해서는 안 된다. 이들의 전통 복장인 토브가 원래 그렇게 입는 것이기 때문에 이를 그대로 받아들이면 된다.

아울러 특히 주의해야 할 것은 이들은 기록을 철저히 챙겨 놓는다는 점이다. 그러므로 분쟁에 대비하여 기록을 철저히 보관해 두어야 한다. 뿐만 아니라 그들은 논리적 사고력과 뛰어난 기억력을 갖고 있다. 침묵해야 된다고 판단되면 상황이 유리해질 때까지 침묵한다. 그리고는 결정적 순간에 반격을 가하는 것이다. 유가하락 시 사우디 정부의 기본 경제대책은 'wait and see', 즉 기다리고 지켜본다는 것이다. 정부뿐 아니라 기업이나 개인의 행동양식도 이러한 것이니 우리식 기준으로 하여 푸념하거나 또는 가볍게 보아서는 안 된다.

사우디인들은 오랜 종교적 관습으로 여행자에 대한 후대가 일종의 의무처럼 되어 있다. 따라서 처음 대면한 사우디인들이 베푸는 환대를 곧 비즈니스가 성사된 것으로 오해하지 말아야 한다. 물론 환대를 베풀 때에는 그 품목에 특별한 관심이 있기 때문이지 막상 상담에 들어가면 인정사정 볼 것 없이 몰아붙인다는 점을 기

168) 황두연, 『오일머니, 중동특수를 노려라』, 대한무역투자진흥공사, pp. 14-18.

억해야 한다. 이 부분에서 상당수의 우리 세일즈맨들이 오해하고 나중에 실망하는 경우가 아주 많다.[169]

사우디인은 종교와 가족을 대단히 중요시 여긴다. 이들은 비즈니스에서 빈틈이 없고 매우 신중하여 협상하기 쉽지 않다. 사우디아라비아인은 전형적으로 예절과 환대에 매우 마음을 쓰고, 이슬람교 율법이 모든 상거래 및 사회의 기본법이다.

현재 거의 모든 산업에 있어서 기술자들이 외국인이므로 이들은 이것을 자국 기술자로 대체시키려고 노력하고 있다. 이들이 비즈니스 협상에서 가지는 특징을 보면 다음과 같다.

① 협상에서 만나게 되는 사람은 거의 남성으로 그 중 협상의 최종단계는 왕족과의 협상으로 이루어진다.

② 사회구조의 폐쇄성 때문에 사교를 매우 중요하게 생각하며, 그들은 이러한 관계를 문제 해결의 방법으로 생각한다. 이들은 문화적으로 엄격한 위계조직이므로 의사 결정의 집권화가 되어 있다.

③ 이슬람교 국가이므로 전통적인 예의·범절을 아주 중요시 여긴다. 이슬람교 경전 코란에 기초한 사회적 관계를 중요시 한다. 예를 들면, "신을 믿지 않는 자일지라도 손님이라면 예우를 갖춰라."는 말이 있다.

④ 이들의 언어적 표현 수단은 서구 국가들과는 다른 면이 많다. 즉, 실제적인 것보다도 그들이 바라는 것, 객관적인 것보다는 그들이 하고 싶은 것에 비중을 많이 둔다. 그리고 왼손과 발바닥을 드러내 보이면서 다리를 꼬는 행위는 모욕의 표시이며, 대화를 하기 위해 상당히 가까이서 말한다. 대화를 할 때 눈을 마주보는 경우가 많은데, 이것은 "눈은 마음의 창"이라는 생각 때문이다.

⑤ 이들은 신의 교리에 따르는 것이 무난하다고 여기고 있다.

⑥ 이들은 가족 중심적인 사고 내에서 개인적인 친분관계를 중시한다.[170]

사우디아라비아에서 상담을 하기 위해서는 개인적인 친분을 중요시 여기므로 대리인을 통해 업무를 추진하여야 한다. 그러나 일단 접촉이 이루어지면 사우디아라비아인은 대리인을 피하고 당신과 직접 거래하기를 원하기도 한다. 또한, 계

169) 대한무역진흥공사, 전게서, p. 344.

170) 장대환, 전게서, pp. 111-112.

약이 성사되면 비즈니스 관계를 견고히 하기 위해 자주 방문하여야 한다. 사우디아라비아에서의 모든 회합은 사교적인 대화로부터 시작하고, 상담 중에 이야기가 주제를 벗어나기도 하기 때문에 상대방의 기다림에 익숙하여야 한다.

이들과 상담할 때 즉석에서의 대답이나 '예' 또는 '아니오'의 분명한 대답을 강요하지 않아야 하며 생각할 시간을 주어야 한다. 또한, 이들과 전화나 우편을 통해서 비즈니스를 수행하면 부적절한 것은 아니지만 효과가 없다.

사우디아라비아에서는 전통적으로 상담은 부풀려 제안하는 것으로 시작되고 일련의 의례적 양보로 시작된다. 이들에게 강압적인 판매방법은 적합하지 않을 것이고 가격은 동료 간의 문제로서 토의되어야 한다. 그리고 많은 미결정의 문제들을 동시에 처리할 수 있도록 대비하여야 하지만 서두르지 않아야 한다. 이들은 시간이란 것은 중요한 것이지만 우선적인 문제로 여기지 않고, 지금이 아니면 다음이란 생각을 한다. 이들에게 정중하게 기분을 맞추어 주는 것도 중요하고 계약서를 작성하고 난 후에도 재협상을 예상하여야 한다. 과거에는 말로 하는 의견 합의를 많이 해왔으나, 오늘날에는 문서화하는 경우가 대부분이다.

사우디 비즈니스맨은 친절하고, 주의 깊은 편이지만 약간은 거만한 편이다. 비즈니스가 처음 시작된 관계일 경우에는 회신에도 매우 신중하게 응하는 편이지만, 진정한 비즈니스는 이런 방법으로 이루어지기 힘들다. 직접적인 접촉이 있어야 지속적인 관계가 성립되는 것이다. 따라서 담당직원을 자주 교체하는 것은 바람직하지 않고, 정기적으로 상대방을 초청하는 것도 좋은 방법이 될 수 있다.[171)]

사우디아라비아에서는 손님 접대 시 대개 음식점이나 호텔로 초대하는 경우가 많으며 여자는 일반적으로 포함되지 않는다. 가정에 초대되는 경우에도 여자는 다른 방에서 접대된다. 오른손으로 식사하는 것이 원칙이며 식사를 마친 후에는 곧 자리에서 일어나야 한다.

---

171) 대한무역진흥공사, 전게서, pp. 344-345.

제3절 이 란

이란은 약 5,000년의 역사를 가진, 세계에서 가장 오래된 나라 중의 하나이다. 옛날에는 페르시아라고 불렸던 2,300년 전의 이란 제국은 동부 지중해에서부터 인도 부근까지 그 영역을 넓혔다. 지금은 카스피해와 페르시아만 사이의 서남아시아의 넓은 지역을 차지하고 있으며, 북쪽으로는 러시아, 서쪽으로는 튀르키예와 이라크, 동쪽으로는 아프카니스탄 및 파키스탄과 이웃하고 있다.

이란의 자연 경관은 눈에 덮인 산맥들로 둘러싸인 거친 사막과 군데군데 흩어진 푸른 계곡으로 이루어졌다. 극심한 더위와 추위 이외에도 이란은 주기적으로 심한 지진을 겪는다. 또한, 여름에는 엄청난 먼지를 동반한 폭풍이 자연을 휩쓸고 지나간다. 이처럼 건조하고 황량한 환경은 침략과 정복으로 이어진 이란의 시련과 고난이 많았던 역사를 반영한다.

이란을 침략했던 수많은 민족들 가운데 600년대 중반에 팽창한 중동세력은 이란에 가장 지속적인 영향을 끼쳤다. 왜냐하면, 페르시아인을 이슬람교로 개종시킨 것이 바로 중동인들이었기 때문이다. 오늘날 이란 국민의 대부분은 시아파 이슬람교에 속해 있는데, 이것은 이란의 국교이기도 하다. 시아파에 의하면 이슬람교의 진정한 지도자는 예언자 무함마드의 사위인 알리의 직계로 이어진다고 한다. 이와 대조적으로 수니파 이슬람교도들은 전통 이슬람교 율법을 따른다.

이란 남서부의 석유자원은 1900년대에 거대한 부를 일으킬 가능성을 주었다. 그러나 서구적인 방식으로 이란을 개발·개혁하려고 추진한 팔레비 왕조의 시도는 1979년 아야톨라 루홀라 호메이니(1900~1989)가 이끄는 이슬람 혁명 세력에 의해 좌절되고 말았다. 호메이니는 이란에 이슬람 공화국을 다시 건설·추진하였다.

호메이니 왕조가 들어서서 이슬람 율법과 풍습이 서구적인 양식을 대신하게 되었고, 정치 반대자들은 투옥되었으며, 술과 음악이 금지되었는가 하면 여자들은 정숙의 표시로 머리에서 발끝까지 가려야 했다. 테헤란 대학교의 금요일 예배자들이 새로운 절제 정책을 잘 나타내 준다. 1980년 이라크의 침략이 시작된 후 100만 명 이상의 이란 사람들이 싸움터에서 죽었다.[172] 이와 같이 이란과 이라크는 서로 우호적인 관계가 아니며 한국과 일본간의 관계와 비슷하다고 할 수 있다.

이란 인구의 평균연령은 젊은 층이 많이 차지하고 있고, 중동 최대 인구라고 할 수 있으며 매우 큰 시장이다. 이란 인구성장률은 점점 증가하고 있는 추세이므로 더욱 잠재력이 있는 시장이고 성장 잠재력이 높은 내수시장이라고 할 수 있다.[173]

1. 일반현황

인구(2023) : 8,981만 명

수도 : 테헤란(Tehran)

언어 : 이란어(페르시아어)

민족 : 페르시아족(51%), 아제르바이잔족(24%), 길락 · 마란다족(8%), 쿠르드족(7%), 아랍족(3%) 등

종교 : 이슬람교(시아파 94%, 수니파 6%)

기후 : 대륙성기후(4계절), 카스피해 연안은 지중해성 기후, 페르시아만 연안은 아열대성 기후

2. 경제현황

화폐단위 : 리알(Rial), 1US＄ = 42,087 IRR(2024.7 기준)

GDP(2022) : 3,886억 달러

1인당 GDP(2022) : 4,388 달러

총수출액(2022) : 1,029억 달러

총수입액(2022) : 716억 달러

무역수지(2022) : 313억 달러 흑자

172) 장평순, 전게서, 제9권, p. 53.

173) https://www.populationpyramid.net, http://worldpopulationreview.com, WorldBank

무역상대국 : 중국, 이라크, UAE, 러시아, 동부유럽, 일본, 호주, 튀르키예, 뉴질랜드 등
주요 수출품(2022) : 석유와 가스, 양탄자, 면화, 캐비아, 건과류, 가죽, 양모 등
주요 수입품(2022) : 철강, 기계류, 자동차, 금속, 식료품, 화학제품, 드론 등
주요 부존자원 : 원유(매장량 세계 4위), 천연가스(매장량 세계 2위), 아연(매장량 세계 1위), 구리(매장량 세계 2위) 등
경제적 강점 : 풍부한 석유 및 천연가스 매장, 높은 교육수준
경제적 약점 : 저유가 지속으로 인한 외환 부족, 종교중심의 특수한 정치체제로 인한 구조적 문제, 미국의 경제제재

3. 이란인의 국민성

(1) 자부심

이란은 혁명이전 세계 부국 중 하나였으며, 부존자원의 풍부에서 비롯된 경제적 자부심이 통제경제하에서도 미래에 대한 큰 기대로 작용하였다. 혁명후의 철저한 통제경제(국가의 수입에 대한 사전심의제 및 예산배정)하에서도 절대부국에 대한 미련을 버리지 못한 일부 지도계층(실질적 정치권력자가 아닌 유학파가 주류)의 자부심 때문에 상담할 경우 주의해야 할 사항이다.

(2) 피해의식

이들은 명백한 실수 및 잘못도 절대 스스로 인정하지 않는 습성이 있다. 이들은 근세사에서의 혁명 후 잠재해 온 피해의식이 크다. 약속에 대한 위약 및 이행지연은 상대방이 실수할 때에는 크게 문제 삼지만, 자신이 잘못한 경우에는 형식적이나마 변명을 합리화하는 편이다.

(3) 열등의식

외국인에 비해 생활이 열악함에 크게 열등의식을 느끼나, 자신들의 나태보다는

정부의 정책실패에 이유를 돌리는 편이다. 따라서 현 근무조건에 대해서 크게 열등감을 가지고 근무하고 있다.

4. 상거래문화

이란인들은 페르시아 민족이라는 자부심을 강하게 나타내며, 주변 아랍국들과 동일시되면 매우 굴욕적인 것으로 여긴다. 종교적으로는 이슬람 문화권에 속하지만, 자신들은 페르시아의 영혼이 깃들어 있는 우수한 민족이라는 자긍심이 그들 정신세계에 깊숙이 박혀 있기 때문이다.

이란인들은 모든 것에 대해 자신 있게 표현하는 편이다. 예를 들면, 무슨 일을 할 수 있느냐에 대해 물으면 누구나 다 자신이 그것에 대해 제일 잘하며, 혹시 특수한 일의 경우에는 잘하는 사람을 알고 있다는 등 쉽게 자랑하고 쉽게 생각하는 편이다. 다른 사람에게 듣거나 실제로는 만나지도 못했고 듣기만 하여 조금만 알고 있어도 내가 그 사람의 친척이고, 친구라는 등의 이야기를 쉽게 하므로 조심해서 듣고 진행할 때 잘 감안하며 사전에 충분한 조사를 해야 한다.

이란인들은 국민성 자체가 자랑하기를 좋아하고, 어려운 일이 하나도 없다고 생각하는 편이다. 하지만 실제로 정부기관의 실력자나 담당자를 잘 알고 있는 경우는 특혜가 크므로 사전에 철저히 조사하여, 실제로 좋은 관계에 있는 사람은 우리가 상상할 수 없는 얘기도 잘 해결해내므로 이란인을 선별해 활용하는 것도 상거래에 있어서 좋은 효과를 볼 수 있다.

이란인들은 한류의 붐으로 한국에 대해 상당히 동경하는 마음이 강하여 한국 가정이나 풍습을 알고자 하는 바가 크므로, 가정으로 저녁 초대를 하여 한국음식을 접대해 주면 상당히 좋은 관계를 유지하는데 도움이 크다. 그러나 여자들 대부분이 교육정도가 낮아 영어를 구사하는 경우가 적으므로, 현지에서 쓰는 간단한 말을 익혀서 가족끼리의 교제를 이어가면 자신이 상당한 대접을 받는다고 생각하며, 그런 것이 상담에 큰 영향력을 발휘하게 된다. 따라서 소비자 관리에 가정이 하는 역할이 크므로 가족 초대는 필수사항이며, 주재원보다 가족이 현지어를 하는 것이 필수사항이라 할 수 있다.

비즈니스 상담을 해 보면 이란 바이어들의 공통적인 요구사항은 가격인하라는 것을 알 수 있다. 특히 최초 상담이라면 더욱 집요하게 요구한다. 실제 가격의 합리성 계산에 앞서 되면 좋고 안 되면 그만 이라는 사고에서 기인하는 것이다. 최초 상담에서 이처럼 가격인하, 에이전트 요구 등 세부적인 사항 언급으로 거래관계가 성립되는 것으로 오해하기 쉽지만, 이는 단지 더 낮은 가격에 대한 정보를 얻으려는 상담술에 불과할 때가 많다. 이들의 이러한 가격인하 성향은 사유가 없는 한, 신규 거래선을 발굴하기보다는 기존 거래선과의 거래선을 유지하려는 성향이 매우 강하기 때문이다.

이란인과의 중요한 비즈니스 결정은 대개 직접적이고 개인적인 대화를 통해 이루어진다. 전화나 서신만을 통해서는 계약을 성사시키는 일은 거의 불가능하다고 볼 수 있다. 협상에는 매우 많은 시간을 필요로 한다. 개인적인 대면에서 거의 모든 사항에 대한 합의가 이루어지고 나서야 실질적인 비즈니스 문제를 다룰 수 있으며, 오히려 이러한 본질적인 문제에서는 시간이 별로 걸리지 않는다.

상거래협상이나 계약시에는 개인적인 이익보다는 공동의 이익, 즉 사회, 기업, 가족 등의 이익을 더 중요시 여긴다. 따라서 협상에 임할 때는 개인적인 이득에 관한 내용보다는 공동의 이익에 대해서 이야기하는 것이 더 설득력이 있다. 그러나 제품광고에서는 개인의 유용성을 부각시키는 것이 효과적이다. 이란인들은 위험을 감수하려는 경향이 있기 때문에 새로운 상품을 소개해 보는 것도 좋다. 또한, 이들은 외국 상표가 부착된 물건은 좋은 제품이라는 인식이 강하다.[174)]

중동인의 공통적인 특성이지만 이란인도 역시 시간관념이 희박하다. 하지만 일부 소비자는 미국이나 영국에서 공부하고 온 사람들이 있으며, 이들은 시간에 대해 우리보다 훨씬 철두철미하므로 주의해야 한다. 그러나 일반적으로 전혀 시간관념이 없으므로 처음부터 철저한 시간관리로 상대방을 이끌어 가며 본인이 조절해 나가야 한다.

이란인들은 전반적으로 저녁식사가 늦은 편(보통 9시경)이므로 저녁식사를 초대할 때에 유의해야 하며, 저녁 식사시간이 늦으므로 취침시간도 늦어서 저녁 늦게 집으로 전화하는 경우가 흔하므로 이런 것에 대해 기분 나빠해서는 안 된다.

174) 대한무역투자진흥공사, 전게서, pp. 321-324.

또한, 직장과 가정에 대한 분리의식이 전혀 없고, 가족간의 교류를 상당히 좋은 의미로 생각하므로 이들은 가정으로 전화하는 것을 상당히 좋아한다. 더구나 구전이 포함되어 있고, 특히 사생활이 없으며 저녁에 집으로 전화해서 상담하는 것을 좋아하고 휴대폰으로도 개인적인 상담 전화를 하는 경우가 많다.

이들은 상거래를 할 때 철저한 국가의 통제로 이루어지는 구매계약으로 하고 있다. 이들은 조직간의 업무 지연이 많으며, 그에 따른 모든 불만사항을 타 조직에 전가하는 습관을 가지고 있다. 이란에서는 실업자의 구제 일환으로 과도하고 불필요한 고용을 하여 통제경제의 구조적 모순인 업무 비효율성이 많다고 할 수 있다.

이들은 혁명 후 지금까지 모든 상행위에 대한 과도한 감시가 이루어져서 철저히 비밀을 지키며 진행하고 있고, 모든 비즈니스가 각각의 인사를 통한(내부 및 외부) 정보싸움의 양상을 보이고 있다. 따라서 철저한 구전(口錢) Base의 구매로써, 거의 백그라운드를 통한 정보로써 성사되는 사회이다. 그런데 상호 감시하기 때문에 구매위원회 내에서도 상위직급이라 하여 단독구매결정 또는 종용을 할 수 없으며, 내부에도 직급에 관계없이 실세가 존재하여 각 직능상의 개별로써만 접근이 가능하다.

이와 같이 구전거래가 보편적으로 이루어지며, 그에 따른 감시 강화로 상당한 위험이 동시에 존재한다. 따라서 철저히 구두상의 정보제공 및 계약의 성립으로 상호간 불신은 그대로 영업실패로 이루어지며, 성공할 때에도 조직 외부의 조사로 인하여 신변위험이 항상 존재하고 있다.

이란에서는 구전이 포함되어야 하는 경우가 많으므로 처음부터 구전을 감안하여 계산을 해야 한다. 그러나 처음에 이들은 구전에 대한 이야기를 꺼려하고, 나중에는 선물을 바라기도 하고 한국이나 Dubai 등지로 초대해 주기를 바라므로 처음부터 이러한 면을 고려한 연후에 상담에 임해야 한다.

이들은 구전을 바라기 때문에 처음에는 새로운 주재원이나 거래선이 상담을 진행하는데 상당한 어려움이 따른다. 처음에는 주재원이나 거래선 등의 모든 면을 관찰하고 검토한 연후에 그 사람이 믿음직스럽다고 느껴지면 저녁에 집에 초대한다. 그리고 가족끼리의 식사로 진행되면 상당히 진전이 되었다고 느껴도 된다. 또한, 이러한 구전문화를 알고 저녁을 집으로 초대하면 이 기간이 단축될 가능성도 크다. 식사 초대에 서로 응하는 조건이 앞으로 진행되는 상황에 큰 영향을 주며, 첫 초대를 하거나 초대에 응답하는 것으로 상당히 믿고 있다는 표시이므로, 전적으로 믿어서는 안 되겠지만 약 90%는 서로 깊은 얘기를 진전시키겠다는 증거로 보아도 될 정도로 식사초대 및 가족간의 대면을 굉장히 중요한 절차라고 할 것이다.

제4절 이라크

이라크는 서남아시아에 있는 중동 국가로서 페르시아만 위쪽에 위치하고 있다. 요르단과 시리아가 서쪽에 있고, 쿠웨이트와 사우디아라비아는 남쪽에, 이란은 동쪽에, 그리고 튀르키예는 북쪽에 자리하고 있다. 이리하여 이라크는 거의 대부분이 육지로 둘러싸여 있다. 다만 티그리스강과 유프라테스강이 합류하여 이루어진 감조 하천인 샤트알아랍강을 통해 페르시아만으로 나가는 좁은 수로가 있을 뿐이다. 구전에 따르면 '에덴의 낙원'이 이라크의 남부에 있었다고 한다. 이라크는 인류 최고(最古)의 문명이 5,000년 전 바로 이 지역에서 발생한 것만은 사실이다. 이라크의 정치적, 문화적, 경제적 역사와 티그리스강과 유프라테스강을 따로 떼어서 생각할 수는 없기 때문이다. 이 거대한 두 강은 대동맥처럼 불모의 땅을 두루 굽이쳐 흐른다. 이라크는 옛 그리스인들이 메소포타미아라고 부르던 한 지역을 차지하고 있는데, 메소포타미아는 '두 강 사이'라는 뜻이다. 여러 세기 전에 이 지역은 여러 주요 제국들의 중심지를 이루었다. 현재 이라크의 대도시인 바스라, 쿠트, 바그다드도 티그리스강과 유프라테스강의 기슭에 자리 잡고 있으며, 지금도 이라크의 지속적인 발전에 중추적인 역할을 하고 있다.

1900년대 초기에 처음으로 이라크에서 석유가 발견되었다. 석유의 발견으로 이라크는 중동 세계에서 가장 중요한 나라 중 하나가 되었다. 그리고 석유 수출로 국민 대부분의 생활수준이 높아졌으며, 이러한 수익은 이라크의 공업과 농업 향상에 크게 이바지했다.[175]

이라크의 1인당 국민소득(GDP)은 세계은행 등 국제기구에서는 이라크를 상위 중소득국(upper middle income countries)으로 분류하고 있다. 서구 선진국에 비해서 소득수준은 크게 낮은 편이나 석유자원 등으로 인한 부의 집중 현상이 일어나서 같은 국가 내 시장의 편차가 매우 극심하다.

한 예로 이라크 거리를 보면 가령 20년이 넘은 차들이 많이 돌아다니는 한편, 유럽산 고급 SUV나 스포츠카를 몰고 다니는 모습도 종종 볼 수 있다. 특히 이라크는 1970년대까지 중동의 산유국 중에서도 높은 소득수준을 자랑하고 있어 중-장년층을 중심으로 고급제품에 대한 향수가 많이 남아 있다. 대부분의 서민들은 일반적으로 중국산 저가 제품을 구입하고 있지만 부유층을 대상으로 한 고급시장이 분명히 존재하고 있으며, 저소득자들도 최신 스마트폰을 휴대하고 다니는 모습 또한 볼 수 있다.

한편, 이러한 소비자의 취향을 겨냥한 유명 브랜드 재고품이나 모조품도 대거 유통되고 있으나, 지식재산권 보호를 위한 행정력이 미흡해 모조품에 대한 단속이 제대로 이루어지지 않고 있다. 미국과의 전쟁 이후 소비자들의 급격한 구매력 감소로 저가 제품을 선호하는 편이나 품질 수준을 도외시하는 것은 아니다. 이라크 소비자들은 품질에 대해 매우 까다로운 생각을 지니고 있으며, 대체로 품질의 차이에 따른 가격차를 인정하는 분위기이다. 그 결과 저가 중국산을 구매하는 소비자들의 만족 지수는 그리 높지 않으며 한국산에 대한 선호도는 높은 편이다.

생활용품의 경우 대체로 개당 100달러 미만의 제품은 가격을 더 따지나 100달러 이상인 제품은 품질이 더 중요한 구매 결정요인으로 작용하고 있다. 가전 제품은 500달러를 기준으로 자동차와 같은 내구성 제품은 5,000달러를 기준으로 가격과 품질의 선호도가 바뀐다. 이상과 같이 이라크인의 일반적인 소비성향은 '유명 브랜드 저가 모델'로 나타나고 있다. 따라서 시중에 유통 중인 가전 제품은 대체로 '브랜드는 고급'이지만 제품은 선진국에서 유행이 지난 구형 모델이거나 원가 절감을 위해 제3국에서 조립한 제품이 주류를 이루고 있다.[176]

175) 장평순, 전게서, 제9권, p. 38.
176) http://www.kotra.or.kr

1. 일반현황

인구(2023) : 4,336만 명
수 도 : 바그다드(Baghdad)
언어 : 아랍어(공용어), 쿠르드쉬어(북부지역)
민족 : 아랍족(79%), 쿠르드족(16%), 투르크족, 아시리아족 등
종교 : 이슬람교(97%), 기타(3%)
기후 : 사막성 건조기후

2. 경제현황

화폐단위 : 디나르(Dinar), 1US$ = 1,308 IQD(2024.7 기준)
GDP(2023) : 2,830억 달러
1인당 GDP(2023) : 6,182달러
총수출액(2023) : 845억 달러
총수입액(2023) : 447억 달러
무역수지(2023) : 398억 달러 흑자
무역상대국 : 프랑스, 독일, 영국, 이탈리아, 러시아, 브라질, 일본, 인도 등
주요 수출품(2023) : 석유, 대추야자, 면화, 축산품, 시멘트, 양피, 양모 등
주요 수입품(2023) : 기계류, 자동차, 설탕, 의약품, 철강, 식량 및 식품 등
주요 부존자원 : 원유(매장량 세계 4위), 천연가스
경제적 강점 : 풍부한 석유 매장량, 정부의 적극적 협력
경제적 약점 : 장기간의 수출입통제로 인한 경제 마비, 취약한 민간부문, 높은 수입의존도, 금융인프라 부족 등

3. 상거래문화

이라크는 여러 인종과 문화가 아주 복잡할 정도로 뒤얽힌 나라이다. 주민의 약 79%는 아랍인이고, 16%는 쿠르드인이 차지하고 있다. 나머지 5%는 아르메니아인, 아시리아인, 사비아인, 투르크멘인, 그리고 야지드인 등으로 구성되어 있다. 이렇게 유난히 인종이 많은 이유 중의 하나는 이라크의 기후가 아주 다양하다는데서 찾아볼 수 있다. 이곳 기후는 남쪽의 타는 듯한 사막에서부터 북동쪽의 시원하고 숲이 무성한 지역까지 변화무쌍하다.

이라크는 젊은이의 국가로 주민의 약 반수가 15세 미만이다. 비록 아랍어가 공식 언어이긴 하지만, 많은 사람들이 쿠르드어나 튀르키예어를 쓴다. 그리고 영어를 유창하게 하는 사람이 많지는 않지만, 석유에 관한 한 영어는 국제적인 언어이다.

이들은 간음, 매춘, 음주, 돼지고기 등은 생활의 금기로 되어 있다. 특히, 라마단 금식기간 중에는 중동인 앞에서 먹거나 마시거나 담배를 피우지 않는 것이 좋다.

이라크인들은 서로 가까이에서 상담하는 것을 좋아한다. 이들은 개인적이고 친밀함을 좋아하므로 좋아할수록 상담 거리를 더욱 좁히는 경향이 있다. 따라서 대화가 활기를 띠게 되면 그 거리는 조금 더 좁혀지기도 한다. 서로의 간격이 좁혀지면 상대방의 주의를 끌고 관심을 지속하기가 쉬워진다. 상대의 눈을 들여다보는 것은 상대의 마음을 읽기 위해서이다.

이들에게는 발바닥을 보이거나 왼손으로 물건을 건네서는 안 되며, 손가락으로 가리키거나 등을 돌려서도 안 되고, 여러 사람이 있는 곳에서 재채기를 크게 해서도 안 된다. 이들의 인사 중에 포옹 등의 신체 접촉은 단순히 우정의 표시일 뿐이기 때문에 성적 접촉으로 착각하지 않아야 한다. 이들은 시선을 직접 부딪치며 이라크인들끼리 신체 접촉이나 포옹을 자주 한다. 우리가 일반적으로 'Yes'라고 표시할 때 고개를 아래위로 끄덕거리는데, 이것이 중동에서는 '아니오'의 뜻이라는 것을 유의하여야 한다.

이라크인들이 선호하는 의사전달 방법은 직접 면담이나 직접 토론이라 할 수 있다. 따라서 전화 상담, 우편, 팩스 등은 이들과 상담할 때 효과적이지 못하다.

이들은 목소리를 높이거나 감정을 표현하는 것은 열심히 참여하고 있다는 표시로 받아들여진다. 이들은 외국인을 만날 때는 감정 표현을 줄이려고 노력하고, 협상, 거래, 설득 기술이 매우 발달되어 있다. 이들은 형식을 갖추는 것을 매우 중요하게 여기며, 직함은 지위와 권력을 반영하므로 항상 직함으로 불러주어야 한다.

이라크인들은 계급적 지위를 중요하게 여기기 때문에 혈연관계를 기초로 개인의 지위와 귀속적 지위가 정해진다. 따라서 집단과 가족 관계가 개인의 사회적 역할을 결정한다. 조직 구조는 고도로 관료적이어서 최고위층이 권력과 권위를 차지한다. 지도력도 권위적이므로 경영에서도 많은 지시가 따르고, 엄격한 명령 관계가 존재한다. 이라크의 지도자들은 중재자나 중매인과 자주 만나고, 최고 경영자가 모든 결정을 내리며 결정권을 가진 외부 인사도 최고 경영자가 만난다.

이들은 이처럼 계급을 중시하기 때문에 비즈니스 구조 역시 고도로 중앙 집권적이다. 흔히 지도자는 그 조직에서 함께 성장한 전문인들이 아닌 경우가 많다. 따라서 조직에서 일하면서 승진하는 것은 이들의 사고방식이 아니다. 그들은 세세한 일을 하지 않고 전략적 차원의 일만 다룬다. 부하 직원들이 경영자에게 조언도 해주고 상담도 해주며 필요한 전문 지식도 제공해 준다. 따라서 계약을 성사시키기 위해서는 당신의 중개인이 될 만한 영향력 있는 인물, 즉 왕족, 엘리트 가문 출신자, 혹은 고위급 공무원 등을 찾아야 한다.

이라크에서 비즈니스상의 성공은 상당 부분 교육의 정도와 영향력 있는 유명가문 출신 여부에 달려 있다. 승진하기 위해서는 자격이 문제가 아니라 사적인 접촉이 더 중요하다. 따라서 흔히 존경받는 집단 출신자들이 요직을 모두 차지한다. 이들과의 상거래 상담에서는 강매하려고 애쓰지 말고 신뢰를 구축하도록 노력하여야 한다. 또한, 상담할 때 회사의 제품과 서비스에 관해 철저히 파악하고 있어야 한다. 만약 질문이 어렵거나 곤란한 경우에 우리나라 본사에서 정보를 얻어야 한다고 말한다면 금방 신뢰를 잃게 된다.

이라크에서도 역시 단식에 대한 비판을 삼가야 하며, 권유받은 선물이나 음료수는 거절하지 않는 것이 좋다. 집으로 초대를 받았을 경우 상대방의 발을 밟지 않도록 특히 주의한다. 또한, 여주인이나 여자 식구를 위해 선물을 사오거나 여주인에 대한 안부를 묻는 것은 삼가야 하고 거리에서 여인의 사진을 찍어서도 안 된다. 그리고 여성들은 어깨를 들어내는 옷차림을 하지 않아야 한다. 저녁식사 후의 커피나 차의 대접은 집으로 돌아가라는 신호이고, 일반적으로 중동인을 초대했을 때는 도착 즉시 음료를 대접하는 것이 좋다.[177)]

177) http://www.worldtour.com, http://www.kotra.or.kr

제 2 부

유럽 지역

1 chapter

유 럽 지 역

제1절 핀란드

핀란드는 삼림과 호수의 나라로써 잔잔한 시벨리우스 음악이 국토의 구석구석을 적시고 약 60,000개의 호수 사이로 침엽수림이 꼬리에 꼬리를 물고 이어져, 그 가운데 서 있으면 시 한 편이 저절로 나오게 하는 분위기 있는 나라이다. 어디를 가도 핀란드인들의 훈훈한 인심이 추운 기후를 잊게 해 주는 나라이다. 남부의 발트 해를 사이에 두고 떨어져 있는 핀란드만과 보트니아만 사이에는 수천 개의 섬이 있으며, 소나무, 가문비나무, 자작나무 등으로 빽빽한 산림이 전 국토의 3분의 2 정도를 덮고 있다.

라플란드의 광대한 황야를 일부 포함하여 핀란드 국토의 약 3분의 1이 북극권 내에 자리 잡고 있는데, 그곳에서는 짧은 여름 동안에 낮이 약 70일 정도 계속된다. 반대로 겨울밤에는 북극광이 하늘을 비추고 있다.

핀란드인은 스칸디나비아인과 슬라브인 같은 북부와 동부 유럽의 민족들과는 다른 언어와 문화를 가지고 있다. 핀란드는 수백 년 동안 서쪽의 스웨덴과 동쪽의 러시아 같은 강한 이웃 나라의 지배를 받아 왔지만, 그들의 민족적 주체성을 당당

하게 지켜 왔다.[1]

1. 일반현황

인구(2024) : 555만 명
수도 : 헬싱키(Helsinki, 62만 명)
언어 : 핀란드어(93%) 및 스웨덴어(6%)는 공용어, 기타 사미어 및 러시아어
민족 : 핀란드인(93%), 스웨덴인(6%) 등
종교 : 기독교(복음 루터교, 82%), 러시아 정교(1%) 등
기후 : 추운 겨울과 비교적 더운 여름(그러나 멕시코 만류의 영향으로 겨울철 추위가 그다지 극심하지는 않음)

2. 경제현황

화폐단위 : EURO, 1EURO = 1,509.92원; 1US$ = 0.92 EUR(2024.7 기준)
GDP(2022) : 2,809억 달러
1인당 GDP(2022) : 50,537 달러
산업구조(2023) : 제조업(33.8%), 도소매 및 무역(30.3%), 건설업(7.5%), 운송/창고(6.0%), 정보통신(4.6%)
총수출액(2023) : 674억 달러
총수입액(2023) : 696억 달러
무역수지(2023) : 22억 달러 적자
무역상대국 : 러시아, 스웨덴, 독일, 영국, 프랑스, 미국 등
주요 수출품(2023) : 목재 및 제지, 운송장비, 전기 및 광학제품, 화학제품 등
주요 수입품(2023) : 중간재, 선박부품, 에너지, 자본재, 소비재 등
주요 부존자원 : 목재, 구리, 아연, 철광석, 은 등

1) 장평순, 전게서, 제10권, p. 98; 김진용, 『유럽』, 삼성출판사, p. 624.

경제적 강점 : 합리적인 국제경세 여건의 호전, 합리적인 거시경제정책 운영, 임금 안정에 따른 통화정책 완화 등으로 인한 경제 호황

경제적 약점 : 대외적 영향에 대한 취약성이 강함

3. 여행정보[2)]

(1) 핀란드식 사우나

핀란드에서 사우나는 그 기원이 핀란드의 역사와 함께 할 정도로 깊고 핀란드 인들의 많은 사랑을 받고 있다. 호텔에도 대개 사우나가 있으며, 몸을 식히는 풀장도 격이 높은 호텔에서는 대부분 구비하고 있다. 사우나 안에는 돌과 나무통이 있다. 충분히 달궈진 돌에 통 속의 물을 끼얹으면 뜨거운 수증기가 올라와 몸이 뜨거워지며, 뜨거워진 몸을 식히기 위해 차가운 물속에 들어가는 식으로 사우나를 즐긴다. 특히 교외에 있는 작은 오두막은 본고장 사우나의 참 맛을 즐길 수 있는 곳이다. 구운 돌에 물을 부어 수증기로 몸이 뜨거워지고 자작나무의 작은 가지에 물을 묻혀 온몸을 두드린 다음 차디찬 호수에 몸을 던지는 일련의 반복된 동작으로 우리 자신은 어느새 핀란드식 사우나에 매료되고 만다.

(2) 산타클로스 이야기

산타클로스는 과연 실제로 존재하는 인물일까? 산타클로스의 역사는 지금부터 아주 오래 전 약 3세기경으로 올라간다. 핀란드에서도 훨씬 떨어진 소아시아에 성 니콜라스라는 성인이 살고 있었는데, 그가 어느 날 한 마을을 지나다가 어떤 사람이 집이 가난하여 자신의 세 딸을 팔려고 한다는 이야기를 들었다. 이에 금화 3개를 굴뚝을 통해 집으로 던져 넣어 딸들을 구해 주었다고 하는데 이 성 니콜라스가 바로 산타클로스라는 것이다. 그리고 핀란드에서는 예로부터 산양이 어린이들에게 선물을 운반해 준다는 전설이 있다.

2) 김진용, 전게서, pp. 636-639.

4. 핀란드의 문화, 관습[3)]

(1) 인종과 종교

핀란드에는 대부분이 파란 눈과 금발머리를 지닌 핀 족이 살고 있으며, 그 밖에 스웨덴인, 사메족(라프인), 집시족이 살고 있다. 핀란드의 총인구는 554만 명밖에 안 되지만, 급속한 산업화와 농업의 기계화로 인해 수도 헬싱키를 비롯한 남부 지방의 대도시에 인구가 밀집되어 있어서, 국토 전체의 15%밖에 안 되는 지역에 인구의 약 53.5%가 거주하고 있는 형편이다. 종교는 기독교(복음 루터교)가 국교로 되어 있으나, 신앙의 자유는 보장되어 있다. 국민의 82%가 복음 루터교, 1%가 동부를 중심으로 러시아 정교를 믿고 있다.

(2) 생활상

오늘날 핀란드 국민의 계급 간 구별은 수입보다는 오히려 생활양식의 격차로 특징 지어지고 있다. 연금 및 의료 혜택, 실업 수당 등 사회 복지 제도의 확충으로 극빈층이 감소하는 반면에, 신용 카드의 채무 증가로 인한 새로운 극빈층이 늘어나고 있는 추세이다.

핀란드인들은 열렬한 독서광으로 1년에 평균 17권의 책을 도서관에서 빌려다 보며, 연극 및 텔레비전 시청 또한 인기가 높아 각 도시마다 극장이 있으며, 그곳에서 아마추어 연극 활동에 적극적으로 참여하고 있다.

정서적으로도 풍부한 핀란드인들은 주말마다 식당에 가서 탱고를 즐겨 춘다. 특히 핀란드인들이 애용하는 것으로 사우나(bastu)를 들 수 있는데, 토요일 저녁이면 사우나에서 일주일 동안의 지친 신체와 정신을 가다듬고 휴식을 취한 후, 커피를 한 잔 마시는 것이 전 국민의 생활 습관으로 되어 있다. 이를 위해 임대 주택 및 자기 집에는 사우나 시설이 갖추어져 있고, 새로운 집을 지을 때는 개별 사우나 시설을 갖추는 것이 필수적이다. 오늘날 이러한 핀란드식 사우나는 전 세계적

3) http://www.santakorea.com/korean/doc/culture

으로 널리 퍼져 있다.

5. 핀란드인의 국민성

아시아인의 피가 흐르고 있는 핀란드인은 스칸디나비아 제국과는 큰 차이가 있는 국민이다. 이들은 처음 대하는 사람에게는 조심성 있게 행동하며 되도록 듣는 입장을 취한다. 그러나 일단 상대방이 믿을 수 있다고 생각되면, 마음을 터놓으며 세심한 점까지도 신경을 써주는 경향이 있다.

이 나라에서는 택시기사에게 팁을 주지 않는다. 이들과의 시간약속은 사전에 하고 시간도 정시에 도착하도록 해야 하고, 이야기를 할 때 일정한 거리를 두고 말해야 한다. 이들은 러시아인들처럼 껴안지 않으므로 우리가 평소에 외국인을 대하는 식으로 하며, 한국적인 예의를 표하면 된다. 저녁 초대를 받으면 부인에게 꽃을 선물하며 사우나 시설을 보여줄 때 이를 칭찬해 주어야 한다. 핀란드인은 자기 집의 사우나 시설을 자랑하고 싶어 한다.[4)]

6. 상거래문화

핀란드는 스위스, 오스트리아, 스웨덴과 함께 4대 중립국으로서, 교육수준이 높아 1980년대에 들어서 최첨단 기술국가로 지칭되고 있다. 핀란드인에게 사우나실은 지친 몸의 피곤을 푸는 곳으로써 그들에게 있어서는 신성한 장소이다. 그 때문에 사우나 안에서는 함부로 떠들지 않고 차분하게 있어야 한다.

핀란드에서 경제활동 시 중요시되는 것은 단정한 옷차림, 올바른 처신, 명확한 말, 정확성 등이다. 반면, 에티켓은 이보다는 덜 중요시되며 공적인 자리에서건 사적인 자리에서건, 끈덕지게 졸라대는 것과 같이 상대방에게 부담을 주는 듯한 행동은 오히려 역효과를 내기 쉽다. 한편, 핀란드인들은 여간해서는 포옹 같은 신체적 접촉은 하지 않는다.

핀란드 측 상공인들은 어디 내놓아도 손색이 없을 만큼 전문분야의 지식이 뛰

4) http://www.santakorea.com/korean/doc/culture, http://www.worldtour.com

어나기 때문에 항상 이 점을 염두에 두고 협상에 임해야 한다. 대화주제는 가급적 업무적인 것에서 빗나가지 않도록 해야 하고 분명하게 의사 표현을 해야 한다. 핀란드에서는 표현이 명확할수록 협상에 더 유리하다.

핀란드인들은 자기 나라에서 생산한 제품을 매우 높게 평가하는데, 대개 첫 눈에 핀란드 제품임을 알 수 있을 정도로 핀란드식 특징을 지니고 있다. 소비자들도 핀란드식 디자인을 더 선호하는 편이다. 그러나 1980년대 중반 이후 자국 제품을 세계적인 브랜드 제품으로 인식시켜야 한다는 인식이 싹트면서 핀란드식 요소만을 고집하지 않게 되었다. 한편, 소비자들의 눈길을 끌 만한 요소가 있는 외국산 소비재가 핀란드 소비자들의 좋은 반응을 얻고 있다.

핀란드에서는 대개 결정권이 있는 경영진들은 첫 대면에 많은 시간을 내기가 어려우므로 정확히 시간 약속을 지키는 것이 예의 바른 자세로 받아들여진다. 또 공식적인 업무 시간이 끝나면, 예외가 아닌 한 업무상 협의를 준비하는 경우가 드물기 때문에 정식 근무시간을 염두에 두고 일을 추진해 나가는 것이 좋다.

일반적으로 핀란드 기업에는 위계적인 질서가 존재하지만, 실무자의 제안과 조언을 경영진은 경청하여 듣는 편이다. 회사 내에서는 보통 팀 단위로 업무를 하고 상호 친 인칭 표현을 사용한다. 경영진도 경영진의 냄새가 거의 풍기지 않을 정도로 직원들과 잘 어울린다. 핀란드인들은 업무 차 방문한 외국인에게 존칭 대신 친 인칭을 사용하는 경우도 있다.

핀란드 기업들은 여간해서는 위험을 무릅쓴 모험을 감행하지는 않는다. 아주 긴급한 몇몇 경우가 아니라면 급한 결정을 내리는 경우가 거의 없다. 핀란드인들은 가격 및 품질을 고려해 제품을 구입하므로 국제적으로 인정받은 제품을 더 선호한다.

핀란드는 광고비가 매우 비싼 나라이다. 영어나 독일어로 제품 설명이 돼 있어도 소비자들이 알아보는 데는 문제가 없겠지만, 핀란드시장 진출을 위해서는 반드시 핀란드어 제품 설명이 포함되어야 한다. 또한, 편지나 이메일로 상담할 경우에도 핀란드어로 할 수 있다면 유익하다. 서신이나 이메일로 협상을 할 때에는 되도록 존칭이나 직함을 사용하고, 개인 앞으로 보내는 것보다는 회사를 상대로 하여 보내는 편이 좋다.

핀란드에서는 팁이 이미 계산서에 포함되어 있지만 그래도 친절에 감사해 다시 지불하면 기꺼이 받는다. 이들도 다른 유럽 지역인들처럼 정확성 및 신용을 중시하고 상담 약속의 정확한 이행은 물론 선적도 기일 내에 이행해야 한다. 상거래를 이행할 때 핀란드어에 익숙하지 않으면 현지인 대리인을 고용하는 방안을 고려해 볼 수 있다. 물론 영어로도 상담이 가능하며 드물게는 독일어로도 가능한 경우가 있다.

핀란드에서 선물은 꼭 필요한 경우에만 드물게 하는 편이므로 판매 촉진수단으로서 선전용 경품은 별 의미가 없다. 그러나 비싸지 않은 작은 소품들은 가벼운 마음으로 받기도 한다. 핀란드인들은 형식에 구애받지 않는 민족이다. 그러나 이들도 유럽인들처럼 신뢰성 및 정확성을 중시하므로 계약은 약속대로 철저히 이행해야 한다.[5)]

제 2 절 스웨덴

스웨덴은 러시아, 프랑스, 스페인을 제외하고 유럽에서 면적이 큰 나라중의 하나이지만 인구는 가장 적은 나라에 속한다. 국토의 절반 이상이 숲으로 뒤덮여 있고, 약 14%가 북극권 내에 놓여있다. 스웨덴의 북부 황야에는 유목민인 라프족이 살고 있는데, 이들은 스웨덴 사람들과는 매우 다른 생활양식과 언어를 갖고 있다.

중세기에 바이킹으로 알려진 스칸디나비아 항해자들은 먼 곳까지 자유롭게 돌아다녔다. 오늘날의 노르웨이와 덴마크 출신인 바이킹들은 영국 제도와 북프랑스, 아이슬란드, 페로스제도 등에 정착하면서 서부와 남서부로 과감히 진출했다. 스웨덴 바이킹들은 동쪽의 발트해를 건너 항해하여 볼가강과 드네프르강을 따라 흑해까지 진출하였으며, 서기 900년에 키예프시를 세웠다. 큰 키와 금발, 푸른 눈을 가진 스웨덴 사람들은 대담했던 조상들의 신체적인 특징을 여전히 지니고 있다. 그러나 해적질을 일삼는 등 호전적이었던 과거의 모습과는 매우 대조적으로 오늘날의 스웨덴은 자유를 존중하고 평화를 사랑하는 부유한 나라이다.

5) 주간상의, “유럽바이어들과의 상담, 이 점을 유의하자” - 핀란드, 대한상공회의소, p. 40.

스웨덴인은 세계에서 가장 높은 생활수준을 유지하고 있다. 이것은 인구가 매우 적기 때문이기도 하지만, 목재와 철광석, 수력 같은 국내의 천연자원을 개발한 기술 때문이기도 하다. 스웨덴의 여러 가지 복지제도는 무상교육과 많은 연금, 재정적인 지원이 따르는 주택을 공급하여 개개인이 사회 속에서 안정되고 행복한 생활을 할 수 있도록 해 준다. 그러나 그 대신 높은 세금을 내고 있다.[6)]

스웨덴 대외정책의 기본 원칙은 평화 시에는 어떠한 군사 동맹에도 가담하지 않고 전쟁 시에는 중립을 지키는 데 있다. 따라서 2차 세계대전 후 냉전기간 중 NATO나 바르샤바조약기구 가운데 어느 편과도 동맹을 체결하지 않았다. 즉, 스웨덴은 양대 세력 간의 완충 지역의 역할을 해 왔던 것이다. 그러나 전쟁이 발발하면서 스웨덴은 스스로 중립국임을 선포하고, 국토가 침해당하거나 교전장이 되지 않도록 자체 방위력을 갖추었다.

1. 일반현황

인구(2024) : 1,068만 명

수도 : 스톡홀름(Stockholim)

언어 : 스웨덴어, 핀 족과 라프족은 각각의 고유 언어 사용

민족 : 게르만족(95%), 랩족(0.2%) 등

종교 : 기독교(복음 루터교 95%), 카톨릭, 그리스정교 등

기후 : 북극권 온대성, 대체로 온화한 여름, 남부(겨울이 온화함), 북부(춥고 길다)

2. 경제현황

화폐단위 : 크로나(Swedish Krona), 1US$ = 10.53 SEK(2024.7 기준)

GDP(2022) : 5,860억 달러

1인당 GDP(2022) : 55,874달러

6) 장평순, 전게서, 제10권, p. 86.

산업구조(2022) : 제조업(14%), 농림수산업(2.3%), 건축(10%), 무역업(18.6%), 금융업(11%), 보건의료업 (19.4%), 교육연구업(8%), 기타 (11.7%)

총수출액(2021) : 1,701억 달러

총수입액(2021) : 1,492억 달러

무역수지(2021) : 209억 달러 흑자

무역상대국 : 독일, 노르웨이, 영국, 덴마크, 핀란드 등 유럽 국가가 70% 차지

주요 수출품(2021) : 자동차, 기계류, 광유(제품), 목재 및 제지, 의약품, 철강제품 등

주요 수입품(2021) : 자동차, 기계류, 광유(제품), 전자통신장비, 의류 등

주요 부존자원 : 구리, 수력전기, 철광석, 납, 은, 목재, 우라늄, 아연 등

3. 스웨덴의 문화, 관습

(1) 성 문제(성 개방의 의미)

스웨덴에서는 10대의 혼전 성행위가 아주 흔한 일이다. 문제가 되는 것은 임신 후의 뒤처리이다. 그러나 기혼자의 경우 배우자 이외에 다른 사람과의 성관계는 법으로 금지되어 있다. 더욱이 스웨덴 가정에서 여성의 지위는 남성과 동등하기 때문에 남성 측의 일방적인 외도는 전혀 용납되지 않는다.

스웨덴의 성 개방은 종교나 도덕, 윤리관에 입각하여 전통적으로 성을 죄악시하고 금기시 해 온 기성세대의 관념을 타파하여, 성도덕의 굴레로부터 젊은 여성들을 해방시켜 놓은 것이다. 따라서 순결이 결혼의 전제 조건이 될 수 없고, 결혼 후 여자 측의 과거가 드러나 가정 파탄을 가져오는 일도 없다. 이러한 성 해방은 여성 측의 일방적인 요구나 주장만으로는 이루어질 수 없고, 남성과 일반의 공감과 이해로써만 그 실현이 가능한 것이다. 성행위는 오직 사랑하거나 좋아하는 남녀 간의 합의에 의해서만 가능하다. 그러나 만 15세 이전의 성관계는 법적으로 금지되어 있다.[7)]

7) http://www.travel21.co.kr

(2) 결혼과 이혼, 독신 부모

최근에 많은 젊은 남녀는 결혼하지 않고 동거인으로서 같이 산다. 그러다가 아이가 생기면 결혼을 하거나 그냥 그대로 살기도 한다. 아이만 데리고 혼자 사는 사람들도 많다. 이러한 전반적인 추세에도 불구하고 아직도 전통적인 결혼식을 올리는 사람들도 많다.

이혼은 재판소의 판결에 의해 결정된다. 부부가 이혼에 합의하고 둘 사이에 16세 이하의 자녀가 없을 경우에는 숙고 기간이 없이 바로 이혼할 수 있다. 그러나 부부 중 한쪽만 이혼을 원하거나, 또는 둘 사이에 16세 이하의 자식이 있을 경우에는 6개월의 숙고 기간이 경과한 후에나 이혼이 성립될 수 있다. 만일 숙고기간에 후회를 했을 경우 공동 명의로 이혼 신청을 취소할 수 있다. 최근 이혼절차를 간소화한 개정법이 통과된 후부터 이혼이 급증하여 하나의 유행처럼 되어가고 있다.

이혼을 했거나, 동거하다 별거중이거나, 결혼도 동거도 아닌 관계에서 아이를 낳았거나, 아이와 함께 혼자 사는 남녀를 가리키는 명칭이 바로 독신부모이다. 이런 부류에 속하는 부모들도 결혼한 부부나 미혼 동거인과 똑같은 수준으로 잘 살 수 있도록 하려는 것이 국가 정책이다. 그래서 이들에게는 탁아소 자리나 알맞은 주택을 우선적으로 배당하는 등 여러 가지 특별 배려를 하고 있다.[8)]

4. 상거래문화

스웨덴인은 게르만족의 한 갈래로, 다른 인종과의 혼혈정도가 적으며 매우 순수한 북 유럽인이다. 이들은 머리 형태가 보여주고 있는 것처럼, 지능이 우수하며, 깊이 사고하여 매사에 성실하고 부지런한 반면에 남유럽인과 같은 정열은 찾아보기 힘들다. 생활태도는 적극적이며 매우 합리적이다. 또한, 고도의 준법정신을 지니고 있어서 불법과 부정에 대해서는 결코 타협하지 않는다. 예로부터 이들은 자주정신이 충만하여 공동의 이익에 관해서는 단결하고 협력한다.[9)]

8) http://europe.co.kr/sweden

스웨덴은 산업 생산물의 약 45%를 수출하고 있으며, 자동차와 트럭, 기계, 전기 및 통신 장비 등의 엔지니어링 제품이 총수출의 50%를 차지하고 있다. 제조 산업은 자본 집약 분야인 의약, 자동차, 통신 산업 등에 집중되어 있다. 그러나 스웨덴에서는 산업 자동화와 경영 합리화로 육체노동자의 필요성이 감소되었기 때문에 대부분의 사람들이 서비스업에 종사하고 있으며, 본래 스웨덴 산업 부흥의 기점이 되었던 광업, 철강업, 제재, 펄프업의 장래는 매우 어두울 것으로 전망된다. 또한, 일부 기계공작 분야에도 어려운 시기가 오고 있으며, 대신 고도의 기술과 대자본을 필요로 하는 화학공업은 전망이 밝은 산업으로 내다보고 있다.

스웨덴의 통신 산업은 매우 발달되어 있으며, 이러한 통신 산업 분야를 대표하고 있는 것이 바로 세계적인 에릭손(Ericsson)사이고 이미 우리나라에도 진출해 있다. 스웨덴은 자동차 및 항공기 제조 분야에서도 세계적으로 유명한데, 세계적인 자동차 메이커인 볼보(Volvo)와 사브-스카니아(SAAB-SCANIA)는 뛰어난 제조 기술과 안정성으로 이미 우리나라를 비롯한 극동 지역에서 두드러진 판매 실적을 보이고 있다. 특히 볼보사는 최근 심각하게 대두되고 있는 환경 문제에 능동적으로 대처하기 위해 막대한 자본을 투자하고 있으며, 우리나라에서 가장 잘 알려진 스웨덴 기업 가운데 하나이다.[10]

스웨덴 사람들은 의례적인 인사말을 노골적으로 부정하며 결코 자화자찬하는 일이 없다. 이들은 개인주의자라고 할 수 있으므로 개인문제에 대한 의견의 강요는 감정을 상하게 한다. 표현에 있어서 이들에게 자랑, 과장 또는 열정의 인상을 보이지 않아야 하고, 사치스런 모습을 보이지 말고 침착하게 행동하여야 한다. 외국인들은 가끔 스웨덴인들을 안다는 것이 얼마나 어려운지를 언급하고 있으며, 스웨덴인들도 자인하고 있다.

이것에 대한 가장 중요한 이유 중의 하나는 스웨덴인들이 극단적으로 개인주의적인 사람들이어서 사적인 느낌과 생각을 밖으로 드러내는 것을 상당히 꺼린다는 점이다. 그렇다고 상대방에게 자신을 전혀 내보이지 않는다는 것은 아니고, 나중에는 오히려 지나치다 싶을 정도로 드러낸다.

---

9) 변광수외 2인, 『복지의 나라-스웨덴』, 한국외국어대학교 출판부, pp. 12-14.
10) http://www.travel21.co.kr

스웨덴에서는 악수가 일반적인 인사이다. 남자는 여자와 이야기할 때 모자를 벗어야 한다. 스웨덴 사람이 건강상태에 대한 상세한 설명을 원하지 않는 한 "How are you?"나 "How do you do?"라고 말하지 않는 것이 좋다. 이들에게 지나치게 호의를 보이면 불성실하거나 뻔뻔스러운 것으로 생각한다.

과거에 스웨덴의 전화번호부에서 어떤 사람을 찾으려 한다면 이름뿐만 아니라 직함도 알 필요가 있었다. 왜냐하면, 사람마다 모두 별명, 직업, 이름이나 성명의 머리글자가 적혀 있기 때문이다. 따라서 직함은 사교에서 주요한 부분을 차지하고 있고, 격식에 맞춰 호칭하려면 성만으로는 충분하지 않으며 직업상의 직함을 함께 불러야 하며, 또 3인칭으로 불러야 한다. 직함으로 호칭하는 습관은 사람들 사이에 장애물을 만들어 내는 효과가 있고, 직함의 사용으로 사교계에서의 대화는 형식적으로 끝나는 경향이 있다. 그건 서로가 부담 없이 편한 상태에서 호칭하기가 지극히 어렵고 계속해서 모임에 온 사람들을 일일이 직함을 부르는 동안 정작 친밀해질 상황을 만들기가 지극히 어려워지기 때문이다.

이 나라는 노르웨이, 덴마크 및 핀란드보다는 사회적인 면이나 정치적인 면에서 볼 때 매우 개방적인 나라이다. 스칸디나비아는 스웨덴, 노르웨이, 덴마크로 구성되어 있다. 각 나라들은 유사한 비즈니스 관행을 갖고 있으나 자국의 독특한 역사와 문화에 자부심을 가지고 있다. 따라서 이 세 국가들은 하나로 생각하지 않아야 한다. 이들의 비즈니스는 상당한 부분이 미국 관행에 따라 운영되고 있으며, 비즈니스에서 개인관계는 대부분의 다른 국가들에 비해 비교적 덜 중요시된다.

이들과 상담할 때는 시간을 엄수하고, 철저히 준비하고, 솔직하고, 기술적인 면에서는 정확성을 기하고, 그리고 격식을 갖추어야 한다. 또한, 이들에게 완전한 대답을 할 수 있도록 세밀하게 준비하여야 한다. 스웨덴에서 음주운전은 절대로 삼가야 하며 축배를 들 때에는 "스코알"하고 마시면 된다. 그러나 이와 같은 건배를 할 때에는 연장자나 높은 지위에 있는 사람이 먼저 말한다. "스코알"할 때에는 잔은 가슴 위에 놓고 상대가 "스코알"하면 눈높이까지 잔을 올리면서 상대방을 바라보며 "스코알"한 후 마신다. 이처럼 그들은 형식을 중요시하는 국민이다.

스웨덴인과 상담하는 사람은 어떠한 사실과 제안에 대하여 직접적인 이익을 알고 싶어 할 것이다. 이들과 상담할 때 과장되거나 지나친 주장은 상담의 진행을 지연시킬 수도 있다. 상담은 활발하게 진행되지만 스웨덴인들은 강직한 경향이 있고, 최대의 마진을 얻기 위해 난처할 정도로 흥정한다. 일반적으로 합의가 이루어지고 나면 합의사항에 대해 잠정적 협정을 하고, 그 다음에 서면계약서가 뒤따른다.

이들과의 접대는 비즈니스에서 큰 역할을 하지는 않는다. 이들에게는 시간엄수가 매우 중요하다. 다른 사람의 가정에 초대되면 선물로 꽃이나 사탕을 가져가도록 하여야 한다. 가정에 방문하면 보통 집주인은 손님이 겉옷을 벗을 때에 도와준다. 접시에 있는 것은 다 먹도록 하고 식사에 대해 감사의 표현을 하여야 한다.[11]

제3절 노르웨이

길고 좁은 북서유럽의 나라 노르웨이는 스칸디나비아 반도의 서부에 위치한다. 넓게 펼쳐진 해안선은 피오르드라 불리는 좁고 가파른 협만들로 이루어졌으며, 피오르드 해안선은 수백 만년 전 빙하에 의해 형성된 것으로 훌륭한 항구를 만들 수 있는 조건이 되었다. 또한, 이로 인해 노르웨이에서는 일찍부터 항해가 발달하였다. 노르웨이는 전통적으로 용감한 선원들의 나라로 알려져 왔으며, 그것은 기원전 2000년으로 추정되는 암석 조각에서도 알 수 있다. 중세에 노르웨이인 또는 바이킹으로 알려진 선원들은 약탈과 육지를 발견하기 위해 멀리까지 항해했다. 1492년 콜럼버스가 신대륙을 발견하기 400년 전에, 노르웨이의 탐험가 레프 에릭슨과 그의 부하들은 그린란드를 출발하여 북아메리카 해안에 도착했다.

노르웨이는 동쪽으로 스웨덴과 경계를 이루며, 북쪽 끝으로는 북극권을 제외하고 핀란드와 경계를 이루고, 북동쪽으로는 러시아와 경계를 이루며 꺾어져 있다. 노르웨이 국토의 대부분은 산악 지대이지만, 트론헤임과 수도인 오슬로의 주변은 저지대이다. 대부분의 노르웨이인들은 해안가나 그 주변에 살고 있다. 그들은 주로 항구 주위에 조그만 정착촌을 이루며 사는데, 그 이유는 국토가 바다에 의존해 있고, 내륙지역이 너무 춥기 때문이다.[12]

11) 주간상의, "유럽바이어들과의 상담, 이 점을 유의하자" - 스웨덴, 대한상공회의소, pp. 45-46.

스칸디나비아 반도 북서쪽으로 길게 늘어선 나라인 노르웨이는 빙하가 만들어 낸 아름다운 피오르드와 호수, 폭포 등이 이 나라의 경관을 더욱 빛내고 있다. 또한, 북유럽 제1의 문화도시임을 자부하는 수도인 오슬로와 여름에 1개월 정도 밤이 없는 백야가 연출되는 유럽의 최북단인 노르카프곶 등 노르웨이의 각지는 수많은 관광객들을 유혹하는 매력을 지니고 있다.[13)]

1. 일반현황

인구(2023) : 551만 명
수도 : 오슬로(Oslo)
언어 : 노르웨이어
민족 : 노르웨이인
종교 : 기독교(복음 루터교, 85%)
기후 : 전체적으로 겨울이 길고 여름이 짧음, 남서해안은 온화, 내륙은 한랭

2. 경제현황

화폐단위 : 크로네(Norway Krone), 1US$ = 10.75 NOK(2024.7 기준)
GDP(2023) : 5,934억 달러
1인당 GDP(2023) : 108,730달러(세계 3위)
총수출액(2023) : 1,905억 달러
총수입액(2023) : 1,045억 달러
무역수지(2023) : 860억 달러 흑자
무역상대국 : EU제국, 미국, 캐나다, 일본 등
주요 수출품(2023) : 석유, 천연가스, 기계류, 운송장비, 선박, 광석, 금속, 종이, 목재·펄프, 자동차, 전기에너지, 연어 및 수산물 등

12) 장평순, 전게서, 제10권, p. 76.
13) 김진용, 『자신만만 세계여행(유럽)』, 삼성출판사, p. 586.

주요 수입품(2023) : 자동차, 선박, 기계류, 의약품, 공산품 등

주요 부존자원 : 원유 및 가스 수입(收入)은 GDP의 25%, 국가 재정수입(收入)의 33% 차지, 철광석, 구리, 임산자원, 수력자원

경제적 강점 : 정치·경제 안정 및 지속가능성, 세계 최고 복지국가, 첨단기술 발달 및 부존자원 풍부

경제적 약점 : 높은 천연자원 의존도로 국제가격변동에 민감한 경제

3. 상거래문화

노르웨이인들 대부분은 신교도들이다. 특히 남부 및 서부 지역은 음주를 죄악시하는 등 청교도적 정신이 강하게 뿌리 박혀 있어 제반 종교적인 의무들이 준수된다. 전통적인 민간 전통도 현대까지 계승되고 있지만, 최근에는 미국적 소비풍조가 확산되고 있는 추세이다.

노르웨이인들은 매우 예의바른 민족이다. 이들의 정확한 시간관념도 실은 상대방에 대한 예의의 한 표현이라 할 수 있다. 이 나라 사업가들은 시간약속에 대해 엄격하므로 상담할 때 시간약속은 철저히 지켜야 하며, 시간약속을 지킬 수 없으면 전화로 취소 내지 연기요청을 해야 한다.

노르웨이 여성들은 정치, 경제, 문화 등 사회 각 부문에서 남성과 대등한 권리를 누린다. 대다수 여성들이 직업을 가지고 있으며 각계각층에 진출해 있다. 환자나 노약자, 어린아이들에 대해서 무척 친절하며 인내심이 많은 것도 노르웨이인들의 장점이다. 노르웨이에서는 학교에서 영어가 교과목으로 채택되어 있어 영어로 의사소통이 가능하다. 독일어로도 의사소통이 가능한 경우가 자주 있지만 배우기가 영어보다 더 어렵다는 단점이 있다.

노르웨이 사회에서 특별히 터부시하는 것은 없다. 외국인이 노르웨이의 규칙에 꼭 맞게 행동하지 않더라도 대개는 이해하는 시선으로 바라본다. 노르웨이인들은 상호간에 친칭을 사용하지만, 그런 표현이 상대방에 대한 예의가 부족함을 의미하지는 않는다. 특히 눈길을 끄는 점은 항상 무언가에 대해 감사하는 노르웨이인들의 습관이다. “식사 감사합니다.”, “어제 고마웠어요.”, “지난번 식사 고마워요.”,

"함께 동행해 주셔서 감사합니다." 등 이처럼 감사의 말이 끊이지 않는 사람들이 노르웨이인들이라 할 수 있다.

개인적으로 접촉할 경우 노르웨이인들은 조심스러워하는 경향이 있다. 이는 사람과 만나는데 약간 수줍음을 타는 성향 때문이기도 하지만, 상대방의 호감을 사기 위한 억지 말은 의식적으로 피하기 때문이기도 하다. 한편, 노르웨이에서는 공중 석상에서 제스처를 취하거나 목소리가 너무 큰 것도 어색하게 여기므로 삼가해야 한다.

사업상 노르웨이인들과 접촉을 가질 경우 업무와 관련된 대화에서 너무 벗어나지 않도록 주의해야 한다. 사업차 이 나라를 방문할 때에는 7월부터 9월초까지는 삼가야 한다. 이 기간 중 이들은 뜨거운 태양 아래에서 긴 휴가를 즐기기 때문이다.

노르웨이인들은 위계 질서적인 태도나 전체주의적인 태도를 무척 혐오한다는 점도 염두에 두어야 한다. 노르웨이인들의 행동방식을 지배하는 규정중의 하나가 '자신을 남보다 낫다고 여기면 금물' 이라는 불문율이다. 이는 심지어 국왕 자신도 직접 운전을 하고 다니고 자기 순서를 기다리는 데서 잘 나타난다.

노르웨이인들은 물건을 구입할 경우 디자인과 상표를 중요하게 생각한다. 노르웨이에서는 담배 및 알코올 도수가 높은 술(와인도 포함)은 광고가 금지된다. 가장 빈번한 광고 수단은 신문과 인쇄 광고물이다. 한편, 국영 TV인 NRK는 광고를 내보내지 않는다.

노르웨이에서 음주운전은 법으로 엄격히 다스리므로 이 점에 대해서도 유의하여야 한다. 초대할 때나 명함을 교환할 때의 관습은 다른 유럽제국과 비슷하다. 공식적으로 식사에 초대받을 경우 주요 손님들은 주인의 왼쪽 자리에 앉는 게 상례이다. 노르웨이에서 친구들이나 업무상 파트너에게 선물을 할 때 개인적인 친분 이외 다른 동기인 경우 선물은 금물이다. 따라서 무언가를 바라고 선물을 한다는 인상이 비춰지게 해서는 결코 안 된다. 초대를 받으면 부인에게 꽃이나 고급 초콜릿 등을 선사하면 되고, 이들과 대화할 때 주로 스포츠나 취미 또는 여행담 등이 무난하고, 되도록 고용문제, 급료, 사회적인 문제 등은 삼가야 한다.[14)]

노르웨이인들의 생활에 배어 있는 상호신뢰와 존중의 자세는 비즈니스에서도

---

14) 주간상의, "유럽바이어들과의 상담, 이 점을 유의하자" - 노르웨이, 대한상공회의소, p. 41.

드러난다. 노르웨이의 비즈니스맨들은 미국이나 동남아, 중동 등지와는 달리 조그만 이익에 집착하지 않고 거래선을 좀처럼 바꾸려 하지 않는다. 기존의 물품공급 또는 수출업체가 품질이나 인도(delivery), 성실한 클레임 처리 등에 있어 별 문제가 없을 경우, 신규 경쟁업체가 더 낮은 가격을 제시하여도 구매선을 쉽게 변경하지 않는다는 것이다. 이와 같은 현상은 당장에 추가이윤을 볼 수 있어도 기존 거래선과 오랫동안 비즈니스를 통해, 자기 가족은 물론 소속 직원들까지 생활을 영위해 왔기 때문에 그 동안의 도리를 더 중시한다는 사고방식을 내포하고 있다.

이 같은 전반적인 비즈니스 속성으로 인해 신규 수출업체가 노르웨이 시장에 진출하기 위해서는 많은 인내와 노력이 필요한 반면, 기존 거래 수출업체는 수출업체로서의 성실한 의무만 이행하면 장기간의 거래유지가 가능하다. 한번 쌓은 신뢰는 영원히 변하지 않는 반면, 일단 불신감이 생기면 그 또한 좀처럼 변하지 않는 노르웨이인들의 사고방식을 엿볼 수 있다.[15)]

제4절 덴마크

덴마크 왕국은 유럽북부에 있는 작은 나라이다. 덴마크의 지형은 독일 북쪽의 스카게라크 해협과 카테가트 해협 사이로 쭉 빠져 나와 북해와 발트해를 갈라놓고 있는 유틀란트 반도와 482개의 섬으로 이루어져 있다. 대부분의 섬들은 유틀란트반도에 집중되어 있고, 100개 정도의 섬에 사람들이 거주한다.

국토면적이나 인구로 볼 때 덴마크는 유럽에서 가장 작은 나라 중 하나이지만, 현재 세계에서 가장 부유한 나라 가운데 하나이다. 과거에는 이웃나라에 상당한 권력을 행사했으며, 카리브해, 서아프리카, 인도 등에 식민지도 있었다. 북대서양에 있는 페로스 제도와 거대한 그린란드섬은 대부분 자치 구역이지만, 덴마크령이다.

덴마크의 지형은 대체로 저지대이며, 농사를 짓기에 매우 적합하다. 그러나 덴마크가 1973년 1월에 유럽공동체에 가입한 후, 공업생산이 거의 두 배로 늘어나자

15) 대한무역투자진흥공사, 전게서, p. 123.

많은 사람들이 농업에 종사하다가 공장을 찾아 옮겨가기 시작했다. 수도 코펜하겐은 이 나라의 주요 경제중심지이며, 이 나라 전체 인구의 4분의 1 이상을 수용하고 있다. 이 도시는 덴마크 최대의 섬인 셸란 섬에 자리 잡고 있고, 도시의 일부분은 인접한 아마게르 섬에 분리되어 있다.[16] 안데르센의 〈인어공주〉가 사는 나라 덴마크는 유럽에서 평등의식이 가장 발달한 나라로 시민들의 생활 곳곳에 이러한 평등 의식이 스며들어 있다. 일찍이 항해술이 뛰어나 먼 바다로 진출했으며 지금도 유럽 각지를 페리가 연결하고 있다. 현재는 세계에서 손꼽히는 낙농국가로 치즈, 버터, 쇠고기 등을 수출하고 있다.[17]

1. 일반현황

인구(2023) : 593만 명
수도 : 코펜하겐(Copenhagen)
언어 : 덴마크어, 영어
민족 : 아리안계의 덴족, 고트족(전체 인구의 90%가 북게르만계의 덴족)
종교 : 기독교(복음 루터교, 80%)
기후 : 멕시코만 난류의 영향으로 기후가 비교적 온화한 편이나 연중 바람이 많고 특히 겨울에는 기후변화가 심함

2. 경제현황

화폐단위 : 크로네(Krone), 1US$ = 6.85 DKK(2024.7 기준)
GDP(2022) : 3,954억 달러
1인당 GDP(2022) : 65,714달러
산업구조(2022) : 서비스 분야(공공, 민간 서비스) 76.2%, 제조업 22.5%, 농업 1.4%

16) 장평순, 전게서, 제10권, p. 108.
17) 김진용, 전게서, p. 568.

총수출액(2022) : 1,291억 달러
총수입액(2022) : 1,251억 달러
무역수지(2022) : 40억 달러 흑자
무역상대국 : EU역내 주요 무역국은 독일, 스웨덴, 영국 등이고, EU역외국으로 노르웨이, 미국, 중국 등
주요 수출품(2022) : 기계류, 농산물가공품, 제약제품, 전자·통신장비 등
주요 수입품(2022) : 소비재, 중간재, 자본재, 운송장비, 에너지 및 원자재, 식품
경제적 강점 : 서비스산업 발전, 다양한 산업부문이 발달, 고도로 발전한 현대적인 경제생활 영위, 적극적인 혁신 기술 개발
경제적 약점 : 지속적 경제호황에 따른 노동력 부족, 높은 생활비, 협소한 내수시장, 유럽에 의존적인 경제구조

3. 덴마크의 문화, 관습

덴마크 사람들은 근면하다. 아이들도 자신의 용돈을 벌어 쓰려고 할 뿐만 아니라, 현재 7~14세 사이의 아동 가운데 26%가 신문 배달이나 시간제 아르바이트를 하고 있다. 덴마크에서는 여성이 왕위를 계승할 수 있다는 사실만 보더라도 덴마크에서는 여성의 지위가 남성과 동등하다는 것을 알 수 있다. 덴마크 여성들이 투표권을 갖게 된 것은 1915년의 일이다. 일찍부터 남녀 동일 임금 원칙이 도입되었으며, 특정한 한쪽 성에 편향한 광고는 하지 못하도록 법으로 정해 놓고 있다.

점차 인력 구성에 있어 여성의 수가 증가하고 있는데, 현재 고용 인구 가운데 여성이 차지하는 비율은 남자 100명당 76명에 이르고 있다. 이러한 추세는 세계 어느 나라보다도 덴마크와 그 외 스칸디나비아 국가들에서 더욱 뚜렷이 나타난다.

최근 통계 자료에 따르면 남성의 가사에 대한 기여도가 점차 증가하고 있는데, 이것은 덴마크에서의 성 역할이 변화되고 있음을 보여준다. 그리고 동성 간의 결혼이 1989년부터 법적으로 허용되면서 1991년 초에는 1,436명이 동성 간 결혼을 허가받았다. 이들 가운데 1,030명은 대도시에 거주하고 있다.[18)]

---

18) http://www.travel21.co.kr

4. 덴마크인의 국민성

북유럽 3개국인 노르웨이, 스웨덴 및 덴마크는 서로 특징적인 점이 있다. 노르웨이는 산이 많은 나라이고, 석유자원을 갖고 있으며 농업, 어업, 선박관계의 산업이 발달한 반면, 스웨덴은 귀족적인 면이 있고 손재주가 좋아 물건을 만드는 일에 능숙하다. 덴마크는 밝은 국민성으로 담소하기를 좋아하여 상업이 발달하였다.

덴마크인들은 애국심이 매우 강하다. 이들은 종종 덴마크가 비록 작은 나라이긴 하지만, 상업 활동에 매우 능숙한 나라라는 점을 강조한다. 덴마크에서 어떤 행사 같은 자리에 자국의 국기를 게양할 필요가 있는 경우, 동시에 덴마크 국기를 게양하는 것도 잊지 말아야 한다.

KOTRA 무역관의 이야기에 따르면, 덴마크는 선진국 중에서도 최고 수준의 복지국가로 알려져 있다. 남한의 반도 안 되는 좁은 땅, 적은 인구, 제한된 산업기반 등을 고려할 때 1인당 국민소득이 높다는 사실이 처음엔 믿기 어려웠으나 몇 가지 사건을 겪으면서 "이들이라면 가능하겠구나."하는 생각이 들었다는 것이다. 예를 들어, 1998년 4월말 덴마크의 전노조는 파업을 했는데 파업 2주가 되도록 해결 기미가 보이지 않자 총리가 중재안과 함께 5월 4일자로 직장 복구 명령을 발표했다. 노사갈등이 극도로 심각한 상황에서 총리의 발표가 효과가 있을까 생각했으나 놀랍게도 5월 4일 오전 모든 산업이 정상화되었다. 이를 보고 정부를 전적으로 신뢰하는 덴마크 사람들이 대단하다는 생각을 갖게 되었다.

정부에 대해 이러한 믿음을 갖게 한 정치가나 관료 역시 우리와는 큰 비교가 된다. 행사에서 한두 잔 마신 포도주로 인한 음주운전으로 차기 총리 후보였던 야당 당수가 정치생명을 마친 사건, 세수 증대를 위해 도시 미관을 해치는 고층빌딩 건축을 허가했다는 이유로 차기 시장 선거에서 탈락한 코펜하겐 시장 등이 있을 정도이다.

소득의 반 이상을 세금으로 내면서도 정부를 믿고 일단 정책이나 법이 시행되면 묵묵히 따르는 국민, 정직하고 깨끗하며 오늘의 인기가 아닌 국가의 장래를 생각하는 정책을 입안하고 시행하는 국회와 정부, 이것이 황무지에서 오늘의 덴마크

를 건설한 보이지 않는 손일 것이다.[19]

5. 상거래문화

덴마크인들은 유쾌하고 친절한 편이다. 따라서 사회적, 정치적인 긴장 관계를 피하려는 성향이 강하다. 또 덴마크인들은 각 개인의 개성을 매우 존중한다. 분쟁이 발생할 경우에는 대개 상당한 인내를 갖고 협상을 통해 실제적인 해결책을 모색한다. 한편, 사회적으로는 평등의 원리가 적용된다. "당신이 이웃보다 더 낫다고 생각하지 말라."는 원칙이 'Jante Lov'(Jante 기본법)의 근본이 되고 있다. 과거에는 다수의 사람들이 다른 사람과 이야기할 때나 광고에 존칭 표현을 썼지만, 요즘에는 주로 친칭 표현이 자주 사용된다. 따라서 상대방이 당신에게 존칭을 사용하지 않고 친칭을 사용하더라도 불쾌해 할 필요는 없다.

덴마크인들은 부지런한 국민인 만큼 상담약속 시간은 엄수해야 한다. 덴마크 사람들은 시간 약속을 무척 잘 지킨다. 맡은 임무를 주어진 시간 안에 끝내는 것은 기본 원칙에 속한다. 또한, 덴마크인들은 질서 의식이 매우 뛰어난 국민이다. 제반 규정이 잘 준수되면서도 대개 그 취지를 벗어나지 않는 범위 내에서 정상을 참작해 적용된다. 공무원들은 비권위주의적이고 공평할 뿐 아니라 업무에 만전을 기한다. 그러므로 덴마크는 사회 각 분야에서 권위주의적 요소를 별로 느낄 수 없는데, 이 점은 경제계에서도 마찬가지이다.

덴마크인들은 외국인들이 덴마크와 덴마크 관습을 존중해 주기를 바란다. 따라서 덴마크의 군주제나 덴마크인들의 사랑을 받고 있는 여왕가 사람들에 대해서 부정적인 말을 삼가야 한다. 또한, 덴마크의 정치와 관련해서도 너무 지나친 언급은 삼가야 한다. 덴마크는 전형적인 복지국가이지만 반대급부적으로 세금이 무척 많아 덴마크인들은 이를 종종 비판하곤 하는데, 외국인도 덩달아서 이러쿵 저러쿵 하는 것은 바람직하지 않다. 이런 종류의 대화는 조심스럽게 접근해야 한다. 그러나 '덴마크와 EU'는 좋은 대화거리라고 할 수 있다. 최초에는 덴마크가 EU가입을 거절하였지만 지금은 EU 가입국가이다. 외국인 문제, 특히 인종차별주의 같은 주

19) http://www.santakorea.com/korean/doc/culture, http://www.mofat.go.kr

제는 민감한 주제이므로 삼가하는 것이 좋다.

덴마크의 예절 및 사회 관습에는 중부 유럽과는 다른 모습이 간혹 눈에 띈다. 예를 들어, 편지를 쓸 때 호칭으로 시작하는 경우가 드물며, 서로 소개할 때 직위나 학위 등의 칭호도 잘 사용하지 않는다. 덴마크는 위계주의적인 질서가 깊이 뿌리내리지 않은 나라이기 때문에 직장에서 동료나 상사도 대개 세례명으로 부르는 것이 일반적이다. 이름을 부를 때도 Mr./Mrs.의 칭호를 붙이지 않고 그냥 성만 부른다. 한편, 덴마크인들은 친절하긴 하지만 쉽사리 마음을 터놓지 않는 성격이다. 따라서 상당 기간 동안 사귀어야만 이들의 신뢰를 얻게 된다.

대부분의 덴마크인들은 직장생활을 하고 있기 때문에 정식적으로 집으로 초대하는 경우는 드물다. 보통 밖에서 유쾌하고 부담 없는 저녁식사를 같이 들기를 원하며 주말에는 점심 식사를 같이 하기도 한다. 축하 행사 같은 것은 집에서 하기도 하지만 고급 레스토랑 같은 데서도 많이 열린다. 한편, Frokost라 불리는 평일 점심식사는 매우 간소하게 하는 편이다. 점심시간은 11시 30분부터 1시까지이지만 보통 30분을 넘지 않는다. Middag라 불리는 저녁 식사는 비교적 일찍 드는 편인데 보통 6시 30분이며 늦어도 7시에는 시작된다.

보통 식사할 때는 최대한 복장을 편하게 한다. 그러나 공식적인 행사에는 정장 차림을 하고 가야 한다. 몇 년 전부터는 약식 남성 야회복만 입고 참석해도 되는 행사가 더 많아지고 있다. 한편, 여성의 경우 유행에 따라 달라지기도 하지만 남성에게서와 마찬가지의 경향이 확산되고 있다.

공식적인 행사에서는 주빈이 안주인 왼쪽에 앉는 등 스칸디나비아 고유 의식을 지키는 경우가 많다. '스코알(건배)' 예식 또한 매우 중요한데, 이 예식에 따르면 먼저 주인이 간단히 인사한 후 보통 오른쪽에 앉은 여성에게 '스코알(건배)'이라고 한다. 이 때 남자 손님은 그녀의 눈을 깊이 들여다보아야 하며, 이 후에야 남자 손님은 첫 잔을 들이키게 된다. 잔을 비운 후 남자는 다시 여성의 눈을 바라봐야 한다. 식사 후에는 주빈이 일어나서 초대에 감사하는 말을 한다. 이러한 감사의 말은 거의 예외 없이 유모가 넘치는 말이 많으며, 약간은 반어적인 듯한 뉘앙스를 풍기기도 한다.

상담할 때에 이들은 형식을 중시하므로 언행에 신중을 기하며 일을 차분히 진행한다. 이들은 EU제국 중 가장 신사적으로 거래를 하고 있는 나라이기도 하다. 이들로부터 저녁초대를 받으면 꽃을 선물로 준비하여야 한다.

덴마크는 깨끗한 국토에 대한 자부심이 강한 나라이다. 덴마크인들은 환경 문제를 실제적인 문제로 인식하고 있다. 그러므로 당연히 환경을 훼손시킬 우려가 있는 제품은 시장에 내어놓지 않는다. 덴마크인들은 제품을 선정할 때 가격과 품질의 적합성을 따진다. 따라서 여러 경쟁 제품을 신중하게 비교해 본다. 제품 장식은 요란한 겉치장보다는 산뜻하고 제품의 특징이 잘 반영된 디자인이 선호된다. 즉, 덴마크 국민들이 매우 자랑스럽게 생각하는 고유 디자인은 검소하고 실용적이며, 또한 동시에 쉽게 친숙해질 수 있는 모양의 디자인이다.

덴마크에서 팁은 보편적인 관행이 아니다. 호텔이나 레스토랑을 이용할 경우 사용료에 이미 팁이 포함되어 있고 택시의 경우도 마찬가지이다. 상점은 평일에는 보통 오전 9시가 넘어서 문을 열고 오후 5시 30분에 문을 닫는다. 그러나 백화점의 경우는 더 늦게까지 영업하는 날이 많다. 대부분 체인점으로 이루어진 식료품점도 폐점 시간이 일반 가게와는 다르다. 길가나 정거장 매점들도 더 늦게 문을 닫는다. 토요일에는 대개 12~2시 사이에 문을 닫지만, 매월 첫째 주 토요일은 좀 더 늦게까지 영업을 한다.

덴마크인들은 상담할 경우 종종 직선적이며 솔직한 태도를 보인다. 또 상대방도 입장을 분명히 밝혀 주기를 원한다. 이들은 협상 때 보통 상담 분야를 정확히 꿰뚫고 있으며 이를 능숙하게 활용해 최대한의 유익을 도모할 줄 안다. 덴마크의 많은 기업들은 협상 담당자가 경영진이 아닐지라도 상당한 전권을 위임하는 사례가 많다.

덴마크인들과는 약속 그 자체만으로도 충분하지만 좀 더 확실히 하는 의미에서 세부적인 사항을 확정할 때는 문서상으로 기록해 상대방의 사인을 받아 두는 게 좋다. 나중에 논란이 발생하면 서로간의 신뢰를 회복하는데 실제적으로 많은 도움이 될 수 있기 때문이다. 특히 대금지불조건은 상호간에 확실히 해 두는 것이 좋다. 또한, 부가가치세는 별도로 추가된다는 점도 염두에 두어야 한다.

한편, 덴마크인들은 문제가 발생했을 때 전반적으로 협상을 통해 해결하여야 하며 대개 매우 솔직하고 명료한 태도로 협상에 임한다. 광고 또한 제품의 특징을 효과적으로 나타낼 수 있고 더욱이 기지가 넘치는 것이면 좋다. 그러나 지나치게 과장된 표현은 삼가야 한다. 이들과 상담할 때 다른 나라 사람들의 미적 취향과 비교하거나 하면 별로 좋은 결과를 가져올 수 없으니 주의해야 한다. 대개 사람들은 자기 자신의 미적 취향을 여간해서는 버리려 하지 않기 때문이다.[20]

제5절 독 일

독일은 대서양 연안의 서부 유럽과 내륙의 동부 유럽 사이인 중부유럽에 자리 잡고 있다. 이 나라의 북쪽에는 스칸디나비아 국가들이 자리 잡고 있고, 남쪽에는 알프스 산악 지대가 자리 잡고 있다. 독일의 국경선은 수백 년에 걸쳐 파란만장한 변화를 겪어 왔다.

그러나 독일은 지역적으로 유럽 대륙의 중앙에 위치해 있고, 정치적으로도 항상 중심적인 역할을 해 왔다. 이 나라는 2,000년 이상 동안이나 서로 다른 생활양식을 가진 여러 다른 민족들이 뒤섞여 함께 살아 왔다. 그렇기 때문에 유럽에서 독일은 사회적, 학문적 그리고 경제적 사상이 서로 교환되고 성숙할 수 있는 기반이 되어 왔으며, 또한 장구한 역사 속에서 정치적 불화, 갈등 그리고 대결의 장으로 엄청난 고통을 겪기도 했다.[21]

1. 일반현황

인구(2023) : 8,330만 명

수도 : 베를린(Berlin)

언어 : 독일어

민족 : 게르만족(91.5%), 튀르키예족(2.4%) 등

20) 주간상의, "유럽바이어들과의 상담, 이 점을 유의하자" - 덴마크, 대한상공회의소, pp. 40-41.

21) 장평순, 전게서, 제5권, p. 15.

종교 : 기독교(27%), 가톨릭(29%), 이슬람(3%), 무종교(36%) 등
기후 : 4계절 구분, 온화/다습 (연평균 기온 11℃)

2. 경제현황

화폐단위 : EURO, 1EURO = 1,509.92원; 1US$ = 0.92 EUR(2024.7 기준)
GDP(2022) : 4조 83억 달러(세계 4위)
1인당 GDP(2022) : 48,718달러
산업구조(2022) : 광업·농림수산업(2.8%), 제조·건설업(30.8%), 서비스업 (66.4%) 등
총수출액(2022) : 1조 8,101억 달러
총수입액(2022) : 1조 3,801억 달러
무역수지(2022) : 4,300억 달러 흑자
무역상대국 : EU제국, 중국, 미국, 일본 등
주요 수출품(2022) : 기계류, 자동차, 전기기기, 철강, 화학공업제품, 의약품 등
주요 수입품(2022) : 원유, 농산물, 자동차, 전자기기, 의류제품, 의약품 등
주요 부존자원 : 철광석, 목재, 갈탄, 구리, 석탄, 우라늄, 천연가스, 니켈 등
경제적 강점 : ① 높은 기술 수준 및 생산성, ② 축적된 사회간접자본, ③ 전문 직업인력을 양산하는 효율적 직업교육 훈련 체제, ④ 안정적인 정치·경제·사회 시스템, ⑤ 유럽중심부에 위치한 지정학적 이점, ⑥ 물가안정 등을 바탕으로 높은 국가경쟁력을 유지
경제적 약점 : 높은 생산비용, 에너지 가격 상승으로 인한 경제정책 변동, 높은 중국 의존도, 높은 실업율 및 노동자 부족, 낙후된 시설

3. 여행정보

우선 재미있는 예로 펜스터 안샤우어(fenster anschauer)가 있다. 이 단어는 '창(Fenster)'과 '쳐다보는 사람(Anschauer)'을 합친 단어로 창 밖으로 쳐다보는 혹은 내다보는 사람이라는 의미다. 이런 부류에 속하는 사람들은 대부분 나이가 들어 은퇴한 뒤 혼자 혹은 부부끼리만 사는 사람들이다. 이들은 특별한 소일거리가 없기 때문에 창 밖의 거리를 쳐다보는 것으로 시간을 보낸다. 그런데 이들의 눈이 바로 '몰래 또는 무인카메라' 역할을 한다. 작은 접촉사고를 내고 뺑소니를 친다든지, 엉뚱하게 쓰레기를 버린다든지, 신호를 위반하는 등의 행위들이 이들의 감시망에 잘 걸려들게 된다.

그런데 이들은 신고정신이 투철하다고 할 수도 있고, 현실적으로 그들이 바로 법원에 증인으로 채택되어 출두할 경우 받게 되는 적지 않은 사례비 때문에 그럴 수도 있다고 하겠다. 이들이 신고한 내용은 곧바로 경찰이 수사를 하게 되고, 결국 머지않아 법원에서 시비가 최종적으로 가려지는데, 신고를 한 이들은 증인으로 출두하게 되는 것이 당연하다. 그럴 경우 집에서부터 법원까지의 왕복 택시비는 물론이거니와 시간당 최소한 60DM(약 4~5만원) 정도의 사례비가 주어지기 때문에 연금 이외에 별다른 소득이 없는 이들에게는 괜찮은 소일거리가 될 수 있는 것이다.[22]

4. 독일의 문화, 관습

(1) 음 식

독일 요리라고 하면 소시지와 감자, 맥주가 유명하다. 프랑스 요리처럼 화려하거나 다양하지 않지만 가정적이며 소박하고 깊은 맛이 특징이다. 1,000여종 이상의 소시지는 지방색이 풍부해 각 지방의 특색 있는 요리를 즐길 수 있으며, 감자

22) http://www.europe.co.kr, http://www.mofat.go.kr

역시 다양한 요리법이 있어 감자 요리 전문점까지 있을 정도이다

독일 맥주 역시 빼놓을 수 없는 독일의 유명 트레이드 마크이다. 도시나 마을마다 모델명이 있고 맛도 다르다. 하지만 맥주보다 더 종류가 많은 것이 와인인데, 서부지역만 해도 5만 여종의 와인이 있다고 한다. 독일의 와인은 대개가 백포도주로 향이 높고 산뜻한 프랑스 와인과는 또 다른 맛이 있다.[23)]

(2) 식사예절

우리 음식문화에서 국물이나 찌개, 탕을 먹을 때 어느 정도 소리가 난다는 것은 당연한 일이다. 그런데 독일에서 식사를 할 때 나이프와 포크 및 접시 사이에서 소리가 나는 것도 조심해야 하지만, 그보다 더 조심해야 하는 것이 바로 입에서 소리가 나는 것이다. 물론 트림은 훨씬 더 심한 경우가 된다. 심한 말로 독일에서 식사할 때의 트림소리는 '방귀소리'보다도 더 불쾌하게 받아들여진다. 그렇지만 이상하게도 식사 도중 코 풀 일이 있다면 태연히 풀어도 좋다는 것이다. 물론 우리의 경우 식사 도중 코를 풀면 스스로 밥맛이 달아나겠지만, 습관이 되다 보면 또 그렇게 되기도 한다.[24)]

(3) 결혼관

독일 사회의 결혼관은 우리나라와 큰 차이가 있다. 결혼 전의 동거를 자연스럽게 받아들이며, 이들에게 있어 동거는 결혼 전의 남녀가 서로에게 적합한 파트너인지를 모든 면에서 관찰하는 기간이다. 이 기간 동안 서로가 잘 조화를 이룬다고 생각하면 결혼을 결정하지만, 특별한 의식(결혼식 또는 혼인 신고)을 중요시하지 않아서 결혼식을 올리지 않고 몇 십 년 동안 자녀를 두고 사는 경우도 있다. 어떤 통계를 보면 남자들이 결혼하는 가장 큰 이유는 세금 관계의 혜택을 받을 수 있다는 점이었는데, 미혼 남자의 경우 월급의 50% 정도까지 세금을 징수하는 독일의 세제와도 관계가 있다고 한다.

이들은 혼전의 성 관계를 자연스럽게 여기며, 이미 10대 청소년들 사이의 성관

23) http://www.travel21.co.kr
24) http://www.khan.co.kr

계도 대단히 자유분방하다. 초등학교에서도 피임 등의 성교육을 많이 실시하고 있고, 이혼율이 30%에 이른다. 이혼할 때에 자녀 문제는 우선적으로 모친에게 부양권이 주어지나, 주말과 방학 때는 아버지와 같이 지낼 수 있으며, 아버지는 자녀 및 전처의 생활비로 수입의 일부를 주도록 되어 있다.[25)]

(4) 호칭

독일인들은 직함을 존중하기 때문에 적당하게 불려질 때는 쉽게 모욕감을 느낀다. 거의 모든 사람이 직함을 갖고 있으며 직함은 한 개인의 구성요소가 된다. 직함에 대한 집착은 질서정연한 사회를 만들고 있는지 모르겠지만, 직업의 관점에서만 사람을 보게 되는 한계가 있다. 따라서 상대방이 어떤 인격의 소유자인가 하는 점보다 어떤 직위와 직업을 가졌는가 하는 점이 더 중요하게 되어 버린다. 그리고 직함은 당연히 사회적 위치를 부여하게 되고 언어적 훈장이 된다.[26)]

(5) 기다림에 익숙한 독일사회

독일에서 줄서는 문화는 보편화되어 있다. 특히 폐점시간이 임박한 상점에서는 20~30분 이상 계산을 위해 줄을 서 있기도 한다. 일단 자기 차례가 되면 뒤에 서 있는 사람들에 대한 생각은 하지 않는다. 따라서 기다리고 있는 사람들에게 미안하다는 말을 할 리도 없고, 기다리고 있던 사람도 그 말을 기대하지 않는다. 그것은 당연한 그의 권리라고 생각하기 때문이다.[27)]

(6) 예절

독일에서 가장 보편적인 인사는 악수인데 여성이 있는 경우는 우선 여성과 악수한다. 독일에서는 어느 곳을 방문할 때 시간을 정확히 지키는 것을 굉장히 중시하고 있다. 초대된 손님은 여주인에게 꽃을 주는 일이 종종 있지만, 이 경우 장미나 카네이션은 삼가야 한다. 그리고 방에 들어와서는 앉으라고 할 때까지 기다린다. 여성이 방으로 들어오면 일어서는 것이 예의이고, 사전에 알리지 않고 방문하

25) http://www.travel21.co.kr
26) http://www.travel21.co.kr
27) http://www.khan.co.kr

는 것은 이웃 사이에서도 거의 없다.[28]

(7) 외투

독일에서는 식당 및 공연장 등의 실내 공간에서 대부분 외투를 벗는 것이 관례이다. 이는 나쁜 기후에 기인한다고 볼 수 있다. 비가 많이 오는 흐린 날이 많기 때문에 항상 외투를 입고 다니고, 실내에서는 젖은 외투를 벗어야 하는 것이다. 그래서 전시관, 연주장 등에는 외투보관소(Garderobe)가 있고, 사람들은 이곳에 외투를 맡기게 되는데 대개 보관료를 지불해야 하는 경우가 많다. 궂은 날씨에서 벗어나 해가 비치는 날이면 옷을 벗고 일광욕을 하는 것이 독일인들의 중요한 일과 중의 하나이다.[29] 특히 겨울에는 우중충한 날씨가 지속되며 해가 뜨는 경우가 많지 않아 비타민을 복용하는 것을 권유한다.

(8) 초대를 받았을 때

독일의 초대문화를 모르고 독일 가정에 초대를 받았던 사람이라면 불쾌감이나 낭패감을 느낄 수 있다. 그 이유는 우리나라와 같이 잔뜩 기대하고 속을 비우고 갔다가는 기대한 음식이 나오지 않아 배를 곯아야 하기 때문이다. 독일에서 집으로 식사 초대를 하는 경우는 매우 드물고, 그런 경우라면 분명하게 만찬이라는 사실을 명시한다.

독일에서는 식당에 초대를 하는 것이 보다 일반적인데, 그 경우에도 분명하게 해 둘 것이 있다. 우선 식당에 가자는 제안이 식사초대를 한다는 의미가 아니라는 사실이다. 같이 식사를 하자며 식당엘 갔더라도 나갈 때는 대개의 경우 자기가 먹은 것만 계산하게 된다.

초대를 받았을 때 선물을 가져가야 하지만, 선물이 과한 것은 상대방에게 부담을 주게 된다. 그래서 간단하게 가져갈 수 있는 것이 포도주나 꽃이라 할 수 있다. 꽃 선물을 할 경우 포장을 요란하게 하면 촌티를 부린 것으로 혹은 무식한 사람으로 취급받을 수 있다. 그 포장 자체가 자연을 훼손하는 것인데, 그런 포장에

28) http://www.khan.co.kr
29) http://human, chonnam.ac.kr

자연의 상징이랄 수 있는 꽃을 담았으니 말이다. 독일 사람들의 자연보호 의식은 세계 으뜸이라고 해도 지나친 과언이 아니다. 또 꽃을 선물하더라도 짝수보다는 홀수로 하여야 한다. 아이들이 있을 경우 선물을 아동용 도서나 초콜릿, 장난감 등이 좋다. 그밖에 식당에 초대한 경우라도 오전 중에 집으로 꽃 배달을 시키는 것도 좋다.30)

5. 독일인의 국민성

(1) 근면 · 검소성

독일 민족은 게르만족에 속하고, 근면・검소하며 질서 의식이 강하고 우리나라 사람들이 보기에는 사교적이지 못하며 약간 폐쇄적이다. 그러나 일단 마음을 열면 끝까지 진실한 관계를 유지한다. 그리고 독일 민족만큼 검소한 생활이 습관화된 국민도 드물다고 하겠다. 독일국민의 검소하고 절약하는 생활태도는 여러 면에서 엿볼 수 있다.

그들은 집안의 가구나 부엌용품 등을 일정한 기간 동안 사용하고도 상태가 좋아 더 사용할 수 있으나 필요 없는 경우, 친지나 친구들에게 주기도 하고 광고를 통해 적당한 값으로 남에게 팔기도 한다. 따라서 독일사회에서는 사용하던 물건의 거래가 상당히 활발히 이루어지고 있다.

초등학교 등에서도 교과서를 무료로 나누어 주고 있다. 학생들은 그 교과서를 쓰고 나면 다시 학교에 반납하고, 학교측은 그 책을 다음 학생들에게 또 나누어 준다. 책을 받아보면 먼저 그 책을 사용했던 학생들의 이름이 1~2명에서 5~6명씩 적혀 있는 것을 볼 수 있다. 이 때문에 국가는 매년 많은 양의 교과서를 새로 만들어낼 필요가 없어 예산을 절약할 수 있고, 학생들은 물건을 아껴 써야 한다는 산교육을 받고 있는 것이다. 이러한 독일의 절약하는 검소한 생활이 오늘날의 독일이 있게 한 밑거름이라 할 수 있다.31)

---

30) http://www.travel21.co.kr
31) http://www.travel21.co.kr

(2) 보수성, 폐쇄성

독일인의 민족성은 한마디로 보수성과 개인주의의 성격을 가지고 있다고 할 수 있다. 독일에 오랜 기간 지내게 되면 그들의 진실된 역사교육을 배우게 된다고 한다. 어떤 한 독일인이 "난 독일인으로 태어난 것은 자랑스럽지만, 독일의 역사에 대하여는 많은 수치심을 갖고 있다"고 말한다. 이 독일인은 거의 눈물을 흘릴 정도의 목소리로 말을 하며 다른 나라의 국민들에게 미안한 마음을 표현하였다고 한다. 그들은 항상 그들의 잘못을 진실 되게 교육하였던 것이다. 이전에 잘못한 것이거나 게슈타포에 협력한 자들이 발견되면, 그들은 지금도 처벌을 서슴지 않고 적대시하는 사회이다.

독일에서의 외국인 문제는 커다란 사회적 문제가 되고 있다. 너무나 많은 외국인들이 그들의 임금이 비싸기 때문에 독일로 몰려들고 있다. 그리고 최근 난민을 많이 받아들이고 있어 외국인들이 독일로 유입되고 있다. 그리고 유럽의 다른 나라들과 비교를 해보아도 독일만큼 외국인에 대한 차별이 적은 나라는 없을 것이다. 그렇다고 한국인인 우리가 독일에서 영원히 잘 살 수 있을까 하는 생각을 할 때 답은 절대적으로 나인(Nein, 아니다)이다. 왜냐하면 그들의 말을 잘 한다고 해서 그들의 문화에 완전히 적응할 수 없을 뿐만 아니라, 그들이 외국인을 보는 눈이 항상 관대하지 않기 때문이다.[32)]

(3) 준법성, 논리성, 합리성

독일 국민은 한번 정해놓은 원칙은 반드시 지키는 습성을 가진 철저한 국민이다. "지키지 않는 법은 만들지 않는다."라는 이야기대로 한번 만든 법, 규칙은 철저히 지키는 국민이다.

독일인은 이론적으로 합리적인 국민이다. 초등학교 때부터 교육내용이 발표 위주로 많이 되어 있어 사물에 대한 비판능력을 배양시켜 주며, 시비가 문제될 경우에는 반드시 논리적이고 합리적인 방법으로 대화를 통해 해결한다. TV프로그램도 오락물이 적은 반면, 대화나 토론위주로 한 내용이 많다.

---

32) http://www.travel21.co.kr

따라서 독일인과 상담할 때에 설득력을 갖기 위해서는 논리적이고 합리적으로 어떤 결과에 대해 설명할 수 있어야 한다. 그리고 자신의 잘못을 쉽게 인정하려 들지 않는 경향이 많고, 특히 외국인과의 대화에서는 더욱 그러하다. 이런 이유로 독일인에게 잘못했다는 대답을 강요하면 오히려 역효과를 낸다.[33]

(4) 우직성, 자부심

독일인은 우직하나 자부심이 강하다. 이들은 잔꾀를 잘 부리지 않고 상대방이 논리적이고 합리적이면 수긍하고 따라가는 우직성이 있으며, 독일 민족에 대한 자부심은 지나칠 정도로 강하다. 독일인은 약속 시간을 잘 지키며 양심을 신뢰한다. 약속할 때는 형편을 고려하여 여유 있게 하며 일단 한 번 맺은 약속은 꼭 지킨다. 만일 부득이한 경우가 발생하여 약속을 지키기 어려운 상황에는 사전에 그 내용을 통보해 주고 양해를 구한다. 또한, 사회생활을 하는 중에 상대방의 말을 잘 믿으며 사인 하나면 만사가 형통되는 사회라고 할 수 있다.

독일인은 기술과 장인정신이 아직도 살아 숨쉬고 있다. 세계적인 명성을 얻고 있는 쌍둥이표 칼이 그 예이고, 가위의 경우 아직도 수공업 형태의 생산 방식을 취하고 있으나 경쟁력을 잃지 않고 있다. 이들은 직업학교에서 배운 기술을 현장에서 100% 활용하며, 기술 인력의 층이 두터워 기술 축적이 가능하다.[34]

(5) 여유

독일인들과 함께 일을 할 때 잘 듣는 소리들 중의 하나가 "천천히 그렇지만 확실하게!(Langsam aber sicher!)"라는 표현이다. 우리가 매사에 있어 "빨리 빨리" 추진함으로써 가끔 시행착오가 발생하기도 하지만 이들은 조금 늦더라도 확실하고 안전하게 일을 처리한다. 이들은 매사에 느긋하고 여유를 갖고 일 처리를 하지만 확실하게 끝낸다.[35]

33) http://www.khan.co.kr
34) http://www.khan.co.kr
35) http://human, chonnam.ac.kr

(6) 불간섭 및 상호존중

독일어에 "내 방식대로 살고 남들도 나름대로의 방식대로 살도록 하자!(Leben und leben lassen!)"이라는 표현이 있다. 나의 삶을 영위해 나갈 뿐만 아니라 다른 사람들 역시 자기 나름대로의 방식대로 살아가도록 존중해주어야 한다는 것이다. 그래서 상대방의 행위가 위법행위가 아니고 본인에게 직접적인 피해를 주지 않는 한 상대방이 어떤 행동을 해도 간섭을 하지 않는 것이다. 이와 비교해 볼 때, 체면을 중시하고 주변 사람들의 눈치를 너무 많이 살피고 사는 것이 우리의 삶이 아닌가 한다.[36]

(7) 옷차림 비교

옷차림의 차이는 특히 여성의 경우에 두드러진다. 독일의 경우에 여대생들은 소득이 적기 때문에 대부분 청바지 차림의 수수한 옷차림에 화장을 별로 하지 않는다. 반면에 사회보장제도에 따라 연금생활을 하는 할머니들은 점차 멋을 부리고 화장도 하는 편이다. 그러나 상대적으로 우리나라의 부유층을 제외한 독거노인의 옷차림과 어려운 생활은 사회보장제도가 절실하게 필요하다는 것을 알 수 있다. 독일학생들은 파티, 음악회 등의 공연장에 갈 경우에만 정장을 한다. 특히 실용정신과 근검절약이 몸에 밴 독일인들은 상대방의 의복이 허름하다고 해서 상대방을 무시하지 않는다.[37]

6. 독일 시장의 특성

독일인들은 그 민족적 특성에 걸맞게 간결하면서도 활기차게 상거래 활동에 임한다. 독일은 특별히 품질 및 브랜드 인지도를 중요시 하는 시장이다. 즉, 제품의 품질, 디자인, 포장이 가격보다 더 중요시 된다. 특히 고부가가치 제품의 경우 품질 보증과 A/S에 만전을 기해야만 좋은 결과를 가져올 수 있다. 독일에서는 구매

36) http://www.chonnam.ac.kr/~germany/germany.htm
37) http://human.chonnam.ac.kr

력이 있는 중년 계층의 소비자들 사이에 고품질의 외국산 브랜드 제품에 대한 수요가 증가하고 있다.[38)]

독일 소비자의 취향은 품질과 가격을 동시에 고려하여 구매하는 성향이 있으며, 지역별 소비자 취향이 각기 다르다. 그리고 대형 매장을 통한 직매가 증가하는 추세이며, 품질이 인증된 제품, 즉 독일 내 안전 규격 제품을 선호한다. 또한, 이들에게는 중간 가격의 소비재는 현대적 디자인이 선호되는 경향이 뚜렷하다. 고소득 노년층이 늘어나면서 이들을 겨냥한 실버시장도 전망이 밝다 할 수 있다.[39)]

독일의 유통구조는 도매 및 소매업자의 조합, 협회의 발달, 도매기능의 집중 및 소매기능의 분산, 백화점, 연쇄점, 통신판매점 등의 발달, 그리고 최근 EU통합으로 인한 도소매업체의 대형화, 다각화가 급속히 추진되고 있다. 시장규모는 인구 약 8,200만 명으로 주요 수요확대 부분은 가정용 전기, 전자제품, 사무기기, 투자재 부문이다.

최근 유통동향은 ① 유통업체가 대형화, 집중화되는 추세이다. ② 판매 대행업자 및 대리인 등 중개상의 역할이 중요해지고 있다. ③ 전국적인 유통망을 구축하고 있고, 직접 수입하여 판매하는 대형 체인점이 많아지고 있다. ④ 경제의 지방분산화에 따른 지역별 판매 대행업자를 통한 판매활동이 성행하고 있다. ⑤ 대부분의 상품을 규격화, 코드화하여 통일성을 부여하고 있다. ⑥ 대부분의 거래를 문서화 하여 장기적인 관점에서 고객관리 및 정확성을 기하고 있다. ⑦ 신속성은 다소 미흡하지만 계약내용의 철저한 이행으로 상호 신뢰감이 조성되고 있다. ⑧ 품질을 바탕으로 중장기적 계획 하에 철저하게 점진적으로 사업을 확장하면서 거래를 추진하고 있다. ⑨ 내구성 소비재는 물론 일반 잡제품에 대해서도 상품을 교환하는 등의 철저한 A/S가 이루어지고 있다.

상거래에 있어서 대금결제 방법은 현찰거래를 선호하고 있으며 은행간 이체도 있다. 소비자와 거래할 때에도 현찰 판매 및 할부판매가 성행하고 있고, 은행간 이체는 기업간 혹은 대량거래의 경우 통상 1개월 이내의 은행간 이체로 이루어지고 있다.[40)]

38) 주간상의, "유럽바이어들과의 상담, 이 점을 유의하자" - 독일, 대한상공회의소, p. 47.
39) http://www.khan.co.kr
40) http://www.travel21.co.kr

7. 상거래문화

독일 사람을 방문할 때는 사전에 꼭 전화나 구두로 약속을 해야 하며, 식사 초대인 경우 상대방의 음식 습성에 맞추려고 하는 편이다. 독일 남성들은 주말에 독일 분데스리가(Bundesliga) 축구중계 및 유럽 지역에서 벌어지는 축구 경기를 텔레비전을 통해 보는 것 또한 커다란 즐거움 중에 하나이다. 독일에서는 음식에 있어 냄새가 나는 생마늘은 피하는 것이 좋다. 집에서는 정숙을 지키는 이른 아침이나 초저녁 시간에 피아노나 세탁을 피해야 한다.

최근 극우파들의 테러확대와 관련하여 동독지역 등을 여행할 경우 청바지차림을 피하고 정장을 입는 것이 바람직하다. Ossi(구서독 지역 사람들이 구동독 지역 사람들을 비하해 부르는 칭호), Wessi(구동독 지역 사람들이 구서독 지역 사람들을 비하해 부르는 칭호)와 같은 표현은 매우 신중히 사용해야 한다. 특히 북부 독일에서는 종교적인 주제나 정치적인 사안은 가급적 언급을 삼가야 하고, 제2차 세계대전에 대한 이야기는 삼가야 한다.[41)]

일반적으로 유머가 없는 독일인이란 말은 어디서나 쉽게 들리는 말이다. 그렇지만 계약의 이행에 있어서는 독일 거래선 만큼 확실한 경우도 드물다. 인간미는 넘치지 않아도 상거래의 신용도에 있어서는 독일, 또는 게르만 상인들이 가장 높다고 평할 수 있다.

독일의 일반적인 상거래의 관습은 보수적이고, 거래계약을 체결할 때에는 문서로 행하는 경우가 대부분이다. 이 때문에 이들은 처음 거래를 하는데 매우 신중한 모습을 보인다. 독일인은 첫 회합에서 격식을 차리고 속을 터놓지 않는다. 따라서 비우호적으로 보일지도 모른다. 보통 최초의 거래는 실제적으로 대면한 후에 결정하므로 상담할 때 좋은 인상을 주는 것이 필요하다. 만약 처음에 좋은 인상을 받지 못하면 그 이후의 상담이 불가능하다.

이들과 거래가 성사되면 장기간의 시험기간을 거쳐야 하고 처음에는 소량 주문에서부터 시작하는 것이 관례이다. 독일인은 항상 상대와 비즈니스를 시작할 때

41) 주간상의, 전게 월보, p. 47.

'장기거래'라는 사실을 언급한다. 이들은 보수적이고 원칙을 중요시하는 국민성을 가지고 있으므로 계약을 철저히 이행한다. 한번 계약을 맺으면 비록 자신이 손해를 보더라도 계약된 내용을 지킨다. 거꾸로 이해하면 그만큼 계약 전 준비가 치밀하다는 뜻으로 해석할 수 있다.

신뢰를 중요시하는 나라인 만큼 일단 틀림없다 싶은 것에 대해서는 절대적인 믿음을 보인다. 오래 전부터 거래를 해오면서 약속에 충실했던 업체라면 다른 경쟁업체가 더 좋은 조건으로 거래제안을 해 온다고 할지라도 기존 거래선을 유지하는 일은 거의 기본이다. 아예 경쟁업체가 제공한 샘플을 기존 거래선에 제시해 주면서 생산을 권하는 경우까지 있다.

따라서 서너 번의 방문으로 큰 건을 올리겠다는 욕심보다는 카탈로그를 배포하고 자사 제품의 우수성을 홍보하는 등 꾸준한 접촉을 통해 상대방에게 확신을 심어주는 일이 무엇보다도 중요하다. 최근에는 우리 업체들끼리의 과다경쟁으로 애써 일구어 놓은 귀중한 거래선을 망쳐놓는 일이 빈번히 일어나고 있다. 이 같은 현상은 장기적으로 안정된 거래선을 확보하기를 선호하는 독일 기업들에게는 치명적인 약점을 보이는 일이다.

한편 우리 업체, 특히 섬유산업에 종사하는 업체들인 경우 뜻밖의 횡재를 만나는 때가 간혹 있다. 독일의 섬유산업계에는 튀르키예나 그리스 출신의 외국인들이 많이 종사하고 있다. 나이가 많이 든 노년층 가운데 한국전에 연합군으로 참전했던 경험자들이 종종 있는 것이다. 이들은 비교적 한국에 대해 친근감을 가지고 있기 때문에 의외로 일이 잘 풀려 비즈니스가 성사되는 경우도 있다.[42)]

거래시작을 위해 독일 회사를 접촉해 보면 대부분의 경우 한번 만나자는 제안을 한다. 이 첫 만남에서 독일인은 상대를 저울질 해보고 앞으로 거래를 이어갈 수 있는 상대인가의 여부를 결정한다. 이 때 중요한 것은 전문성을 충분히 보여주는 것과 신뢰감을 심어 주는 것이다. 독일에서는 담당자와의 인간적인 친밀도를 높이는 사전작업은 별로 의미가 없다.

독일에서는 철저한 A/S를 요구하고 있고, 법률상으로 소비자 보호를 위해 전자제품의 경우 판매일로부터 6개월은 판매회사가 A/S를 할 의무가 있다. 특히 PC

42) 대한무역투자진흥공사, 전게서, pp. 86-88.

나 Monitor의 경우는 통상 A/S기간을 1년간 요구하고 있다. 따라서 계약을 상담할 때에도 독일 바이어들은 철저한 품질보증과 A/S를 요구한다.[43)]

독일인과 거래할 때에는 조금 번거롭더라도 서신을 통한 의사전달 노력을 기울일 필요가 있다. 독일인들은 팩스나 전화보다는 편지나 이메일을 주고받는 것을 선호한다. 만약 상대방의 양해가 요구되는 일이라고 판단되면 편지나 이메일을 이용하는 것이 훨씬 효과적일 것이다. 독일에서 비즈니스 미팅 약속도 전화보다는 편지나 이메일로 이루어지는데, 편지나 이메일로 미팅 약속을 하는 것은 그만큼 반드시 지켜야 한다는 의미가 내포되어 있다. 독일인과 한번 약속을 했으면 반드시 지키고 가능한 한 약속 시간이나 날짜의 변경도 하지 말아야 한다.

상담 약속은 최소한 1주일 전에 이루어지는 것이 좋고 약속 시간은 철저히 지켜야 한다. 교통 사정상 늦을 경우에는 반드시 연락해 줘야 한다. 이들과 상담할 때는 예기치 않은 일과 강요적인 판매는 피하여야 하며 자의적인 설명도 좋지 않다. 이들은 상담할 때에 가격보다는 품질을 강조하고 사전 가격에 대한 철저한 분석 자료를 요구한다. 최초 거래 상담 시 선물 관계는 적은 금액의 간단하면서도 일상적인 것이 무난하다. 고가의 선물에 대해서는 부담감을 갖게 되므로 주의해야 한다. 계약을 체결할 때에는 사후 책임 소재를 분명히 하기 위해 계약 내용의 정확한 명시와 이해가 필요하다.[44)]

정확성은 독일인의 전형적인 특징이다. 따라서 방문을 하거나 물품을 인도하거나 신청을 한다거나 할 때 항상 정확성을 기하는 것이 필요하다. 특히 약속한 기한을 어긴다든지 하면 거래관계에 적지 않은 영향을 미치게 됨을 유의해야 한다. 독일 북부지방에서는 파트너가 정확하지 못해 약속을 어긴다든지 할 경우 상대방을 믿을 수 없는 사람으로 여길 뿐 아니라, 심지어 자신에 대한 모욕으로 생각하기까지 한다.

독일 바이어와의 상담 시 레스토랑에서 팁은 보통 정식 가격에 포함되어 있으므로 따로 지불할 필요는 없고, 택시를 타거나 그 외에 서비스를 받을 때는 10~15%정도 팁을 지불하면 된다. 이들은 업무와 관련된 협의를 할 때도 말에 정

43) http://www.travel.co.kr
44) http://www.travel.co.kr

확을 기하면 호감을 살 수 있다.

독일에서 상대방을 부를 경우 보통 'Sie'라고 부르거나 상대방의 성을 부르면 된다. 독일에서는 직함을 중요시 여긴다. 그러나 보통 Dipling(Master of Engineering, 공학 석사)같은 학위는 사용되지만, 박사학위나 교수신분을 나타내는 Dr.나 Prof. 같은 칭호는 여간해서는 사용되지 않는다.

이들과 업무상 서신 교환을 할 때 구체적인 수신자가 불분명할 경우 'Sehr geehrte Damen und Herren'이라고 기재하면 좋다. 여성의 경우 여성형 칭호가 사용된다. 예를 들어, 사장의 경우 Frau Prasidentin, 부장의 경우 Frau Direktorin이라는 여성 칭호를 사용하면 된다. 한편, 인사를 할 때는 악수가 무난하며 여성에게는 손에 입을 맞춰도 좋다.

현재 독일 기업들에서는 팀 워크제가 확산되는 중이며 상하 위계질서는 점차 자취를 감추고 있다. 따라서 독일 측과 상담에 임할 경우 우리 측에서 꼭 상급자가 나설 필요는 없다. 그러나 아직 상하관계를 중요시하는 경향이 있고, 상담할 때에 어떤 인물이 결정권자인지를 미리 파악하고, 그와 직접 대면하는 것이 필요하다. 독일 측 담당자는 대개 협상 능력이 뛰어난 편이다.[45]

일반적으로 독일의 사회와 비즈니스는 가부장적이다. 따라서 일상적인 일로 고려되는 많은 의사결정이 최고경영자에 의해 이루어지고 있으며 비밀엄수가 또한 비즈니스의 근본이다. 따라서 독일에서 정보를 얻는 것은 쉽지 않으며 협상은 보통 지체된다. 독일인은 고용주에 대해 충성심이 강하다고 할 수 있는데, 대부분의 사람들은 평생을 한 직장에서 근무한다.

독일인은 협상에 임할 때 전문적이고 객관적인 사실에 근거하여 대응한다. 따라서 거래 제의는 구체적이고 현실적이어야 하며, 조리 있고 권위 있는 방법으로 제시되어야 한다. 독일인과의 상담에서 설득력을 갖기 위해서는 이론적이고 합리적이어야 한다. 일반적인 의식을 벗어나 개인적인 관계를 맺으려고 귀찮게 굴지 않아야 한다. 독일에서는 어떤 경우에도 원칙을 뛰어넘는 거래는 불가능하며 계약이 성사된다면 계약서는 세부적으로 작성하여야 한다. 독일에서는 권위 있는 기관이라 할 수 있는 무역박람회에 참가하고 상공회의소와 접촉하는 것이 좋다.[46]

45) 주간상의, 전게 월보, p. 47.

독일인들에게 선물을 해도 좋지만 그렇다고 보답차원에서 선물을 한다거나, 혹 뇌물성으로 선물을 하는 것은 삼가해야 한다. 독일에서는 업무상 협의를 마치고 저녁 식사 같은 데 초대되는 것은 흔한 관행이다.[47)]

제6절 네덜란드

네덜란드라는 국명은 '지대가 낮은 나라'를 의미한다. 이 말은 네덜란드 국토의 거의 절반이 노력으로 얻은 땅이며, 바다를 매립한 간척지라는 것을 아주 정확하게 묘사하고 있다. 북유럽에 위치하고 있는 네덜란드는 비록 국토는 작지만 고도로 개발되었으며, 인구밀도가 조밀한 나라이다. 과거 네덜란드 국토의 40% 이상이 바다와 습지, 혹은 호수로 이루어져 있었다.

그러나 수백 년 동안 네덜란드 전역에서는 물을 퍼내어 새로운 땅을 만들어 내는 간척 사업이 계속되고 있다. 오늘날 물을 빼낸 간척지들은 세계에서 가장 기름지고 비옥한 농토로 손꼽히고 있다.

네덜란드는 영토의 많은 부분이 해수면보다 낮아서 이곳 영토에는 배수 하천과 운하가 녹색의 간척지를 가로질러 십자형으로 교차되어 있다. 때로는 옆 도시로 가는 유일한 길이 도개교를 건너가는 길밖에 없는 경우도 있다. 이 다리는 수상 교통수단이 초원지대와 야채 밭을 횡단할 수 있도록 들어 올리게 되어 있다. 네덜란드 전원풍경의 특징은 풍차가 많다는 것이다. 풍차는 원래 배수하천으로부터 더 커다란 운하로 물을 이동시키기 위해 만든 것이다.

봄에는 네덜란드의 여러 지역들이 향기롭고 화사한 꽃으로 뒤덮인다. 주말이면 수 만명의 관광객들이 튤립, 나팔수선화 그리고 히아신스를 보기 위해서 네덜란드로 모여든다. 여름에는 사람들이 북해 연안의 휴양지, 특히 셰베닝겐, 노르트비크, 찬트보르트, 그리고 에그몬트 같은 곳으로 몰려든다. 네덜란드 북부의 광대한 모래 언덕은 자연 애호가들에게 독특한 경험을 줄 것이다. 또 에이셀 호와 그 밖의

46) 이승영, 전게서, pp. 279-280.
47) 주간상의, 전게 월보, p. 47.

많은 호수들, 그리고 운하들은 수상 스포츠 애호가들에게 매우 인기가 있다.

네덜란드의 평지에서 애용되는 대표적인 교통수단으로는 자전거가 있다. 네덜란드에는 대략 1,100만 대의 자전거가 있으며 11,000km의 자전거 전용 도로가 있다. 가장 인기 있는 스포츠는 빙상 스케이트이며, 그 유명한 엘프슈테덴토흐트(11개 도시 여행)가 최고의 행사이다. 이 행사는 플리슬란트 지역의 얼어붙은 운하를 스케이트를 타고 통과하는 것이다.

네덜란드는 국토는 좁지만, 관광객들에게 많은 것을 보여 준다. 평화롭고 한가한 북부는 란트슈타트홀란트의 도시 밀집 지대와는 매우 대조적이다. 그렇지만 네덜란드의 수도이며 활기에 넘치고 현대적인 모습을 띈 암스테르담은 전형적인 네덜란드의 모습을 보여준다. 이 도시에는 상인들의 옛 가옥과 긴 운하 그리고 수많은 다리들이 있다. 행렬, 축제, 시장과 박람회 등 민속놀이도 아주 풍부하다. 알크마르의 치즈 시장과 알스메르의 꽃 경매, 그리고 아직도 고유의상을 입고 사는 마을들의 모습에서 이곳의 오랜 전통을 엿볼 수 있다.[48]

1. 일반현황

인구(2024) : 1,768만 명
수도 : 암스테르담(약 80만 명)
언어 : 네덜란드어, 영어, 독일어, 프랑스어 등
민족 : 게르만족 74%, 유럽계 백인(8%) 등
종교 : 카톨릭(24%), 기독교(16%), 기타(11%), 무종교(49%) 등
기후 : 온화다습한 해양성 기후(겨울평균 3~6℃, 여름평균 17~22℃)

2. 경제현황

화폐단위 : EURO, 1EURO = 1,509.92원; 1US$ = 0.92 EUR(2024.7 기준)
GDP(2022) : 9,993억 달러

48) 장평순, 전게서, 제5권, p. 57.

1인당 GDP(2022) : 56,491달러
산업구조(2022) : 유통, 도소매, 금융 등 서비스산업 중심의 경제구조
총수출액(2022) : 7,302억 달러
총수입액(2022) : 6,527억 달러
무역수지(2022) : 775억 달러 흑자
무역상대국 : EU제국, 미국, 중국 등
주요 수출품(2022) : 석유/역청유, 전화기, 자동자료처리기기, 의약품, 원유류 등
주요 수입품(2022) : 원유류, 전화기, 석유/역청유, 자동자료처리기기, 의약품 등

3. 네덜란드의 문화, 관습

네덜란드인들이 관대하다는 사실은 사회적인 인식에 있어서도 나타난다. 성(性)에 대한 사고방식이 개방적이어서 남녀 동등의식 뿐만 아니라 동성애에 대한 권리도 이성애에 대한 권리와 똑같이 생각하고 정부도 전혀 관여하지 않는다. 마약문제에 대해서도 마약을 개인의 기호품으로 간주해 법률적 제재가 미약한 편이다. 그러나 이런 허점을 이용해 인접국에서 동성연애자와 마약 복용자들이 몰려들어 사회적 문제가 되고 있다.[49]

네덜란드인들은 인접국인 독일과 영국의 영향을 많이 받아 언어도 독일어와 영국어의 중간성격인 네덜란드어를 사용하고 있는 만큼, 민족성도 독일인의 근면성과 영국인의 실용적인 상업주의 영향을 많이 받아 외세 지향적인 성격을 강하게 나타낸다. 네덜란드인들은 자국을 유럽에서 가장 관대한 국가로 생각하고 있는데, 그것은 정치적인 이유로 도피해온 난민을 환영했었던 긴 역사를 가지고 있기 때문이다.

20세기에 들어서도 과거 식민지로부터 이주해온 이민자들이 완전히 네덜란드 문화에 편입·정착했다. 인도네시아를 시작으로 카리브해, 남미의 수리남, 네덜란드령 안틸레 등에서 온 이민들이 대표적인 예이다. 그러나 최근에는 정치적 난민이 급증해 이민법을 엄격하게 적용하지 않으면 그 영향으로 극우 국수주의 정당이

49) http://www.av5900.khan.co.kr

지지를 받지 않을까 걱정하는 목소리가 국민들 사이에서 흘러나오고 있고, 집권당도 현재의 경제상황으로는 난민의 주거비용을 부담하기도 어려울지 모른다는 우려를 하고 있다.[50]

인근 유럽제국과 마찬가지로 Lady First의 예절도 일반화되어 있다. 더치페이(Dutch Pay 또는 Dutch Account)는 한국에서도 많이 사용되는 용어로 그 유래가 네덜란드인의 생활양식에서 나왔다. 한국에서는 일반적으로 인색함을 의미하기도 하지만 네덜란드인의 분명하고 합리적인 생활양식을 짐작할 수 있는 용어이다.

네덜란드인들도 한국인과 마찬가지로 친구나 친지를 초대해 식사나 술을 대접하기를 좋아한다. 그러나 자신이 부담하는 자리는 분명히 사전에 의사를 밝히는 것이 몸에 배어 있기 때문에 그런 의사를 밝히지 않는 보통의 경우는 각자가 부담하는 것을 당연한 것으로 생각한다.[51]

4. 네덜란드인의 국민성

네덜란드인은 진지하고 내향적이며 관념주의가 강한 게르만족과 낭만적, 외향적이며 종합적 조화를 중요시하는 알핀족 사이에 속해 있고, 남부 네덜란드(지금의 벨기에 플란더스 지방)에는 게르만족, 라틴족을 위주로 여러 민족이 혼합되어 있다. 그러나 교통의 발달, 산업화, 도시화로 인해 네덜란드와 벨기에간의 유형 차이는 거의 사라지게 되었다.

네덜란드는 옛날부터 주(州)개념이 강했다. 7개 주 연방 공화국은 각기 지방 주권을 확보하고, 의회에서는 전쟁, 외교, 친 스페인 주 정부에 관한 업무를 보았다. 남부 3개 주는 스페인의 식민지나 다름없었고, 북부 7개 주는 이 지역을 수세기 동안 개척하여 왔고 주민들은 제2계급으로 간주되었기 때문에, 홀란드 주는 다른 지역에 대한 절대적 지배권과 우위를 가지고 있었다.

따라서 이곳에서도 지역감정은 상당하다. 제이란드, 북브라반트, 림부르그, 그로닝언, 프리스란드 토착민들은 자신이 네덜란드인이라고 느끼기에 앞서 그 지역인

50) http://www.av5900.khan.co.kr
51) http://www.travel21.co.kr

이라는데 긍지를 느끼고 있다. 그들은 자신이 홀란드 인이라고 불려 지는데 분개한다. 따라서 과거 미스 유니버스 같은 미인 대회나 국제회의 때 영어 표기로 'The Netherlands' 대신 'Holland'라는 단어를 많이 쓰고 있는데, 역시 홀란드 주의 막강한 영향력 때문일 것이다. 홀란드 인들과 나머지 네덜란드인과의 뚜렷한 차이는 말투라고 할 수 있다. 특히 암스테르담 사람들은 화술과 사교술이 매우 뛰어나서 다른 지방 사람들이 위축될 정도이다.

개혁과 이에 따르는 종교 전쟁으로 네덜란드는 크게 변화하였다. 전형적인 홀란드인은 절제를 잘 하며, 침착·검소·강직하다고 알려져 있다. 습관이나 경제생활에서는 쾌락을 추구하기보다는 성취를 우선시 하고 있으며, 환상이나 감상은 지성에 의해서 지배받는다. 또한, 이들은 이윤추구에 적극적이며 규칙, 신용, 의무를 중시한다.

네덜란드인은 영웅주의를 기피하고 개인주의가 강하여 내 것, 네 것이 명확하다. 이러한 사실들은 칼뱅주의 발전과 상인 전통에 영향을 주었다. 특히 칼뱅주의는 바른 정신, 절약, 겸손에 그 근거를 두고 있으며 노동을 인간의 신성한 의무로 간주했다. 네덜란드의 사회 문제 원인 가운데 가장 큰 것의 하나가 바로 기둥화 현상(Verzuiling)이다. 이는 이데올로기에 의한 사회 분화 현상을 일컫는 하나의 말로서 같은 종교적·이념적 배경을 가진 사람들끼리 똘똘 뭉쳐 블록을 만든 것으로 옛 신전의 기둥처럼 수직으로만 뻗어 있는 형태를 상상하면 쉽게 이해된다. 이들은 상호 독립적, 조직적이고 다른 쪽의 사람과는 접촉조차 기피하기도 한다.[52]

5. 상거래문화

한 설문조사 결과에 따르면, 네덜란드인들은 자신들을 세계에서 가장 행복한 민족으로 생각하고 있는 것으로 나타났다. 이런 자부심은 다른 어떤 나라보다 네덜란드의 상황이 좋다는 나름의 확신에 근거한 것이기도 하지만, 또한 일이 전부라고 생각하기보다는 느긋하고 여유 있는 삶을 중요시하는 특유의 자유로운 삶의

52) http://www.mynetian.com

태도에 기인한 바도 있다.

깨끗하게 단장된 거리에는 고풍의 건물이 우뚝 서 있고 자전거의 물결이 거리를 누비고 있다. 이 나라는 자전거의 천국이라고 할 수 있을 정도로 자전거를 즐겨 타고 다닌다.

네덜란드는 16세기 들어 지리적 이점을 활용하여 유럽 내 가장 중요한 교역국 중 하나로 발돋움하였다. 전통적으로 자유주의적인 통상정책을 편 결과, 외국과의 교역은 네덜란드 경제의 중추적 역할을 감당하고 있다. 서비스 부분을 제외한 국민총생산의 절반 이상이 수출되고 있어 여느 선진국보다도 높은 수출의존도를 보여주고 있다.

네덜란드는 항구, 공항, 육로 등 제반 인프라가 잘 구축되어 있기 때문에 유럽의 관문 역할을 함과 동시에 국제적으로 교역되는 물품이 이곳을 거쳐 가는 유통센터로서의 역할도 하고 있다. EU로 수입되는 물품의 거의 40% 정도가 이곳 유통센터를 통해 EU 전역으로 공급되고 있다.

네덜란드인의 호감을 가장 빨리 사는 방법은 민족적 자긍심, 모국어 사랑 등과 같은 그들 고유의 특징을 이해하고 인정해 주는 것이다. 특히 네덜란드어를 구사할 수 있다면 아주 유익하다. 단지 몇몇 익숙한 어구나 인사말이라도 네덜란드어로 이야기하려는 자세를 보이면 이들에게 큰 호감을 산다.

이러한 자유로운 태도는 예절방식에서도 나타나는데, 네덜란드인들은 사적으로나 업무상으로나 안면을 익힌 지 얼마 되지 않은 상대에게도 존칭을 사용하기보다는 친칭을 사용한다. 물론 이것이 상대방을 무시하는 태도는 결코 아니다.

네덜란드 사회를 가장 잘 규정짓는 덕목은 관용이라 할 수 있다. 이러한 사회적 분위기로 말미암아 네덜란드는 수 세기 전부터 서로 다른 각 종파가 평화롭게 공존하는 법을 체득해 왔을 뿐 아니라, 오늘날에도 각기 다른 종교, 세계관, 삶의 양식을 지닌 사람들이 서로를 용인하는 사회 분위기가 형성되어 있다.

한편, 절약정신도 네덜란드인들의 특성 중의 하나이다. 네덜란드인들의 절약하는 모습은 여러 형태로 나타나는데 다음과 같은 속담이 이를 잘 대변한다. "네덜란드인은 10센트 짜리 동전 하나를 쓰기 전에 열 번은 만지작거린다." 그러나 가톨릭이 우세한 네덜란드 남부지역, 즉 Noord-Brabant지방과 Limburg지방은 근검

절약의 기풍보다는 즐거움과 향락을 추구하는 경향이 더 강하다.

네덜란드인들은 상대방에게 개방적이고 단도직입적으로 자신의 견해를 피력하는 등 사람과의 사귐에 있어서 정직을 무척 중요시한다. 물론 이처럼 너무 솔직하다 보니 그 정도가 지나쳐서 예의에 어긋나는 경우가 있기는 하지만 말이다. 네덜란드인은 새로운 사고방식에 개방적이고 외국인을 환영하며, 사업에 유능하고 경험이 풍부한 국민들이다.

이와는 반대로 비판에 대해서는 다소 예민하게 반응하는 이들이 네덜란드인들이다. 왜냐하면, 네덜란드인들은 칼비니즘적 사상체계에 깊은 영향을 받아 자신이 옳게 행동하고 있다는 확신이 있을 경우 여간해서는 자신의 견해를 포기하지 않으려 하기 때문이다. 따라서 비판은 종종 비우호적인 것으로 받아들여지며 오히려 비판하는 사람은 관용이 부족하다는 혐의를 받기까지 한다. 특히 어떠한 경우에도 네덜란드와 관련한 부정적인 언급을 해서는 안 된다. 한편, 자신이 성취한 일이 아무리 훌륭하다 할지라도 이들에게 그것을 자랑하는 것은 부정적으로 여겨지므로 삼가야 한다.

네덜란드에서는 저녁식사와는 달리 점심식사나 협상하기 위하여 가지는 회식에 초대하는 것은 일반적인 관행이다. 그러나 처음 초대는 대개 방문을 받는 측에서 하는 것이 보통이다. 네덜란드인은 사적인 것과 공적인 것을 엄격히 구분하여, 저녁시간은 가족과 함께 보내기를 원하기 때문에 업무상 관계를 어느 정도 가진 후에야 저녁식사 초대를 하는 것이 일반적이다.

한편, 네덜란드에는 'Borrels'라는 제도가 있는데, 이 제도는 업무가 끝난 후 업무상 관계를 맺는 이들이 가벼운 식사와 'Aperitif(식욕촉진음료)'를 함께 들면서 친분을 맺는 것을 말한다.

지난 수십년 동안 여성 해방운동은 네덜란드에서도 여성의 역할에 대한 급속한 변화를 초래하였다. 현재 네덜란드에서 여성들은 가정뿐만 아니라 사회 각 분야에서 남성과 대등한 역할과 권리를 누리고 있다.

회사 내에서 선물을 주고받는 것은 일반적으로 통용되지만 친절 이상의 의미를 갖는 것이라면 곤란하다. 보통 새해라든지 특별한 기념일 같은 경우 오랫동안 알고 지낸 동료들 간에 선물을 주고받는다.

네덜란드에서는 서로 소개할 경우 학위나 기타 칭호는 삼가는 것이 좋다. 단순하게 Mr./Mrs. Smith라고 소개하는 것으로 충분하다. 처음 소개할 때는 명함을 주고받는데 명함에 직위와 담당 업무가 적혀 있으면 된다.

네덜란드 경영자들은 일반적으로 푸른 신사복 상의나 짙은 색 양복을 입는다. 중간 간부진이나 하급 직원들 간에는 격식을 차린 옷차림이 과거처럼 중요하지는 않다. 업무상 네덜란드인들과 만날 경우 평상복 차림으로 가면 되고, 특별한 경우에 한해서 짙은 색 양복을 입으면 된다.

네덜란드 기업인들은 일반적으로 어떤 제품의 시장 동향 및 제품자체에 대한 지식이 풍부하다. 이들은 협상에 매우 능숙하며 또한 가격을 깎는 것을 그다지 좋아하지 않는다고 알려져 있다. 이들은 기업가 정신이 뚜렷하고 좋은 교육 배경 및 능숙한 외국어 구사도 이들의 장점이다.

보통 네덜란드인들과의 업무상 관계는 서신이나 이메일 교환을 통하거나 박람회, 전시회 등을 방문해 접촉한 후 이루어진다. 편지나 이메일은 경영자나 간부진에게 보내면 되며 네덜란드어, 영어 또는 독어로 쓰면 된다. 문구는 간결해야 하며 말하고자 하는 요지가 분명해야 한다. 편지나 이메일에는 다음과 같은 사안들이 기재되면 된다. 즉, 상담신청 근거, 회사 프로필, 물품인도계획, 개별방문가능일정(주중 9:30~11:00, 14:00~16:00 사이)등을 기재하면 된다. 향후 영어로 서신교환이 계속 가능하다고 알려 주면 매우 유익한 결과를 가져올 수 있다.

한편, 계약체결 혹은 파기와 관련해 이웃 독어권 국가들과는 달리 네덜란드에서는 계약원문이 반드시 문자 그대로 구속력을 지닌 것으로 여겨지지는 않는다. 오히려 계약서에 표현된 계약체결 당사자들의 의중이 중시된다. 이처럼 네덜란드인들에게 모든 계약은 얼마든지 다시 체결할 수 있는 것으로 여겨지므로 이러한 관습을 이해해 두면 좋다.

네덜란드인과 상거래 활동을 할 경우 정확성에 만전을 기해야 한다. 다른 약속 못지않게 시간 약속도 잘 지켜야 한다. 네덜란드인과 상담을 할 때에는 사전 약속이 필수적이며 시간도 엄수해야 한다.

이와 같이 네덜란드인과 상담할 경우 곧장 본론으로 들어가는 것이 좋다. 무미건조한 성향이 있는 이들은 업무와는 별 상관없는 이런 저런 일상적인 이야기를 질질 끄는 것보다는 아직 초면이라 분위기가 어색하더라도 곧장 업무에 관한 협의의 시작을 원하기 때문이다. 상담할 때 사업 제의에 과장이나 실수를 하지 않아야 한다. 사업의 초기단계에서 시간을 지키지 못하거나 불충분한 준비는 비즈니스 관계에 치명적인 영향을 미칠 수 있다.

강인한 기질과 근면성을 가진 네덜란드인들은 모든 일을 분명히 하는 것을 좋아한다. 이 나라에서는 택시기사에게 팁을 주지 않으며 시간약속은 철저히 지켜야 한다. 네덜란드인과 비즈니스로 상담할 때는 정장하는 것이 기본적인 예의이며, 와이셔츠의 경우 보통 줄무늬가 있는 것을 입는다.

그렇다고 네덜란드인들이 유머감각이 없다고 여기는 것은 그릇된 판단이다. 따라서 간혹 분위기를 부드럽게 하기 위해 업무 외적인 주제, 예를 들어 여행이나 스포츠, 특히 축구에 관해서 이야기를 나누면 된다.[53)]

상담 중 의견 충돌이나 논란이 발생할 경우 네덜란드인들은 법적 대응보다는 우선 상대방과의 개인적 협의를 통한 해결을 모색하고자 하는 경향이 있다. 상담할 때 이들은 가격을 깎는 것을 좋아하지 않는다. 따라서 이들과 상담할 때에는 가능한 한 공평하고 정확하게 견적하고 그 가격을 고수하여야 한다. 이들에게는 훌륭한 제안이 양보보다 더 좋은 효과를 가져올 수 있고, 협상은 미국사람들처럼 신속히 진행될 가능성이 많다.[54)]

사무실을 방문하거나 집에 초대받으면 실내장식품에 대한 칭찬을 하며 선물은 정성스레 포장한 후 선사한다. 꽃도 홀수로 해서 선물하여야 하지만 13송이는 피하여야 한다. 그리고 상대방 집에 초대될 경우 부인에게 꽃이나 캔디류 등과 같은 선물을 가지고 가는 것도 소홀히 해서는 안 된다. 초대받은 가정에 어린 자녀가 있으면 초콜릿을 선물하지만, 음식물의 선물은 상대를 모욕하는 것으로 받아들인다.[55)]

방문할 때에 주인을 잘 알지 못한다면 개인적 칭찬은 하지 않아야 한다. 커피를 대접받고 난 후 10시 이전에 자리에서 일어나야 한다. 커피가 두 번째 나오면 그

53) 주간상의, "유럽바이어들과의 상담, 이 점을 유의하자" - 네덜란드, 대한상공회의소, pp. 40-41.

54) 이승영, 전게서, p. 275.

55) 주간상의, 전게 월보, pp. 40-41.

것은 당신이 일어날 시간이라는 암시이다.[56)]

제7절 영 국

영국의 국토는 비록 세계의 독립 국가들 중에서 72번째에 불과하지만, 영국은 지난 200년 이상 동안 국토 면적을 훨씬 능가하는 중요한 역할을 해 왔다. 영국은 산업혁명을 통해서 최초로 산업을 발전시킨 나라이며, 과거에는 역사상 가장 큰 제국을 지배했던 나라이기도 하다. 영국은 산업의 발달과 대영 제국의 팽창으로 세계에서 가장 부유하고 가장 힘 있는 나라가 되었다.

그러나 1945년 이후로 영국의 국력은 크게 줄어들었다. 영국의 식민지였던 대부분의 국가들은 이제 독립국이 되었다. 그러나 그들 대부분은 영연방을 구성하여 영국이나 다른 나라와의 관계를 계속 유지하고 있다. 세계 각지에 흩어져 있는 영연방 국가들은 모두 영어를 공용어로 사용하고 있으며, 많은 의회 기관과 다른 영국의 전통 기관들을 그대로 따르고 있다. 오늘날 영어는 무역거래에서 가장 많이 사용하고 있는 보편적인 언어라고 할 수 있다. 또한, 세계의 여러 나라들이 영국의 의회 양식을 본뜨고 있기 때문에 영국의 의회는 자주 '의회의 어머니'라고 불린다.[57)]

1. 일반현황

인구(2023) : 6,778만 명

수도 : 런던(London)

언어 : 영어(Wales 지방 인구의 19%는 웨일즈어 사용)

민족 : 앵글로섹슨족, 켈트족

종교 : 성공회(50%), 기독교(30%), 가톨릭(11%) 등

56) 이승영, 전게서, p. 276.
57) 장평순, 전게서, 제5권, p. 89.

기후 : 온대해양성 기후

2. 경제현황

화폐단위 : 파운드(Pound Sterling), 1US$ = 0.77 GBP(2024.7 기준)
GDP(2021) : 3조 1,869억 달러(세계 5위)
1인당 GDP(2021) : 46,511 달러
산업구조(2021) : 1차 산업(1%), 2차 산업(25.4%), 3차 산업(73.6%)
총수출액(2021) : 4,681억 달러
총수입액(2021) : 6,937억 달러
무역수지(2021) : 2,256억 달러 적자
무역상대국 : 미국, 독일, 프랑스, 네덜란드, 스위스 등
주요 수출품(2021) : 금, 승용차 및 전기자동차, 원유 및 광물, 의약품, 제트터빈, 보험, 건설엔지니어링 등
주요 수입품(2021) : 금, 승용차, 원유, 정제석유, 의약품, 승용차, 항공기 등
주요 부존자원 : 석유, 천연가스, 석탄 등
경제적 강점 : 은행, 보험, 비즈니스 서비스, 유통, 서비스 산업이 발달 및 대표산업
경제적 약점 : 제조업 분야 경쟁력 약화(노동집약적, 대량생산 제조업을 포기)

3. 영국의 문화, 관습[58)]

(1) 자연스러운 계급사회

현대가 아무리 민주주의 시대이고 계급 없는 평등한 세상이라고 해도, 아직도 어느 사회든 지배계층과 지배당하는 계층으로 구별되는 것은 부정할 수 없는 현실이다. 이러한 사회계층간의 괴리는 일반적으로 극히 부정적인 면으로 인식되고

58) http://www.mynetian.com, http://www.khan.co.kr, http://www.travel21.co.kr

있으며, 사회갈등의 주된 원인이 되기도 한다.

그러나 민주주의의 요람이라고 할 수 있는 영국 사회는 다른 선진국들과 비교할 때 그 차이가 훨씬 더 확연한 계급사회인데도, 이러한 계급의 차이가 별다른 사회적 저항 없이 자연스러운 것으로 받아들여지고 있다. 그들은 누구나 자기가 속한 계층의 생활양식에 맞추어 살아간다.

과거의 사회는 귀족과 약간의 기업자본가 중심의 중산층, 그리고 대다수의 노동자 계급으로 이루어져 있었다. 그러나 자본주의의 발달과 더불어 중산층의 급격한 팽창으로 인하여 노동자 계급이었던 행정·관리직 화이트칼라, 기술자 등을 비롯하여 상인, 제조업자, 또는 자영 중소기업인들까지 대거 신분상승을 이룩함으로써 삼각형 구도는 귀족 1%, 중산층 98%, 하류 노동자층 1%의 새로운 구도로 바뀌게 되었다.

이들 세 계급은 각기 귀족 및 거대기업가 등 상류계급, 절대 다수의 중산층, 그리고 이른바 힘든 육체노동을 하며 주로 3D 업종에 종사하는 노동자 계층으로 나뉘며, 각 계급은 그 계급의 고유한 생활양식대로 차별화 된 삶을 영위하고 있다.

영국사회는 하류계급이 상류계급인양 자신을 과대 포장하는 스노비즘이 없고, 오래전부터 계급 나름대로의 자연스러운 스타일을 유지한다는 점에서 다른 나라와 크게 다르다.

(2) 어휘와 발음은 신분의 바로미터

영국은 큰 나라는 아니지만 오랜 역사를 지녔고 그런 만큼 지방색도 강하며 자연 사투리도 심하다. 영국에서 사투리를 쓰는 것은 창피한 일에 속하지 않는다. 사투리도 문화에 속하기 때문이다. 그러나 정확한 발음과 어휘구사는 곧 말하는 이의 인격과 신분, 그리고 교육 수준을 가늠하는 잣대가 되는 만큼 대단히 중요한 의미를 가진다. 만약 정확하지 않은 발음을 사용하거나, 억양 및 어휘 선택이 적절하지 못하거나 같은 단어라도 신분에 맞지 않은 단어를 구사하는 사람은 영국 사회에서 출세하기 어렵다.

고등교육을 받고 상류사회 출신일수록 단어나 어휘를 엄선하여 사용하며, 영어 단어의 경우 가급적 외래어를 쓰지 않는다는 불문율이 있다. 물론 영어가 세계 공용어가 된 마당이니 굳이 애국심을 발휘하지 않더라도 외래어를 사용할 필요가 없겠지만, 교육받은 영국인들에게는 외래어라는 말 자체부터가 거부감을 주는 제노포비즘(외래문화 기피주의)인 셈이다. 신분에 맞지 않는 어휘나 외래어 남발은 그네들에겐 '귀에 대한 폭력'이다.

(3) 예의 넘치는 교양

영국에서는 아이들 교육의 제1장이 "Mind Ps and Qs!"이다. 이는 "Please saying and Thank you saying, Excuse me saying"을 줄인 말이다. 이 나라 사람들은 뭐 그리 부탁할 게 많고 뭐 그리 감사할 일이 많으며, 뭔 죄를 그리 많이 지었나 싶을 정도로 이 말을 자주 그리고 연속해서 몇 번씩 쓴다. 한 번, 두 번, 세 번 많이 사용할수록 좋으며, 적게 쓸수록 예의 없고 교양 없는 인간처럼 취급된다.

영국 사회는 분명히 대륙과 판이하게 다르다고 할 수 있다. 생활양식, 사고방식, 표현방식이 '영국적'이라고 밖에는 할 수 없는 독특한 문화를 지니고 있다. 이런 영국인들이 미국 사회의 모태를 이루었고, 글로벌화 하는 세계문화의 기본 포맷이 되었다. 그래서 미국 문화를 통해 서구 문화를 바라보게 된 우리는 영국식이 서구의 대표인 듯 착각하게 되었다. 그러나 한 가지 분명한 사실은 영국이 유럽 제국과는 상당히 다른 부분이 많다는 것이다.

(4) 철저하고 청교도적인 생활양식

전 세계에서 영국인들처럼 의식적으로 자신들의 삶의 양식을 존중하고, 전통적으로 짜여진 삶의 틀에 스스로를 맞추어 행동하며, 이를 긍지로 여기는 민족도 찾아보기 어려울 것이다. 그들은 다른 민족과 달리 엄격한 생활양식을 지니고 있으며, 결코 여기에서 이탈하거나 바꾸려 들지 않고, 자식들도 이 규격에 맞추어 교육시킨다. 자신들은 물론 외국인들까지도 이 규격에서 이탈하는 것을 용납하지 않으며, 이 틀에서 벗어난 행동을 보면 분노에 찬 참담한 시선으로 바라본다.

외국인의 입장에서는 영국적 생활양식을 인정하고 존중할 필요가 없을지 몰라도, 이를 무시했을 경우에는 철저한 이단자로 배척될 뿐 아니라 반문화인, 수준이하의 인간으로 격하된다. 따라서 승자가 패자로 둔갑하는가 하면, 패자도 이를 존중할 땐 승자 대접을 받는다. 영국적 생활양식을 이해하려면 그들의 의식구조 저변에 짙게 깔린 청교도 정신을 주목해야 한다. 올리버 크롬웰의 철권통치 기간 중 영국 전역에 강요된 절제, 근엄정신은 오늘날 영국인들의 생활과 행동 양식에 큰 영향을 끼쳤다.

(5) 추악한 승자는 패자로 인정한다.

스포츠란 말은 운동경기를 뜻하지만, 한편으로는 태도, 예의, 매너 등을 의미하기도 한다. 'a good sport'란 '멋진 사람이나 멋진 행동'이란 뜻을 지닌 말로 영국 사회에서는 대단히 중요한 의미를 가진다. 모든 인간은 진정한 의미에서 a good sport가 되어야 하며, 태도가 나쁘고 점잖지 못하다는 뜻인 a bad sport란 소리를 듣지 않도록 노력해야 한다.

따라서 승자든 패자든 양쪽 모두 나름대로의 미덕과 겸손을 지녀야 하며, 이를 통하여 아름다운 패자가 승자가 될 수도, 추악한 승자가 패자가 될 수도 있다. 승자는 패자에게 최대한의 겸손과 관용을 베풀어야 하고, 잘 싸운데 대한 칭찬을 아껴서는 안 되며, 이겼다고 노골적인 표정이나 행동으로 기쁨을 나타내선 안 된다. 승리는 '자연스러운 것'으로 담담히 받아들여야 하는 것이다. 그렇게 하지 않으면 'a bad sport'가 된다. 패자는 패자다운 겸손과 승자에 대한 존경심을 표시하고, 승자의 탁월한 능력을 최대한 인정해야 한다.

(6) 주의 사항

영국은 도로체계가 우리와는 달라서 자동차가 좌측통행을 한다. 따라서 도로를 건널 때에는 항상 왼쪽이 아닌 오른쪽 전방을 주시해야 한다. 이러한 낯선 도로 체계에 익숙하지 않은 외국 여행자들이 길을 건너다 사고를 당하는 경우가 많다고 하니 조심해야 한다. 런던을 비롯한 대도시의 도로에는 'Look Right'라고 쓰여 있다.[59)]

59) http://www.eif.co.uk

4. 영국인의 국민성

(1) 보수성

지리적으로 영국은 유럽의 서북방에 있으며, 북위 50도와 60도 사이에 위치하므로 만주지방에 해당한다. 그러나 한국 사람들의 예상과는 달리 매우 온난한 기후로써 아무리 추운 겨울에도 영하로 내려가는 법이 드물고 한여름에도 겨울만큼 추울 때가 있다. 폭우가 내리거나 폭풍이 불어 닥치는 일도 드물지만, 일조량도 적은 편이고 겨울에는 햇빛 보는 일이 적어 늘 암울하다. 일년 내내 큰 변화가 없는 기후인가 하면 하루에도 비가 내리다가 개이고 어두침침한 날씨가 갑자기 햇볕이 쨍하고 바뀌기도 한다. 그러나 크게 보아 연중 큰 변화가 없는 것이 특색이라 할 수 있다.

영국 사람들은 영국의 기후처럼 대체로 온건하고 보수적이고 큰 변화를 싫어한다. 정치적으로는 보수파와 진보파, 또는 중도파 등이 서로 생각이 다르고 극좌·극우가 대립하지만, 살아가는 태도나 심리상태는 정치적 신조와 별 관계없이 변화에 민감하고 온건하며 역사와 경험을 존중한다. 이들은 사물을 있는 그대로 관찰하고 자료를 다각적으로 수집하여 결론을 내는 귀납법적인 사고방식을 가지고 있다. 이들은 경험을 토대로 사는 현실주의자의 빛깔이 짙은 국민성이다.

영국인은 대체로 과거를 존중하며 보수적인 면모를 보인다. 그러나 이와 반대로 영국인은 역사에 대한 적응력도 강한 편이다. 이것은 "변화 없이 영구적인 것은 없다.(There is nothing permanent except change.)"라고 말하는 속담에 잘 나타나 있다. 세계 최초로 제트기를 날리고, 어느 나라보다 앞서서 원자력의 평화적 이용을 달성했으며 펑크와 미니스커트를 처음 등장시킨 것도 영국인이었다.

또한, 영국인은 어려운 일에 부딪쳤을 때 침착하게 대응하는 냉정함이 있다고 한다. 영국인의 냉정함과 감정의 억제를 비유한 것으로서, 라틴 민족은 뛰고 난 뒤 생각하고, 독일인은 뛰기 전에 생각하고, 영국인은 뛸 생각도 않고 천천히 걸어가면서 생각한다고 한다. 또한, 영국인과 유럽 대륙인의 기질을 비교한 유머로써 독일인은 맥주 거품처럼 끓어오르는 정열을 갖고 있으며, 프랑스인은 포도주처럼 달콤한 감성을 갖고 있고, 영국인은 위스키처럼 투명한 지성을 갖고 있다고 한다.[60]

(2) 과거 집착성

새로운 것이 아무리 좋게 보여도 과거의 것보다 별로이고, 우둔하더라도 어제 일을 한번 더 한다는 영국인의 과거집착성은 아주 유용한 경험철학적인 배경으로부터 나온 것으로 알려지고 있다. 영국의 과거를 존중하는 국민성은 골동품을 좋아하고 이를 수집, 정리한 박물관의 발달로 이어진다. 세계적으로 유명한 런던의 소더비나 크리스트 경매장은 골동품 거래의 메카로 자리 잡고 있다. 영국인들은 과거를 존중하며 보수적이어서 세상은 나날이 변하는데 영국의 전통은 뿌리 깊게 유지되고 있으며, 반면 역사에서의 적응력도 강하여 영국 속담에 "변화하는 것 같지 않아도 같은 물건은 없다."라는 말이 있을 정도이다.[61]

(3) 외국인 기피증과 외국인 동정증

영국은 섬나라이기 때문에 본능적으로 외지인, 외국인에 대한 거부감을 가지고 있다. 다른 섬이건, 대륙이건 영국이 아닌 곳에서 온 사람들은 영국인 특유의 체질적인 거부반응에 부닥치게 된다. 역사적으로 이 섬은 수많은 이민족들에 의해 유린되어 왔다. 로마인, 켈트족, 앵글로색슨족, 노르만족, 덴마크인 등 이루 헤아릴 수 없이 많은 이민족이 이 땅을 침략했고, 그들은 번번이 영국인화 된 같은 이주민 출신들에게 철저히 거부당하고 냉대 받았다. 그토록 섬나라 영국에 사는 사람들은 외국인에 대한 기피증이 강하고, 이 정서는 천 년이 넘도록 의식의 저변에 면면히 흐르고 있다.

그러나 영국은 지난 세기에 전 세계를 그들의 발아래 굴복시키고, 유니언 잭이 나부끼는 곳엔 해질 날이 없다는 대제국을 건설하였다. 이는 결과적으로 외국에 대한 우월감을 이 섬나라 국민들의 잠재의식 속에 깊게 심어 주었을 뿐 아니라,

60) http://www.travel21.co.kr
61) 한동만, 『영국 그 나라를 알고 싶다』, 서문당, pp. 78-80.

과거와는 달리 외국인에 대한 동정심까지 지니게 해주었다.

그리고 광대한 식민지의 종주국답게 갖가지 인종이 이 나라에 건너와 살게 되었고, 자연 영국인들은 복합문화 및 다수 인종과 뒤섞여 공존하는 데 익숙해졌으며, 서구 어떤 나라보다도 영국인들은 방문자든 거주자든지 외국인들에게 가장 관용적인 국민으로 변신할 수 있었다. 그러나 친절한 미소를 띤 얼굴 이면에는 입밖에 내지는 않지만 전통적인 외국인 기피 심리가 작용하고 있다. 한마디로 이야기한다면 외국인 기피라는 표현보다 외국인을 긍휼히 여기는 정서를 지니고 있다고 생각하면 된다.[62]

(4) 감정의 억제

영국인들은 내면으로는 조소를 할지언정 겉으로는 항상 조용히 침착하게 대응하는 냉정함이 있다. 또한, 분수를 넘는 일, 무엇이든 지나친 것은 삼가야 하는 것이 영국식 생활양식의 기본이다. 아무리 격한 상태라 하더라도 감정을 지나치게 노출하는 것은 금물이다. 아무리 기뻐도, 슬퍼도, 화가 나도, 즐거워도 절제된 행동과 표정으로 감정의 끝자락만을 희미하게 보여주는 것으로 족하다. 술은 즐기되 지나친 음주는 안 되며, 공공석상에서 돈 이야기를 꺼내는 것도 신사가 취할 행동이 아니다. 아무리 우스운 이야기를 들어도 큰소리로 웃으면 천박한 짓이며, 자신이 지닌 작위나 학위를 거론하는 것도 지나친 행동이다.[63]

(5) 여행지향성

어떠한 연령층을 막론하고 영국인들은 세계 구석구석으로 여행을 즐겨 하며, 수입의 일부분을 저축하여 해외여행 경비로 충당하거나 1년 내내 휴가계획을 수립한다고 해도 과언이 아닐 정도로 여행을 좋아한다. 매년 2,100만 명 이상이 외국으로 휴가여행을 나가며 주로 이탈리아, 스페인 등 태양열이 강렬한 지중해를 찾아간다고 한다.[64]

62) http://www.travel21.co.kr
63) 한동만, 전게서, pp. 78-80.
64) http://www.mydreamwiz.com

(6) 절제성

영국인의 국민성을 상징하는 말로 'stiff upper lip'이란 것이 있다. 말 그대로 해석하면 '윗입술을 떨지 마라.'라는 뜻이다. 즉, 턱을 앞으로 내밀고 윗입술을 떨지 않으며 오른쪽 발을 앞으로 내밀고 똑바로 선 모습, 윗입술을 떨지 않는다는 것은 경박하게 보이지 않도록 근엄한 표정을 지으라는 뜻이며, 쓸데없이 수다를 떨거나 입을 벌려 갖가지 다양한 표정으로 내면의 감정표현을 드러내지 말라는 뜻이다. 따라서 굳게 다문 입은 절제된 내면의 상징인 것이다.65)

(7) 사례를 통한 각국 국민성의 비교

영국인은 내면으로는 조소를 할지언정 겉으로는 항상 조용히 침착하게 대응하는 냉정함이 있다. 영국인의 냉정함과 감정의 억제를 비유하는 것으로서, 라틴 민족은 뛰고 난 뒤 생각하고 독일인은 뛰기 전에 생각하고 영국인은 아예 뛸 생각도 않고 슬슬 걸어가면서 생각한다고 한다.

그리고 영국인과 대륙인의 기질을 비교한 유머로서, 영국인은 위스키처럼 투명한 지성을 가지고 있고, 프랑스인은 포도주처럼 달콤한 감성을 가지고 있으며, 독일인은 맥주 거품처럼 끓어오르는 정열을 가지고 있다고 하여, 서너 명이 모이면 영국인은 클럽을 만들고, 프랑스인은 혁명을 일으키며 독일인은 조직을 만든다고 한다. 또한, 예술 면에서는 영국은 시, 독일은 음악, 프랑스는 미술, 이탈리아는 가곡, 러시아는 소설의 나라라고 한다.66)

5. 상거래문화

영국인들은 영국인을 'English'란 말 대신에 'British'로 불러주는 것을 좋아한다. 이들은 상대방을 호칭할 때 가까운 사이라도 가장 존경하는 호칭으로 부르며, 그 사람에 대한 경력을 모르면 다른 사람이 그 사람을 호칭하는 말로 부르면

65) http://www.mydreamwiz.com
66) 한동만, 전게서, pp. 78-80.

된다.

영국인은 개인주의자이며 보수주의자로 이야기한다. 그리고 이들은 신사도를 지키면서도 실용적인 상업주의를 중시하는 국민이다. 영국에서 우리의 수출이 부진한 이유는 영국인들은 타 지역 국가들보다 보수성이 강해서 제품의 가격이나 품질이 좋다고 해서 쉽사리 기존 거래선을 바꾸지 않기 때문이다. 따라서 영국에서의 거래선을 공략하기 위해서는 장기적 안목에서 끈기를 갖고 계속 접촉을 해야 거래가 성사되는 까다로운 시장이다.

보통 영국인은 성격이 차가워서 친해지기 어렵다고 알려져 있다. 또한, 개인주의적 사고방식이 팽배해 있기 때문에 많은 이질감을 느낄 수도 있지만, 오랫동안 영국인을 친구로 곁에서 두고 본다면 다른 나라 사람들보다 따뜻하고 정감 있는 이들임을 발견할 수 있을 것이다.[67)]

영국인들은 보수성이 강한 편이다. 그래서 영국인을 대할 때에는 예의를 갖추도록 해야 한다. 그들은 가까운 사이라도 가장 높이는 말로 부르며, 그 사람에 대해 잘 알지 못할 때 다른 사람이 그 사람을 호칭하는 말로 부르면 된다. 그리고 그들은 신사도를 지키면서도 현실적인 상업주의를 중요하게 생각하는 국민이다. 그래서 영국과의 거래를 성사시키기 위해서는 장기적인 안목을 가지고 끈기 있게 접촉을 해야 한다. 그리고 예의를 중요시하기 때문에 영국 바이어와 상담에서는 옷차림과 말투 등 예의를 갖추도록 노력을 해야 한다. 그리고 영국인은 공적인 일과 사적인 일의 구분이 뚜렷하므로 일에 관한 이야기는 낮에만 하고 저녁 초대를 받았을 경우에 하게 되면 실례가 된다.[68)]

영국인들은 형식과 예절을 중요시하기 때문에 영국인들은 상대방과 상담할 때에 자신의 감정을 가능한 한 노출하지 않으며, 상대방에게 최대한 배려와 예의를 표한다. 그러나 웨일즈나 스코틀랜드 지방에 사는 영국인들은 형식이나 예의 등에 상관없이 행동한다.

영국에서는 관련 서류(설명서, 가격표 등)를 구비할 경우 정확한 영어로 기재되도록 주의를 기울여야 한다. 가격은 파운드・실링 단위로 제시되어야 한다. 영국

67) http://www.uk-uhak.co.kr
68) http://www.ei.co.kr

기업인들은 자국 화폐인 파운드와 외국 화폐의 전환시세에 대해 익숙지 않아 외국 화폐로 가격 제시를 하면 대개 의심쩍어 하기 때문이다. 따라서 면담에 앞서 철저한 준비를 하여 협상에 적극적으로 임하는 게 성공의 비결이다.

영국인과 협상하기 위해서는 ① 상대방의 반응을 유도하고 침착하게 대응하여야 한다. ② 그의 표정과 몸짓을 놓치지 않아야 한다. ③ 본격적인 대화에 들어서서는 상대방으로 하여금 당신이 상담분야에 대한 전문적인 지식을 갖추고 있음을 알아차리게 하여야 한다. ④ 지금부터는 상대방의 질문에 구체적으로 대응하면서 적극적인 판촉 활동을 펼쳐야 한다. ⑤ 아는 체하는 인상을 남기지 않아야 한다. ⑥ 상대방이 제품 품질에 대해 이러쿵저러쿵하거나 타사의 제품이 더 낫느니 하는 등 공세를 펴올 경우에는 이에 대응하지 말고 가만히 있다가 정확하게 설명하도록 해야 한다. 그렇다고 빠져나갈 구멍도 없게 상대방을 몰아쳐서는 안 된다.

영국 바이어들, 특히 기술적인 지식이 있는 이들은 제품에 대해 철저하게 묻고 경쟁사 제품과 비교하기를 좋아한다. 도중에 대화가 막히거나 풀리지 않을 경우에도 시간은 충분하니 여유를 잃지 않도록 해야 한다.

업무상 면담을 위해 방문할 경우 서신으로 미리 영국 측 면담자에 대해 명확히 알아두는 것이 필요하다. 어느 정도 규모가 큰 기업의 경우 외국인 방문객은 대개 전무이사가 영접하는 게 보통이다. 그러나 이 전무이사는 구매결정만 내릴 뿐이고 실무는 구매부서나 다양한 실무 부서에서 담당하게 되므로 전무이사 앞에서 구체적인 서류를 몽땅 제시해 봤자 별 의미가 없다.

한편, 옷차림이 허름하다고 해서 영국측 면담자를 섣불리 판단해서는 안 된다. 허름한 옷차림을 입었어도 그 사람이 바로 구매 결정 권한이 있는 책임자일 수 있기 때문이다.[69]

일반적으로 영국인과 상거래를 할 때에는 다음과 같은 것을 주의하여 적절하게 상거래를 수행하여야 한다. 첫째는 약속시간을 잘 지켜야 하고, 만약 노력했음에도 불구하고 약속시간을 지키지 못했을 경우 반드시 조리 있는 변명을 하는 것이 좋다. 과거에 콧수염과 우산과 모자로 중무장한 영국의 신사가 마차에서 내리면서 포켓에서 금시계를 꺼내보며 자신의 약속시간을 지키던 모습을 이제는 영국 어디

69) 대한무역투자진흥공사, 전게서, pp. 110-112.

에서도 볼 수 없다. 그러나 이것은 영국인 스스로 시간을 지키던 옛 모습을 포기한 것이 아니라, 오늘날의 영국이 처한 환경이 영국으로 하여금 약속시간을 지키지 못하게 강요하고 있기 때문이다.

영국은 과거에 영화롭던 시절을 유지하기 위해 노력하고 있지만, 유지비조차도 모자라는 재원을 가지고 있고, 잦은 파업과 시설보수비 부족으로 인한 철도, 항공, 고속도로와 같은 운송수단의 예측불허 상황, 잦은 고장의 영국자동차 등 많은 주변 여건이 그들로 하여금 시간을 지키지 못하게 하고 있다. 그러나 몰락해 가는 영국귀족, 신사의 눈에는 아직도 정확한 시간개념, 철저한 준비성은 미덕의 첫 번째 실천 덕목으로 꼽힌다. 따라서 시간을 지키지 못했음은 신사로서의 수치라고 생각한다. 따라서 이러한 수치를 아무런 정당한 변명 없이 넘어간다는 것은 말이 안 된다. 상대방도 우리가 신사라는 전제하에 약속을 했으니 우리에게도 늦을 만한 어쩔 수 없는 이유가 있으리라 믿으며, 상대편의 조리 있는 변명을 받아줄 마음의 여유를 가진다.

이러한 변명은 언젠가 자기에게도 닥칠지 모르는 변명과 같을 수 있으리라 생각되므로, 방문자와 피방문자는 늦은데 대한 이유를 말하면서 상호 이해를 구하고 이야기를 한다. 따라서 이러한 기회와 제도를 놓치지 말고 영국인이 싫어하여 고치고자 하는 부분, 그리고 바라는 것이 무엇인지를 늦은 이유와 연결시켜 조리 있는 변명을 준비하여야 한다. 그러나 동일상대에게 두 번 이상 변명해서는 안 된다. 이와 같이 영국인에게는 이유 있는 변명을 하는 것이 소인배로 보지 않기 때문이다.

둘째는 상담할 때 감정적, 개인적인 접근은 조리 있게 하여야 하고, 비즈니스는 논리적으로 하여야 한다. 영국인만이 아니라 서구인들은 논리적 접근에는 귀를 기울인다. 최소한 개인적 접근이나 사적인 대화에도 앞뒤 순서가 맞는 조리가 필요하다. 즉흥적인 변명이나 쓸데없는 토론으로써 감정을 앞세우거나, 스스로의 기분에 도취되어 의사교환을 하는 것은 극히 예외를 제외하고는 금물이다. 상담할 때 제의는 사실에 근거하고 기술이나 마케팅에 있어서는 세부적이고 완벽해야 한다. 또한, 대화는 가까운 친구를 제외하고는 완전히 비개인적인 것이어야 한다.

영국에서는 예의바른 접근이 호언장담하는 것보다 훨씬 설득력이 있다. 이들에게는 우리나라에서 과거에 추진했던 사고방식인 "안 되면 되게 하라!"든가, "can do spirit"를 과신하여 부족한 능력을 지나친 의욕으로 해보자는 무리가 통하지 않는다. 은행창구나 정부기관에서 내일 다시 오라고 하면 내일 다시 올 수밖에 없는 것이 영국인의 사고방식이다. 이것은 상대편이 내 말을 충분히 듣고 나름대로 최선을 다 하고 있다는 믿음의 전제하에서 이루어진다. "어떻게 중간에 끼워 넣을 수 없을까?", "저 사람이 부정을 하거나 최선을 다하지 않는 것이 아닐까?" 하는 의구심으로 무조건 감정에 호소하여 자신의 목적을 달성하려는 무리가 통하지 않는다는 뜻이다. 따라서 정말 급하면 자신의 입장과 목적을 조리 있게 설명하고 다른 방법의 자문을 구하여야 한다. 그러면 영국인은 남의 말과 입장에 귀를 기울이는 편이기 때문에 이에 대한 답을 준다.

만약 영국인과 큰소리로 싸우거나 감정을 앞세우면 그것으로 대화는 끝이다. 낮은 목소리로 끝까지 논리와 조리로서 상대를 납득시켜야 한다. 흥분하고 큰소리로 떠들면서 협박하거나 자기 입장을 주장한다든가, 울고불고 하소연한다면 영국인의 눈에는 '덜된 인간', '원시적 인간', '교육이 안 된 하층계급'을 바라보는 멸시의 눈길이 담겨 있음을 조금이라도 예민한 사람은 금방 발견할 수 있을 것이다.

아무리 큰 재난에도 침착하고 울지 않는 영국인의 특성은 상거래에서도 쉽게 발견된다고 한다. 우리가 외국인에게 식사 초대를 하는 경우 상황에 따라 여러 가지로 고려해야 할 점이 있다. 만약 비즈니스 첫 회합에서 충분한 대화를 가지지 못했다는 이유로 다음에는 한국식 식사 초대를 하겠다고 불쑥 제의했을 때 상대가 느끼는 곤혹스런 입장도 다시 한번 고려해봐야 한다. 물론 이러한 한국적 온정주의가 큰 힘을 발휘할 때가 있지만, 이러한 방식은 설득의 맨 마지막 카드가 되는 것이 좋을 것으로 판단된다. 만약 논리나 조리도 없이 막무가내로 온정에 호소한다면 영국인들은 겉으로는 점잖은 말로 거절하면서 눈을 내리깔고 경멸의 눈초리로 내려다본다.

셋째는 장사를 하기 위한 협상에서도 상대를 속이고 가격을 깎기 위해 거짓말도 하는 무원칙의 밀고 당김이 아니라, 영국인은 상대편의 가격, 오퍼(offer) 등을 듣고 자기의 입장을 조리 있게 설명한 뒤 상호 공동의 이익이 되는 선에서 타협한다. 따라서 이들과 상담할 때에 자신의 이익이나 수수료가 들어 있음을 완전히 감추거나 지나치게 줄여 이야기하는 것은 도움이 안 된다. 따라서 이들에게는 적당한 선에서 자신의 입장과 서비스해 줄 수 있는 범위를 제시하고 그에 상응하는 마진을 요구하면 자신의 이익에 크게 무리가 가지 않는 경우 납득한다.

넷째는 가능한 한 모든 상담과 오퍼(offer) 등의 기록은 문서로 남기되 구두약속도 문서계약처럼 중요시하여야 한다. 영국인만큼 근거를 남기고 이를 분류·정리하여 보관하기를 좋아하는 민족도 드물 것이다. 영국에 그처럼 많은 별난 박물관들이 이들의 특성을 말해 주며 골동품시장이나 경매 제도를 보면 그들이 별스러운 근거를 남기고, 이를 오랜 세월 보관·전수하며 사는지 알 수 있다. 영국인들은 상담이 끝나면 반드시 메모형식의 정리·요약을 편지로 상대에게 알린다.

상담뿐만이 아니라 모든 종류의 대인관계, 관공서 등의 관계를 서신으로 교환·통보하는 것이 이들의 습성이며, 이러한 문서, 편지, 안내문, 고지서들은 후일 증거물, 역사적 기록 등의 갖가지 용도로 활용이 된다. 따라서 이들의 기록 습성은 대단히 정확하다. 기술방식 또한 우리와는 달라서 옛날부터 우리의 고전소설, 시 등이 대개 개략적인 설명이나 느낌의 설명 등 전체적인 정황의 서술인 반면 영국인들의 기록은 언제, 누가, 어디서, 어떠한 말을 하고, 어떻게 움직이고, 어떤 결론이 있었는지 구체적으로 시작해서 과정, 그리고 결론까지 있는 그대로 상술하는 것이 특징이다.

따라서 모든 내용을 문서로 남기는 것에 유의하며, 우리가 강조하고 싶은 부분은 우리 손으로 문서화하여 남기는 것이 좋다. 그러나 비록 문서화하지 않았더라도 우리 쪽에서 상대에게 베풀기로 한 약속은 비록 구두약속일지라도 영국인 상대가 철저히 기억하고 있다가 불이행 시 소송의 근거가 될 수 있음을 알아야 한다.

영국에서는 남자를 만날 때 악수를 하지만 공격적이어서는 안 된다. 여자는 악수를 할 필요가 없으며 여자가 먼저 손을 내밀기를 기다려야 하며, 영국인들은 보수적이므로 연장자에게는 눈에 띄도록 예의를 갖추어야 한다. 상담할 때 미국과의 비교를 피하여야 하고, 합의를 강요하거나 서두르는 인상을 보이지 않아야 하며, 말을 너무 많이 하지 않고 적당히 하는 것이 더 도움이 될 수 있다.

이들과 대화할 때 왕실, 왕족, 개에 대한 영국인의 애정, 그리고 직업윤리의 결펍에 대해 조롱하지 않아야 한다. 따라서 대화할 때 종교나 왕실에 대한 부정적인 언사는 삼가야 한다. 영국인들 자신이 '영국 병(病)'에 대해 언급하더라도 상대방은 이에 대해 토론하지 않는 것이 좋으며, 스코틀랜드인, 웨일즈인, 또는 아일랜드인을 '영국인'으로 지칭하지 않아야 한다.[70)]

초대나 회합 등에서 '검은 넥타이 착용' 등으로 쓰여 있는 경우 남성은 격식에 맞는 전통적 예복을 입어야 하고, 여성은 롱 드레스를 입어야 한다. 만약 준비가 안 된 경우에는 이와 같은 옷을 대여해 주는 곳을 이용하면 된다. 초대는 주로 '펍(pub)'이나 고급식당에서 손님접대를 하지만, 집에 초대받으면 꽃이나 초콜릿을 선물하고 백합꽃은 죽음을 상징하므로 이는 삼가야 한다. 흡연을 하기 위해서는 상대방에게 우선 권한 후 피울 수 있지만, 술을 마실 때는 될 수 있는 한 "여왕님을 위하여"라는 건배를 하기 전에는 삼가는 편이 바람직하다.

제8절 스위스

마타호른은 스위스에 있는 알프스산맥의 모든 산중에서 가장 유명하다. 그리고 이 산의 아름다운 모습은 전 세계에 팔리는 많은 스위스 상품의 상징으로 사용된다. 해마다 수백 명의 산악인들이 이 산을 등반하기 위해 이곳을 찾아오며, 겨울스포츠 애호가들은 이 산 주변의 경사면에서 스키를 타기 위해 이곳을 찾는다.

스위스의 공용어는 독일어, 프랑스어, 이탈리아어 등이며, 스위스의 국민들은 쾌활하고 독특한 국민성을 발달시켜 왔다. 스위스의 일반적인 역사는 1200년대로 거슬러 올라가서, 독재와 압정에 대항해 싸운 전설적인 영웅인 빌헬름 텔과 그의 투쟁에 관한 이야기 속에서 나타난다.

오늘날 개인의 자유를 존중하는 민주주의 원칙은 스위스 사람들의 여러 가지 생활 모습에 잘 나타나 있다. 스위스는 외교적으로 영세 중립을 유지하고 있는 나라이다. 따라서 중요한 국제 회의장으로 널리 이용되고 있지만 국제 연합(UN)에는 가입하지 않고 있다.

70) 이승영, 전게서, p. 287.

다양한 언어와 문화 그리고 종교를 가진 나라에서 국민들이 통일된 주체성을 지켜왔다는 것은 대단한 일이다. 아마도 이것은 23개 주가 각각 별개의 역사를 지니고 정치적인 자치를 누려왔으면서도, 여전히 연방공화국의 근본 방침 하에 결합되어 있기 때문에 가능했을 것이다.[71)]

1. 일반현황

인구(2023) : 883만 명
수도 : 베른(Bern, 인구 약 16만 명)
언어 : 독일어(65.6%), 프랑스어(22.8%), 이탈리아어(8.4%), 로망슈어(0.6%), 기타(2.6%)
민족 : 독일계, 프랑스계, 이태리계 등
종교 : 가톨릭(38.6%), 기독교(28.0%) 등
기후 : 여름에는 비가 많고 따뜻하며, 겨울에는 추운 날씨

2. 경제현황

화폐단위 : 스위스 프랑, 1US$ = 0.98 CHF(2024.7 기준)
GDP(2022) : 8,077억 달러(세계 20위)
1인당 GDP(2022) : 92,101 달러
산업구조(2022) : 공공행정(24.9%), 소매(24.8%), 제조(19.4%), 금융(19%), 농업(0.75%) 등
총수출액(2022) : 4,018억 달러
총수입액(2022) : 3,565억 달러
무역수지(2022) : 453억 달러 흑자
무역상대국 : EU제국, 미국, 일본 등
주요 수출품(2022) : 의약품, 면역제품, 시계, 제약물질, 의료용기기, 보석류 등

71) 장평순, 전게서, 제5권, p. 153.

주요 수입품(2022) : 의약품, 화학반제품, 승용차, 금속반제품 등
경제적 강점 : 진보적 경제시스템, 정치적 안정, 우수한 교육
경제적 약점 : 소규모 인구, 고령화 인구 많음, 지속적인 역동성 부족

3. 스위스의 문화, 관습

스위스에서는 핵가족 단위의 가정생활이 중심이 된다. 그리고 가족단위의 스포츠와 모임, 여행을 즐기는 편이다. 스위스에서는 이혼율이 비교적 낮고 독실한 신앙을 토대로 가족애가 돈독하다.

스위스는 장수 국가의 하나로 손꼽히는 나라답게 노인복지제도가 잘 발달되어 있다. 뿐만 아니라, 일반 시민들도 노인에 대해 보호와 양보 등 경로우대정신이 비교적 철저하다. 노인이 전차나 버스를 타고 내릴 때 승객들이 도와주며 자리를 양보하는 것이 관습처럼 되어 있다. 여성에 대한 일반 예절은 서구 다른 나라들과 같은 수준이라 할 수 있다.[72)]

4. 스위스인의 국민성

스위스인의 국민성은 산악지대라는 생태학적인 환경과 유럽 강대국 사이에 위치한 지정학적, 역사적인 영향을 받아 스위스 기질이 형성되었다. 이들의 국민성은 언어권과 지역별로 상이하고, 또한 개인에 따라 상이하다. 전반적인 기질은 정직하고 융통성이 없으며 사고방식이 건강한 편이나 편협하다. 근면하지만 유머감각이 없고 애국·애향적이면서 외국인에게 배타적이다. 충직한 성품을 갖고 있으며 에고이즘이 강하고 보수적이고 규범적이다. 부유한 생활을 하면서 자선행사에 적극적으로 참여하지만, 돈을 사용하는 데는 인색하여 상당히 양면성이 강한 기질을 가지고 있다.[73)]

스위스인은 겸손, 신중하고 수수하며 화려하지 않다. 스위스 회사의 제품들은

---

72) http://www.euroko.net/suiza.html
73) http://www.euroko.net/suiza.html

화려함보다는 높은 질로 명성이 높다. 스위스는 작은 나라이고 도시들은 대개 중소 도시이다. 스위스인의 생활양식은 대도시의 분주함에 그렇게 영향을 받지는 않는다. "천천히, 하지만 확실히!"라는 표현을 스위스에서는 어디서나 자주 들을 수 있다. 이 표현은 정확하기 위한 여유를 강조하는 스위스인들의 국민성을 일면에 나타내 주는 것으로 이는 스위스에서 사용되는 독일어의 속도가 독일인보다 느리고 정확하게 발음되어진다는 것과도 관련이 있다. 스위스에서 독일어는 고지 독일어나 다른 독일 방언들보다 분명하게 그리고 천천히 말해진다. 스위스인의 각 언어 집단들은 언어에 따라 서로 차이가 난다. 독일식 스위스 문화는 독일과 오스트리아의 문화와 가깝다.[74]

그리고 자신과 견해가 다른 사람과 충돌하지 않으면서 타협점을 찾는데 천부적인 기질이 있다. 반면, 자신의 실수나 잘못은 좀처럼 시인하려 들지 않는 등 옹고집 성격이 강하다. 다른 민족에 대해 내면적으로 배타성을 갖고 있으나, 겉으로 배타성을 드러내거나 차별대우를 하지는 않는다. 따라서 이교도에 배타적인 태도를 보이는 경향은 없다. 스위스인들은 대개 정직하고 정확하며 철저한 국민성을 가지고 있기 때문에 신뢰도가 높다. 그러나 인간적인 관계에 의존하기보다는 규범적이라고 볼 수 있다. 이들은 법규나 계약에 의존하는 성향이므로 계약을 체결하고 상담을 할 때 미진한 부분이 있으면 철저히 확인하고 넘어가야 한다.[75]

5. 상거래문화

스위스는 경작가능 면적이 고작 25% 정도에 불과하지만, 근면하고 강인한 국민성을 바탕으로 농업·낙농업이 발전되어 있다. 그러나 농림목축업에 종사하는 사람은 고작 5%에 불과하고, 상공업과 금융·보험 등 서비스업에 종사하는 사람이 압도적으로 많아, 예로부터 시계와 같은 정밀공업이 발달하여 그 품질을 세계적으로 인정받고 있다. 또한, 스위스의 은행은 비밀 엄수로 유명하여 외국 자본의 피난처로 이용되기도 하여 비난의 세계 여론이 있는 한편 세계 금융과 은행업의 중

74) http://www.travel21.co.kr
75) http://www.euroko.net/suiza.html

심지가 되고 있다. 또한 1인당 국민소득 세계 1위를 기록했을 정도로 사회보장제도가 완벽하여 빈부의 차가 거의 없다.[76)]

스위스에서는 농업 또한 중요한 부분을 차지한다. 스위스 치즈, 그루에레(Gruyere), 아펜첼러(Appenzeller), 에멘탈러(Emmentaler)가 유명하며 전 세계에 수출되고 있다. 스위스의 식료품 콘체른인 네슬레(Nestle)는 세계적 규모의 회사이고 커피, 초콜릿, 유아식품들을 생산하며, 생산품 가운데 많은 양이 알프스 우유에 기초를 두고 있다. 스위스는 전 세계에서 1인당 초콜릿 소비가 가장 많다. 시계 산업 또한 스위스에서는 빼놓을 수 없다. "Made in Switzerland"라는 상표는 정확도로 명성을 얻었고 스위스의 군용 칼도 세계에서 가장 좋은 주머니칼로 인정받고 있다.[77)]

스위스는 네 개의 민족, 네 개의 언어가 이상과 현실을 겸비한 채 살고 있는 나라이다. 스위스는 독일계, 프랑스계, 이탈리아계, 로망슈계의 4인종으로 구분된다. 언어도 다양해서 독일어, 프랑스어, 이탈리아어, 로망슈어를 사용하는 '4인종 4언어'체제가 공존하고 있다.

스위스는 독일어(65.6%), 프랑스어(22.8%), 이탈리아어(8.4%) 등 3개 언어를 공용어로 하고 있고 언어권이 확연히 구분된다. 물론 3개 언어 중 최소한 2개 언어를 구사하는 국민들이 대부분이다. 언어에 따라 국민들의 정신이나 정서에 어느 정도 차이가 나므로 어떤 의미에서는 상권은 언어권이 다른 3개 지역으로 나뉜다고 볼 수 있다. 독일어 상권은 취리히, 바젤, 벤터투어, 상갈텐, 주크 지역 등이고, 프랑스어 상권은 제네바, 로잔느, 뉴사텔, 프리부르그, 빌 지역 등이며, 이탈리아어 상권은 루가노, 로카르노, 벨링조나 지역 등이다.[78)]

스위스는 종교 선택의 자유가 보장된 나라이다. 전 국민의 39% 정도가 가톨릭 교도이며 28%는 기독교도, 그리고 나머지는 유대교, 모슬렘교, 불교 신자들이다. 스위스에서 종교적인 주제들은 거의 화제가 되지 않는다. 도시나 농촌을 막론하고 스위스 전역에서 전통이 갖는 의미는 매우 크다. 전통적인 행사들은 정기적으로 많은 비용을 들여 완벽하게 치뤄진다. 팁은 일반적인 관행이 아니지만 대개 잔돈

76) http://www.yoohak.net/nation/swiss/history.html
77) http://www.travel21.co.kr
78) http://galaxy.channeli.net/baby119/bb/travel.htm

을 받지 않고 반올림한 금액 그대로 지불하는 것이 통용된다.

세계에서 가장 부지런한 스위스인들은 모든 일에 빈틈이 없고 질서도 가장 잘 지키며 정해진 각종 법규도 엄격히 지키고 있다. 그러므로 상거래를 할 때 모든 일에 상세한 계약서를 요구하며, 보수성이 강하므로 단번에 큰 계약을 기대할 수 없는 나라이다.

스위스인들에게는 품질에 대한 철저한 장인정신 및 상인정신이 내재해 있다. 광고는 대개의 경우 매우 독창적이고, 창의성이 있는 몇몇 광고 대행사가 비싼 수수료를 받고 대행한다. 예의와 관련해서는 독일어권 지역과 프랑스어권, 이탈리아어권 사이에 어느 정도 차이가 존재하는데, 보통 독일어권 지역 주민들에게서는 약간 퉁명스러운 듯한 매력을 느낄 수 있고, 나머지 두 언어권 지역에서는 남방 기질에 걸맞은 친절과 예의를 느낄 수 있다.

이들은 인사할 때 손에 입을 맞춘다거나 관명이나 직책을 주고받는 것은 스위스에서는 오히려 구식으로 여겨진다. 명함에도 되도록 관명이나 직책은 쓰지 않으며, 혹 쓰는 경우라 하더라도 이름 밑에 표기해 넣는 경우가 일반적이다. 스위스는 유럽 국가 중 가장 늦게 여성들에게 남성들과 동등한 투표권을 부여한 나라중 하나이다.

스위스를 방문할 경우 스위스어(독어, 불어, 이탈리아어)를 말할 필요는 없다. 그러나 될 수 있는 대로 유의할 점은 독일어권 지역에서는 독일어나 영어를, 프랑스어권 지역에서는 프랑스어나 영어를 사용하는 것이 좋다. 외국인이 독일어 사용권에서 프랑스어를 쓰거나 프랑스어 사용권에서 독일어를 쓰면 자칫 역효과가 날 우려가 있다. 스위스 서부 지역(Lausanne, Genf)에서는 불어를 주로 쓰며, Tessin 지방에서는 이탈리아어 혹은 불어를, 그 외의 지역에서는 독일어를 사용한다. 특별히 금기해야 할 사항은 없으나, 법규를 지키지 않으면 외국인이라도 주민들에 의해 언제 어디서나 고발되는 일이 아주 많다.

이들에게 비엔나식의 친절(겉치레뿐인 친절)은 금물이다. 이런 것은 라인강 서쪽 지역에서는 좋게 받아들여지지 않는다. 겸손과 자기를 드러내지 않으려는 태도는 스위스 국민들 특유의 미덕이다. 이러한 특성으로 인해 부자라고 결코 으시대는 법이 없고 대기업이나 고위공직자들도 대중교통 수단을 이용하는 것을 결코 체면이 깎이는 일이라고 생각하지 않는다. 스위스인의 관공서 일 처리 관행은 신속·정확하다. 철저한 서비스 정신으로 봉사하는 것이 몸에 배어있으며 뇌물은 절대 통용되지 않는다.

예절은 유럽제국들과 별다른 차이가 없다. 재채기를 하면 상대방이 "Gesundheit(건강)"라고 건강을 빌어주는 말을 무의식적으로 하는 것이 보편화되어 있다. 재채기를 한 사람은 "Danke(감사)"라고 답례해야 한다. 그러면 상대방은 웃으면서 "Bitte(천만에요)"라고 한다.

수입 관세율은 ㎏당 금액으로 표시되는 종량세이므로 고가품이 유리하다. 수입과 수출 모두 에이전트 거래로 진행하는 것이 관례이다. 개인주의가 철저하고 약속을 매우 중요하게 여기며 친해지기가 어렵다. 스위스 사람들은 근면하여 아침 7시 30분부터 근무를 시작하는 회사가 많다. 외국인과의 약속도 아침 8시로 하는 경우도 많다.

스위스는 세계 선진국들 중 수입 규제가 거의 없는 유일한 국가라고 할 수 있다. 스위스에서 판매되는 모든 상품에는 독일어, 프랑스어, 이탈리아어 등 3개 언어로 라벨을 표시하는 점에 유의해야 한다.79)

스위스인들은 역사적 입장과 지정학적 위치 때문에 전통적으로 신의와 성실, 신중, 완벽함을 비즈니스의 모토로 삼고 있다. 스위스인들의 일반적인 상거래 관습은 다른 유럽 국가들과 같이 보수적이고 거래에서 상세한 계약서 작성을 요구하는 것이 특징이다. 상담을 할 때 모든 사항을 논리적으로 설명하여야 하고, 상품의 가격, 품질, 시장성을 매우 중요하게 여긴다는 점도 빼놓을 수 없다. 이들은 처음부터 대량 주문을 하지 않고 소량 주문을 1~2년 계속하다가 상대방을 신뢰할 수 있다고 판단되면 대량 주문으로 이어진다. 그러므로 약속을 철저히 지키고 견본품과 일치하는 상품을 선적기한에 맞춰 선적하는 등 신뢰를 지켜야 거래를 지속할 수 있다. 선적된 물품에 하자가 발견되면 철저하게 문제를 삼는 경향이 있다. 스위스인들의 완벽주의는 세계적으로 유명하다.80)

일반적으로 스위스인은 일본인처럼 표현을 조심스럽게 한다. 소극적인 면이 있

---

79) http://galaxy.channeli.net/baby119/bb/travel.htm
80) http://www.travel21.co.kr

어 마음을 터놓을 때까지 인내와 끈기가 필요하다. 그러나 사무적인 일을 끝내면 사석에서는 의외라 느낄 정도로 유유자적한 만남을 가질 수 있는 경우도 많다. 공과 사의 구별이 뚜렷한 국민이라고 할 수 있다.[81)]

협상은 보통 중간관리자층과 하게 되며 대체로 협상 주체에게 결정권이 주어져 있다. 스위스인들은 매우 신중하게 협상에 임하며 합의사항은 반드시 준수하는 것이 장기적으로 바람직하다. 스위스 회사에서는 Director가 최고 결정권자로 한국의 실질적인 사장과 같은 위치이다. 물론 President가 별도로 있으나 대부분 실권이 없다.[82)]

스위스인들에게 있어서 정확성은 매우 중요하다. 스위스인들 자신이 극도로 정확성을 추구할 뿐 아니라 외국인들에게서도 같은 것을 기대한다. 한편, 7월과 8월은 휴가철이므로 급한 용무가 아니라면 이 기간의 상담은 피하는 것이 좋다. 상담할 때 시간이 정해지면 시간엄수는 잘 지켜야 한다.

스위스인들과 면담을 하는 경우 솔직하고 직설적인 표현을 하여야 한다. 스위스인들은 말을 빙빙 돌리는 것을 싫어하고 "Yes"이면 "Yes", "No"이면 "No"라고 시원스러운 대답을 원하기 때문이다. 사업상 면담은 항상 실무진간에 이루어지면 좋다. 상대방의 말을 끝까지 다 안 듣고 중간에 가로채거나 하면 협상에 좋지 않은 영향을 미치므로 주의해야 한다. 스위스에서 협상 타결은 매우 신속하게 이루어지는 것이 보통인데, 이와 관련해 질문을 제기하거나 하면 내심 불쾌하게 생각하므로 주의해야 한다. 반면, 스위스인의 질문에 대답하지 않는 것도 예의에 어긋나는 것으로 여겨진다.

이들과의 협상은 경쟁적 제안을 서면으로 작성하여 사실에 입각하고 믿을만하게 제시하는 것으로 시작해서 질서정연하게 진행하여야 한다. 제안된 가격은 최종가격에 가까워야 한다. 또한, 이들과는 개인관계를 도모하려고 시간을 낭비하지 않아야 한다. 개인관계는 협상이 종료된 후에 이루어지기 때문이다.

스위스에서 회사 종업원들은 상호 동등한 권리가 있는 동료로서 취급된다. 기업내에서 위계질서도 뚜렷하지 않은 편이라 특별한 직위를 나타내는 호칭은 없지만

81) http://galaxy.channeli.net/baby119/bb/travel.htm
82) http://galaxy.channeli.net/baby119/bb/travel.htm

직무상 기능별 호칭은 존재한다.[83)]

스위스인들은 좀처럼 외국인을 자기 집으로 초청해 식사 대접하는 일을 하지 않기로 유명하다. 따라서 집으로 초대한다는 것은 아주 우호적인 관계가 됐음을 뜻한다. 식사를 할 때 팔꿈치를 올려놓아서는 안 되고, 두 손을 식탁 위에 올려놓으면 된다. 식사가 끝난 후 떠날 때에는 가족 모두와 악수를 하는 것이 좋으며 다음날 감사 카드를 보내야 한다. 스위스에서는 독일과 같이 식사 중에 코를 푸는 것은 실례가 아니고 입에서 소리 내는 것은 실례이다.[84)]

스위스 사람들은 꽃을 유난히 좋아하므로 방문할 때 생화나 조화 등의 꽃(붉은 장미, 카네이션, 국화나 흰 과꽃은 안 됨)을 선물하는 것이 좋다. 이들과 상담 등을 하기 위해 처음 만날 때 선물을 하는 것이 관습화되어 있지 않지만 간략한 선물은 호의적으로 받는다. 스위스인이 좋아하는 한국산 선물은 자개장식제품, 보석함, 인삼제품 등이다. 또한, 스위스에서는 대개 비싼 선물을 하곤 한다. 값비싼 꽃다발과 여기에 더해 책 같은 작은 선물을 주는 것이 일반적이다.

스위스인들은 친절하고 예의바른 사람들에게는 호의적이다. 이들과 대화할 때에 매사 한국적인 예를 갖추고, 상대방의 나이나 개인생활 등 사적인 질문은 삼가해야 한다. 예를 들면, 이혼문제나 자녀문제 등은 화제로 삼지 않아야 한다. 이들은 농담에 그리 익숙하지 않은 기질이다.[85)]

제9절 프랑스

1989년에 프랑스는 프랑스 혁명이 일어난 지 200주년을 맞이했다. 프랑스 혁명은 오늘날 프랑스 공화국의 기초를 마련하였다. 프랑스 혁명은 프랑스 구제도의 몰락 그 이상을 의미하는 것으로, 근대사의 기원이기도 하다. 프랑스는 혼란했던 과거의 역사나 변화무쌍한 정치, 그리고 다양한 민족으로 이루어진 국민이라는 점

83) 주간상의, "유럽바이어들과의 상담, 이 점을 유의하자" - 스위스, 대한상공회의소, p. 45.
84) 이승영, 전게서, p. 284.
85) http://www.modetour.co.kr/world/europe/switzerland

등을 볼 때 유럽의 여러 가지 측면을 모두 가지고 있다. 그러나 프랑스 역사에 나타난 프랑스 국민은 투철한 국민의식과 전통적이면서도 근대적인 생활태도와 생활양식을 발달시켜 왔다.

프랑스는 유럽 국가들 중에서 러시아 다음으로 큰 나라이다. 지리학적인 위치로 볼 때 프랑스는 많은 장점을 갖고 있다. 긴 해안선은 대서양과 지중해에 접해 있어서 기후가 온화하며 토지가 비옥하다. 이곳의 토지는 농작물을 경작하기에 알맞은 최상의 조건을 갖고 있다. 마르티니크 섬 같은 해외 영토는 프랑스 본토와 동등한 지위를 누리고 있다.

프랑스는 역사적으로 다른 나라에 비해 앞장 서 왔다. 프랑스는 비교적 일찌감치 통일된 중앙집권국가를 발달시켰으며, 루이 14세(1638~1715)의 절대 군주정치는 그 당시 유럽의 모든 집권 가문의 모형이 되었다. 반면에 자유, 평등, 박애로 상징되는 프랑스 혁명정신은 전 세계 근대 민주주의 표본이 되었다. 오늘날 프랑스는 찬탄과 비평을 함께 듣고 있으나, 문학과 예술, 영화, 의학 그리고 다른 많은 분야에서 프랑스를 따라올 만한 나라는 거의 없다.

프랑스 사람들의 느긋한 생활양식은 먹고 마시는 것뿐만 아니라 모든 일을 쉽게 생각하는데 볼링을 할 때나 식료품을 살 때, 노상 카페 등 어디에서나 사회적인 접촉을 좋아하는 데서 나타난다. 그리고 이것은 각자의 개성을 제한하지 않고 개인적인 자유를 최대로 누리고 있다는 것을 의미하기도 한다.[86]

1. 일반현황

인구(2023) : 6,841만 명

수도 : 파리(Paris, 인구 약 210만 명)

언어 : 프랑스어

민족 : 골(Gaule)족

종교 : 카톨릭(82%), 신교, 유대교, 이슬람교 등

기후 : 서부(해양성 기후), 남부(온화한 지중해성 기후), 내륙(대륙성 기후)

86) 장평순, 전게서, 제6권, p. 11.

2. 경제현황

화폐단위 : EURO, 1EURO = 1,509.92원; 1US$ = 0.92 EUR(2024.7 기준)
GDP(2022) : 2조 7,830억 달러
1인당 GDP(2022) : 40,965 달러
총수출액(2022) : 6,776억 달러
총수입액(2022) : 8,615억 달러
무역수지(2022) : 1,839억 달러 적자
무역상대국 : EU제국, 미국, 중국, 한국 등
주요 수출품(2022) : 기계류, 비행기 및 우주용품, 플라스틱, 화학제품, 화장품, 농산물, 의약품 등
주요 수입품(2022) : 기계류, 철강제품, 자동차, 에너지 및 원유, 비행기, 플라스틱, 화학제품 등
주요 부존자원 : 농산물, 축산물, 철광석 등

3. 여행정보

프랑스에서는 혼잡한 지하철을 조심하여야 한다. 한국 관광객의 이야기이다. 샤를 드골 광장에 가려고 메트로 1호선을 탔는데 승객이 많지는 않았지만 앉을 자리는 없었다. 어느 일행 3명은 적당한 곳에 서 있었다. 지하철이 막 떠나려고 하는데 여자와 아이들 5명이 우르르 몰려들며 안으로 들어왔다. 그러더니 그 일행 옆으로 왔다. 잠시 후 지하철은 움직이고 이리저리 밀리면서 그들은 일행을 한쪽으로 밀어 붙였다. 다음 역에서 그들은 내렸다. 순간 그들 중 한 명의 지갑이 없어졌다는 것을 알았을 때는 이미 지하철이 다음 역을 향해 출발한 다음이었다. 집시와 같은 무리들이 자기 옆으로 자꾸만 접근할 때는 소리를 질러야 한다. 창피하다고 가만히 있다가 여권과 여행경비를 날리면 자기만 손해라는 것이다.[87)]

87) http://www.khan.co.kr

4. 프랑스의 문화, 관습

(1) 방문, 식사예절

프랑스에서 초대받은 경우는 방문 가능 여부를 반드시 통보해주며, 예정된 시간보다 약 10분 정도 늦게 도착하는 것도 괜찮지만 되도록 시간을 지키는 것이 예의이다. 방문할 때에는 간단한 선물을 준비하여 감사를 표시하는 것이 좋은데, 이 때 장미나 국화 같은 꽃을 선물해서는 안 된다. 따라서 고가나 고액의 선물은 피하도록 하고, 음식물과 기호품은 가능한 한 선물을 하지 않아야 한다.

초청을 받았을 경우에는 정장을 하는 것이 예의이며, 주인의 안내로 집안으로 들어와 주인이 권하는 대로 자리배정이 됨으로 자기 임의로 자리에 앉지 않도록 하여야 한다. 또한, 프랑스에서는 남의 물건에 손을 대는 행위는 실례가 되는데, 상품을 고를 때에도 판매원이 가져다주는 것만을 차례로 만져보거나 입어보는 것이 예의이다. 특히 과일이나 생선 또는 육류 등의 식료품을 살 때에는 판매원의 허락 없이 상품에 손을 대는 것은 금물이다.

만약 식사 중에 주인이 권한다고 할지라도 너무 많이 뜨거나 3번 이상 떠가서는 안 된다. 주위 사람들을 고려하여 적당한 양만을 가져다 먹어야 한다. 초대할 때 특별한 말이 없으면 부부동반이고, 아이들을 데리고 오는 것도 실례가 된다. 그 이유는 식사분위기를 해칠 수가 있기 때문이다. 앉을 때는 등을 의자에 붙이고 먹을 때는 고개를 숙이지 않아야 한다. 오랜 식사 중에도 도중에 자리를 뜨면 안 되고, 식탁에서는 담배를 피우지 않는 것이 좋다. 고기의 뼈나 가시는 미리 가려내고 먹어야 하는데 이들은 일단 입에 넣었다가 분리해 내는 것은 매우 불결하게 여긴다. 과일의 씨도 뱉지 않고 먹는다. 프랑스인들은 과일을 먹는 것을 식사의 일부로 생각하기 때문에 간식을 먹을 때 과일을 내오는 일은 거의 없다.[88)]

식사 전에 와인과 꼬냑과 같은 술이 나오기도 하지만, 대신 과일주스나 미네랄워터를 마시고 싶다고 이야기해도 괜찮다. 상대의 잔이 완전히 비지 않아도 술을

88) http://www.france.co.kr

따라 채워 주어도 되고, 포도주의 시음은 연장자나 그 날의 주인이 보통 하게 되어 있으므로 초대받은 경우 그 집의 주인이 하게 된다. 그러나 우리나라에서와 같이 술잔은 절대 돌리지 않으며 절대 과음해서도 안 된다.

프랑스인들은 맛있는 식사와 함께 식사 중에 재미있는 이야기를 나누는 것도 중요하게 생각하고 있고, 너무 이야기를 하지 않으면 실례가 되므로 대화에 적극적으로 참여하도록 한다. 특히 프랑스인들은 타인의 프라이버시를 대단히 중요하게 생각하므로 사적인 질문이라든가, 특히 정치와 금전에 관한 화제는 꺼리는 편이다. 대화를 나눌 때에는 실례가 되지 않는 범위 내에서 하도록 조심하고, 반드시 안주인에게 음식솜씨가 좋다고 칭찬해 준다.

식당 등에 초대되어 갔을 경우에는 일단 주최자가 식당으로 들어가기 전에 남녀 손님을 소개하고 정해진 자리 왼쪽부터 앉는다. 식탁과의 간격을 주먹 하나가 들어갈 정도로 당겨 의자에 깊게 앉아야 하며, 상체는 앞으로 숙이지 않도록 한다. 항상 여성이 먼저 서빙되도록 하며, 식사 시 수프나 커피를 마실 때 소리를 내지 않도록 주의해야 한다. 음식물을 되도록 남기지 말고 트림도 하지 않도록 주의해야 한다. 재채기를 하거나 코를 푸는 것은 크게 예의에 벗어나지는 않지만 될 수 있으면 피하여야 한다. 그리고 음식이나 계산서를 빨리 달라고 성가시게 독촉하지 않아야 하며 박수를 쳐서 종업원을 부르지 않아야 한다. 식후 커피에 설탕은 넣어도 되지만 우유나 크림을 넣지 않는 것이 정식이다. 식사가 완전히 끝나면 주인은 손님에게 되도록 고급 담배를 권하는 것이 예의이다.[89]

(2) 결혼관

프랑스인의 50% 정도는 결혼을 아주 중요하게 생각하지만 점점 독신주의가 확산되는 추세이며, 최근의 경우 35%의 남자와 28%의 여성이 독신자로 남아 있다. 독신주의자가 많다는 것은 무엇보다도 가장 중요한 사회 변화가 오늘날의 프랑스인들의 결혼을 더 이상 사회 제도로 간주하지 않으며 하나의 가치로 인정하고 있다는 점이다.[90]

89) http://www.av5900.khan.co.kr
90) http://www.travel21.co.kr

(3) 옷차림

프랑스에서는 공공기관에 갈 때에는 옷을 깔끔히 차려 입고 가야하고, 경시청에 체류증을 신청하러 갈 때에도 반드시 정장을 하는 것이 좋다. 프랑스 사람들은 강한 자에게는 약하고 약자에게는 강한 편이다. 물론 옷을 잘 차려 입었다고 강한 것은 아니지만, 프랑스 사람들은 동양 사람을 판단할 때 속보다는 겉을 먼저 본다. 또한, 은행이나 학교에 지도교수와의 Rendez-vous에도 깔끔한 복장으로 입고 가야 한다. 그러나 그 외에 학교에서 수업을 할 때는 편안한 복장을 그냥 입으면 된다. 따라서 복장은 프랑스 사회에서 매우 중요한 부분이고, 남자들은 특히 공공장소에 갈 때 될 수 있는 한 정장을 하고 가는 것이 좋다.[91)]

(4) 약 속

약속이란 프랑스 사회에서는 필수적이고, 어느 누구와 만나려고 해도 약속을 잡아야 한다. 그런데 처음에 불편하지만 익숙해지면 약속이 편리한 면도 있다는 것을 느낄 수 있다. 우리나라 사람들은 사실 시도 때도 없이 집으로 찾아온다. 그래도 우리나라 사람들은 아무런 말도 안하고 손님을 접대한다. 그런데 프랑스의 경우는 우리와 반대이다. 만약 약속이 미리 안 된 상황에서 남의 집을 방문했을 때는 이것은 엄청나게 무식한 행동이라고 생각하며 문전박대를 당한다. 또한 식사초대를 받아서 친구의 집을 방문할 때는 절대 약속 시간 전에 도착하지 말아야 한다. 약속시간보다 항상 10분에서 20분 후쯤 가는 것이 기본이기 때문이다.[92)]

(5) 관습, 예절

프랑스인들은 보통 인사를 악수로 하는데 이 경우 손을 잡고 약간 흔드는 정도로 한다. 너무 심하게 잡거나 흔드는 것은 예의에 어긋난 행동이다. 프랑스 남성들은 손이 더럽다거나 젖어 있을 때에는 팔뚝을 내밀기도 한다. 방문한 가족과 인사할 때에도 악수를 한다. 친한 사람들이나 어린이에게는 서로 뺨을 맞대고 인사

91) http://www.cfi.co.kr/frame.htm
92) http://www.cfi.co.kr/frame.htm

한다. 프랑스인들은 외국인이 프랑스어를 사용하는 것을 좋아하고 어려울 때에는 도와주려고 애쓰기도 한다.

프랑스 사회는 남녀평등 사상이 팽배하며, 특히 여성은 남성과 동등하다는 의식이 강하다. 여성의 사회참여가 활발하며, 힘든 잡역직에서부터 고급 직종에 이르기까지 여성의 활동영역이 광범위하다. 그러나 다른 서구사회와 같이 결혼을 하게 되면 여성은 남편의 성을 따르게 되어 있다.

프랑스인 82% 이상이 가톨릭 신자로 정통 구교를 믿고 있으나 상대방이 믿고 있는 다른 종교도 존중한다. 크리스마스에는 인사말과 함께 카드를 주고받으며, 또한 주위의 가까운 사람들과 간단한 선물을 주고받는다.

흡연은 지정된 장소에서만 한다. 프랑스에서는 사무실내의 흡연을 법률적으로 금지시킨바 있으며, 무단 흡연은 벌과금의 대상이 된다. 여성의 흡연율이 상당히 높으며 거리에서 보행 중 흡연하는 여성을 흔히 볼 수 있다. 또한 중·고등학교 학생들의 흡연율이 상당히 높다. 흡연을 할 때에는 담배연기가 남에게 피해가 되지 않도록 하며, 엘리베이터 내에서는 절대 금연을 한다. 또한 한국과 달리 나이 많은 어른 앞에서 젊은 여성이 담배를 피우는 경우도 있다.93)

프랑스에서는 문을 열고 나갈 때는 뒷사람을 위해서 항상 문을 잡아주는 것이 예절이다. 우리나라의 사람들은 문을 열고 나갈 때 뒷사람의 생각은 안하고 그냥 문을 놓고 가는데, 프랑스에서는 거의 모든 사람이 뒷사람을 위해서 기다렸다가 문을 잡아준 후에 손을 놓는다. 버스 안에서 앉아있을 경우 나이가 많이 드신 할아버지나 할머니, 장애인에게는 자리를 양보하는 것은 기본이다. 그러나 그 대신 무거운 가방은 들어주지 않아야 한다. 괜히 가방도둑으로 오해를 살지 모르기 때문이다.94)

(6) 프랑스의 미신

① 프랑스인들은 최후의 만찬이 될지도 모른다고 생각하기 때문에 식탁에 13명이 둘러앉아 식사하는 것을 피한다. 우연히 13명이 회식을 하게 되는 경우에는 14

---

93) http://www.euroko.net/francia.html
94) http://www.cfi.co.kr/frame.htm

번째 접시를 가져다 놓아 액땜하기도 한다. 또한, 식탁에서 바게뜨를 잘라 대접할 때 뒤집어서 내 놓는 것도 불행을 가져다준다고 말한다. 식탁에서 소금을 엎지르면 역시 불행한 일이 생길 것이라고 생각하므로 이 경우에는 소금을 왼쪽 어깨에 뿌려 액땜을 한다.

② 프랑스에서는 칼이나 바늘을 선물하는 것도 좋지 않다. 이런 선물을 받은 사람은 얼른 동전을 꺼내 상대에게 건네주어야 불행을 피할 수 있다고 한다. 프랑스 사람들에게 거울을 깨뜨리는 것처럼 재수가 없는 일도 없다고 한다. 흔히 앞으로 7년간 재수가 없을 것이라고 말한다. 한밤중에 고양이와 마주치는 것도 하나의 흉조이며 사다리 아래를 지나간다거나 실내에서 우산을 펴는 것도 재앙을 불러온다고 생각한다.

③ 샐러드를 뒤젔다가 떨어뜨리면 그것도 불행의 징조라고 말한다. 포도주병의 포도주를 따를 때 마지막 잔을 받은 사람은 연말에 결혼할 것이다. 성냥불로 담뱃불을 붙일 때 세 번째로 붙이는 사람은 곧 죽게 될 것이라고 믿는다. 왜냐하면, 제1차 세계대전 때 한 프랑스 병사가 참호에서 담뱃불을 붙이는 것을 독일군이 보았다. 두 번째 병사가 불을 붙일 때 독일군은 총을 조준하였고, 독일군이 총을 쏘는 순간에는 세 번째 병사가 불을 붙이고 있었기 때문이다. 결국 세 번째로 담뱃불을 붙이던 병사가 총에 맞아 죽었던 것이다.

④ 반대로 행운의 징조도 있다. 역시 네 잎 클로버를 발견하면 나폴레옹처럼 행운을 얻을 것이라고 믿는다. 왼쪽 발로 말똥을 밟았다면 이것도 길조이다. 우리가 아침에 까치를 보면 손님이 올 것이라고 말하는 것처럼, 프랑스 사람들은 무당벌레가 날아가는 것을 보면 날씨가 좋을 것이라고 말한다.

⑤ 흰 유리컵을 깨거나 무지개를 보는 날도 재수가 좋은 날이라고 말한다. 행운을 빌기 위하여 문 위에 말발굽 격자를 달아 놓거나 선원의 베레모 위에 달려 있는 빨간 장식을 만지기도 한다.95)

(7) 금기사항

① 프랑스에서 특히 주의할 것은 프랑스인 가운데 동물애호가가 많으므로 개고

95) http://www.euroko.net/francia.html

기를 먹는 것은 금지되어 있고, 게르만 민족의 우월성에 대한 화제는 되도록 피해야 한다. 또 무엇보다도 개인주의 성향이 강한 프랑스인들이므로 자유를 구속하는 것을 금기사항으로 여기고 있다.

② 프랑스인은 남프랑스, 브르타뉴 지방, 독일 인접지역 등 출신지역에 따라 성격도 틀리기 때문에 이와 관련된 민감한 화제는 피하며, 영국과 독일에 대하여는 우월의식과 열등의식이 복합화 되어 있으므로 이를 자극하는 화제는 피하여야 한다.

③ 프랑스에는 국수주의자(chauvins)들이 많다. 쓸데없는 논쟁이나 싸움을 피하려거든, 프랑스인 앞에서 프랑스에 대한 비판을 되도록 삼가해야 한다.

④ 대부분의 프랑스인은 형식을 극도로 중요시한다. 우리가 어떤 의미에서는 거추장스럽게 여기는 형식들이 이 나라에서는 별 불편 없이 받아들여진다. 특히 공중 예절에 대해서는 조심하고, 다른 사람에게 폐를 끼쳤다고 느꼈을 땐 실수를 인정하고 지체 없이 "Pardon"이나 "Excusez-moi"를 연발하여야 한다.

⑤ 남을 향해 손가락질하면서 이야기하지 않아야 한다.

⑥ 바게트 빵은 구워서 부풀어 올라온 부분이 늘 하늘로 향하게 하고 절대 뒤집어 놓지 않아야 한다.

⑦ 월급이 어느 정도인가와 같은 상대방의 돈에 대한 질문을 하지 않아야 한다.

⑧ 표현하지 않는 것은 미덕이 아니다. 타인에게 침묵으로 예절을 갖추고 고통스러워도 고통을 감수하는 우리 방식이 프랑스 사회에서는 종종 의미 없을 때가 많다. 프랑스에서는 즐거우면 즐겁다고 적극적으로 표현하고, 화났을 땐 화났다고 강하게 이야기하여야 한다.

⑨ 식당에 가서는 임의로 자리를 차지하지 말고 웨이터가 인도해 주는 곳에 앉아야 한다. 그리고 식사 중에는 작은 소리로 대화를 나누어야 한다.[96)]

5. 프랑스인의 국민성

프랑스인의 국민성을 한 마디로 규정하기란 쉽지 않다. 프랑스가 오랫동안 농업국이었기 때문에 농부적 기질이 국민성 속에 반영되어 있다. 일반적으로 프랑스인

96) http://www.france.co.kr

은 자기 나라에 애정을 가지고 있고, 현실주의적이며, 또한 매우 검소하다.

오랫동안 국교가 가톨릭이었던 탓인지 사회 분위기는 보수적이고 전통을 존중하는 편이다. 중세 때 기사도가 등장한 후 영웅적 태도를 높이 사는 새로운 가치관이 형성되었는데, 이는 프랑스 역사를 통해 많이 발견할 수 있지만 프랑스의 민중은 나라가 어려울 때 종종 단결된 모습을 보여 주기도 하였다. 이러한 기질은 이미 기술한 농부 기질과 배치되기도 하는데, 이는 다수의 프랑스인들에게 이상주의적이고 개인주의적이며, 믿는 바에 따라 소신 있게 행동하고 폭정이나 압제, 부정에 맞서 과감히 투쟁하는 성격도 심어 주었다.

대개의 프랑스인은 낙천적이며, 포도주와 식도락을 즐긴다. 나쁘게 표현하자면 이해타산에 아주 밝지만 실질적이고 현실적이며, 모든 사람들과 친구가 되기를 원하는 열린 자세도 견지하고 있다. 이들은 변덕스럽고 경박하며, 성 문제에 대해 개방적이다. 보헤미안적 기질을 선호하며 주위의 모든 것에 관심을 갖는다. 늘 조급하며 순발력이 매우 뛰어나고 빈정대기를 좋아한다. 그러나 프랑스 같은 다민족 국가의 성격의 평균치를 언급하는 것 자체가 무리라고 이야기할 수 있다.

프랑스인들은 철저한 개인주의 성향을 보이고 있다. 이들은 자신의 책임 하에 살아가기 때문에 누가 밍크코트를 입었다던가, 고가의 외제 자동차를 타고 다니는가 등 다른 사람의 일에 관심을 보이지 않는다. 그저 경제적 여건이 허락되면 호화롭고, 고급스럽고, 사치스럽게 사는 것이 인정되며, 또 그 만큼 많은 세금 등을 자기의 능력껏 내고 구입하기 때문에 비난받거나 눈총을 받는 일은 없다. 자신의 능력과 책임하에 남에게 폐 끼치지 않고 살아가면 되는 것이다.

프랑스 민족은 다양한 민족으로 구성되어 있기 때문에 사고방식 또한 다양하다. 프랑스인은 켈트족으로부터 개인주의를, 로마인으로부터 법과 질서를 사랑하는 마음을, 게르만족으로부터 건축제조 재능을, 노르망족으로부터 진취적 기질을 이어받았다고 말한다.[97)]

프랑스인들의 인종차별은 독일에 비하면 심각한 편은 아니나, 최근 들어 실업률이 증가하면서 이민이나 외국인들의 취업을 반대하는 경향을 보이고 있다. 프랑스 노동인구의 20%를 점유하고 있는 이민 노동자 대부분은 육체노동자로서 사무관

97) http://www.euroko.net/francia.html

계의 일에는 고용되지 않고 있고, 지방공장에서는 북아프리카 노동자들이 많아 이것이 생산성을 저하시키는 원인이 되고 있다고 한다. 그러나 정치적 망명자와 그 자손은 일반적으로 지적이라 생각하지만, 그들에게 인종적이진 않으나 고립하는 경향이 있다.

프랑스인들은 빵과 양과자를 무척 좋아한다. 또한, 한여름에는 노인, 어른 할 것이 없이 아이스크림을 입에 물고 있는 모습과 식사시간에는 빵 가게 앞의 인도까지 줄지어 서 있는 모습을 볼 수 있다.

프랑스인들은 시간이 나면 가장 많이 하는 일이 집안수리이며, 기차, 배, 비행기 등의 많은 모형장난감들도 좋아한다. 휴일에는 공원이나 호수에서 원격조정장치 자동차나 배, 비행기를 가지고 노는 사람들 중의 상당수가 어른들이다. 또한 프랑스인들은 정원을 가꿈으로써 스스로를 온전하게 실현한다는 감정을 갖는다. 왜냐하면, 인간은 정원처럼 주의 깊게 그리고 애착을 가지고 가꾸어지는 것이라고 생각하기 때문이다.

프랑스인들은 자신의 생각을 솔직하고도 분명하게 밝히기를 좋아한다. 즉, 너도 옳고 나도 옳다는 '양시론'을 매우 싫어한다. 가혹할 정도로 상대의 약점을 풍자하는 재치도 프랑스인들의 중요한 특징이다.[98]

한국에서는 외국인을 접하는 기회가 드물며 따라서 한국인은 대체로 외국인에 대해서 친절하다. 그러나 프랑스에서는 타인에 대한 간섭을 꺼려하고 사생활을 중시하며, 의식구조 자체가 한국과는 다르다는 것을 이해해야 한다. 때로는 프랑스인들이 외국인을 대하는 태도가 무관심하게 보일 경우도 있는데, 이때에는 그들을 이해하는 입장이 중요하며, 잘 적응하도록 노력하는 것이 좋다. 프랑스인들이 가장 높이 평가하는 것 중의 하나가 '자신의 주장을 확실히 밝히는 것' 인만큼 "예(Oui)"와 "아니오(Non)"를 확실히 사용하는 것이 좋다. "당신 좋으실 대로" 식의 애매모호한 대답은 때때로 좋지 않은 인상을 심을 수 있으니 조심해야 한다.

우리나라에서는 모르는 사람에게 먼저 인사하는 경우가 드물지만, 프랑스인을 비롯한 유럽인들의 대부분은 산책길에 스쳐 지나가는 사람에게도 인사말을 건넬 정도로 "안녕하세요.(Bonjour)"가 몸에 배어 있다. 또한, 옷깃만 스쳐도 "미안합니

98) http://www.av5900.khan.co.kr

다.(Pardon)"라고 하는데, "안녕하세요, 미안합니다, 감사합니다." 등의 표현은 그야말로 프랑스인의 몸에 배어있는 문화임을 기억해야 할 것이다. 프랑스에서는 침묵이 금이 아니라 표현이 미덕인 셈이다.[99)]

프랑스인들은 매우 다양한 기질을 가지고 있다. 프랑스인은 분명 자신만을 생각하는 개인주의자이지만 어떤 때는 정의를 위해 주저하지 않고 자신을 희생한다. 평소에는 구두쇠이지만 바캉스나 축제를 위해서는 돈을 아끼지 않는다. 겉으로는 완벽한 매너를 보여주지만 쉽사리 마음을 열지 않는다. 일단 사귀고 나면 매우 친절한데 그렇다고 그들의 개인주의가 사라진 것은 아니다. 이처럼 양면적인 프랑스인의 기질은 때로 외국인들을 당황하게 한다.[100)]

6. 프랑스 시장의 특성

프랑스는 상품별 구매시기가 명확히 구분되어 있어 구매시즌을 먼저 인지하는 것이 중요하며, 특히 전문 전시회를 통한 구매방법이 발달되어 있어 전시회의 참가는 필수적이다. 또한 프랑스는 비관세 무역장벽이 유난히 많은 선진국으로 프랑스에 수출하기 위해서는 쿼터제(Quota System), 수입허가제, 규격인증제, 위생검사제 및 독점거래제, 지적소유권 제도와 덤핑방지제도 등에 대한 치밀한 사전조사가 선행되어야 한다.

프랑스인들의 제품 취향을 보면 유행에 매우 민감하고 디자인 제품 및 하이테크 제품을 선호하는 경향이 뚜렷하다. 특히 색깔과 디자인에 특별한 취향이 있다. 따라서 이러한 점을 참작해 프랑스인과 접촉해 나간다면 상당히 유익한 결과를 가져올 수 있다. 또한 프랑스인들은 주저하지 않고 과감하게 신제품을 구입하는 경향이 있고 제품의 완전성보다는 독창성에 더 많은 관심을 기울인다.

프랑스의 상류층 소비재 시장의 경우 제품의 디자인, 색상, 크기 등과 관련하여 특별한 요구사항이 있을 수도 있음을 염두에 두어야 한다. 프랑스에서는 무언가 기발하고 새로운 아이디어로 접근하면 좋다.

---

99) http://www.csfrance.co.kr

100) G. Michaud et A. Kimmel, *Le nouveau guide France*, Hachette Paris, pp. 18-19.

프랑스에는 "좋은 품질은 저절로 구해진다."라고 하는 격언이 있듯이 품질이 우수하고 내용물이 좋으면 광고 등을 하지 않아도 반드시 팔린다고 하는 품질철학을 갖고 있는 국민이다. 그러나 한편으로 프랑스에서 제품을 판매하기 위해 광고는 매우 중요하다. 제품설명서는 당연히 프랑스어로 기재되어야 한다. 전문지에 광고를 싣는 것도 효과적인 판촉 전략이다.

미국이나 일본 기업들은 양적 생산을 통해 성장을 추구하고 있는데 반해, 이들은 중소기업이 주축이 되어 오래된 전통을 배경으로 양보다는 질의 수준을 유지하며, 구찌 및 피에르 가르뎅, 입생로랑, 샤넬 등 세계적 유명 브랜드제품을 생산하고 있다. 그러므로 이 나라 사람들은 제품에 대한 질 감각이 높다는 점에도 유의해야 한다.[101]

7. 상거래문화

프랑스인들의 식도락에 관해서는 세계 모든 나라 사람들이 찬사를 아낌없이 한다. 만약 프랑스인이 독일인 정도로만 먹는다면 독일보다 더 부자의 나라가 되었을 것이라고 말한다. 프랑스인들은 식사를 일종의 예술로 생각하고 있기 때문에 심지어는 커피나 와인을 마시기 전에는 담배도 삼갈 정도이다.

제품과 가격에 대한 설명을 할 때 흔히 우리 업체들은 회사 내부의 개인사정이나 국내사정 등을 내세운다. 그러나 이런 방법으로 그들을 설득시킬 수는 없다. 어떤 사정이 있었던 간에 최종선에서 선택을 받는 상품을 바이어가 원하는 제품이어야 하기 때문이다.

같은 맥락에서 이들의 구매방식을 이해하는 것은 어렵지 않다. 품질이 아무리 좋다고 외쳐도, 이들이 한국제품을 대만이나 중국 혹은 다른 아시아의 경쟁국가 상품과 잘 구별하려 들지 않는 이유는 이들이 구입할 아시아 제품은 이미 그 범주가 정해져 있는 상태이기 때문이다. 이미 정해져 놓은 범주 안에서 조금씩의 차이를 찾는 것이지 전혀 맹목적으로 범주를 벗어난 충동구매는 하지 않는다.

프랑스의 구매나 유통 시스템의 특수성과 마케팅 전략의 구조상 충동구매는 불

101) 주간상의, "유럽바이어들과의 상담, 이 점을 유의하자" - 프랑스, 대한상공회의소, p. 46.

가능하다. 한 업체의 구매담당자가 한 상품의 구매를 결정하는 시간은 보통 1~2년, 이에 앞서 약 3~4년 동안 소비자 경향과 인식에 대한 시장조사를 하는 경우도 있다. 더욱이 프랑스 시장의 80% 이상의 소비자를 장악하고 있는 유통업체는 대형 슈퍼마켓 체인점이나 유통전문점들로 우리업체가 상대하는 바이어는 대부분 이들이며, 이들은 1년 내내 구매의사 접수를 하고 상담에 응하는 것만은 아니다. 상품에 따라 사정이 다르지만, 거래에 대한 오퍼는 일반적으로 자료 접수부터 시작된다. 로지스틱(Logistique)이라고 부르는 이 시스템을 통해 세계 각국의 오퍼를 접수하여 품목별, 국가별로 구분하게 되는데, 이 로지스틱에 등록되기까지는 매우 험난한 경쟁을 거쳐야 한다. 이러한 로지스틱 단계를 지나야 비로소 접촉이 가능하다. 이러한 사정을 모르고 무작정 방문을 시도하거나 이메일이나 팩스로 오퍼를 남발하는 일들은 오히려 신용을 잃게 만드는 꼴이 된다.[102)]

프랑스에서는 최근 한국기업의 브랜드에 대한 인지도가 높아지고 있지만 아직도 한국산 제품을 동남아시아 국가 정도의 수준으로 생각하는 사람이 여전히 있기 때문에 거래에 어려움이 많고, 여러 번 시도해야만 계약이 성사되는 경우가 많다. 또한, 어떤 경우에는 국내 유명브랜드를 일본산으로 착각하기도 한다. 프랑스 상인들은 세계 각국의 경제사정 및 제품에 대하여 상당한 지식을 가지고 있으므로 상담 시 충분한 자료를 가지고 자세히 설명해 줄 필요가 있다.[103)]

프랑스인들은 매우 합리적인 사람들이다. 우리로서는 흔히 괜찮겠지 하는 것들이 이들에게는 상대하기 곤란한 사람들로 비추어질 때가 많다. 그러나 한편으로는 프랑스 사람들은 상황에 따라 요령 있게 혹은 임기응변으로 대처하는 것을 융통성 있다고 생각하기보다 기회를 이용하는 사람들로 생각하는 경향이 더 많다. 합리적이고 조직적인 방법으로 접근하는 것이 상대방의 신뢰를 얻는 지름길이다.[104)]

이들과 업무상 대화를 시작하기 전에 각종 일상 대화를 나누는 것은 매우 중요하다. 프랑스인들은 곧장 업무에 관한 협의를 시작하기보다는 일상 대화를 먼저 시작함으로써 분위기를 형성하는 것을 좋아하기 때문이다. 이들은 부동산 등 물질

102) 대한무역투자진흥공사, 전게서, pp. 162-164.
103) 이호건외 3인, 전게서, p. 198.
104) 대한무역투자진흥공사, 전게서, pp. 161-162.

욕이 강하고 논쟁을 좋아하기 때문에 이들과 대화할 때에는 개인적인 질문이나 정치, 또는 금전적인 소재의 대화는 피하여야 하고, 형식도 중요시하므로 이들의 관습에 적응토록 하여야 한다.

이들과 대화할 때 프랑스내 외국인 문제에 대한 질문은 민감한 사안이므로 가급적 삼가야 한다. 프랑스인은 자국 정부나 기관에 대해 비판적 입장을 취하곤 하지만 그렇다고 덩달아 비판하는 것은 삼가야 한다. 프랑스인은 매사 시작과 끝이 없는 국민이라고 간주하며 상대하는 것이 현명한 방법이 될 것이다.

프랑스인들은 머리회전이 빠르고 기지가 풍부하며 왕성한 호기심도 갖고 있다. 이들은 상대방과 대화할 때 기분이 언짢으면 무관심하고 타인에게 폐가 되는 일은 하지 않지만, 상대방으로부터 괴로움을 받으면 참지 못하며 소리 높여서 자기의 권리나 주장을 강하게 표현하는 기질도 갖고 있다.

프랑스에서는 자동차를 타고 비즈니스 여행을 하는 경우 전시회가 열리는 장소뿐만 아니라 호텔 주변에서도 주차문제가 골칫거리이다. 프랑스에서 가장 큰 전시회인 Apris-Porte De Versailles와 Paris-Nord는 오히려 대중교통을 이용하면 더 쉽게 찾을 수 있다. 반면, 다음으로 큰 전시회인 Le Bourget에 갈 경우는 승용차나 택시를 이용하는 것이 좋다. 호텔, 특히 전시회 근처 호텔들은 상당히 서둘러서 예약을 해 놓지 않으면 방을 구하기가 어려울 수도 있다.

과거 업무상 프랑스인들과 관계를 맺은 사람들 가운데는 프랑스인들이 시간에 정확하지 않다는 평이 많았지만 지금은 더 이상 그렇지 않다. 프랑스인들은 어떠한 경우든지 상대방이 예의를 가지고 주목해 주기를 바라는 경향이 있는데, 예를 들어 상대방이 프랑스어로 말하면 무척 호의적으로 받아들인다. 또한, 프랑스인들에게서는 외국어를 구사할 능력이 있으면서도 여간해서는 외국어로 이야기하지 않으려는 모습을 발견하곤 하는데, 이는 능숙하게 외국어를 구사하지 못할 경우 어느 정도 수줍음을 느끼는 프랑스인들의 성격에 기인한 바 크다.

차별대우라고는 할 수 없지만 프랑스에서는 남성이 여성에 비해 상당히 많은 우위를 점하고 있는 것이 사실이다. 그럼에도 불구하고 프랑스는 남녀의 권리가 공히 차별 없이 보장된다고 말할 수 있다. 프랑스는 여권이 두드러지게 보장받고 있는 국가로서 여성들의 취업률이 높을 뿐만 아니라, 여성이 경영하는 기업체도 많아 여성들과 상담 내지 협상하는 경우가 비일비재하므로, 이에 대해 오해를 하지 않는 것이 바람직하다.

프랑스에서는 명함에 학위를 기재하는 일이 극히 드물다. 이러한 이유는 불필요한 오해를 불러일으킬 수 있기 때문이다. 그러나 회사 내 직책은 꼭 기재되어야 한다. 명함은 첫 대면에서 주고받는 것이 일반화되어 있다.

프랑스인들은 일반적으로 그림을 사랑하고, 글의 경우 너무 긴 장문은 지루해하는 경향이 있다. 또한 구체적이고 전문적인 진술이 반드시 필요한 경우가 아니라면 문구가 아름답게 쓰였는지에 관심을 더 두기도 한다.

프랑스에는 그랑드 에꼴(지도자양성 대학)이라고 하는 분야별 전문 엘리트양성 대학이 있어 이들 학교 졸업생들이 이 나라 지배계층을 형성하고 있으므로, 이들과 상담할 때에는 이들의 우수성을 높이 평가해 주며 개인적인 인간관계도 유지할 필요가 있다. 이들은 기업에 입사할 때 간부사원으로 채용되며 선후배간의 깊은 유대로 정치·경제에 주도권을 잡고 있다는 점에도 유의한다.

프랑스의 비즈니스는 긴 여름휴가가 끝난 가을부터 시작된다. 이들은 법률로 정해진 1개월간의 휴가를 만끽한 후 비즈니스에 활기를 띠고 임하며 일에 정성을 쏟는다. 그래서 이들과의 상담은 이 기간을 택하는 방법도 바람직하다.

이들과 상거래를 할 때에 각종 우편, 통신수단보다는 직접 방문, 또는 초대 등 인적교류를 통해 비즈니스를 하는 편이 훨씬 효과적이다. 이 경우에도 상담 자료보다는 현품을 직접 보여주면서 상담하는 편이 훨씬 효과적이다. 또한 이때에 비즈니스를 너무 서두르지 말고 끈기 있는 접촉 및 인간관계 유지가 필요하다.

프랑스인은 이중성격을 가지고 있어서 원칙에 크게 구애받지 않으면서도 협정서가 강조되거나, 관료적인 면이 있어 잘못하면 사소한 실례로 인해 상담이 단절되는 경우가 있으므로 항상 방심하지 말아야 한다. 따라서 공식적·사회적 의례를 무시해서는 안 되며 충동적인 행동은 삼가야 한다. 이들은 특별한 경우를 제외하고는 저녁 이후까지 비즈니스와 관련해서 상대를 붙잡아 두는 것을 무척 싫어하며, 특히 부부동반이 아닌 야간 상담이나 행사는 이들이 가장 꺼리는 것 중의 하나이다.

프랑스는 상거래제도가 선진국 중에서도 가장 복잡한 국가 중의 하나이며, 제도

변경도 잦은 편이다. 종교가 별로 중요하게 받아들여지지는 않으나, 한편으로는 종교적 습관을 열심히 따르고 있기 때문에 이를 무시하지 않는 것이 바람직하고, 개인적인 사항을 화제로 삼지 않는 것이 좋다. 프랑스에는 조직 중에 신분제 및 학력에 따르는 직능제가 많고, 주어진 직능 이외의 업무는 안 하는 것이 관례이다. 또한 인맥이 매우 중요한 비중을 차지하는 사회이다.

프랑스에서 상담할 때 의사결정은 충분한 시간을 가지고 심사숙고한 후에 하도록 하여야 한다. 이들에게 구매에 대한 강요는 고객을 잃을 뿐이고 일반적으로 통하지 않는다. 프랑스에서 무역업체들은 독점거래 대리인이 아닌 이상 중간에 대리인을 두고 상담하는 것을 거부하고 있다. 따라서 현지에 사무소나 현지 법인체를 두지 못할 경우에는 독점거래 대리인 등을 두는 편이 바람직하다. 성공을 위해서는 합작투자나 지점, 또는 심지어 프랑스 전역에 걸친 배급업자의 유통망이 필요할 수도 있다.

거래선과의 약속은 사전예약을 하여야 하며 공급자의 입장에서는 반드시 그 약속을 지켜야 한다. 프랑스 거래선과의 신규개시는 쉽지 않으나 특별한 문제나 서비스 등에 큰 무리가 없는 한 거래는 지속된다. 일단 한번 거래가 성사되면 이들은 거래선을 쉽게 변경하지 않는 습성이 있는데, 이는 바로 상호간의 인간관계가 그 바탕이 되고 있기 때문이다.

프랑스인들은 대체적으로 상담 그 자체의 분위기는 부드럽고 관대한 편이다. 그들은 상담 시 상담주제와 큰 관련이 없는 시사적·세계적인 문제 등의 주제를 놓고 떠들기도 한다. 따라서 통상적으로 상담 끝마무리에 이르면 상담내용이 뒤죽박죽이 되어 결론이 무엇인지 갈피를 잡지 못하고, 복잡하게 전개됨으로써 다시 묻고 확인해야 하는 등의 사례가 많이 발생된다. 또한 천성적으로 낙천적인 프랑스인들은 상담을 할 때 큰 무리 없이 "No Problem"으로 진행되기도 한다. 그러나 몇 개월 후 상담내용이 구체적으로 실행될 때에는 상황이 달라지는 경우도 적지 않게 발생되기 때문에 상담 시에는 반드시 협의사항을 서면으로 작성하여 서명을 받아둘 필요가 있다.[105]

프랑스에서는 규정을 살짝 바꾸거나 결정된 사항을 일시적으로 번복하여도 신

105) 이호건외 3인, 전게서, p. 199.

뢰할 수 없는 사람으로 여겨지기보다는 융통성이 있는 사람으로 간주된다. 한편, 프랑스에서는 서면 상거래는 가급적 피하는 것이 좋다. 프랑스인들은 직접적인 접촉을 중요시하기 때문이다. 따라서 편지로 거래를 추진하는 것은 그리 효과적이지 못하다.

비즈니스 수행 중에는 식수 또는 쥬스 등의 음료수는 제공될 수 있으나, 주류 또는 음식제공은 피해야 한다. 이들은 차나 커피 한잔도 없이 직접 상담을 하는 것이 당연하게 여겨지고 있다. 프랑스인은 비즈니스맨이라기보다는 전문 기술인에 가까워 상담할 때 아주 구체적이고 세밀한 규격이나 사용방법 등을 전문용어로 논하는 경우가 많다.

프랑스인은 보수성이 강하면서도 개인주의가 두드러진 국민으로 최종 주요 결정은 최고 경영층에서 이루어지나, 실무진의 자존심을 거스르는 오버액션은 도리어 불리한 결과를 초래할 소지가 많으므로, 실무는 실무진과 추진하되 최고 경영진과도 별도의 로비활동을 병행하는 것이 무난하다.

프랑스인들에게는 반드시 특별한 선물을 줄 필요는 없지만 보통 모차르트 음반이나 과자류 같은 작은 선물을 주면 기뻐한다. 가까운 친구사이라면 레코드판, 판화, 또는 최근 발간된 정치가의 회상록 등이 무난하고 가급적 자기회사명이나 상표가 크게 인쇄된 것은 피하는 것이 좋다.

비즈니스 접객은 대부분 식당에서 이루어지며 일반적으로 부인이 초대되는 경우가 많다. 자택에서의 접객행위는 상당한 우대자로서 가능한 한 정장차림에 간단한 선물을 지참하는 것이 좋다. 식사는 대개 2~3시간 지속되는 것이 통례인데 이에 대한 사전대비가 필요하다. 또한 포도주가 반주로 반드시 곁들여 지는 것이 통례이므로 포도주에 대한 상식을 다소 가지고 대화 소재로 활용하는 것도 좋다.[106)]

8. 프랑스인과의 협상

프랑스인은 대체로 문화, 언어, 예술에 대한 자존심이 대단한 국민이다. 그러나 이러한 이유 때문인지 몰라도 미국의 작가 마크 트웨인은 "신은 인간을 천사보다

106) 주간상의, 전게 월보, p. 46.

는 조금 못하게, 프랑스인보다는 좀 낫게 만들었다."라고 할 정도로 혹평하고 있다.

이들은 협상을 일종의 논쟁이라고 생각한다. 원래 프랑스인은 서로 의사교환 하는 것을 무척 좋아해서 협상과 논쟁을 혼동하는 경우가 종종 있다. 즉, 생활은 싸움이라는 인식이 여러 글에서 발견되듯이 협상은 한치의 양보도 없는 상황이라고 생각하고 있다.

보수적 사고를 가지고 있는 이들은 업적을 능력에 의해서 평가하기보다는 사회신분, 가족관계, 나이 등에 의해서 평가하는 경향이 많다. 일반적으로 프랑스인들은 유럽에서와 같이 합리적일 것이라고 생각되지만 동양에서 강조하는 속성들을 가지고 있다고 볼 수 있다.

실제 협상할 때 이들의 속성 중에서 주의해야 될 것은 그들이 중요한 문제, 구체적인 문제라고 생각하는 것이 우리가 알고 있는 가격과 수량에 대한 실제적인 언급을 의미하는 것이 아니란 것이다. 따라서 그들은 사실보다는 명확한 것, 실제 물건보다는 말, 과학보다는 궤변을 좋아한다. 협상을 마음과의 만남으로 생각하여 상대방이 하는 일에 동참하기를 좋아한다. 그러나 그들과 사귀면서 우정을 나눈다는 것은 다른 유럽국가들 보다도 어렵다고 할 수 있다.

프랑스인은 자기주장과 자기 생각을 가지는 개인주의를 높이 평가한다. 따라서 책임의 소재도 자기 자신에게 있으며 성취율도 자기에게 있는 것이다. 이들은 행동에 의한 결과를 중요시한다. 이들은 전통적으로 보수적인 사고에 젖어 있기 때문에 생활에 큰 불편이 없는 한 예전 그대로 있기를 좋아한다.

최근에 프랑스인들은 시간관념이나 약속에 있어서 정확한 것을 중요시한다. 그러나 이들의 시간관념은 보통 유럽인들과 다르다. 예를 들면, 점심시간이 유독 길다든가(2~3시간), 하계휴가(1개월), 영업시간의 자유로운 조절 등이다. 또 의사결정도 집중화되어 있고, 위계서열에 의한 조직구조로 인하여 의사결정의 순서가 집중되어 있다. 이들은 원칙을 아주 중요시 여기지는 않지만 협상의 마지막 순간에는 모든 것을 문서화하기를 좋아하는 민족이다. 이러한 성격은 오랜 외교관습과 공식성에 의해서 비롯되었다고 할 수 있다.[107)]

107) 장대환, 전게서, pp. 108-109.

제10절 스페인

유럽의 현관인 이베리아 반도에 위치한 스페인은 반도의 80%를 차지하고 있으며 남으로는 아프리카 대륙과 접하고 있다. 15세기 말엽 대항해 시대 때는 인접한 포르투갈과 함께 세계를 양분하여 패권을 차지했을 만큼 세력이 강했다. 코르도바, 그라나다 등지에서 볼 수 있듯이 이슬람 문화가 발달하여 유럽대륙에서 이슬람의 흔적이 가장 많이 남아 있는 곳이기도 하다. 마드리드와 바르셀로나를 양대 축으로 한 스페인은 20세기 중엽 프랑코의 독재 정권 아래에 있었지만 이제 안정적인 발전을 하고 있는 나라다.[108]

1. 일반현황

인구(2023) : 4,748만 명

수도 : 마드리드(Madrid)

언어 : 가스티야어(표준 스페인어 74%), 까딸란(17%), 갈리시아어(7%), 바스크어(2%)

민족 : 스페인계(74%), 카탈로니아족(17%), 갈리시아족(7%), 바스크족(2%)

종교 : 가톨릭교(90%) 등

기후 : 동남부지역(지중해성 기후), 북서부지역(온대성 기후)

2. 경제현황

화폐단위 : EURO, 1EURO = 1,509.92원; 1US$ = 0.92 EUR(2024.7 기준)

GDP(2022) : 1조 3,796억 달러(세계 14위)

---

108) 김진용, 전게서, p. 354.

1인당 GDP(2022) : 29,351 달러
산업구조(2022) : 서비스업(66.4%), 제조업(16.4%), 건설업(5.2%), 농업 및 1차산업(2.6%) 등
총수출액(2022) : 4,184억 달러
총수입액(2022) : 4,934억 달러
무역수지(2022) : 750억 달러 적자
무역상대국 : EU제국, 미국, 멕시코, 사우디아라비아 등
주요 수출품(2022) : 자동차 및 부품, 농수산물, 석유화학제품, 섬유제품, 정보통신기기, 철강 등
주요 수입품(2022) : 원유, 광석, 기계류, 곡물, 화학제품, 통신기기 등
주요 부존자원 : 올리브, 포도, 보리, 석탄, 철강 등

3. 여행정보

(1) 투우와 플라멩코(Flamenco)

스페인을 이야기하면서 많은 사람들을 열광시키는 투우와 정열적인 춤인 플라멩코를 빼놓으면 알맹이가 빠진 것이나 다름없다. 로마 시대 때부터 있어 온 투우는 원래 귀족들의 오락이었으나 후에는 서민들의 경기가 되었는데 안달루시아 출신의 유명 투우사들이 많다. 투우는 투우사 마타도르(Matador) 1명이 2마리의 소와 대결하며, 1회 진행하는데 3명의 마타도르가 등장한다. 멋진 투우를 보여준 마타도르에게 관중들은 환호를 보내며 명예를 주도록 하는데, 명예란 다름 아닌 넘어진 소의 귀를 잘라 마타도르에게 주는 것이다. 하지만 이러한 명예는 자신의 목숨을 담보로 하는 것이기 때문에 상당한 위험이 따르며 상대적으로 고수입이 보장된다. 이렇게 위험한 오락이 있는가 하면 신들린 듯이 추는 몸놀림에 빠져드는 플라멩코가 있다.[109]

109) 상게서, p. 359.

(2) 소매치기 조심

스페인 마드리드에 도착하는 사람들에게 제일 먼저 하는 말이 있다. 우선 스페인에 오신 것을 "축하드립니다."라고 말한 후 다음에 꺼내는 말이 "소매치기 조심하세요."라는 주의 사항이다. 한국대사관에 가면 언제나 북적거리는 것을 볼 수 있는데 대부분이 여권과 지갑을 분실하여 방문한 한국 사람이다.

마드리드의 소매치기배들의 실력은 가히 예술이라 할 수 있다. 짙은 안개 속에서 공항에 내린 한 출장자가 공항에서 카트를 끌고 택시를 잡고 있는 사이, 주변에 아무도 없었는데도 갑자기 서류가방 하나가 없어졌다는 이야기는 유명하다. 그보다 더 유명한 이야기는 차가 잔뜩 밀리는 시내에서 갑자기 차의 뒤 트렁크를 열고서 짐을 빼내 오토바이로 가버리는 소매치기가 많다.

소매치기들이 가장 좋은 목표로 삼는 사람들이 일본인과 한국인이다. 언제나 현금을 많이 소지하고 다니고 관광에 정신이 팔려 있어 주의가 산만하기 때문이다. 따라서 필요 이상의 현금이나 카드를 소지하고 다니는 것은 스스로 표적이 되는 거나 마찬가지이다.[110)]

(3) 길을 물어볼 때 조심

스페인에서는 길을 묻지 않는 것이 좋다. 길을 물었을 때 모르겠다는 사람들이 없다. 잘 알지 못하면서도 아는 길을 가르쳐 주는 것이 신기하다. 따라서 오히려 아는 길은 혼동만 가져온다. 모르는 길을 물었을 때는 가르쳐 주는 사람이 제대로 알고 가르쳐 준다고 판단되기 전에는 방심하지 않아야 한다.[111)]

110) 상게서, p. 359.
111) http://www.travel.chosun.com

4. 스페인의 문화, 관습[112)]

(1) 사회관습

스페인 사람들은 일반적으로 사교를 좋아하며 가족이나 친구들과 이야기를 주고받을 기회를 많이 갖는다. 또한, 스페인은 우리나라에서와 같이 어린이를 매우 귀여워하는 것을 중요하게 여긴다.

(2) 스페인의 지역감정

1936년 스페인 내란 때 프랑코 총통이 이끄는 국민 전선의 승리로 스페인은 유럽의 후진국으로 밀려나고, 기나긴 독재아래 정치적으로 쇠퇴하게 된다. 바르셀로나를 중심으로 카탈로니아 지방 사람들은 프랑코 총통의 반대편에 섰고, 이에 화가 난 프랑코는 총통이 되자마자 바르셀로나에 보복을 가하기 시작했고, 독재기간 동안 카탈로니아 지방 사람들을 박해했다. 또한, 공직자들도 카탈로니아 출신은 절대 기용하지 않는 등의 차별은 계속되었기 때문에, 당연히 카탈로니아 사람들은 정부에 대한 반감도 커져만 갔다.

20세기 초까지만 해도 바르셀로나는 섬유공업으로 부유한 도시였고, 마드리드는 농산물 중심으로 귀족지주가 기반을 잡고 있었다. 따라서 마드리드는 값싼 외국농산물을 막기 위한 보호무역이 필요했지만, 바르셀로나는 공업위주의 자유무역이 필요했다. 미국의 남북전쟁과 상황이 비슷하지만 결과는 반대였다. 스페인 정부는 마드리드를 보호하기 위해 바르셀로나를 고려하지 않은 보호무역주의를 채택했고, 공업중심이었던 바르셀로나는 그때부터 점차 공업도시로서도 쇠퇴해 갔다.

이렇게 프랑코 총통의 차별적 정책이 점점 더 바르셀로나와 마드리드를 갈라놓았고, 결국 바르셀로나를 중심으로 한 카탈로니아 지방 사람들은 스페인 국민이기를 거부했다. 그래서 바르셀로나 사람들은 프랑코 정권이 끝나자 공용어를 카탈로니아어로 바꾸는 등 스페인 내에서 독자적인 정책을 걷고 있다.

---

112) http://www.travel21.co.kr, http://www.av5900.khan.co.kr

스페인의 축구열기도 자못 뜨거운데 이 역시 지역감정과 관계가 있다. 어느 나라나 그렇듯 프랑코 총통이 정치할 때 국민들의 시선을 딴 곳으로 돌리기 위해 축구와 투우를 육성했는데, 당연히 그 동안 쌓인 감정을 축구로 풀다보니 마드리드와 바르셀로나간의 축구경기는 점점 축구 이상의 무언가가 생기면서 감정이 격해지게 된 것이다. 맞수인 두 도시대표끼리 결승시합을 하는 날에는 전쟁을 방불케 한다. 아마 그들이 격하고 정렬적인 것이 어찌 보면 강한 독재의 압력 때문에 더욱 그렇게 됐는지도 모른다.

(3) 식사문화

스페인을 여행하는 사람들이 처음에 당황하는 것은 일반적으로 행동시간이 한국과 크게 다르다는 점이다. 일반가정에서의 아침 식사시간은 7시 30분~9시 사이로 한국과 그다지 차이가 없지만, 점심 식사시간은 오후 2~4시로 매우 늦은 편이다. 또 저녁 식사시간은 오후 9~11시 사이로 보통 한국인이라면 잘 시간에 식사를 하는 것이 특이하게 보인다.

따라서 스페인에서 주말 아침에 전화를 하는 것은 큰 실례 중의 하나이다. 왜냐하면, 스페인의 저녁식사는 보통 저녁 10시쯤에 시작되는데 식사를 마치고 나면 새벽 12시경이 된다. 이들은 보통 하루 5끼를 먹고 그들의 평균 식사시간은 2시간 정도 소요된다. 그때서야 커피를 마시고 동네에 술을 한 잔 하러 나가고, 새벽 2시쯤이 되면 저녁식사 후의 술 한 잔이 끝나게 된다. 이 시간에 각 마을의 한 가운데 있는 대광장에 사람들이 모여들기 시작한다. 서로의 안부를 묻고 또 술 한 잔을 하고 디스코장으로 이동하여 춤을 추고, 새벽 4시쯤 다른 디스코장으로 이동, 또 이동한다. 이러니 주말 12시 이전에 전화하는 것이 큰 실례가 되는 것은 당연하다. 이처럼 스페인은 뜨거운 정열을 가진 나라이다. 한 스페인 사람은 그들의 나라를 '쾌락의 낙원(a paradise of sensuality)'이라고 일컬었다.

스페인은 "그럼 또 내일"이라고 하는 인사에서 알 수 있듯이 어떠한 일에서도 서두르지 않고 자신의 의지대로 천천히 대처한다고 말할 수 있지만, 최근에는 이 같은 습성도 천천히 변화하고 있고 생활 템포도 유럽처럼 빨라지고 있다. 특히 직장인들 사이에서는 이전과 같이 점심식사에 오랜 시간이 걸리는 습관이 없어져

가고 있다. 또 점심식사 후 낮잠을 자는 경우도 적어지고 있다.

(4) 인사

남성들은 보통 인사로 악수를 한다. 친구끼리는 등을 두드리는 경우가 많고 오랜만에 만났을 때는 포옹을 하고 어울린다. 여성도 악수를 하고 친한 친구끼리라면 서로가 가볍게 껴안기도 하며 빰에 키스를 하기도 한다. 연상의 사람이나 변호사 등의 전문직을 가진 사람에게 말을 걸 때에는 성에 '세르뇨', '세뇨라', '세뇨리타' 등의 경칭을 붙여주면 좋다. 또한, '돈'과 '도나'의 경칭은 이름과 함께 사용하는데 이것은 중요한 인물에 대한 경의를 표하는 의미이다. 이름을 부르는 것은 친한 친구 끼리나 젊은이들 사이에서 사용된다.

(5) 방문

스페인 사람들은 의례적으로 초대를 할 경우가 있기 때문에 초대를 받았을 때에는 본심에서 초대하고 있는 것인지, 그냥 예의로 초대하는 것인지 구별할 필요가 있다. 따라서 반복해서 권유하기 전까지는 거절하는 것이 좋고, 또 초대받았을 때에도 적어도 1~2시간은 천천히 가는 것이 좋다. 방문할 때에는, 특히 저녁식사나 문병을 갈 때에는 꽃을 가지고 가는 것이 예의이다. 경우에 따라서는 손님에게 선물을 줄 때도 있는데 그때에는 그 장소에서 열어 보는 것이 좋다.

(6) 예절

① 가장 중요한 것은 상대방을 인격적으로 존중하여 항상 부드럽게 그리고 양보하면서 상대하여야 하며 서양 예절 모두에 충실하여야 한다. 모르는 사람에게도 반드시 인사를 해야 하고, 아는 사람에게는 될 수 있는 한 먼저 인사하는 것이 좋다.

② 식사를 할 때에는 식사 예절에 맞게 행동하여야 한다. 음식을 씹을 때는 입을 다물고 씹어야 하고, 국물은 소리 나지 않게 먹어야 한다. 커피를 마실 때에도 "후루룩 후루룩" 분다든지, 홀짝홀짝 마시지 말아야 한다.

③ 스페인에서는 우리나라에서와 같이 술잔을 건네주는 행동은 삼가야 한다. 상

대방 술잔이 바닥나기 전에 반드시 채워 주어야 하고, 술잔에 가득 채우지 말아야 한다. 술에 취해 비틀거리는 사람은 인간 이하의 취급을 받으므로 주의해야 한다. 특히 투우장이나 축구장에 술병을 가지고 들어가지 않는다. 그 안에서 파는 맥주를 마시는 정도이다.

④ 지하철 역내에서 흡연을 하면 벌금을 내게 되어 있으나, 특히 여성들이 많이 피우고 다닌다. 남자의 경우 공공장소에서는 대부분 담배를 피우지 않는다. 흡연 장소 및 금연 장소(지하철 구내 및 공항 대기실)의 구분이 우리나라와 비슷하며, 젊은 여성의 흡연 인구가 많고 여고생들도 길가에서 담배를 피우지만 단속은 하지 않는다.

⑤ 신발을 구겨 신거나 운동복, 헐렁한 옷차림으로 상대방을 대하지 말고, 그러한 차림으로 거리에 나가면 안 된다.

⑥ 여성에게 우선 양보해야 한다. 반드시 문을 열어 주고 차에 탑승·하차하도록 도와주어야 한다. 여닫이 문이나 엘리베이터 등 앞에서는 여성에게 양보해 주는 것이 예의이다. 지하철 등에 있는 에스컬레이터는 그냥 서서 올라갈 경우는 오른쪽에 붙어 있어야 급한 사람들이 왼쪽으로 걸어서 올라간다.

⑦ 최근에는 휴대폰이 있어 많지 않지만 공중전화를 사용할 경우 스페인 사람들은 대부분 통화를 길게 하므로 인내와 끈기를 가지고 기다려야 한다. "통화를 짧게 합시다."라는 식으로 말해서는 안 된다.

⑧ 모든 방문에는 예약과 약속을 해야 한다. 이발소나 식당 등에서는 예약을 하지 않으면 거절당하는 경우도 있다. 스페인 사람들의 시간 개념은 우리와 비슷하지만 비즈니스나 돈에 관련되는 등 자신에게 유리하고 필요한 시간은 반드시 지킨다.

⑨ 스페인에서는 비즈니스 아워와 시에스타(스페인, 중남미, 열대지방에서 낮잠 자는 시간) 시간을 알고 있어야 한다. 스페인에서는 일반 음식점에서나 상가들이 오후 2시에 문을 닫아 5시 이전에는 열지 않는다. 최소한 2시에서 4시 사이는 문을 닫고 있다고 생각하면 된다. 이 시간은 시에스타 로써 낮잠 자는 시간이다.[113]

113) http://www.travel21.co.kr

(7) 금기사항

① 서양 사람들은 미신을 믿건 안 믿건 일단 13이라는 숫자와 13일의 금요일을 불길하게 생각한다는 것은 다 알고 있으나, 스페인에서는 특이하게도 '13일의 화요일(Martes Trece)'을 흉일로 간주한다. 따라서 상담 일정이나 계약일자 등을 정할 때는 이 날을 피해서 잡는 것이 상대방의 불안감 해소에 도움이 될 수 있다.

② 스페인은 마드리드주, 카탈로니아주, 안달루시아주 등 17개 광역자치주로 구성되어 있다. 각 주별 특성이 뚜렷하고 지역감정이 존재해 주민 간 감정충돌이 가끔 발생한다. 특히 마드리드 시민(마드릴레뇨)과 카탈로니아 주 바르셀로나 시민(바르셀로네스)간에 지역감정이 뿌리 깊게 상존하고 있다는 점을 유념해야 한다.

마드릴레뇨들은 바르셀로네스들을 Tacano(구두쇠)라 놀리고, 반대로 바르셀로네스들은 마드릴레뇨들을 Chulo(뻔뻔스럽고 오만한 자)라고 상호 비방전을 벌인다. 따라서 마드리드 출신 비즈니스 맨 앞에서 바르셀로나를 치켜세운다든가, 바르셀로나 출신 비즈니스 맨 앞에서 마드리드를 칭찬한다면 진행 중인 상담은 실패할 위험이 높아질 것이다.

③ 비즈니스 상담 시에는 상담약속을 하고 약속을 지켜야 한다. 그리고 스페인 사람의 생활시간을 익혀두어야 한다.

④ 어떠한 일기에도 불구하고 구두를 벗거나 발을 보이게 앉는 일이 없도록 해야 한다.

⑤ 식사시 소리를 내면서 먹거나 귀를 후벼서는 안 된다.[114]

5. 스페인인의 국민성

일반적으로 스페인 사람들은 개인주의적이지만 친해지기 쉽고 친절하다. 말하기를 좋아하고 거리낌 없이 상대에게 조언을 해온다. 그것은 타인의 '실수'를 바로잡는 것이 자신들의 역할이라고 생각하기 때문이다. 한편, 스페인 사람들은 경제적인 풍요와 지위를 과시해 강한 인상을 심어주는 것이 중요하다고 생각하고 의견

114) http://www.travel21.co.kr, http://www.av5900.khan.co.kr

을 대단히 중요시하는 경향이 있다.

이들은 대체적으로 낭만적이고 대인 관계가 부드럽지만 자존심이 강하고 식민지 경영 습관이 은연중에 남아 있다. 이들은 담소를 즐기며 목소리가 높은 편이다. 또한 노래 듣기는 좋아하나 부르기는 싫어하는 경향이 있다.

음식 문화가 매우 다양하게 발달되어 있으며, 식사시간이 길고 포도주를 즐겨 마시는데 밤늦게까지 담소하며 즐긴다. 국민 대부분이 가톨릭 신자이며 대체로 종교적 의식이 짙다.

이들은 춤추기를 매우 좋아하며, 각 지역별로 고유의 춤이 있다. 서로 식사 초대를 많이 하며 외식하기를 좋아한다. 도회지 근교에 별장을 소지하고 주말에는 거의 대부분이 야외로 나가 지내며 여행하기를 매우 좋아한다.

지역별로 보면 카탈로니아 지방 사람은 매우 근면하나 타산적이고 사무적인 성격이며 인심이 그다지 후하지 않다. 남부 안달루시아 지방은 가장 낙천적이며, 춤추고 기타 연주를 좋아한다. 바스크 지방 사람은 부지런하고 호탕한 기질을 가졌으며 과음하는 습성이 있으며, 비교적 노래 부르는 것을 좋아한다.

스페인 사람들은 위아래의 구별이 없다. 세대차가 없어 보이기도 하다. 남녀노소가 함께 어울려 노래 부르고 술 마시고 잘 논다. 이는 스페인 사람들이 어울려 놀며 인생을 즐기는 것을 좋아하기 때문이다. 우리의 상식 속에서도 그들은 정열적이며 축제를 자주 가지며 발달된 음식문화를 가진 사람들로 알고 있다. 그들은 또 개방적이다. 그들은 나이 차이를 두지 않고 격식을 따지지 않는다. 해가 지고 밤이 깊어질 때 어느 도시 어느 술집을 들어가더라도 남녀노소가 함께 어울려 술 마시고 춤추고 대화하는 것을 목격할 수 있다.[115)]

스페인 사람들은 자기를 신용해 주면 상대방에게도 신용으로 대한다. 음식점이나 시장에서 물건을 사고 말이 통하지 않을 때에는 미소를 지으며 지갑을 열어 보이면 물건 값에 해당하는 금액만 꺼내가기도 한다.[116)]

그들은 자신의 감정에 무척 솔직하다. 약간 가볍게 보일 수도 있겠지만 사람을 사귀는데 있어서 가장 중요한 것이 바로 그 점이 아닌가 싶다. 그래서 그들은 친

115) http://www.travel21.co.kr
116) http://www.members.tripod.com

구가 많다. 한번 마음에 들면 영원한 친구가 된다.[117)]

외국인들이 보기에 스페인 사람들은 너무 말이 많고 시끄러우며 예절이 엉망일 뿐만 아니라 조심성이 없는 민족으로 보인다. 또한 새벽 3시 이전에 잠자리에 드는 사람을 볼 수가 없고, 파티라도 열리는 날이면 아예 밤을 꼬박 새운다. 노는 데 있어서는 둘째가라면 서러워할 브라질 사람들까지도 그들의 이런 초인적인 체력과 기질에는 경탄과 존경의 눈을 거두지 못한다.

스페인 사람들이 열정적이라고 얘기하지만 그들은 대단히 이기적이다. 자신의 허물엔 무한히 관대한 반면, 남의 허물에 대해서는 무자비한 비판을 서슴지 않는다. 그들은 아무리 자신이 잘못했더라도 별로 죄책감을 느끼지 않는다. 이웃이 모두 그러니 그러한 태도가 오히려 자연스러워 졌을지도 모른다. 길거리에서 어깨를 부딪치거나 엘리베이터에서 발을 밟아도 그 흔한 "죄송합니다.", "실례했습니다." 라는 말을 하는 이를 찾아보기 어렵다.

우리나라에서는 아이들이 식당이나 공공장소에서 마구 뛰고 소리를 질러대도 부모가 제재를 하지 않으면 손님들이 싫어하지만 이탈리아나 남부 프랑스, 특히 스페인에서는 너무나 당연한 일상적인 일이다.

스페인 사람들은 약속을 잘 지키지 않고 책임의식이 없다. 일반적으로 스페인 사람들은 "나는 모른다.", "난 책임 없다.", "오늘 일을 영원한 내일로 미룬다." 식의 사고방식을 가지고 있다. 따라서 시간약속도 잘 지키지 않는 것이 당연하다. 옛날에는 우리나라에도 '코리안 타임'이라 하여 약속시간보다 한 시간 정도 늦게 약속 장소에 나가는 것을 당연히 여기던 시대가 있었다. 그러나 경제발전과 더불어 이런 습관이 많이 고쳐졌지만 대도시에선 교통체증 때문에 또다시 약속시간을 정확하게 지키기가 어려운 형편이 되었다.

그러나 스페인 사람들과 약속하면 적어도 두 시간 정도는 기다릴 각오를 하지 않으면 안 된다. 그것은 오랜 습성이기도 하지만 본의 아니게 약속을 지킬 수 없는 사정이 생기기 때문이다. 길에서 우연히 아는 사람과 마주쳤을 경우 "커피 한 잔 하자."라고 제안했을 때, 이를 거절하는 것은 스페인 사람들에게는 대단히 큰 실례가 된다. 특히 상대방과의 대화가 끝나기도 전에 약속이 있다고 자리를 뜨는

117) http://my.netian.com/~hintel

것은 더더욱 큰 실례이다. 그래서 한 시간이고 두 시간이고 대화가 완전히 끝나기 전에는 자리에서 일어나는 법이 없다. 서로 먼저 자리 뜨는 것을 실례로 여기다보니 이야기는 끝없이 계속된다. 따라서 1-2시간 정도 약속시간에 늦는 것은 보통이며, 사실 상대방도 비슷한 이유로 늦게 도착하기는 마찬가지이다.

스페인 사람들을 식사에 초대하려면 적어도 식사시간 두 시간 전으로 약속 시간을 정해야 한다. 그렇지 않으면 손님 오기를 기다리는 동안 몇 번이나 음식을 다시 데워야 할 테니 여간 곤혹스러운 일이 아닌 것이다.[118]

6. 스페인 시장의 특성

스페인은 무역수지 적자가 거의 만성화되어 있으나 해마다 막대한 관광수입, 이민 송금, 중장기 자본도입으로 메워지고 있다. 스페인은 무역에서 EU 9개국과 역내 무역의존도가 매우 높고 최대교역국은 독일과 프랑스이며 미국과도 교역을 많이 하고 있다.

우리나라와의 교역에서 주요 수출품목으로는 자동차, 항공기, 폴리에스테르 직물, 타이어 및 튜브, 원양 어획물 등이다. 주요 수입품목은 가공모피, 전극 및 전자석, 조제농산식품, 컴퓨터 주변기기 등이다. 수출' 유망품목으로는 원양어획물(참치), 냉연강판, 석도강판, 엔진결합발전기, 타이어 및 튜브, 편직물, 폴리에스테르사, 주방용구, 이륜차, 에어컨, PCB, 의약품, 휴대폰 등으로 수출이 증가 추세에 있다. 스페인은 유럽 제국 중에서 수입 정책이 가장 까다로운 국가 중 하나이며, 많은 보호무역 품목이 있다. 그러나 EU 가입을 계기로 원칙적으로는 무역자유화의 방향으로 향하고 있다.

스페인에서 투자 유망분야로는 농산물, 피혁 등의 경공업과 전자, 자동차 등의 부품산업, 신소재 등의 첨단산업 진출이 유망하며 금융, 증권, 보험 등은 선진국의 진출로 우리 기업들의 경쟁력이 다소 떨어진다. 자유무역지대로는 라스팔마스, 테네리페, 세우다 등이 있다.

스페인에서는 각 자치정부간의 투자환경과 제공되는 인센티브가 다르므로 사전

118) 이원복, 『진짜 유럽이야기』, 두산동아, pp. 282-286.

에 충분한 지역별 투자에 대한 정보 수집이 필요하며, 과거 역사에 강한 자부심을 갖고 있는 현지문화에 대한 이해가 필요하다.119)

7. 상거래문화

스페인은 각 지방마다 서로 상이한 문화가 다양하게 발전되어 왔다. 비록 스페인이 EU의 한 회원국이고 지리적으로도 유럽 대륙 내에 위치하고 있지만 피레네 산맥을 넘어서자마자 "유럽에 간다."라고 말하는 것에서 볼 수 있는 것처럼, 스페인은 기타 유럽국가와는 이질적인 독특한 문화를 형성하고 있다.

스페인을 산업경제 분야에서 살펴보면, 동북부지역은 EU제국의 영향을 받아 공업이 발달해 있고, 남부는 농업과 관광에 의존할 수밖에 없는 대조적인 색깔을 띠고 있는 나라이다. 정치적으로도 이 나라 서북부의 바스크 지방에서는 민족독립을 부르짖으면서 장기간 정치적 충돌이 계속되고 있다.

스페인들과 비즈니스를 할 때 식사 중에는 공적인 얘기를 삼가야 한다. 스페인의 정식은 식전주, 전식, 본식, 후식, 식후주 순으로 이루어진다. 본식이 끝날 때까지는 유머, 스포츠, 취미 등을 이야기하며 비즈니스 상담 등 공적인 얘기는 하지 않는 것이 예의이다.120)

거의 대부분의 국민들이 가톨릭을 믿는 스페인에서는 가족이 매우 중요한 의미를 갖는데 평균 가족 수는 3.8인 정도이다. 이혼율은 0.5%에 지나지 않아 세계에서도 이혼율이 매우 낮은 국가들 중의 하나이다. 오래 전부터 남편은 가장으로서 엄격하고 근엄한 지위를 점유하고 있으며, 일반적으로 아내는 가정에서 아이를 돌보고 있다. 스페인은 과거에는 대가족 중심이었으며 현재에도 조부모와 삼촌, 숙모, 사촌까지 가족에 포함시키는 경우가 드물지 않게 발견된다. 남성에게는 강함과 사내다움이, 그리고 여성에게는 순종과 동정, 여성스러움이 요구된다. 보수적인 가톨릭의 영향으로 여성보다 남성 쪽이 훨씬 사회생활에서의 자유를 누리고 있다.

스페인에서는 과거의 젊은 여성들은 반드시 곁에 시중드는 사람이 있어야 교제

119) http://www.kotra.or.kr, http://www.khan.co.kr
120) 대한무역투자진흥공사, 전게서, p. 143.

할 수 있는 전통이 있었는데, 이는 오늘날 거의 없어졌다. 남녀교제를 시작하는 나이는 대략 14세 정도부터이며 대부분이 그룹교제를 한다. 이성간 두 명만이 데이트를 시작할 수 있는 나이는 18~19세부터이지만, 그것은 서로가 결혼할 예정일 경우에만 가능하다. 약혼기간은 일반적으로 긴 편이며, 결혼하기 전까지는 각자가 맡은 일을 하면서 결혼자금을 저축한다. 평균적으로 이들의 결혼연령은 남성은 27세, 여성은 20~24세이지만 최근에는 결혼연령이 점점 높아지고 있다.

스페인은 식사시간을 충분히 갖는 것으로 유명한데 점심은 보통 오후 2~4시까지 저녁은 9~11시까지 갖는다. 투우는 스페인의 전통적인 행사이다. 만일 투우가 화제에 오르면 스페인 사람들은 그것을 예술로 생각하고 있기 때문에, 비록 당신이 좋아하지 않는다 해도 그것에 대해 비평을 하면 그들의 감정을 상할 수 있음에 유의하여야 한다. 이와 같은 스페인 현지 상황에 대해 결코 비판을 가하지 않아야 한다. 스페인은 7월 20일~9월 15일까지는 바캉스 시즌이라 업무상 협의가 거의 불가능하고, 부활절 주간이나 크리스마스 전후도 마찬가지이다.

스페인인들이 삶에 대해 갖는 기본적인 태도는 '더불어 살아가라'는 것이다. 스페인에서는 유럽 다른 나라와는 달리 원칙적으로 모든 것을 말해도 별 하자가 없다. 문제가 발생하면 해결책이 모색되기 때문에 사람들은 그 문제에 대해 거의 염려하지 않는다. 하지만 "믿는 것도 좋지만 점검해 보는 것은 더욱 좋다."라는 격언이 스페인에서도 통용되는 것으로 보아, 계약을 체결할 경우에도 그 진행과정을 수시로 점검하면 좋다.

스페인 사람들과 상담할 때에는 지키지 못한 약속을 가지고 따지지 않아야 한다. 또한, 상담을 하고자 할 때 갑작스럽게 날짜를 정하지 않아야 하고, 협상 도중에도 압력을 가해서는 안 된다. 그리고 항상 협의할 준비가 되어있음을 보여주는 것이 좋다. 스페인에서는 상대방에게 자신을 소개할 때 학위나 직책 등을 나타내는 칭호는 사용하지 않으며, 명함에도 이를 기재하지 않는 것이 보통이다.

또한, 이들과 상담할 때에 양보의 여지를 가지고 협상을 준비하여야 한다. 이들은 너무 끈질기게 가격을 깎으려고 하는 경향이 있기 때문에 상담할 때 곤란한 경우가 있고 관계를 위태롭게 할 수도 있다. 따라서 이들과 상담할 때 신뢰감을 주어야 하고 일체감이 비즈니스 관계를 유지할 수 있다는 사실을 명심하여야 한다.

스페인에서 상거래를 할 때 대금 지불이나 지불 조건과 관련해 질문한다고 해서 결코 문제가 되지는 않는다. 나중에 논란이 될 소지가 될 수 있으므로 처음부터 분명히 해두면 좋다. 일반적으로 비용 견적을 제출하면 계약금이 지불된다. 나머지 금액은 계약 이행 상황을 봐가며 지불된다.

스페인에서는 저녁 11시까지는 전화를 해도 실례가 되지 않는다. 스페인 사람들 가운데는 즉석 연주의 대가들이 매우 많다. 스페인에서는 외국어로 말할 수 있는 사람이 드물기 때문에 중요한 상담이 진행될 경우에는 불필요한 오해로 인한 문제가 발생할 수 있으므로 통역사나 행사 안내요원들의 도움을 구하면 좋다.

이들과 대화할 때 종교, 여성, 정치, 지역주의에 관한 문제를 대화의 소재로 삼지 않아야 한다. 또한 스페인 사람들에게 어린이는 무척 소중한 존재이기 때문에 어린이를 싫어하는 듯한 인상을 결코 남기지 않아야 한다.

스페인 사람들은 일반적으로 본인이 살고 있는 곳에 대한 애향심이 강하고 자존심이 상당히 강한 편이므로 관련도시에 대한 비판은 바람직하지 않다. 스페인 사람들은 그들의 낙천적인 국민성 때문에 현재에도 타 유럽 국가들과 비교해 볼 때 비즈니스 감각이 둔한 편이다. 스페인 바이어들과 거래관계의 경험이 있는 사람들은 스페인 측의 여유부리는 태도에 대하여 많이 놀라곤 한다. 스페인에는 비즈니스만을 위한 비즈니스란 존재하지 않는다. 즉, 비즈니스 외에도 상대방과 함께 어울리는 등의 시간을 할애하는 인간적인 관계가 있어야만 장기적인 거래를 지속할 수가 있다.

스페인 사람들의 대화습관으로 목소리가 높으면 상대방과 이야기를 하고 있는 도중에 쉽게 끼어들기를 한다. 그리고 스페인어를 하지 못하면 상담이나 교제를 할 때 많은 어려움을 겪기도 한다. 스페인 대부분의 기업체 및 사업자들은 영어를 구사하기는 하지만 유창하게 하지는 못하며, 스페인 억양이 강한 영어를 구사한다.

스페인 사람들이 구매하는 제품은 휴가와 가장 연관성이 깊다고 할 수 있다. 전자제품의 경우 성탄절 직전에 가장 많이 소비되며, 이러한 분위기는 이때부터 1월 초(1월 6일은 동방박사의 날)까지 계속된다. 스페인에서는 동방박사의 날에 어린이들에게 특별히 선물을 한다. 또한 4월의 부활절을 전후로 하여 많은 소비가 일어난다. 그리고 여름휴가를 준비하는 기간에는 주로 캠핑용품, 음향기기, 레저용 자동차 등의 구매가 활발히 일어난다. 우리나라 기업의 입장에서 보면 스페인이 전자제품이나 자동차 등에 대한 소비가 급증하는 상권이라는 시각을 가지고 적극적인 시장공략방안을 강구할 필요가 있다.121)

스페인에서는 개인적인 친분이 그 무엇보다 중요하다. 새로 면식을 쌓기 위해서는 상당기간의 시간이 걸린다. 그리고 중요한 행사에서건 그렇지 않은 경우이건 인색하지 않다는 인상을 주면 좋다. 스페인에서는 식사초대가 보편화되어 있다.

스페인 사람들은 집으로 초대하기보다는 레스토랑 같은 장소로 초대하는 경우가 더 많다. 만약 가정에 초대되었을 때 이들은 선물을 기대하지는 않으나 민속공예품이나 여성들이 좋아할 만한 액세서리, 장식용품, 민속공예품 등을 받으면 좋아한다. 한편, 스페인 사람들은 대화 중에 유쾌한 표현을 했을 경우 평상시보다 목소리가 더 커지는 것이 보통이다. 그러므로 목소리가 큰 것만 가지고 상대방의 교육 수준 및 사회적 신분을 속단하는 것은 금물이다.122)

제11절 포르투갈

1500년대에 포르투갈은 향료류의 무역을 독점하여 유럽에서 가장 부유한 나라가 되었다. 그 당시 포르투갈의 세력은 브라질에서 중국까지 뻗어 있었다. 오늘날 포르투갈은 유럽 서방국가 중 가장 가난한 나라이지만 강력한 민주주의 체제를 가지고 있으며, 높은 경제 성장률을 달성하고 있다. 포르투갈 국민들은 부지런하고 친절한 국민성을 지녔으며, 한때는 유명한 개척자와 탐험가들을 배출하였다. 그러나 오늘날의 포르투갈은 유럽에 의지하고 있다. 오늘날 포르투갈 국민들은 농업이나 어업, 컴퓨터산업에 종사하고 있다.123)

121) 이호건외 3인, 전게서, pp. 262-267.
122) 주간상의, "유럽바이어들과의 상담, 이 점을 유의하자" - 스페인, 대한상공회의소, p. 44.
123) 장평순, 전게서, 제6권, p. 74.

1. 일반현황

인구(2023) : 1,035 명
수도 : 리스본(Lisbon)
언어 : 포르투갈어
민족 : 이베리아족, 켈트족, 라틴족, 게르만족, 무어족 등의 혼혈
종교 : 가톨릭교(90% 이상) 등
기후 : 대서양, 지중해성 및 대륙성 기후의 혼합형, 건기(5~10월), 우기(11~4월)

2. 경제현황

화폐단위 : EURO, 1EURO = 1,509.92원; 1US$ = 0.92 EUR(2024.7 기준)
GDP(2021) : 2,119억 달러
1인당 GDP(2021) : 20,531 달러
산업구조(2021) : 서비스업(75.4%), 제조업·건설업·에너지(22.4%), 농림수산업(2.2%)
총수출액(2021) : 751억 달러
총수입액(2021) : 975억 달러
무역수지(2021) : 224억 달러 적자
무역상대국 : EU제국, 미국 등
주요 수출품(2021) : 자동차 및 자동차 부품, 기계·장비, 고무 타이어 등
주요 수입품(2021) : 기계·장비, 화석연료, 차량·수송기기, 자동차부품 등
주요 부존자원 : 산림(코르크), 리튬, 우라늄, 주석, 아연 등
경제적 강점 : 풍부한 관광자원, 서비스업과 유통업 발달
경제적 약점 : 과중한 대외채무, 물가상승, 수출감소 및 무역수지 적자, 협소한 내수시장 규모, 공업 및 제조업 취약 등

3. 포르투갈인의 국민성

포르투갈은 여전히 가톨릭 성향이 강한 나라이다. 그러나 1974년 혁명의 결과로 가톨릭교회는 과거 정치에 직접적으로 개입하던 영향력을 상실하였다. 포르투갈인들은 민족적 성향이 매우 강하다. 이에 따라 상대적으로 큰 나라인 이웃의 스페인 및 스페인어에 대해 어느 정도 혐오감을 품고 있다. 대부분의 포르투갈인들은 스페인어를 이해할 수 있지만 포르투갈어를 모르는 외국인과 이야기할 때는 스페인어보다는 오히려 영어나 불어로 이야기 하려고 한다.

포르투갈인들은 자신을 상대방에게 소개할 때 자신의 학위를 함께 알려준다. 하지만 이들이 정말 그 학위를 소지했는지의 여부는 좀 더 두고 봐야 한다. 한편, Conde(백작)이니 Marquis(공작)이니 하는 칭호도 종종 사용된다. 이처럼 학위나 기타 칭호로 불러주기를 원하는 것은 매우 전통적이고 위계적 질서가 강한 포르투갈 사회의 한 특성을 반영한 것이라 할 수 있다.

포르투갈인들은 비교적 예의 바르며, 특히 외국 사람들에 대해 더욱 그렇다. 이러한 성향 때문에 외국 업체들과 만날 경우 꼭 물건을 구입하려는 의도가 없다고 할지라도 순전히 예의차원에서 상대방 제품에 관심을 표하는 경우가 많다. 한편, 포르투갈 사람들은 불편한 주제는 가급적 언급을 피하거나, 혹은 주제를 벗어나게 끔 오래도록 장황하게 말하는 경우도 있다.[124)]

4. 상거래문화

포르투갈은 16세기, 17세기 60년간에 걸쳐 스페인의 통치를 받은 것을 제외하고는 1910년까지 절대왕정국가로서 독립을 유지해 왔다. 1910년 혁명에 의해 왕정이 타파되고 공화국이 탄생했다. 그 후 종종 정권이 바뀌는 등 불안한 양상을 보이다가 1926년 군사 쿠테타에 의해 Antonio Salazar 내각이 출범하였다.

124) 주간상의, "유럽바이어들과의 상담, 이 점을 유의하자" - 포르투갈, 대한상공회의소, p. 44.

Salazar 수상은 2년도 채 안되어 자신의 정권을 견고히 다진 후, 1968년까지 거의 40년 동안 이 나라를 철권 통치하였다. 그의 뒤를 이은 후계자 Marcello Caetano 박사는 권좌를 1974년까지 밖에 유지할 수 없었는데, 이는 바로 그 해 4월, 다수 대중의 지지를 받은 군사 혁명이 일어났기 때문이다.

혁명 후 2년 동안 금융 전 분야를 포함해 경제 분야의 상당부분이 국영화되었고 포르투갈이 지배하던 식민지가 해방되었으며, 1975년 4월에는 자유투표로 선출한 국민의회에 의해 서유럽 국가들의 헌법을 참고한 신헌법이 제정되었다. 1986년 포르투갈은 스페인과 함께 EU에 가입하였다.

성격 면에 있어서 스페인 사람들은 남과 이야기할 때에는 침이 마르도록 자기 주장을 굽히지 않으며 소리를 높여 언쟁을 하듯이 말하는데 비해, 포르투갈인들은 내향성을 띠고 있으며 말도 적게 하고 매사 의사표시도 분명히 하지 않는다. 그러므로 상담할 때에 상대방의 참뜻을 잘못 읽으면 실패할 가능성이 많다.

시간적인 여유를 가지고 있는 생활습관이 상거래에서도 포르투갈인 특유의 여유로 나타난다. 오퍼 또는 문의사항이 있어 이메일이나 서신을 보낸 경우에도 시간이 흘러 잊어 버릴만하면 답신이 온다. "알아서 해주겠지." 하고 기다리면 오히려 요청한 측에서 포기한 것으로 간주한다. 이러한 포르투갈 사람들을 상대로 비즈니스를 하기 위해서는 이들의 여유를 뛰어 넘는 끈질긴 인내심이 필요하다. 많은 한국 업체들이 포르투갈 업체가 요구한 샘플을 보내놓고 마냥 회신을 기다리곤 한다. 그러나 회신을 받지 못하는 경우가 대부분이므로 어느 정도 시간이 지나면 유선이나 직접 방문을 통해 확인하는 것이 최선이다.

포르투갈 기업의 상당수는 가족기업 형태로 운영되고 있는 소기업들임에도 불구하고 마주앉아 수입 상담을 할 때에는 몇 천불을 수입하는 수준이라도 몇 시간씩 끈질기게 질문하고 협상한다. 또한, 상대방에게 좀 더 큰 기업으로 보이기 위해 큰 물량을 거래할 수 있는 것처럼 다소 과장하는 경우도 있다. 기업에 따라서는 향후 대규모 거래로 이어질 능력도 있으나, 대부분 협상을 유리하게 이끌기 위한 전략이다. 그들이 제시하는 과장된 조건에 욕심을 내서 시간과 노력을 낭비하는 일이 없도록 해야 한다.[125]

125) 대한무역투자진흥공사, 전게서, pp. 97-98.

바이어와 상담할 때에는 넥타이를 맨 정장차림이 좋으며, 가능한 한 예의를 벗어난 행동이나 서툰 농담들은 하지 않은 편이 좋다. 성실하고 차분한 자세로 상담에 임하여야 하고, 의견 차이가 있을 경우는 쌍방이 서로 반반씩 양보하는 것이 일반적이다. 양보할 입장이 못 될 경우는 이에 대한 사유를 합리적으로 설명하여 상대방이 충분히 납득할 수 있도록 해야 한다.

포르투갈인과 상담할 때는 상당한 시간이 소요될 것이라고 예상하는 것이 좋다. 포르투갈인들은 대체로 낙천적이고 항상 느긋하고 시간을 끄는 경향이 있으므로 여유와 인내를 가지고 상담에 임해야 한다. 상담과정에서 부정적인 답변은 별로 없으며 의례적으로 모호한 약속을 하거나 결정을 연기하는 경우가 많다. 포르투갈 기업인들, 특히 중소규모 업체의 기업인들은 자기 자신과 자신의 회사에 대해 이러쿵 저러쿵 장황하게 늘어놓을 뿐 아니라, 상대방으로부터도 동일하게 자세한 설명을 듣고자 하기 때문이다. 그러나 포르투갈인의 이런 저런 설명을 그대로 믿어서는 안 된다는 것에 주의하여야 한다.

포르투갈인과 상거래를 할 때 지불조건과 물품인수조건 등은 처음부터 명확하게 해 두는 것이 좋다. 왜냐하면, 포르투갈인들은 종종 성취되지 못할 약속을 하는 경우도 많기 때문이다. 또한 처음부터 모든 상황을 너무 낙관적으로 보았거나, 아니면 포르투갈 업체자신도 자신의 고객으로부터 대금을 적기에 인수하지 못하거나, 하청 조달업자로부터 물건을 적시에 조달받지 못하는 경우가 자주 발생하기 때문이다.

가격은 본선인도조건(FOB)으로 요구하는 경우도 있고, 운임·보험료포함조건(CIF)을 요구하는 때도 있으므로 두 가격조건을 모두 준비하는 것이 필요하다. 거래 초기에는 대부분 소량으로 시작하여 점차 거래 물량을 늘려가기 때문에 소량 물량에도 적극적으로 대응하는 편이 좋다.

포르투갈에서 대기업은 구매결정권이 담당자나 중간 경영층에게 주어져 있으나, 중소기업의 경우는 사장에게 구매결정권이 있다. 상거래를 상담하기 위해서는 사전 상담약속이 필요하나 현지인들은 약속시간을 정확히 지키지 않는 때가 많다.

포르투갈에서는 개인적인 친분관계를 갖는 것이 무척 중요하다. 개인적으로 아는 사람이거나 친분이 있는 사람으로부터 소개받은 사람과는 대개 업무추진이 훨씬 신속하고 효과적으로 이루어진다. 포르투갈과의 대부분의 거래는 가격경쟁이나 인간관계를 바탕으로 이루어지는 경우도 많으므로 그들의 상거래나 관습에 대한 이해가 필수적이다.

포르투갈은 6~8월이 휴가철이므로 현지 바이어들의 대부분이 여행을 떠나기 때문에 상담약속은 이 기간을 피하는 것이 좋다. 만약 이 기간에 지불하거나 물품을 인도하기로 했어도 종종 뒤로 연기되곤 한다. 대기업의 경우는 언어 소통에 문제가 없으나 중소기업의 경우는 포르투갈 통역이 필요할 수도 있다.

이들과 상담할 때에는 사전약속을 하고 시간의 엄격성은 요구하지 않으나 되도록 시간을 지켜 방문해 주는 것이 예의이다. 포르투갈 업체들도 예전과는 달리 약속 시간을 대개는 지키는 편이다. 시간약속은 스페인처럼 오후 2~4시 사이는 반드시 피해야 한다. 일반적으로 직원들은 보통 9시 30분이 넘어서야 직장에 출근하는 경우가 많다. 포르투갈의 리스본 등에서는 교통 상황이 좋지 않아 자칫하면 시간 약속을 지키지 못할 수도 있음을 염두에 두어야 한다.

포르투갈에서는 제품 설명이 스페인어로 되어서는 안 된다. 또 업무를 추진할 때 스페인인 대리인을 내세우는 경우 결코 유리할 것이 없음을 염두에 두어야 한다. 포르투갈인들과 업무를 추진하다 보면 비교적 형식을 차리는 듯한 느낌을 받게 된다. 다른 나라에서는 간단한 전화 한 통화로 해결될 일들이 포르투갈에서는 장시간 통화해야 해결되거나, 전화 통화로도 부족해 문서상으로 해결되어야만 하는 경우가 빈번하게 발생하기 때문이다.

대부분의 접대는 호텔이나 레스토랑에서 이루어지며 친숙할 경우는 부인까지 초대하는 경우도 있다. 일류 레스토랑에서 접대할 경우에는 사전 예약이 필요하며 식사 전 음료로는 포도와인이 많이 애용된다. 식사 중 가능한 한 큰소리는 피하고 종업원의 서비스가 필요한 경우에는 손으로 신호를 보내거나 종업원이 테이블 주변을 지나갈 때까지 기다리는 것이 필요하다. 한편, 작은 선물이나 기념될 만한 것을 선사하더라도 기쁘게 받으며, 대개 답례로 선물을 보내오는 경우가 많다.[126)]

126) 주간상의, 전게 월보, p. 44.

제12절 이탈리아

이탈리아는 고대의 흔적들이 곳곳에 살아 숨 쉬고 있는 국가라고 할 수 있다. 이탈리아는 전 세계의 모든 사람들이 한번 가보고 싶은 나라로 첫 손가락을 꼽을 정도로 사람들을 유혹하는 이상한 매력을 가진 국가라고 할 수 있다. 과거의 화려한 전통과 유물만을 고집하지 않고 현대의 첨단 패션과 유행을 잘 조화시키고 있는 이탈리아만의 독특한 매력이 있다. 이탈리아를 찾는 모든 사람들은 이탈리아의 웅장한 역사와 함께 남국의 강렬한 태양, 지중해의 시원한 바람, 산타 루치아의 감미로운 선율과 첨단유행, 감각적인 패션에 반하지 않을 수 없다.

우리나라와 같은 반도국가인 이탈리아는 남북으로 가늘고 길게 뻗은 모습이 마치 장화를 연상케 한다. 수도인 로마를 경계로 자동차와 패션산업이 번성한 북부 이탈리아와 지중해를 중심으로 한 농업과 어업이 주를 이룬 남부 이탈리아로 나뉜다. 북부는 남부에 비해 공업화가 비교적 일찍이 이루어져 토리노, 밀라노, 제노바를 잇는 삼각지대가 이탈리아 경제의 중심축이 되고 있다. 그러나 남·북 그 어느 지역에서도 3,000여 년 간의 이탈리아의 오랜 역사와 예술이 살아 숨 쉬고 있다.[127]

1. 일반현황

인구(2024) : 5,870만 명

면적: 301,340 ㎢

수도 : 로마(Rome)

언어 : 이탈리아어

민족 : 이탈리아인

127) 김진용, 전게서, p. 194.

종교 : 가톨릭(98%)
기후 : 지중해성 기후(연평균 15.6℃)

2. 경제현황

화폐단위 : EURO, 1EURO = 1,509.92원; 1US$ = 0.92 EUR(2024.7 기준)
GDP(2022) : 2조 105억 달러(세계 9위)
1인당 GDP(2022) : 34,159 달러
총수출액(2022) : 6,224억 달러
총수입액(2022) : 6,432억 달러
무역수지(2022) : 208억 달러 적자
무역상대국 : EU제국, 미국, 러시아, 중국, 일본 등
주요 수출품(2022) : 자동차 및 자동차부품, 의약품, 기계, 화학 등 기술 집약 제품과 섬유, 가구 등 고급 소비재
주요 수입품(2022) : 원유 및 원자재, 자동차, 의약품, 전자제품, 부품소재 등
주요 부존자원 : 농산물, 수은, 대리석 등
경제적 강점 : 제반 산업 다양하게 발달, 발칸반도 및 북부 아프리카지역, 중동 등 여러 경제권에 인접한 지정학적 위치
경제적 약점 : 전통적 경공업 위주의 전통산업의 특화로 인한 규모의 경제 실현이 어려워 세계시장 경쟁력에서 점차 뒤떨어지고 있음

3. 여행정보[128)]

(1) 주머니를 조심하여야 한다.

유럽의 다른 어느 지역보다 치안 상태가 좋지 않은 곳이 바로 이탈리아라고 할 수 있는데, 항상 예방이 중요하다고 할 수 있다. 간단한 주머니 치안대책을 알아

128) http://www.euroko.net/italia.html

보면, 먼저 사람이 많은 곳은 피하여야 한다. 테르미니역 부근이나 재미있다고 정신없이 바라보는 축제 행렬 옆에는 항상 소매치기가 있다고 생각하여야 한다. 그리고 누군가 이상한 친절을 베풀면서 시원한 음료수를 권하면 가급적 사양하여야 한다. 음료수에 수면제를 탔을지도 모르기 때문이다. 또 분위기 잡겠다고 큰길을 벗어난 호젓한 길을 혼자서 가지 않아야 한다. 또한 무엇보다 신문지를 들고 4~5명씩 떼지어 있는 어린이들을 조심하여야 한다. 어린이라고 얕보다가 큰 코다친다. 이들은 프로 소매치기로 만일 이들이 다가오면 큰소리를 치거나 발로 차는 흉내를 내야 한다. 특히 콜로세움이나 보르게세 공원, 포로로마노 근처 등이 우범지대이다. 물론 동행이 여러 사람이면 안전하다. 또 함부로 남에게 사진을 찍어 달라고 휴대폰이나 카메라를 맡기지 않아야 한다. 사진 찍는 척하다가 휴대폰이나 카메라를 들고 도망칠 가능성이 있다. 이러면 마치 로마가 범죄 소굴인 듯하지만 사실 그렇지 않다. 자신이 조금만 신경 쓰면 얼마든지 소매치기의 위험으로부터 벗어날 수 있다. 가령 돈지갑이나 여권같이 중요한 것은 목에 거는 지갑 속에 넣어 옷 안에 감추면 안전하다.

(2) 집시를 조심하여야 한다.

몇몇 유명 관광지에 가면 거의 예외 없이 집단으로 몰려 있는 집시들을 보게 된다. 팔라티노 언덕 주위에도 많은데 이들은 어른과 아이들 모두 손에 신문지 등을 들고 있다가 어수룩한 관광객이라고 생각되면 둘러싸고 물건이나 돈을 달라고 한다. 이 정도면 다행이지만 심한 경우 물건을 빼앗아 달아나 버리는 수도 있다.

이 때 사용하는 것이 신문지인데, 여러 사람이 눈앞에서 신문지를 흔들며 혼을 빼놓다가 순식간에 물건을 낚아채 도망치는 경우가 많다. 따라서 스스로가 조심하는 수밖에 없다. 만약 앞에 집시들이 있다면 일단 피해서 가야 한다. 만약 피할 수 없다면 다른 동료들과 합류해서 같이 가는 등 혼자 행동하지 말며 만약 집시들이 다가서면 크게 소리를 쳐야 한다.

4. 이탈리아의 문화, 관습

(1) 인사

이들은 만나면 우선 손님을 먼저 소개하고 성구별이나 관계, 직책 등에 상관없이 가장 먼저 하는 인사법은 악수를 하는 것이다. 길거리에서 친한 친구를 만났을 경우에는 'CIAO'라고 인사하는 것이 일반적이며, 어른들의 경우에는 "봉쥬르 또는 보나세라"라는 인사말을 사용한다.129)

(2) 식사예절

이탈리아인은 손님과 함께 저녁식사를 할 경우에는 보통 1~2 시간은 소요된다. 식사 때의 공통 화제는 대체로 축구 또는 정치, 가정의 대소사, 일에 관한 얘기, 고향 이야기 등이 주를 이룬다. 자기에게 주어진 양의 음식은 남김없이 먹는 것이 예의이며, 식사할 때 주의해야 할 점은 식사를 하는 동안에는 손이 항상 식탁 위에 올라와 있어야 한다는 것이다. 그리고 다른 사람이 식사를 다하지 않았는데 자리를 털고 일어서는 것은 대단한 실례이므로 주의해야 한다. 손님은 뒷정리에 신경 쓰지 않아도 된다. 만약 레스토랑에서 식사를 했을 경우, 계산서에 봉사료가 포함되기도 하지만 그렇지 않은 경우에는 팁을 주어야 한다.130)

(3) 복장

이탈리아인들은 옷을 깨끗하고 깔끔하게 입는 것을 좋아하고, 또 그렇게 입어야 한다고 생각한다. 따라서 지저분하고 이상한 옷을 걸친 이탈리아인들은 거의 볼 수 없다. 그리고 집안에서 선글라스를 착용하는 것을 좋아하지 않는다. 이들은 격식을 갖춘 것을 좋아하여 인사를 나눌 때 실내의 경우에 남자는 모자를 벗어야 한다. 그리고 사람 앞에서 신발을 벗거나 옷을 걸치고 나서는 것은 실례라고 생각한다.131)

---

129) http://www.charismatour.com
130) http://www.mynetian.com

(4) 남녀교제와 결혼

데이트할 때는 누구의 간섭도 받지 않으며 그룹 또는 커플끼리 만난다. 그러나 남자가 교육을 마친 후 직업을 가지지 않으면 결혼하지 않은 경향이 있으므로 약혼한 후 1년 내지는 10년을 기다려 결혼하는 경우도 있다. 이탈리아인의 정열적인 기질로 보아 남녀관계가 자유분방할 것 같지만 실제로는 매우 보수적인 면을 가지고 있다. 그것은 어렸을 때부터 결혼을 전제로 교제하는 경우가 많은 것을 보면 알 수 있다. 가톨릭의 영향을 받고 있지만 1970년대 이후 이혼법이 통과되고 낙태를 찬성하는 쪽으로 여론이 선회하면서 전통적인 가정 개념에 큰 변화가 나타나고 있다.

그러나 성문화는 북유럽의 모습과 큰 차이를 보이지 않는다. 도시 가정의 경우 외견상으로는 이혼율이 낮게 나타나지만, 실제로는 별거하는 부부가 다수 존재하며 동거 중에도 다른 애인을 고정적으로 두는 경우가 있다. 또한 청년층들은 조혼을 기피하며 오랜 연애 기간을 가진다. 이는 주택 가격이 비싸 신혼집을 마련하기 어려워서이기도 하지만, 결혼의 실패가 가져다 줄 폐해를 두려워하기 때문이기도 하다.[132]

(5) 가정생활

이탈리아에서 가장 중요한 사회적·경제적·조직적·정치적 단위는 가족이다. 이탈리아에서 얘기하는 가족이란 부부와 자녀들로 이루어진 핵가족만을 일컫는 게 아니라 가지에 가지를 친 씨족을 통틀어 일컫는 개념으로, 이는 『대부』라는 영화를 통해 우리에게도 어느 정도는 알려져 있다.

핵가족이나 소가족의 경우 온 가족을 먹여 살리는 가장으로서 모든 대소사를 혼자 결정하는 아버지, 진짜 힘든 일을 모두 도맡아 하면서 모든 일은 아니지만 정말 중요한 일의 결정을 내리는 어머니, 의타심으로 똘똘 뭉친 자식들로 이루어져 있다. 사실 이탈리아의 아들들은 어렸을 때부터 잘못된 버릇이 몸에 배어 자신이

131) http://www.charismatour.com
132) http://www.euroko.net/italia.html

원하는 것을 스스로 노력해서 얻는다는 개념을 전혀 알지 못하는 경우가 많다. 그러나 딸들은 제대로 대접을 받지 못하고 자라난 탓에 오히려 성장해서는 오빠나 남동생들의 무능과 약점을 알게 되고 이를 극복하여 비교적 강인하게 성장한다.

이탈리아인은 일단 결정된 가문의 뜻을 거역한다는 것은 감히 상상하기 어려우며, 이를 거역하면 영원히 가문에서 추방당할 것을 각오하지 않으면 안 된다. 일반적으로 27세가 된 이탈리아인 전체의 4분의 3이 부모에게 의지하여 살고 있는 것만 보아도 이 나라에서 가정을 벗어난다는 것은 다른 나라와는 전혀 다른 전제와 정서를 요구한다는 것을 알 수 있다.

이탈리아의 아버지는 가장으로서의 권위를 가지고 모든 일을 결정하지만, 아버지 뒤엔 여성이 버티고 앉아 있다. 이탈리아 남성들은 자신의 어머니를 성녀 마리아라고 믿고 있다. 그래서 이탈리아 남자들은 부모로부터 독립해 나가기가 정말 어렵다. 어머니는 아들을 위해 정말 헌신적이어서 아들이 더 이상 바랄게 없을 정도로 지성을 다해 모든 걸 바친다. 결혼한 뒤에도 일주일에 한 번 쌓아두었던 빨래를 들고 집으로 돌아오면 어머니는 군소리 한마디 없이 깨끗이 빨래하고 다림질까지 해서 돌려준다.

서른 살이 넘은 아들이 부모 집에서 여전히 함께 사는 사실 자체가 이탈리아에서는 전혀 새삼스러운 일이 아니어서, 이미 십대에 부모 품을 떠나 자립해 나가는 알프스 이북의 유럽 나라들과는 근본적으로 정서가 다르다. 따라서 이탈리아엔 고령의 미혼 남성이 많을 수밖에 없고, 이들은 어김없이 부모에게 당당하게 의지하며 산다.[133)]

(6) 여성의 지위

이탈리아 사회에서 여성이 차지하는 비중은 이중적인 성격을 띠고 있다. 여타의 유럽 사회에 비해 여성의 사회 진출은 떨어지는 편이지만, 가족적 유대감이 강한 관계로 가족 내에서 어머니의 전통적인 역할은 매우 강하게 나타난다. 아들에 대한 어머니의 편애는 대단히 높은 수준이고, 아들 역시 이러한 어머니를 사랑과 존경으로 대한다. 따라서 이탈리아가 유아 교육에 있어 세계 최고의 수준이

133) http://www.euroko.net/italia.html

라는 사실은 시사하는 바가 크다. 몬테소리 교육은 이탈리아에서 출발한 교육 프로그램이다.

이탈리아 여성들은 겉으로는 양순하고 너그럽게 남편들을 편안하게 대해 주지만 알 것은 모두 알고 있으며, 자기가 하고 싶은 일은 다 하고 살면서 정작 이탈리아 가정을 지배하는 사람은 여성들이다. 여성들은 남성들에게 있어서 체면이란 것이 얼마나 중요한 것인지 너무도 잘 안다. 그래서 남성들한테 모든 일을 독단적으로 결정하는 위엄 있는 가장 역할을 맡도록 내버려두지만, 어렸을 때부터 의타심이 많은 이탈리아 남성들이 인생의 대소사를 혼자서 감당할 수 없다는 사실 또한 너무나 잘 알고 있다. 이러한 남성들과 살면서 아이들을 양육할 때 가정의 모든 권한은 저절로 여성들이 차지하게 된다는 것을 여성들은 안다. 따라서 이탈리아에서는 어머니가 남자를 편애한다고 해서 여성들은 기분 나쁘게 생각하지 않는다.134)

5. 이탈리아인의 국민성

(1) 다양한 국민성

이탈리아인은 여러 민족의 성을 이어받은 관계로 국민성이 다양한데, 그 특징 중에 하나는 감정적이지 않고 상당히 현실적이며 관습을 아주 중요하게 여긴다. 또 유럽인과 비교했을 때 완고한 면도 가진 민족으로 의지가 강하며, 근면하고 숙명을 본능적으로 받아들이는 점도 특징이라고 할 수 있다. 그리고 인간관계에서는 개인주의적인 친분을 무척 중요시 여긴다.135)

(2) 대화와 의사표현 방식

이탈리아인은 이야기하기를 매우 좋아하고, 사람들은 과다한 제스처들과 몸동작에 의해 강조되는데, 대부분의 사람들은 이것이 이탈리아인들이 서로 대화를 나누는 유일한 방식이라고 여긴다. 그러나 이탈리아에는 사실상 확실히 구분되는 두

134) http://www.travel21.co.kr
135) http://iicat.com

가지의 사회적 교류 유형이 있다. 하나는 이탈리아인들의 정형화된 모습으로 보이는 시끄럽고 표현이 과다한 대화의 유형이고, 다른 하나는 초연한 태도로 침묵을 일관하는 대화의 유형이다.

이탈리아인들은 대화할 때에 있어서 연극하는 것과 같은 과장된 광경을 재미있어 할 뿐만 아니라, 열이 날 정도로 큰 소리로 대화를 나누는 것도 즐긴다. 사실 이 두 가지 유형의 태도는 중대한 문제들을 다루는 걸 회피하는 방법으로 보일 수도 있다. 심각한 의견 차이를 일으킨 두 사람은 침묵에 의지함으로써, 그리고 중개자를 사용함으로써 그 문제를 지나가게 할지도 모른다. 그러나 이것은 단지 각자가 그 문제를 아예 거론하지 않는 것으로 해결된다. 시끄럽고 많은 제스처가 동원되며, 표정이 풍부한 대화 유형은 하루가 다르게 극적인 광경을 연출한다. 이것을 회피 수단으로 볼 수 있는데, 효과적인 광경 속에서 자신이 드러내고자 하는 바를 강조하려는 것이다.

이탈리아인들에게 있어서 대화는 연대감을 갖기 위한 수단이다. 상대방에게 관심이 있다는 것을 보여 주기 위하여, 또한 자신이 상대방에게 관계되어 있음을 보여 주기 위하여, 그리고 상대방과 함께 있는 것이 즐겁다는 사실을 보여주기 위한 한 방편이라고 생각하면 된다. 그래서 이야기하기를 좋아하는 것은 우정의 표현이며, 침묵은 흥미가 없다거나 문제가 발생하고 있다는 것으로 추정할 수 있다.[136)]

(3) 외국인에 대한 환영성과 배타성

이탈리아인의 최대의 결점은 어떤 사항에 대해 반응이 늦다는 것인데 반대로 인내력은 그들의 최대 미덕이라고도 할 수 있다. 또한, 이탈리아인은 타인에게 친절하지만 개인적으로는 독창성을 중시하는 경향이 강하고, 출신 지역이나 직업, 계급에 대해 폐쇄적이며, 이민족에게 배타적인 시각을 가지고 있다. 따라서 다른 민족이 이탈리아에 들어와 자리를 잡기가 쉽지 않다.

그러나 또 한편으로는 이탈리아인들은 외국인을 좋아한다. 특히 돈 많은 외국인은 더욱 환영이다. 특히 매년 알프스 산맥을 넘어오는 600만 명에 달하는 게르만 민족들은 더욱 대환영이다. 그들은 매년 알프스 산맥을 넘어 게르만민족의 대이동

---

136) http://iicat.com

을 하지만 과거 고대 로마시대처럼 이탈리아 반도를 점령하거나 멸망시키려는 것이 아니라 외화를 아낌없이 사용하고 때가 되면 부탁하지 않아도 어김없이 고향으로 되돌아간다는 점이다.

이탈리아인들이 이들을 더욱 반기는 이유는 같은 서구 문명의 뿌리를 가진 공동 문화권에 살고 있으면서 고대 로마문화가 뿌려준 고귀한 문화의 씨앗에 대한 고마움을 알고 있으며, 이탈리아인의 문화와 이탈리아인에 대해 각별한 존경심을 가지고 있다는 점 때문이다. 즉, 독일인과 네덜란드인, 스위스인, 오스트리아인, 스칸디나비아의 노르만족까지도 이 찬란한 고대문화 유적에 한없이 겸손해하는 점이 이탈리아인들은 너무 마음에 드는 것이다.

그런데 이탈리아인들이 가장 싫어하는 외국인은 바로 프랑스인이다. 그 이유는 이탈리아 문화 앞에 전혀 고개 숙일 줄을 모르는 유일한 외국인이기 때문이다. 콜로세움이나 포로로마노와 같이 전 세계 사람들이 그 앞에서 벌린 입을 다물지 못한 채 위대한 로마문화를 찬양하는데 반해, 옆에서 프랑스인은 이에 관심 없다는 표정을 하고 있는 민족으로 생각하기 때문이다. 또한, 이탈리아인들이 그 무엇보다 견딜 수 없는 것은 이탈리아인들이 생각할 때 형편없는 프랑스산 포도주가 이탈리아 포도주를 밀어내고 세계를 석권하고 있다는 점이다.

이탈리아인들은 영국인들을 보는 눈을 조금 달리한다. 이탈리아에 온 영국인들은 처음엔 그토록 견딜 수 없어 하던 냄새, 소음, 난장판 같은 것이 곧 매력으로 둔갑한다. 그러나 영국을 찾는 이탈리아인들은 아무리 시간이 지나도 그 음울하고 차가운 정적과 질서를 견디지 못한다. 이탈리아인들은 자기가 살고 있는 나라 이탈리아가 세상에서 가장 뒤죽박죽이며 엉망진창이라는 사실을 안다. 그러나 이탈리아를 벗어나면 그 어디를 가도 맛없는 패스트푸드나 냉동식품으로 배를 채우고, 빛나는 태양 대신 추적추적 내리는 빗속에서 굳은 표정이나 짓고 다니는 슬프기 짝이 없는 나라들뿐이라고 생각한다. 그래서 이탈리아인들은 사람이 살 수 있는 유일한 나라는 이탈리아뿐이라고 생각하기 때문에 이탈리아를 운명처럼 사랑할 수밖에 없는 것이다.[137]

137) http://iicat.com

(4) 관대성

이탈리아인들은 대체로 성격이 자유분방하고 남에 대한 배려와 이해심이 있으며 친절하다. 또 상대방으로 인해 기분 나쁜 일이 있더라도 좀처럼 직설적으로 나타내지 않고 우회적으로 표현하는 경향이 있다. 따라서 이탈리아인을 대할 때는 상대방의 실수를 그 자리에서 바로 지적하지 않는 것이 좋고, 딱딱한 표정보다는 자연스럽게 웃거나 환한 표정을 짓는 편이 원만한 대인관계를 유지할 수 있는 방법이다.

이들은 다른 사람의 실수에 대해서 상당히 관대한 편이기 때문인지 몰라도 자신의 잘못에 대해서도 상대방이 용서를 해주기 바라는 마음을 갖는 경향이 많다. 이러한 면은 이방인에게는 사기성이 있는 민족으로 간주되기도 한다. 객관적으로 보더라도 신뢰성이 다소 떨어지는 면을 지니고 있어 상거래의 경우 계약사항을 변경하거나 취소하는 일이 가끔 발생한다. 과거에 명성을 떨쳤던 나라가 그러하듯이 이탈리아 역시 명예와 체면을 중시하며, 허영심도 다소 강한 민족으로 알려져 있다.[138]

(5) 대립성의 기질

이탈리아 남성은 어머니에 대한 애정이 아주 각별하지만 자신의 아내에 대해서는 무척 엄격하다. 보통 가정의 경우 모든 선택권을 남편이 쥐고 부인은 남편에게 사소한 비용까지도 타서 쓰는 경향이 있다. 유럽 사람들은 연인으로서는 이탈리아 여성이 최고라고 여기고 있어서 아직도 남성의 시각은 여성을 지배하고 싶은 욕망이 잠재해 있는 듯하다.

한편, 이탈리아에서는 두 개의 직장을 갖고 있는 것이 크게 문제가 되지 않는데, 능력 있는 사람이 직장을 많이 가지고 있기 때문에 상대적으로 높은 실업률을 가져오는 결과가 되고 있다. 대학졸업자는 전체의 10% 정도이며 졸업과 함께 '돗토레(Dottore)'라는 칭호를 이름 앞에 붙여 부르는데, 이렇게 부르면 인간관계도 좋아지고, 또 그렇게 부르는 것을 예의라고 생각한다.[139]

138) 윤치근, 『학원세계대백과사전』, 학원출판공사, p. 136.

(6) 지역주의의 심각성

우리나라 사람들은 지역감정이 심각한 지경이라고 걱정들을 많이 한다. 그러나 우리의 경우 한 나라 한 국민 사이에서 함께 어우러져 살아야 한다는 숙명감이 전제되어 있고 국민화합차원에서 이를 문제 삼고 있지만, 이탈리아의 남북감정은 이와는 전혀 차원이 다르다.

로마를 중심으로 북과 남으로 확연히 갈라지는 지역정서는 서로를 완전히 이질적 존재로 규제해 버리고는 언제라도 마음만 먹으면 갈라 설 수 있다는 태도이다.

실제로 북부 이탈리아만 따로 떼어 '파다니아 공화국'을 수립하겠다는 움베르토 보시를 중심으로 한 급진파들은 국기까지 만들어 놓은 적이 있었다.

북부인들은 남부인들을 메초조르노라고 부르며 부패한 족속이고 반아랍인 쯤으로 경멸한다. 국가에서 주는 보조금 없이는 살 수 없는 형편없는 마피아들로 무시한다. 남부 이탈리아인의 눈에 비치는 북부인들은 오스트리아인과 다름없고(북부 이탈리아는 오랫동안 오스트리아인에 대한 반감이 우리나라 사람들의 반일감정과 유사하다.) 운이 좋아 부유한 북부에 태어난 덕에 남부 노동자, 농민들의 피땀 흘린 노동을 착취하며 호의호식한다고 생각한다.

북부 사람들은 이탈리아에서 일어나는 모든 나쁜 현상들, 예컨대 인플레이션, 부정부패, 수출 부진, 파업 등을 모두 남부 사람들 탓으로 미뤄버린다. 그래서 '남부 병'이라는 말까지 생겼다. 그러나 실제로 이탈리아에서 가장 부정부패가 심한 곳은 돈이 제일 많다는 이탈리아의 경제 중심지인 북부쪽에 위치한 밀라노이며, '뇌물의 수도'라는 별명까지 얻고 있으니, 남부인들이 북부인들을 곱지 않은 눈으로 북쪽을 노려보는 것도 당연하다.

지역별로 홈을 둔 축구팀들이 벌이는 이탈리안 축구 프로리그가 유별나게 애향심이 강한 이탈리아인들을 열광시키는 것은 너무나 당연한 일이다. 남북 도시간의 경기라도 벌어지면 말 그대로 '남북전쟁'을 방불케 하는 남북 지역감정의 대리전쟁이 그라운드 위에서 불꽃을 튀기게 된다. 그러나 서로 으르렁거리는 남북이지만 쉽사리 등을 돌리고 갈라설 수 없는 이유는, 만약 이탈리아가 둘로 쪼개진다면 북

139) http://www.mynetian.com

부는 노동력 부족으로, 남부는 자금 부족으로 경제가 엉망이 될 수밖에 없기 때문이다. 이탈리아 남북감정의 재미난 사례를 들어 보면, 이발사들이 거의 모두가 남부 출신이기 때문에 북부 이탈리아 사람들은 머리카락조차도 자를 수 없게 될 것이라는 것이다.

그러므로 이탈리아인들은 자신을 로마 사람, 밀라노 사람, 시칠리아 사람, 피렌체 사람으로 소개하고 이탈리아인으로 소개하지 않는다. 그래서 자신이 밀라노, 로마, 제노바 사람임을 강조하며, 예를 들어 방금 어떤 경기에서 메달을 따면 그 선수는 자기 고장 사람임을 자랑한다.

그래서 이탈리아 사람들에게 가장 중요한 첫인사는 상대방에게 어디 출신인가를 물어보는 것이다. 이것은 미국 사람이나 독일사람, 또 우리나라 사람들에겐 아주 이해하기 어려운 질문이다. 한국인이라는 대답으로 끝내는 우리에게 그들은 통석연치 않은 표정을 짓는다. 이탈리아 사람에게는 한번 베네치아에서 태어났으면, 로마에서 자라고 밀라노에서 학교를 다녔으며 20여 년간 미국에 이민 가 살다가 다시 돌아와 피렌체에 살아도 죽을 때까지 베네치아인이다. 결코 그럴 리는 없지만 만약 그 자신이 원치 않아도 모든 이탈리아인들은 그를 베네치아인으로 인정할 뿐 다른 가능성은 전혀 없다. 따라서 이탈리아인들은 태어날 때부터 죽을 때까지 자기가 태어난 고향을 등에 업고 다닌다. 이런 지독한 지역성은 이탈리아인의 정서를 결정짓는 가장 중요한 열쇠이다. 그의 고향은 그의 세계이자 우주의 한복판이며, 이 세상 그 무엇과도 바꿀 수 없는 가장 고귀한 정신적 지주인 것이다.[140)]

6. 이탈리아 시장의 특성

구치, 아르마니, 베르사체, 미소니, 베네통 등의 패션 산업에서 디자인이 고부가가치의 열쇠라는 사실이 새삼 강조되면서 우리나라도 패션 디자인 육성에 발 벗고 나섰다. 그런데 어찌하여 이탈리아 패션이 프랑스를 누르고 전 세계적인 선풍을 일으키고 있을까? 그야말로 이탈리아 패션이 세계를 석권하고 있고 세계센터

140) http://iicat.com

는 이탈리아 패션 브랜드가 완전히 석권하다시피 하고 있다. 어떤 사람들은 이러한 석권은 이탈리아 정부의 집중적인 지원 때문이라고 나름대로 분석을 하지만, 가장 큰 요인은 바로 이탈리아 국민성 때문이라 할 수 있다.

이탈리아는 패션에 대해 유별나게 까다롭고 나름대로 세련된 취향을 가진 소비자가 있었기에 이탈리아 패션이 그토록 성장할 수 있었던 것이다. 일본 제품이 세계적으로 그 품질을 인정받게 된 것은 1억 2,800만 명이라고 하는 엄청난 소비자를 가진 방대한 시장과 업체들간의 치열한 경쟁 때문이다. 더구나 일본 소비자들은 세계 어느 나라 국민들보다 까다롭고 수준 미달의 품질에 아주 잔인하다고 할 수 있다. 그 치열한 경쟁에서 살아남으려다 보니 일본 제품의 품질이 좋아질 수밖에 없었던 것과 마찬가지로 이탈리아인들의 옷에 대한 유별난 관심이 오늘의 이탈리아 패션 산업을 일구어냈다고 해도 과언이 아니다.

이탈리아인들에게 옷은 참으로 중요한 의미를 갖는다. 굳이 고전적 의미에서 정장을 차려 입는다거나 격식을 갖춰 입는 것은 아니지만 입어야 할 옷을 '당연히 제대로' 입는다. 옷장에서 아무 옷이나 대충 꺼내 걸쳐 입는다는 것은 결코 있을 수 없는 일이다. 어떤 지위, 어떤 직업, 어떤 입장에서든 항상 그들의 옷차림은 나름대로의 매력을 살리고 자신이 빛나게 보이도록 배려한다. 대충 차려 입은 듯 하면 서도 자신의 몸매와 신분을 십분 살려내는 센스가 그들의 몸에 배어 있다.

예컨대, 수영장의 긴급구조원은 하루 종일 별 볼일 없이 어슬렁거리는 것처럼 보이지만, 그는 어떤 수영복이 자신의 체형을 잘 살릴 수 있는 디자인이며, 어떤 폼으로 수영장 주변을 순시할 때 여성들에게 멋지게 보일 수 있는가에 가장 큰 신경을 쓴다. 은행의 청원경찰도 똑같은 유니폼이지만 어떻게 입어야 가장 멋있게 보일지, 모자는 또 어느 정도 비스듬히 써야 할지, 허리에 찬 권총을 어떤 손으로 지그시 누르고 있어야 멋있게 보일 것인지에 대해 고심한다. 스포츠의 경우에는 이런 현상이 더욱 두드러진다. 이들은 수영장에 갔을 때 수영을 할 줄 아느냐 모르느냐는 전혀 중요하지 않으며 얼마나 멋지게 보이느냐가 최대 관심사이다.

이와 같이 이탈리아의 패션분야가 세계시장을 제패하는 까닭을 이탈리아의 국민성과 역사성을 연계시켜 볼 때, 전통적인 가업을 가족들이 경영하면서 수세기 전부터 이어 받고 교묘한 상술로 세계의 부를 축적하였다. 예를 들어, 르네상스가 시작된 베네치아 지방은 항구도시로서 당시 교역의 중심이 되었고, 여기에서 축적된 부를 바탕으로 르네상스 문화가 시작되었다.

이러한 사실은 이들의 패션산업의 전개에서도 볼 수 있는데, 이들은 20세기 초까지 영국, 프랑스에 대한 저가품 하청생산기지 및 소재공급기지로서의 역할을 하면서 기술을 축적하였고, 1960~1970년대에 걸쳐 밀라노 중심의 대규모 전시회 개최와 브랜드 개발의 노력결과로 우수한 디자이너들의 탄생과 독자적인 브랜드의 성취를 가져왔으며, 이 단계에서 저임금 국가와의 경쟁에 대응하여 원가절감 중심의 대량생산 전략을 포기하고 우수한 기술, 디자인, 색채감각을 활용하여 고품질 고부가가치 제품의 생산전략을 채택하였으며, 유통경로 상 도매상을 두지 않고 프렌차이즈 소매점과 판매 대리인 위주의 유통전략을 채택하여 제조업체와 소비자를 직접 연결함으로써 소비자의 욕구를 민감하게 파악 대응할 수 있는 소량 다품종 생산을 중심으로 하였기 때문이었다.141)

7. 상거래문화

이탈리아의 산업은 소수의 대기업, 특히 정부계열 기업이 기간산업을 점유하는 한편, 가족관계를 유지하는 다수의 중소기업이 존재하는 이중구조로 되어 있는데, 이러한 중소기업들의 효율적인 경영 때문에 이탈리아 산업에 활력의 원천이 되고 있다. 이러한 이중성의 경제구조는 기업규모 면에서 보면 소수의 현대적 대규모 기업과 다수의 영세 기업군으로 구성되어 있다. 산업부문에서도 생산성이 높은 공업과 생산성이 떨어지는 농업·수공업이 공존하며, 더욱이 이러한 것들이 이 나라에서 가장 심각한 문제인 지역간 불균형을 이루어 왔다는 점이다.

관공서의 일 처리 행태는 선진국 위상에 맞지 않게 상당히 부정적이다. 일반적으로 알려진 서양의 합리적인 관행과는 달리 관료주의가 팽배해 민원업무의 처리에 소요되는 기간을 예측하기 힘들다. 똑같은 일에 대해서도 담당자마다 요구하는 서류가 다를 수도 있고, 민원을 제기한 시기에 따라 처리되는 기간이 다른 경우가 허다하다. 또 민원을 우편으로 접수해서는 해결을 기대하기 어려우므로 직접 찾아

141) http://www.kotra.or.kr, http://www.worldtour.co.kr

가야 한다. 이로 인해 인맥을 통해 업무를 처리하는 관행이 보편화되어 있으며, 심지어는 민원업무를 대행해주는 업종이 성업을 이룰 정도이다.

이탈리아의 경영조직은 대부분이 담당제를 채택해 독립적이고 직접적인 방법으로 운영되고 있다. 이와 같은 방식으로 인해 같은 회사 안에서도 다른 부서의 업무에 대해서는 전혀 상관하지 않으므로 항상 직접 담당자와 상담하는 것이 좋다. 이탈리아는 중소기업이 잘 발달되어 있으며, 이러한 중소기업은 간부 대부분이 혈연이나 지연으로 연계되어 있어 회사 기밀에 대한 보안이 비교적 잘 되어 있고 모든 정보는 바로 최고 경영자의 귀에까지 들어간다.

업종별로는 오래 전부터 역사와 전통을 갖고 있는 자동차 제조 산업, 조선 및 기계 산업, 피혁 및 섬유제품, 화학제품, 가구 및 조명제품 등의 분야가 발전되어 있다. 특히 섬유, 피혁, 가구 등의 제품분야는 중소기업이 중심이 되고 있으며 혁신적인 아이디어, 기술의 향상, 세계 각지로부터 정보의 수집, 유연한 대응, 효율적인 경영을 무기로 현재 세계의 흐름을 좌우하고 있다. 특히 섬유산업은 다수의 소규모 기업이 지역적으로 집중하여 활약하고 있고, 독특한 디자인 능력과 마케팅의 교묘함으로 세계의 패션계에 군림하고 있다.

이탈리아 경제에 큰 비중을 차지하는 50개의 대기업 중 3분의 1 정도는 정부의 원조로 이루어진 회사들이다. 제조업부문의 대부분 회사들은 독자적인 아이디어로 상품을 만들어 한정·생산하는 경영방식을 채택하고 있다. 따라서 이들과 협상을 할 때는 개인과 개인의 인간관계를 중시하는 태도로 즉흥성과 충격요법을 이용해 대응하는 것이 좋다.

이탈리아인들은 과감하고 저돌적이어서 상대의 능력을 파악하기는 어렵다. 따라서 처음으로 거래를 할 경우에는 은행이나 다른 금융기관을 통해 신용을 사전에 조사해 두는 편이 좋다. 이들과 상거래를 할 때는 질서가 없고, 일의 진행에 많은 시간이 필요하다는 사실을 항상 염두에 두어야 하며, 인내심을 갖고 추진해야 하며, 상대에게 무리한 요구를 하지 않는 편이 좋다.

이들과의 거래에서 주의해야 할 점은 시간관념과 질서의식이 없다는 것이다. 처음 약속을 하고 만날 경우, 약속 시간에 조금 늦는 것은 이해하는 편이 좋고 만났을 때 선물을 주면 좋아한다.

상거래에 관한 상담을 할 경우에는 자신이 처한 상황이나 개인적인 일을 꺼내는 것은 금물이며, 자신의 한계성 등을 상대에게 주입시키려고 한다든가, 강요하는 행위도 삼가야 한다. 또한, 중소기업의 경우에는 조직화된 업무처리 능력이 떨어지므로 거래할 때 발생할 수 있는 문제점에 대해서도 미리 합의를 하는 편이 좋다. 그리고 미리 알아둘 사항은 7월말~8월말까지 거의 한 달간은 휴가기간이기 때문에 물품인수가 어려울 수 있으므로 이 점에 대해서 주의를 요한다. 그리고 이들과 중요한 또 다른 물품 내역을 결정할 때 구두보다는 서면으로 확실한 절차를 밟아두는 것이 좋다.

이탈리아에서는 무역관행이 독점계약, 다품종 소량주문 형태의 거래이기 때문에 우리 상품의 대량 진출을 위해서는 다각적인 마케팅 기법이 요구되고 있다. 한편, 유통구조면에서 전문 소매상을 통한 판매가 주종을 이루고 있는 이탈리아 시장 여건상 전국을 커버하면서 고객에 대한 지원서비스 제공이 가능한 유력한 유통업체 선정이 필요하다. 또한, 현지 관련 전문 전시회에 참가할 경우 비즈니스 기회 발굴 및 제품 수명 주기가 짧은 소비시장의 특성을 파악하여야 한다. 이탈리아에서는 대부분 중소업체로 구성되어 있고 성숙한 거래관계 구축에 시일이 소요되므로 소량오더에 대해 성실히 이행하여야 하고, 장기간 꾸준하고 지속적인 마케팅이 필요하다. 그리고 이탈리아 시장은 패션, 디자인에 민감하며 유명 브랜드가 선호되고 있으므로 제품브랜드의 인지도를 제고하는 노력이 필요하다. 그리고 상담 중에 이탈리아어로 요점을 정리하는 것도 상호간에 일체감이 형성되므로 협상에 효율적이다.

이탈리아 가정에 식사 초대를 받아 방문할 경우에는 꽃이나 초콜릿을 포장해 선물하는 것이 일반화되어 있다. 만약 꽃을 선물할 때에는 국화는 절대로 가져가서는 안 된다. 국화는 죽음을 의미하며 묘지를 장식하는 꽃이기 때문이다.[142].

접대는 대부분 일반 레스토랑에서 이루어진다. 특이한 점은 이탈리아인들은 점심때는 프랑스 치즈를 먹지 않는다. 이러한 식사시간에는 절대로 일에 대한 이야기는 해서는 안 되며, 상대방이 흥미 있어 하는 이야기로 서로 상대방을 이해하는 시간을 보내는 것이 바람직하다. 가정에서 식사할 때에는 보통 음식과 가정에 대

142) http://www.mynetian.com

해 찬사를 보내면 좋아하며, 이탈리아 음식은 종류가 많고 먹는 순서도 다채로워 사전지식이 필요하다.143)

우리나라 사람들이 이탈리아인들과 상거래에 대한 상담을 할 때에는 이들이 라틴계의 성격을 가지고 있다는 것을 감안하여 지구력과 인내심을 가져야 하고, 대화가 실제 거래보다 우선적으로 이루어짐을 감안하여 상대방의 실제 상황판단에 주의하여야 한다.144)

제13절 그 리 스

그리스를 방문하는 여행객들은 모두 짙푸른 하늘과 빛나는 청록색의 바다, 순백색의 가옥들과 바위 그리고 모래에 대해 이야기한다. 그리스는 대부분 바위가 많은 구릉지대와 산악지대, 그리고 복잡한 형태를 한 수많은 섬들로 이루어져 있어서 야성적이고 자연적인 아름다움이 풍긴다.

바다의 긴 어귀는 바위투성이의 해안선과 맞닿아 있어서 바위로 이루어진 돌기 사이에 깊은 만을 형성하고 있다. 그러나 불행하게도 그리스의 대지는 완만하지 않다. 그래서 그리스의 노동자들은 항상 생존하기 위해서 그리고 생활수단을 얻기 위해서 애써야만 했다.

많은 서방 민주주의 국가의 원리, 미의식, 그리고 과학적이며 철학적인 분석과 탐구 등은 그리스라는 이 작은 나라에 그 뿌리를 두고 있다. 그러나 여러 시대를 흐르면서 그리스의 맥은 끊겼다. 그 중에서도 특히 오랜 기간에 걸친 튀르키예의 지배로 독립과 긍지에 대한 그리스인의 의식은 심하게 상처를 받았다. 그럼에도 불구하고, 그리스는 고전적인 건축물이나 예술품 그리고 인간 본성에 대한 생생한 통찰력을 제공해 주는 신과 영웅에 대한 전설 등을 통해 오늘날에도 과거를 극적으로 재현시켜 주고 있다.

이러한 전통적인 유산은 오늘을 사는 그리스인들에게 자부심을 부여해 줄 수도

143) http://www.charismatour.com
144) 이승영, 전게서, p. 290.

있지만 부담이 될 수도 있다. 민주주의의 개념을 창출하여 갈채를 받아 왔던 많은 그리스인들은 여러 세대를 거치는 동안 극심한 가난 속에서 살아야 했고, 종종 민주주의 이상을 반대하는 이들로부터 정치적인 압박을 받아야 했다.

지중해의 동쪽이며 반도에 위치한 그리스는 동양과 서양의 중간에 있다는 지리적인 이점으로 인하여 고대부터 유럽, 아시아, 아프리카 사이의 교량역할을 해 왔으며, 동양과 서양의 문화를 연결시켜 주었다. 그러나 최근 수 백 년 동안 이 같은 지리상의 전략적인 위치는 국력을 강화시키기 보다는 수많은 외세의 침략과 지배를 받는 원인으로 작용했다.

그리스를 방문하는 사람들은 이 나라의 멋진 풍경과 고고학적인 예술품들에 감탄하지 않을 수 없다. 그러나 이러한 물질적인 유산만 보고 그리스 국민 자체가 지니고 있는 복잡성이나 자질을 무시한다는 것은 매우 유감스러운 일이다. 그리스인들은 개인의식이 높은 민족으로 호의적이면서도 강한 전통의식을 지니고 있다.145)

1. 일반현황

인구(2023) : 1,034만 명

면적 : 1,319만 6천 ha(세계 97위)

수도 : 아테네(Athens)

언어 : 그리스어

민족 : 그리스인(95%), 알바니아인(4.3%), 마케도니아인, 투르크인, 불가리아인 등

종교 : 그리스 정교(98%), 이슬람교(1.3%) 등

기후 : 지중해성 기후

145) 장평순, 전게서, 제6권, p. 141.

2. 경제현황

화폐단위 : EURO, 1EURO = 1,509.92원; 1US$ = 0.92 EUR(2024.7 기준)
GDP(2022) : 2,191억 달러(세계 54위)
1인당 GDP(2022) : 20,733 달러(세계 44위)
산업구조(2022) : 서비스(74.3%), 제조업(20.6%), 농업(5.1%)
총수출액(2022) : 575억 달러
총수입액(2022) : 978억 달러
무역수지(2022) : 403억 달러 적자
무역상대국 : 러시아, 독일, 이탈리아, 튀르키예, 미국, 중국, 대한민국 등
주요 수출품(2022) : 광물성 연료, 정제 구리, 치즈, 올리브, 나프타, 알루미늄, 의약품, 플라스틱 등
주요 수입품(2022) : 원유, 천연가스, 연료, 전기제품, 기계류, 의약품 등
경제적 강점 : 지리적 위치, 풍부한 유적지로 관광산업 발달, 높은 교육수준, 1차·3차산업 강국
경제적 약점 : 높은 공공부채 및 경제불안으로 인한 재정적 어려움, 제조업 약소국, 고부가치산업 부족, 재정위기, 인프라 부족

3. 그리스의 문화, 관습[146]

(1) 인사

특별한 인사법은 없으나 처음 만날 때뿐만이 아니고 사람을 만나면 언제든지 악수를 한다. 방문객에게는 보통 따뜻하게 대하며 포옹하거나 양 볼에 키스로서 인사를 한다. 친한 친구사이에는 어깨 넓이로 손을 벌려 서로 상대의 손을 두드리는 약식의 인사를 잘 한다.

146) http://www.euroko.net/grecia.html, http://av5900.khan.co.kr

(2) 가족관계

가족에 대한 결속력이 매우 강한 편이며, 보수적인 가정생활을 유지하고 있다. 우리나라 사람들이 추석과 설날에 귀향하듯이 이들도 크리스마스나 이스타(부활절)의 휴가기간에는 외국에 나가 사는 가족이나 도시에 거주하는 사람들도 귀향하는 풍습이 있다. 이들은 일반적으로 노인에 대한 공경심이 철저한 편이며, 노인을 공양하는 가정도 많다. 따라서 연장자의 권위를 존중하며 사람들 간의 위계질서도 분명한 편이다. 또한, 자녀들에게는 엄격하며 교육에도 많은 신경을 쓰고 있다.

(3) 낮잠의 관습

그리스인들은 스페인 사람들과 마찬가지로 낮잠 자는 습관이 있다. 오후 2~5시까지는 시에스타 라는 오수를 즐기기 위해 모든 관청과 사무실, 상가들은 문을 닫는다. 이 시간에는 라디오 소리도 낼 수 없으며 텔레비전조차도 방송을 중단한다. 급한 용무가 아니면 이 시간에 방문하거나 가정에 전화하는 것은 큰 실례에 속한다.

(4) 결혼

그리스의 전통적인 결혼은 남성이 여성의 부모로부터 허락을 받아 교제를 시작하여 정식 약혼기간을 가지게 되지만, 요즘에는 자유연애로 결혼하는 경향이 늘어나고 있다. 그리스에서의 결혼은 사랑보다는 재력 같은 외적조건이 더 중요시되고 있다. 신부의 아버지가 결혼식 비용과 가재도구를 준비하는 지참금 관습은 법률로 폐지하였으나, 아직도 지방에는 남아있다. 결혼 후에는 시집에 들어가 사는 경우도 있고 분가하여 가정을 꾸리는 경우도 있다.[147]

(5) 여성의 지위

그리스는 여전히 남성과 여성 고유의 역할이 중요시되는 나라이다. 또한, 겉으로 보기에는 부계 중심적 사회이지만 실제 내면에 있어서는 어머니의 영향력이

147) http://av5900.khan.co.kr/nationpkg.justdisp

큰 나라이다. 현재 경제계에서 여성의 중요성이 증가하고 있지만, 전통적 사고방식을 고수하고 있는 그리스 남성들 가운데는 이런 변화를 마지못해 받아들이는 사람들이 많다. 즉, 그들은 여성들이 사회 활동을 하기보다는 본연의 역할, 곧 가정주부의 역할로 돌아가기를 바라는 것이다. 하지만 젊은 세대에서는 남성과 여성의 역할 분담에 있어서 점차 권리가 평등하게 보장되는 방향으로 전개되고 있으며, 여성들도 정계나 경제계에 많이 진출하고 있다.

(6) 몸짓과 예의

언어와 함께 비언어적인 몸짓과 손짓도 중요한 의사전달의 수단으로 사용되는데, 대부분의 나라에서 'Yes'의 의미로 해석되는 머리를 끄덕이는 행위를 그리스에서는 'No'를 의미하며, 반대로 머리를 좌우로 흔드는 행위가 'Yes'의 뜻으로 사용된다. 그리고 한 손으로 턱을 쓰다듬는 행위는 "매력적이다"의 표현이 되고, 오른손의 세 손가락을 오므려 빙빙 돌리는 행위는 상태나 일의 진행정도를 묻는 의미로 해석된다.

또한, 다섯 손가락을 펴서 손바닥을 상대편을 향해 가까이에서 손을 흔드는 행위는 대부분의 나라에서는 "안녕"의 의미로 사용되지만, 그리스에는 상대방을 멸시할 때 사용하는 것으로써 강한 모욕의 표현이 되므로 반드시 금해야 할 행동이다. 그리스인들은 기쁠 때뿐만 아니라 화가 났을 때에 웃기도 하므로 그리스인들의 표정에 대한 판단은 신중해야 한다.

4. 그리스인의 국민성

그리스인들은 말의 재능이 풍부하여 말하기를 좋아하고 외국어에 능한 국민이다. 외국인에 대하여도 매우 친절하고 싹싹하고 외국인에 대한 접대 또한 성의가 있으며 믿기 어려울 만큼 관대하다. 그리스인들은 시간을 적극적으로 활용하기보다는 즐기는 편이다. 이들은 약속시간을 지키기 위하여 서두르지도 않으며 사람을 만나는 시간을 사전에 정하지 않는 경향이 많다.

고대 그리스인들은 낯선 사람들을 만나면 신이 변장을 하고 있을지도 모른다는 생각에 손님을 친절히 대하는 습관이 있다. 아직도 이러한 접대의 정신이 남아 있어서 방문객에 대해 극진히 대접하고 있다. 주인이 음식을 권유하거나 천천히 놀고 갈 것을 권하는 것은 진실된 마음에서 나오는 말이므로 응할 수 있으면 응하는 것이 좋다. 특히 손님이 요리를 잘 먹어주면 요리가 마음에 들었다고 판단하여 좋아한다.

그리스인 집에 초대되었을 경우 여성에게 집안의 장식이나 손질에 대해 칭찬하면 좋아하지만, 특정 물건에 대한 지나친 칭찬은 부담을 느끼게 하므로 피하는 것이 좋다. 방문할 때 선물은 꽃이나 케이크 등을 준비하는 것이 무난하며, 접대에 대한 보답으로는 아이들에 대한 칭찬이나 아이들을 위한 간단한 선물을 지참하는 것도 한 가지 방법이다.[148)]

5. 상거래문화

그리스인들은 자신들이 세계에서 가장 오랜 역사와 문화를 자랑하는 나라에 살고 있다는 자긍심을 갖고 있다. 이미 기원전 2800년경에 오늘날 그리스 지역에 탄생한 도시국가들은 지중해 전역의 발전에 지대한 영향을 미쳤고, 나중에는 소아시아까지 그 영향력을 미쳤다.

소크라테스의 철학은 아테네의 아고라(시가의 중앙광장)에서 시민들과 나눈 대화를 통해 이루어졌다고 해서 현대 그리스인들도 독서보다는 토론을 더 좋아한다. 또한, 그리스인들은 예로부터 외국인을 따뜻하게 대해 주는 풍습이 있으며 외국인에 대한 호기심도 무척 많다. 시골 카페에 이방인이 자리를 잡고 있으면 어김없이 그 고장 사람들이 빙 둘러싸고 이방인의 직업, 나이, 가족상태, 수입, 취미 등 엄청나게 많은 질문을 한다. 일반적으로 그리스인들은 감정을 억제하지 못하는 경향이 많다. 이들은 집안에서 운동선수든 해운왕이든 각 분야에서 뛰어난 사람이 나오면 자신이 '제1인자'가 된 것처럼 주위에 자랑하고 뽐내기도 한다.[149)]

그리스는 아무리 거리를 다녀 보아도 서점이 거의 보이지 않는다. 가끔 눈에 띄

148) http://www.bibletour.co.kr
149) 김현식, 『동아월드투어 가이드』, 동아출판사, pp. 179-180.

는 것도 아주 작은 규모인데다 손님은 하나도 없다. 수도 아테네가 그런 형편이니까, 지방으로 가면 더 말할 나위 없을 것이다. 요컨대 책 같은 건 아무도 안 읽고, 사람들은 카페에 모여들어 이러쿵저러쿵 토론을 하며 나날을 보낸다. 아마 그리스인들만큼 얘기를 좋아하는 국민도 없지 않을까 싶다. 이러한 사정으로 인하여 정보가 전달되는 방식도 일본과는 상당히 다르다. 일본에서 정보는 먼저 TV에서 보도하고, 신문으로 확대되며, 잡지에서 보충되고, 책으로 확인되는데, 그리스에서는 무슨 정보가 한 가지 들어오면 동네 아저씨들이 카페에 모여들어, 그것에 대해 이런 것도 아니다 저런 것도 아니다, 하면서 끝낼 줄 모르고 떠들어대는데, 그 결과로써 막연한 여론 같은 것이 형성되는 셈이다. 이러한 형태의 여론 형성은 시간이 걸리기는 하지만, 그런 만큼 사리가 분명하고 정연할 것 같은 느낌이 들기도 한다.150)

그리스인들이 민족정신을 함양하게 된 중요한 계기는 바로 튀르키예의 그리스 지배였다. 거의 400년 동안 그리스는 오토만 제국의 속국으로 전락했지만 종교와 언어의 자유는 보장받았다. 1821년에 이르러서야 독립 전쟁이 시작되었고 1830년 마침내 그리스 왕국으로 독립하게 되었다. 이러한 역사적인 배경에 근거해 그리스인들은 자신들의 나라를 유럽의 발상지라고 보는 등 자긍심이 대단하다. 한편, 튀르키예와는 비록 함께 NATO 회원국이긴 하지만, 여전히 긴장관계에 놓여 있다.

그리스는 인구의 98%가 그리스정교를 가지고 있다. 교회의 영향은 중부 유럽 다른 나라들보다 큰 편이며 세례식, 결혼식, 부활절 등 교회 행사는 삶에서 가장 소중한 순간들이다. 세례식이나 결혼식 같은 행사가 있을 경우에는 손님들이 쇄도하여 문전성시를 이룬다. 성인이 되는 날은 자기 자신의 생일보다 더 성대히 치르며 이날에는 모든 친구들이 초대된다. 한편, 이런 행사들에 초대받을 경우 꼭 선물을 지참해야 한다.

교통수단으로써는 택시를 추천할 만하다. 택시는 도중에 합승시키는 경우가 많으며 각자가 택시비를 지불해야 된다. 자정부터 아침 5시까지는 택시비가 주간보다 두 배가 된다. 그리스인들은 직함을 가진 연장자를 존중하며, 인사를 할 때 일정한 규칙은 없고 다만 악수를 나눈다든지 포옹, 또는 첫 번과 마지막 회합이 끝

150) http://members.tripod.lycos.co.kr/blues4/ess/muasa/greece.htm

날 때 키스를 하기도 한다.

그리스에서는 서로를 소개할 때 그다지 형식을 따지지 않는다. 이들은 인사할 때 학위 등의 칭호는 사용하지 않지만 예외가 있다면 장관들이나 대학 교수들이다. 그러나 직책은 경우에 따라서는 사용되기도 한다. 이들과 인사할 때는 우선 명함을 주고받는다. 누가 상석에 앉는가 하는 문제는 별로 중요하지 않다. 특히 그리스에서는 사적인 영역에서뿐만 아니라 업무상 관계를 갖는데 있어서도 상호 접촉을 통해 인간관계를 맺는 것이 매우 중요하다.

이들과 상거래를 할 때, 특히 여름철에 엄격히 준수되는 하오 휴식(보통 오후 2~5시)을 방해하면 매우 무례한 것으로 여겨지니 미리 주의를 기울여야 한다. 그리스인들은 특히 여름철에는 업무가 거의 정지되다시피 하니 이 시기에는 가급적 업무 차 방문을 삼가 하여야 한다. 즉, 방문할 때에는 하기 휴가시즌인 7, 8월과 크리스마스와 부활절 전후 2주간은 피해야 한다. 본격적인 상담 시기는 10월과 다음해 6월까지로 되어 있다. 또한, 이들과는 저녁에도 11시 이후에 전화를 삼가야 한다. 한편, 여름철에는 업무상 방문할 경우에도 옷차림에는 그다지 신경을 쓰지 않아도 된다.

이들은 상거래 활동 시 시간을 잘 지키며 상대방 외국인에게서도 이를 기대한다. 그러나 저녁 식사에 초대됐을 때 15분 정도 늦는 것은 허용된다. 또한, 예의범절이 중요시되는데 예절 양식은 이웃 중부 유럽제국들과 비슷하다. 그리고 이들은 신체적 접촉을 자연스럽게 하는 편이며, 서로 이야기 할 때도 상대방 눈을 보면서 한다. 그렇다고 특히 남성과 여성 간에 너무 빤히 바라보거나 하면 오해를 살 수 있으니 어느 정도 적당한 선을 유지해야 한다. 이들은 말을 할 때는 힘을 주고하며 동시에 제스처를 잘 쓴다. 한편, 악수하려고 손을 내밀 때 손바닥을 위로 한 채, 손가락을 쫙 펴서 내밀면 매우 모욕적인 것으로 여겨지므로 주의해야 한다.

이들과 협상에 임하기 전에 보통 간단한 인사말(근황을 묻는다든지 가족에 대해 묻는다든지)을 하는 것이 보통이고 이에 간단히 대답하면 된다. 협상은 장황한 편이며, 특히 중요한 프로젝트 같은 경우 저녁 식사를 같이 들면서 밤늦게까지 협상이 계속되는 경우도 있다. 이들과 상담할 때는 너무 일찍 양보하거나 하면 안 된다. 만약 일단 쉽게 양보하게 되면 추가로 양보하도록 압력을 받을 수 있기 때문이다. 이들과의 상담은 사전약속이 없어도 상관없지만 미리 전화로 약속을 하고 방문하는 것이 바람직하다. 이들은 매우 친절하며 이해심도 많고 때로는 지나칠 정도의 친절을 상대방에게 베푼다. 그리고 상대방이 자신이 소유한 장식품이나 어떤 물건에 대하여 지나친 칭찬을 하면 이를 선물로 주겠다고 하며, 이를 받도록 강요하는 점은 아랍인들과 같다. 그러므로 이와 같은 말은 하지 않는 것이 좋다.

그리스 시장에서 소비재의 경우 브랜드 인지도와 디자인이 주요 구매 포인트이며 자본재를 구입할 때는 가격이 훨씬 더 중요시된다. 소비자들은 품질을 빌미로 값을 깎으려 하는 성향이 있다.

그리스에서는 대부분 매체를 통해 광고를 할 수 있는데, 특히 민간 방송사가 많은 관계로 TV, 라디오가 주요 광고 매체의 역할을 하고 있다. 자본재는 오직 전문잡지에만 광고를 실을 수 있다. 그리스에서 전시회 참가를 통한 홍보 전략은 그다지 큰 효과가 없는데, 이는 전시회가 그리스 국내 시장에만 국한된 것이 많기 때문이다. 따라서 그리스 상인들은 보통 외국에서 개최되는 주요 분야별 전문 전시회를 방문하는데, 이러한 전시회 참가 자체가 그리스 내에서 상당한 광고 효과를 가져다 줄 수 있기 때문이다. 현지 수입업자들은 소량·다품종의 주문이 일반적이고 품질보다는 가격이 시장을 주도하고 있다. 수입업자들은 거래의 계속성과 안정성보다는 수익성에 초점을 두고 있어 상품의 대량판매는 어려운 실정이다.

이들과 상거래를 할 때에 신속한 견본 송부는 거래 성립에 필수적인 사항이며, 처음 주문은 대부분 극소량으로써 한국 업체들이 제시하는 최저 주문량에 미달하는 경우가 많다. 그러나 소량주문에도 성실히 응하고 상대의 요구에 대하여 신속한 회신을 하는 기민성을 보여야 한다.

그리스에서는 중계상을 통하여 수입하는 경우가 많으며, 수수료 지불이 일반화되어 있어 중계상에게 반드시 수수료를 지불해야 하며, 수수료 지불을 기피하거나 꺼리게 되면 상거래에 많은 지장을 초래하게 된다. 이들은 고가품보다 저렴한 제품을 선호하며, 지불조건은 통상 서류상환불(CAD, Cash Against Documents) 인도조건으로 하고 있다. 그러므로 신용장 조건을 기본으로 하되 경우에 따라 CAD 조건을 수락하는 융통성을 보여 기존 거래선을 상실하지 않도록 해야 할 것이다.

그리스의 상거래 관련제도는 복잡·난해하고 안내서도 부족하다. 또한, 제도변경이 빈번하고 수속이 복잡하다. 그리고 관청, 은행 등의 문서가 그리스어로만 되어 있어 그리스어를 모르면 이해하기가 어렵다. 그리고 수입통관 시 요구하는 구비 서류가 많으며 사전 승인을 요하며, 리스트 A, B품목에 속하는 상품에 대한 신용장 개설 시에는 수출국 상공회의소가 공증한 가격명세서를 제출하도록 되어 있다. 한편, 업무상 연락은 주로 전화, 팩스, 이메일을 통해 이루어진다. 편지나 텔렉스는 점점 사용빈도가 줄어들고 있다. 특히 아티카 지역은 통신 상황이 열악해 비가 오거나 하면 통신이 거의 두절되는 상황이 발생하곤 한다.

이들과 대화할 때에 정치 현안에 관련된 것은 도중에 격정으로 치닫기 쉽기 때문에 정치에 관한 언급은 피해야 한다. 또한, 그리스와 튀르키예간의 긴장관계, 마케도니아 문제, 사이프러스 문제, 그리스와 유럽 간의 쟁점 등도 민감한 사안이므로 조심하여야 한다.

만약 이들이 당신을 초대할 경우 되도록 초청에 임하도록 하여야 한다. 한편, 레스토랑 같은데서 초대받은 외국인 손님이 값을 지불하려고 하면 자신을 모욕하는 것으로 여긴다는 점도 생각하고 있어야 한다. 레스토랑이나 Taveme(이탈리아식 음식점) 등에 초대받을 때는 선물을 굳이 지참할 필요는 없다. 이때는 한국적 특색을 나타내는 작은 선물을 하면 좋다. 그리고 가정에서 저녁 식사를 초대받았을 때 부인을 위해 꽃, 사탕 및 과자류를 선물하면 되고, 초청한 남자를 위해서는 위스키를 선물하면 좋다. 그러나 와인은 그다지 좋아하지 않는다.[151]

151) 주간상의, "유럽바이어들과의 상담, 이 점을 유의하자" - 그리스, 대한상공회의소, pp. 42-43.

2 chapter

동 부 유 럽

제1절 러시아

러시아는 하나의 대륙과도 맞먹을 만큼 광대한 국가이다. 총면적이 약 1,700만 km^2의 국토는 미국의 약 2배에 해당하며, 서쪽으로 발트해, 흑해, 동유럽에 접하고, 동쪽으로는 시베리아를 지나서 태평양까지 이른다.

러시아의 심장부는 동유럽 저지대에 있다. 기복이 적은 이 지대에서는 해발 200m를 약간 넘는 완만한 산지가 나타날 뿐이다. 이 러시아 평원은 주변에 많은 호수, 소택지와 함께 홍적세 빙하기(약 200만 년 전에 시작됨)에 형성되었다. 평원의 동쪽으로는 북으로 약 2,000km 가량 뻗어 있는 긴 우랄산맥이 있다. 이 산맥이 유럽과 아시아를 지형적으로 분리하고 있다. 산맥 동쪽의 급사면을 내려가면, 세계에서 손꼽히는 광대한 서시베리아 저지대와 만나게 된다. 여기에서 동쪽으로 조금 더 나아가면 중앙시베리아 고원과 동시베리아 고원이 이어진다. 러시아의 남부 지방에는 황토로 덮인 스텝 지대가 펼쳐져 있다.[152)]

과거 미국과 더불어 전 세계 정치, 경제의 한 축을 담당하던 러시아는 경제구조

152) 장평순, 전게서, 제10권, p. 14.

의 비효율성, 지나친 관료화, 정치의 독재 등으로 인하여 새로운 국가로 전환되기에 이르렀다. 구 러시아의 붕괴는 새로운 15개 공화국의 탄생을 야기했으며, 또한 자본주의의 대안으로 사회주의 경제에 대한 70년간의 인류 실험이 실패한 것이기도 하였다.

러시아는 이러한 역사적인 과정에서 새롭게 나타난 국가이며 실질적으로 과거 러시아를 승계한 국가이기도 하다. 과거 러시아식 사회주의 관료구조 존재 하에서 러시아는 시장경제라는 새로운 구조를 실험하고 있으며, 이러한 과정에서 많은 시행착오와 혼란이 출현하고 있다. 세계 최고의 지식층과 천연자원 및 기술을 보유하고 있는 러시아는 많은 가능성을 제시하면서 개혁 초기인 1992년에 약 2,000%에 달하는 인플레이션과 마피아 등 조직폭력배에 의해 지배를 받는 국가이기도 하였다. 이러한 극단적인 양면적 평가를 받고 있는 러시아에 대하여 수교초기에 일방적인 애정으로 접근하였던 한국은 최근 러시아에서 가장 인기가 있는 제품을 생산하고 수출하는 국가로 러시아인들이 한국을 인정하고 있다.[153] 그러나 최근에는 다시 미국과 EU 등과 힘 대결을 하고 있으며 미국과 보이지 않은 줄다리기를 하고 있는 등 점차 과거의 강대국으로서의 이미지를 갖추도록 노력하고 있다.

1. 일반현황

인구(2023) : 1억 4,321만 명(세계 9위)

면적 : 1,708만 ㎢(한반도의 78배, 세계 1위)

수도 : 모스크바(Moscow, 1,269만 명)

언어 : 러시아어(공용어), 러시아어 외 다수의 소수민족 언어

민족 : 러시아인 (80.9%), 타타르인(3.8%), 우크라이나인(1.4%), 기타 100여 민족(고려인 약 100만 명)

종교 : 러시아 정교(75%), 이슬람교(5%), 유대교, 가톨릭교, 개신교 등

기후 : 대륙성 기후

153) 이석윤, “러시아의 상관습에 관한 연구”, 『통상정보연구』, 제1권 제2호, 한국통상정보학회, pp. 295-296.

2. 경제현황

화폐단위 : 루블(Rouble), 1US$ = 88.38 RUB(2024.7 기준)
GDP(2021) : 1조 7,758억 달러
1인당 GDP(2021) : 12,173 달러
주력 산업(2021): 천연가스, 석유, 화학, 금속, 석탄, 방산, 우주항공 등
총수출액(2021) : 5,942억 달러
총수입액(2021) : 2,592억 달러
무역수지(2021) : 3,350억 달러 흑자
무역상대국 : 동부유럽, 미국, 중국 등
주요 수출품(2021) : 석유, 석유제품, 천연가스, 원목, 금속, 화학제품 등
주요 수입품(2021) : 기계, 장비, 소비재, 의약, 식품, 자동차, 자동차부품 등
주요 부존자원 : 가스, 철광석, 석탄, 원유, 비철금속 등
경제적 강점 : 풍부한 부존자원 및 관련 산업의 잠재력, 첨단 기술 분야 발달, 지속적인 국제금융기관의 지원
경제적 약점 : 정치적 합의점의 결여로 인한 중앙정부와 지방정부와의 마찰, 비효율적인 관리 체제 및 저 생산성, 외국인 투자에 대한 법적 환경 미흡, 허약한 기업 재무구조, 전쟁으로 인한 재정적 어려움과 서방 세계와의 갈등 및 교류 제한

3. 러시아의 문화, 관습

(1) 종교생활

대부분 러시아인들은 러시아정교를 신봉하여 일요일에는 오전 8시, 정오 12시, 저녁 6시 등 세 번 교회에 참석한다. 촛불을 가지고 서서 예배를 하며, 결혼할 경우 신자는 교회에 공식등록을 하며 출산 시에는 어린아이를 성수로 침례시키고 이

혼은 허락되지 않는다.[154] 그러나 최근에는 이혼하는 비율이 점차 높아지고 있다.

(2) 가정생활

부모와 자녀의 관계에 있어 가부장적인 권위주의가 지배하고 있어 부모의 승낙, 특히 아버지 승낙이 없이는 임의대로 주요 결정을 할 수 없다. 자녀는 부모 및 연장자에 대한 경의를 표해야 한다. 가장의 권위는 상당히 커서 자녀의 자유에는 한계가 있으나 최근엔 이 질서가 조금씩 무너지고 있다.

러시아는 전통적으로 남성 중심 사상이 강한 편이지만 구 러시아 당시 사회주의 체제하에서 이러한 의식이 많이 희석되었다. 특히 여성들도 직업을 갖고 경제권을 보유함에 따라 여성의 발언권이 많이 커졌고 최근에는 서구의 영향을 받아 남녀평등사상이 한층 보편화되었으며, 일부 가정생활에서는 여성의 영향이 더 큰 경우도 많다.[155]

(3) 경로사상

러시아에서는 전통적으로 경로우대사상이 강하여 가정생활에서도 식사 시 연장자가 식사 시작을 하기 전에는 아이들이 밥을 먹어서는 안 된다. 일반 사회생활에서도 연장자에 대한 우대심리가 강하나 최근의 현실은 젊은 사업가나 정치가들이 많이 등장하고 있기 때문에 그러한 종래의 전통이 많이 흔들리고 있다.[156]

(4) 결혼과 이혼

결혼은 최근 물질주의적으로 흐르는 경향이 있으므로 이혼율이 높아지고 있고, 법적으로 허용된 결혼연령은 남자 18세, 여자 18세의 조혼경향이 있으나 근래엔 다소 늦어지는 추세를 보이고 있다. 결혼조건에 있어서는 약혼이 성행하고 있고, 최근엔 동거도 많이 늘어나고 있으며 결혼을 위해서는 구청에 등록해야 한다.

이혼의 경우 아이가 없으면 구청에 신청하여 쉽게 합의이혼이 가능하나 아이가 있는 경우에는 까다롭다. 아이가 있는 부부가 이혼하려면 법원에 이혼청구를 해야

154) 이석윤, "전게논문", p. 307.
155) 이석윤, "전게논문", pp. 307-308.
156) 이석윤, "전게논문", p. 308.

하고, 그 경우 법원은 3개월의 조정기간을 주어 화해를 시도하나 그래도 안 되면 아이를 누가 양육할 것인가, 집은 어떻게 분할하여 살 것인가 등을 고려하여 결정, 이혼을 허가한다. 러시아의 이혼율은 세계 최고로서 통계청 통계로는 50% 정도라고 하지만 실제로는 70% 정도라고 평가한다. 이와 같이 이혼율이 높은 이유는 남성이 결혼 후 불성실과 방종(낭비벽, 주벽 등)에 따른 불만 및 경제적인 이유 때문으로 이혼은 주로 여성 측에서 제기한다.[157)]

(5) 인사

러시아인은 처음 만나는 사람과의 인사에서 악수를 하고 간단하게 자신의 이름을 밝힌다. 가까운 사람이나 나이가 비슷한 사람들간에는 일상적인 인사만을 하고 포옹하면서 볼에 3회 키스하는 전통적인 인사를 하기도 한다. 친구들간에는 서로 끌어안거나 키스하는 인사가 많고 꽃을 선물로 주는 인사법도 성행하고 있다. 그러나 악수가 가장 널리 사용되는 인사 형태이다. 명절이나 축제일에는 작은 선물을 서로 교환하며 인사를 나누기도 한다.[158)]

(6) 빈부의 차

소련연방 붕괴 후 급속하게 자본주의화 되는 과정에서 빈부의 차가 심각해지고 있다. 과거 소련연방에서도 관료를 주축으로 재산 축적과 암시장이 형성됐으나, 사유 재산이 합법화된 지금은 마피아라는 지하 조직을 등에 업고 소수의 계층이 막대한 부를 독점하고 있다. 러시아 1인당 국민 소득은 12,172달러(2021년 기준) 내외를 나타내고 있는데, 실제로 교수, 의사 등의 한 달 수입도 많지 않아, 백화점 내에 화려한 수천 달러의 옷과 수입품 등은 주로 소수의 러시아인에게만 해당되는 사항이다. 이러한 지나친 부의 편중은 국민 대다수의 불만을 사고 있다.[159)]

(7) 줄서기 문화

최근 러시아의 독특한 문화 중에 하나인 '줄서기 문화'는 러시아 생활에서 필수

157) 이석윤, "전게논문", pp. 307-308.
158) http://hello.to/blwel1004
159) http://www.travel.co.kr

적인 것이다. 간단한 서류 한 장을 발급하려고 해도 몇 시간씩 줄을 서야 하는 것이 러시아의 실정이다. 또한, 하루에 해결될 수 있는 줄이 아닐 경우에는 명단이 작성되기도 한다. 그리고 도착한 즉시 명단에 자기 이름을 올려놓고 언제쯤 자신의 순서가 될지를 확인한 후 그에 맞춰 와야 한다. 주의할 일은 만약 본인이 없는 사이에 자신의 순서가 지나가면 처음부터 다시 시작해야 한다는 점을 명심해야 할 것이다.

(8) 러시아인의 3가지 낙(樂)

언젠가 고르바초프가 금주령을 내렸음에도 불구하고, 보드카를 홀짝홀짝 마셨던 사람도 있었다. 러시아 국민이 누리는 낙(樂) 중에서 첫째는 먹는 재미인 것 같다. 그들은 오랜 시간에 걸쳐 음식을 푸지게 먹는다. 모처럼 레스토랑 같은 곳에서 외식을 즐기고 나면 으레 밤새껏 춤을 춘다. 두 번째 낙(樂)은 연극과 서커스 구경인 것 같다. 이것이 아마 긴 겨울을 지내기에는 가장 좋은 방법인지도 모른다. 세 번째는 자연을 즐기는 낙(樂)이다. 여름이 되면, 겨울 동안 움츠리고 살던 그들은 공원이나 야외로 나가 마음껏 자연을 즐긴다.[160]

(9) 생활 습관과 금기사항

① 러시아 국내의 모습과 사정에 대해서는 무엇이든지 직접적인 질문을 러시아인에게 하지 않아야 하고, 사회주의 동맹국 COMECON에 대해서도 언급을 하지 않아야 한다.

② 술을 건배할 때에는 원칙적으로 단숨에 들이켜야 한다. 만약 술을 남기면 불신이 남는다고 해서 좋아하지 않는다. 만약 술을 마실 수 없을 경우에는 보드카 잔에 그냥 물을 넣어 마시는 것이 좋다.

③ 토산품은 모두에게 주어야 한다. 만약 여러 사람을 만나 선물할 경우 특정인만 주는 경우에는 그 사람은 선물을 받지 않는다.

④ 약속시간에는 늦지 않아야 한다. 만날 사람이 공공의 장소가 아닌 자신의 개인 Room에서 약속을 정하는 경우도 있으며, 개인 Room에서 만날 경우에도 약속

160) http://www.travel.co.kr

시간에 늦으면 안 된다.

⑤ 러시아에서 암달러는 교환하지 않아야 한다. 만약 비공식의 외화와 루블의 교환이 발각되었을 경우 국외 퇴거(Visa 발급 정지)의 처분을 받는다.161)

4. 러시아인의 국민성

(1) 사교성, 관용성

종족에 따라 차이가 있으나 러시아인의 경우 비교적 조용하고 평화적이며 사교성이 좋고, 관용성과 참을성이 많고 인정이 많으며 명랑한 기질을 가지고 있다. 이들은 예의 바르고 참을성이 대단하며 체면을 중시하는 경향이 강하고 대가족제도를 선호한다. 술을 아주 좋아하고 이야기하는 것을 즐기며, 파티에는 정장으로 참석하여 서로 어울려 춤을 추는 것을 즐긴다. 이들은 술을 마신 후 얘기를 터놓는 기질이 있고 친하지 않으면 농담을 잘하는 편이 아님에 유의하여야 한다.162)

(2) 외국인에 대한 경계성과 친밀함

러시아인을 처음 만났을 때 우선 나타나는 것은 외인을 경계하는 태도이다. 이것은 오랜 시일을 독재치하에서 살아온 민족, 특히 외부세계와 접촉을 거의 하지 않았던 스탈린 시기의 심한 탄압기를 겪어야 했던 사회에서 비롯된 것일 수 있을 것이다.

이 민족은 어떤 장벽을 넘기만 하면, 미국인과 영국인, 프랑스인, 일본인에게는 느낄 수 없는 친근감을 주는 인간성이 숨어 있다. 또한 감정 표현을 직설적으로 하는 경우가 많다. 러시아인의 퉁명스러운 말투와 무뚝뚝한 표정 속에는 따뜻한 인정이 숨어 있듯이 이 민족은 극단에서 극단으로 치우치는 경향이 있다.163)

---

161) http://www.travel.co.kr

162) 이석윤, "전게논문", p. 307.

163) http://hello.to/blwel1004

(3) 다양한 국민성

러시아인들에게는 법이란 국가나 귀족인 지주들이 자기들의 농민을 착취하기 위해 만들어 놓은 구실에 불과하다고 생각하며, 법이나 규칙, 막연한 도덕심 같은 추상적인 개념보다는 친족이나 친지에 대한 의리 등을 더 중요한 것으로 생각한다.

러시아인들은 애국자이지만 정치구조에 대한 태도가 다르고, 따뜻하고 지적인 국민들이지만 미래에 대해서는 확실한 것이 없는 사람들이다. 러시아인들은 위험을 무릅쓰는 것을 싫어하기 때문에 사회, 경제적인 면의 변화에는 부정적이다. 일반인들은 자본주의시장보다 저임금이라도 확실히 보장되어 있는 노동의 편을 좋아한다.

러시아인은 개인적으로 만나보면 순수하고 소박하며 선량한 사람들이지만, 한번 관료주의에 빠져들면 비즈니스로 만날 때는 무서운 상대로 알려져 있다. 그러나 대국주의와 상냥함, 관료주의와 일상생활에서의 융통성, 과학기술에 의한 강한 의지와 정신주의, 상상을 초월하는 인내와 성급함 등의 반대적인 요소를 갖고 균형을 유지시키는 면이 있는 국민들이다.[164)]

5. 러시아 시장의 특성

(1) 소비특성

특징적인 소비관행으로 지역 간, 종족 간 또는 종교계파간의 특징적인 소비관행은 없으며, 다만 인구의 약 10%에 해당하는 신흥부유층(특히 벼락부자의 경우)은 충동구매나 과다소비지출이 많다.

러시아인들은 일반적으로 저축을 하지 않고 돈이 생기면 모두 소비하는 경향이 많다. 일반 주민들의 경우 엥겔계수가 70~80에 육박하고 있고 소득의 대부분을 식료품 구입 등에 사용하고 있다. 특히 몸치장에 관심이 많아 화장품, 의류, 신발

164) http://hello.to/blwel1004

등의 몸치장용 지출이 많고 자동차, 전자제품 구입에 관심이 많다. 여행과 문화생활에 지출을 많이 하고 주말이면 '다차'라고 하는 별장으로 나가서 가족단위로 휴식을 취한다. 술과 생일파티에 지출이 심하며 주민들의 서비스부문에 대한 지출이 아주 많다.

러시아인들의 여유자금은 급격한 환율인상과 관련하여 달러화 형태로 보유하기를 선호하고 있으며, 최근에는 주식투자에 대한 관심도 증가하고 있다. 높은 이자율을 보장한다는 상업은행들의 대대적인 광고와 더불어 상업은행에 대한 저축도 증가하고 있다. 그러나 은행들에 대한 불신풍조는 여전히 만연해 있다. 최근에는 달러에 대한 욕구와 함께 부동산 등으로 관심을 돌리고 있다.[165]

(2) 상권상태

광활한 러시아는 여러 개의 지방 상권으로 분할되어 있으며, 가장 중요시 되는 물류분배센터는 모스크바라고 할 수 있다. 상권은 북서부 경제권, 볼가강 경제권, 우랄지역 경제권, 서부 시베리아 경제권, 극동지역 경제권 등으로 나뉘어 있다.

1993년 10월 이전에는 중앙 아시아인들이 일반상가의 상권을 잡고 있었으나, 10월 사태 이후 대부분 축출되었다가 다시 복귀하여 상권을 잡아가고 있다.

그러나 현재는 상권을 마피아집단이 대부분 장악하고 있으며, 이들에게 매월 이익금의 20~30% 내외를 바치지 않으면 영업을 할 수가 없다. 현재 물류 분배 센터의 중심지인 모스크바를 벗어나려는 지방 중소도시들의 움직임이 가속화되고 있으나 이들의 능력에는 한계가 있다. 그 이유는 대부분의 중요한 정치, 경제적 결정들이 모스크바에서 결정되기 때문이다.[166]

(3) 소비자의 이중구조

러시아 국민의 10% 정도는 부유층으로서 고가, 고품질의 외제 수입품을 구매하고 있고, 25%의 극빈층을 포함한 대부분의 국민들은 중·저가 품질의 제품을 수요하고 있다. 러시아는 비교적 중산층은 그다지 많지 않지만, 현재는 중산층이 점

165) 이석윤, "전게논문", pp. 298-299.
166) 이석윤, "전게논문", pp. 303-304

차 증가하고 있는 추세이다.

(4) 보따리 장사 성행

러시아는 소위 보따리 장사들이 상당량의 물품을 반입하여 시장 질서를 교란시키고 있다. 따라서 이와 같은 면세 및 밀수품 범람으로 기존 시장구조를 파괴하고 있다. 그러나 개인 반입품에 대한 관리 강화로 보따리 수입이 점차 위축될 것으로 보여 점점 정상적인 시장구조로 변화될 전망이다.

(5) 유통산업의 미발달

러시아의 사회주의 체제가 붕괴됨에 따라 국가 분배시스템이 무너지고 유통제도에 혼란이 왔지만 점차 유통체계가 형성되어 가고 있다. 유통부문에서 민간 도・소매상이 급성장하고 있으며, 수입과 도・소매를 겸하는 대형 유통그룹(외국업체 포함)이 급성장하고 있다.[167)]

(6) 한국 상품의 인지도

러시아에서 한국 상품에 대한 전반적인 인지도는 높으며 긍정적으로 생각하고 있다. 즉, 가격은 선진국에 비하여 훨씬 저렴한 반면, 품질 면에서는 크게 뒤지지 않는다고 인식하고 있다. 반면, 초기에 형성되었던 지나친 고평가(일본보다도 잘 사는 나라 등)는 사라지고 정상적인 평가가 이루어지고 있으나, 일부 한국 기업체들의 재고품을 팔아 치우기식의 수출은 한국의 인지도가 악화되는 경향이 있으므로 주의해야 한다.[168)]

〈표 2-1〉 한국 주요상품의 인지도

품 목 별	평 가
자동차(승용차)	품질은 일본산 수준이고, 가격은 비교적 저렴하다고 생각함
TV, 가전제품	품질은 아주 좋고 가격은 적당하다고 생각함
의류 및 스웨터	품질 및 디자인이 우수하며 가격은 품질에 비해 적당하다고 생각함
가죽제품, 외투	품질은 튀르키예산, 동유럽산에 비해 우수, 가격은 경쟁적으로 생각

167) 이석윤, "전게논문", p. 306.
168) 이석윤, "전게논문", p. 317.

(7) 합작투자 진출 시 유의사항

러시아에서 합작투자 진출을 하고자 하는 경우에 파트너 선정에 매우 신중해야 한다. 즉, 파트너의 과거 경력, 신용, 실적과 재정능력 및 주위의 평판을 종합적으로 평가해야 하고, 러시아 기업인들은 자본주의적 경영에 익숙하지 않으므로 경영에 참여시키는 것은 바람직하지 않으며, 러시아 파트너는 형식상 존재하고 실질적으로 회사의 모든 운영과 결정은 한국측 투자자가 해야 한다.

인사관리면에서 잦은 결근, 지각, 음주, 태만, 절도행위, 형식적으로 시간 때우기 등의 많은 애로가 예상되므로 효율적인 인사관리가 필요하다. 현지인은 자존심이 대단하므로 이를 건드리지 말고 배려하면서 합리적으로 관리해야 한다. 원부자재 조달 관리에서도 원부자재의 적기 공급불가 또는 부족, 부품조달의 어려움 등의 많은 문제점이 예상되므로 사전에 치밀한 대비가 필요하다. 또한, 반드시 마피아 집단의 요구가 예상되고, 보통은 이익금의 20~30%를 매월 정기 상납하도록 요구하고 있는데 협상을 잘 해야 한다. 그리고 세금관계에 함정이 많으므로 철저한 세무관리가 필요하고, 특히 러시아측 파트너의 세무관련 능력을 검토할 필요가 있다.[169]

(8) 시장확대 방안

러시아에서는 대리점망을 지역별로 확대해 나가는 것이 가장 효율적인 시장진출 방안이며, 몇 개의 상점을 보유하고 있는 유력한 도·소매업체를 발굴하여 대리인으로 육성하는 것이 필요하다. 유통체제는 국영조직이 담당해 왔으나 최근에 민영업체가 급격히 증가하고 있으며, 24시간 영업을 하는 편의점도 등장하고 있다. 러시아시장에의 신속한 진출을 위해서는 광고가 필수적인데 효율적인 광고 방법은 TV 및 인터넷을 통한 광고, 입간판이나 공고판 설치 등이며, 전문전시회에 참가하는 것도 좋은 방안이며, 수입규제 등과 관련하여 현지 30분에 약 100-150 달러 정도 하는 전문변호사나 과거 정부고위층 인사였던 컨설턴트를 활용하면 효과적이다. 저가품으로는 중국 등 동남아산과 경쟁이 안 되므로 이들과 차별화 할

169) 이석윤, “전게논문”, p. 318.

수 있는 양질의 제품으로 마케팅을 하는 것이 바람직하다. 또한, 일본의 종합상사에서 사용하는 방법으로 대리인이 아닌 현지인을 세일즈맨으로 채용하여 기본급여 이외에 성과급을 주면서 적절히 활용하면 효과적이다.170)

6. 상거래문화

러시아 대도시 중 한두 개의 도시만 방문하는 경우나 스스로 당신 자신이 러시아 전문가가 아닐 경우에는 협상 파트너에게 공항 영접 및 호텔 예약을 요청하는 것이 좋다. 대개 공항에 대기 중인 택시기사들은 비용을 많이 요구하고, 또 신변이 위험할 수도 있기 때문이다. 러시아에서는 다량의 외화를 소지하고 있는 것으로 인식되어 있는 한국 사업가에 대한 강도 발생 가능성이 항상 있다. 특히 모스크바나 페테르부르크를 방문할 때 여행사를 통해 미리 공항에 차량을 대기시켜 놓는 방법을 고려할 만하다.

러시아에서는 외환이 부족한 상태이기 때문에 외환사고가 상당히 많이 발생하고 있다. 특히 러시아에 입국할 때 정확한 외환소지금액을 필수적으로 신고하여야 하고, 방문을 마치고 러시아를 출국할 때도 소지한 외환액수에 대하여 문서로 출처 증명이 안 될 경우 현금을 몰수하는 사례가 있으므로 주의해야 한다.

러시아에서의 관공서 일 처리는 거의 예외가 없다고 할 정도로 공무원의 서비스 태도는 지극히 거칠고 빈약하며, 자기 개인에게 이익이 돌아가지 않는 한 움직여주지 않으므로 무언가 반대급부를 주어야 한다. 뇌물 없이는 지극히 사소한 일도 잘 안되며, 참고로 신문에 공개되는 자료라도 요청하면 반드시 반대급부를 요구한다. 따라서 뇌물을 다소간에 주면 안 되는 일이 없다고 할 정도로 신속하게 일이 처리된다. 따라서 공무원들의 무사안일주의 태도로 인해 민원의 신속한 처리를 기대하기 어렵기 때문에 사안에 따라 적절한 선물을 준비하는 것이 좋다.171)

사회주의는 남녀 간 장벽을 제거하였으나 러시아 사회는 전통적으로 남녀 간에 엄격히 구분되어져 있고, 다수의 러시아 남성은 상급자의 여성을 꺼린다. 그런데

---

170) 이석윤, "전게논문", pp. 318-319.
171) 이석윤, "전게논문", p. 309.

잦은 전쟁으로 인하여 많은 남성이 전사하여 전통적으로 여성이 남성과 직업을 공유하고 있다.

러시아에서는 합작투자, 또는 거래파트너로서 믿을 만한 사람이 많지 않으므로 주의가 필요하며, 외형상 신뢰할 만하여도 과거의 실적 신용상태, 주위의 평가 등을 면밀히 조사하여 철저히 대비해야 한다.

따라서 이들과 상담할 때 무조건 자기를 믿고 외상을 달라고 하는 요구가 많기 때문에 절대로 응해서는 안 되며, 상담할 때 이들의 진짜 목적이나 의도가 무엇인지를 명확히 파악해야 한다. 이들과 상담할 때는 러시아인의 자금조달능력, 인력 기술수준 등에 관하여 철저한 점검, 파악이 필요하며, 또한 자금의 향방에 관한 철저한 추적관찰이 필요하다.

러시아 기업과 상담을 할 경우 첫째, 자기소개를 겸손하게 먼저하고 자기 사업을 명확하게 소개한다. 둘째, 상담할 때 엄격한 조건 제시는 금물이며, 처음엔 유연하게 대처한다. 셋째, 러시아인은 자존심이 매우 강하므로, 예컨대 러시아의 현재의 빈곤과 한국의 잘사는 상황 등을 언급하여 이들의 자존심을 상하게 하는 언행을 해서는 안 된다. 넷째, 대부분의 사람들이 현지 술인 보드카를 1~2회 같이 마신 후에야 흉금을 털어놓는 기질이 강하며, 러시아가 자랑하는 예술, 문화에 대한 칭찬 같은 것을 하면 좋으며 대체로 아주 친한 사이가 아니면 농담은 잘 안 한다. 다섯째, 이민족에 대한 특별한 배타성은 없으나 최근 서방의 영향을 받아 동양인 및 흑인을 무시하는 경향이 생기고 있다. 한편, 외국인은 잘살기 때문에 돈을 더 내야 한다고 생각하여 호텔료, 항공운임, 미술관 입장료 등에 있어서는 현지인에게 부과하는 요금의 몇 배를 더 부과하는 경우가 많다.

또한, 초면에 만났을 경우 악수와 성명을 교환하며 대화 중 상대방 눈을 직접적으로 응시하여야 하고, 다른 곳을 보는 것은 무례한 것으로 간주한다. 그러나 여성들과 악수하는 것은 보편적인 관행이 아니다. 이들은 명함을 중요시하며 명함을 사용하지 않는 것은 예의에 어긋난 것으로 여기며, 명함은 모국어와 러시아어로 표기되도록 한다.[172]

러시아 바이어들은 처음에 대할 때는 퉁명스럽고 어려운 인상을 남기지만, 어느

172) 이석윤, "전게논문", pp. 309-319.

정도 협상이 진전되면 술자리에서 보드카가 한 잔 들어가고, 곧이어 자기 사생활에 관한 이런 저런 얘기를 할 정도로 분위기가 급변하는 경우가 있는데 놀랄 일은 아니다.

거래선을 만날 때 사전 약속하는 것이 필수적인 것은 아니지만 사전에 연락하면 예의바르게 생각한다. 면담 시에는 한국을 상징하는 민속공예품 등을 상대방에게 증정하는 것이 관례이므로 상호일체감 내지 분위기 조성을 위해 반드시 준비하도록 한다.

러시아인들과의 비즈니스에 있어서 대인관계는 매우 중요하다. 이들은 쉽게 마음을 열지 않는 반면에 이들이 한 번 마음을 열면 여러 가지 어려움도 쉽게 해결되는 일이 많고, 한번 좋은 관계를 맺으면 장기간 그 관계가 지속된다. 이들과 진지한 대화와 이해를 위해서는 보드카가 좋은 매개체가 되기도 한다.

러시아인들의 대인관계를 보면 처음에는 매우 공식적(Formal)이며 조심스럽다. 따라서 상담이나 공무원과의 협상 시 처음부터 성급히 본론에 들어가거나 서두르게 되면 성공하기 어려우므로 조심스러운 접근이 필요하다. 러시아인들이 대단한 자부심을 가지고 있는 역사, 문화, 예술 등에 대해 기본지식을 갖추고 대화에 임하면 분위기가 훨씬 좋아진다. 그러나 본격적인 상담을 위한 만남이라면 짧은 시간에 끝날 수는 없다. 중요한 상담 또는 계약을 마무리 짓기 위해 오전에 러시아인의 사무실을 방문했다면 그 일은 오후까지 진행되는 경우가 많다.

물론 상담이 잘되면 대개 구내식당에 각종 포도주, 음료수, 주류가 완비된 근사한 점심에 초대를 받게 될 것이고, 때로는 훌륭한 레스토랑에서 저녁까지도 함께 하게 된다. 그러나 그 반대의 경우에는 차가운 러시아의 바람을 맞고 돌아서야 한다.

러시아인들과 비즈니스를 하기 위해 알아두어야 할 것은 다음과 같다.

① 러시아에서는 악수가 매우 일반화되어 있지만, 여성들과 악수하는 것은 보편적인 관행이 아니다.

② 상담을 하기 전에 미리 시간약속을 해두어야 한다. 월요일이나 금요일은 가능한 피하는 것이 좋으며, 공휴일 전날에도 거의 휴무이다시피 하는 경우가 많으므로 미리 알아보는 것이 좋다.

③ 바이어와 호텔에서 상담하는 일정이 있다면 일단 고급호텔에 묵는 것이 좋다. 상대방이 묵는 호텔 수준이 바이어에게 영향을 미친다.

그리고 러시아 바이어 사무실을 방문하여 상담할 때는 다음의 세 가지 점에서 당황하게 되지만 놀라지 않아야 하는데, 이는 러시아에서는 매우 흔한 일이기 때문이다.

① 러시아에는 회사 간판이 없다. 이것은 일반 사기업뿐만 아니라, 공공기관도 거의 마찬가지로 외부에는 아무런 표시가 없는 것이 대부분이다.

② 러시아에서는 시간에 맞추어 바이어 사무실이 있는 건물에 도착하면 바이어 측에서 보낸 사람을 만나 안내를 받아야만 들어갈 수 있다. 입구에서 매우 삼엄한 경비가 펼쳐지고 있으므로 다소 위축되기 십상이다.

③ 외부에는 허름하지만 내부는 매우 잘 꾸며져 있는 사무실이 많다. 상대방에 대한 응접은 매우 정중하지만 1회에 상담이 성사되는 경우는 극히 드물다.[173)]

러시아 바이어들과 상담하기 전에는 간단한 시사적 주제로 대화를 시작하며, 의사결정에 도달하기까지 시간이 오래 소요되므로 인내력을 가지고 기다려야 한다. 그러나 대화할 때 체첸공화국 사태가 러시아 對 이슬람세력이라는 대결구도로 확대되는 경향이 있음에 따라 이슬람교도에 대한 감정이 좋지 않은 편이기 때문에 이와 같이 정치적으로 민감한 사항에 대해서는 언급하지 않는 것이 좋다.

러시아에서 의사결정은 위원회에서 천천히 이루어지며, 위원회는 각 사안을 매우 조심스럽게 다루고 합의를 원칙으로 한다. 더구나 모든 무역계약은 서로간의 인적유대를 강조하는 특성을 가지고 있다. 디너쇼, 음주는 러시아 사업의 상당 부분을 차지하며 비서부족으로 러시아에서 미팅의 섭외나 메시지 전달은 상당히 어렵다. 이들과 상담에 대한 약속을 하기 위해서는 수차례에 걸쳐 약속 확인이 필요하며, 서면으로 확인하는 것이 효과적이다. 이들은 사전통지 없이 수시로 약속을 연기 또는 취소하기도 한다. 상담할 때에 통역자를 배석시키는 경우 통역자를 보면서 대화하지 말고 상대방을 보고 상담을 하여야 한다. 러시아에서는 영어는 거의 통용되지 않아 의사소통의 어려움이 있으며, 러시아어 통역자를 고용할 때에는 통역자의 신원을 확인할 필요가 있다. 통역자를 고용할 때는 현지 KOTRA 무역

173) 대한무역투자진흥공사, 전게서, pp. 193-195.

관이나 여행사를 통하는 것이 안전하다.

이들과 상담할 때는 상대방 책임자의 출신을 알고 임하는 것이 유리하다. 아르메니아 등 코카서스 지방과 타쉬켄트 및 알마타 지역의 출신과 상담할 때는 동양식으로 충분한 예의를 갖추고 상대방을 높여주며 상담에 임하면 좋아한다. 러시아인과 상담할 때는 내용을 간단·명료하게 전하고 말을 많이 하지 않는 것이 좋다.

또한, 거래 담당자의 개인적인 일에 대해서는 상세한 질문을 하지 않는 편이 좋다. 그리고 상담을 약속할 때 방문자로 통보하지 않은 사람과 함께 방문할 경우는 간혹 오해를 받을 수도 있으므로, 통보하지 않은 사람은 상담에 참여하지 않는 것이 좋고 나중에 별도의 약속을 통하여 소개하는 것이 바람직하다.[174)]

러시아인과 상거래를 할 때에는 계약체결에 앞서 여러 가지 사항에 대하여 의구심을 갖고 몇 번이나 확인하는 습관을 가져야 한다. 또 계약에 이르기까지 상당한 시간이 소요되므로 인내를 가지고 상담해 나가야 한다. 그러나 이들은 한번 계약한 사항에 대하여서는 특별한 변동사항이 발생하지 않는 한 준수하려고 한다.

그밖에 주의할 사항으로는 러시아인과 상담하기 위해 만날 때는 반드시 2인 이상으로 만나야 한다. 또한, 일반적으로 우리나라 사람들이 묻기 좋아하는 것으로써 인사이동에 즈음해 전임자 및 옛날의 담당자 등의 소식을 묻지 않아야 한다. 상담에 있어서 러시아 측은 반드시 기록하기 때문에 절대로 거짓말을 하지 않아야 하고, 말할 수 없는 것과 알 수 없는 것은 분명히 그 상태대로 말하는 것이 좋다. 이들과 상담할 때는 녹음하려고 하지 말고 노트에 써야 한다.

러시아인들과 만약 식사를 함께 들게 되면 너무 협상에 주제가 한정되지 않도록 약간 이완감을 줄 필요가 있다. 협상 파트너에게 협상 타결에 대한 희망의 여지를 남겨 주기 위해 약간의 변동 사항도 있을 수 있다는 것을 암시할 필요도 있고, 상대방의 이러한 희망에 긍정적인 태도를 취하는 것이 좋다.

그밖에 공식적인 저녁행사에서는 될 수 있는 대로 정장을 하여야 한다. 러시아 사람들은 사람을 판단할 때 구두 등 그 사람의 옷차림새로 판단하는 경향이 있다. 러시아에서 좋은 시계와 구두는 그 신분을 표시하지만 값비싼 보석이나 화려한 의상은 피하는 것이 좋다.

---

174) 이승영, 전게서, p. 331.

7. 러시아인과의 협상

러시아는 일반적인 대금결제 방식으로 인카소(Inkasso)방식을 사용하고 있다. 인카소 방식이란 서류상환불(CAD, Cash Against Documents) 인도조건과 유사하지만, 수입업자가 서류인수는 물론이고 물품을 확인한 후에야 대금이 이루어진다는 점에서 크게 다르다. 또한, 환어음이 발행되지 않는 점이 일반적인 신용거래인 인수도 방식(D/A, Documents against Acceptance)이나 지급도 방식(D/P, Documents against Payment)과는 다르다. 러시아에서는 CAD 결제방식도 많이 사용되고 있으며, 선적서류가 수입지 은행에 제시된 날로부터 15~45일 이후이면 결제된다.

한국 기업들이 러시아와 상거래를 할 때 무역결제에 대한 대응 방안으로는 한국에서 수출하고자 하는 경우, 러시아측 은행이 개설한 신용장은 지불중지 되는 경우가 많으므로 현금거래나 선진국 은행이 확인한 확인신용장을 인수하여야 하며, 상담할 때 외상거래 요구가 많고 러시아 기업인의 신용도가 높지 않으므로 신중을 기해야 한다. 러시아에서 최근 설립되는 개인기업들은 무역거래 경험이 적으므로 절차상 시행착오가 빈번하며, 따라서 가르쳐 주어 가며 상거래를 해야 한다.

이들과 거래할 때 모스크바로 선적서류를 송부할 경우 10일 정도 걸리므로 거액일 경우 이자비용을 감안하여 특급우편 등 가장 빠른 속달 서비스를 이용하여야 한다. 그리고 러시아의 FTO 관리자들은 신용장이 불필요한 비용부담과 상호간의 신뢰성을 해친다고 생각하고 있기 때문에 우리 업체들이 신용장으로만 대금결제해 주기를 고집함으로써 FTO(연방 세금 옴부즈맨)를 자극하는 일은 삼가야 하며, 적절한 타협이 필요하다.

러시아와 거액의 첨단제품 수출상담의 경우 러시아 FTO 관리자들은 95%의 금액은 CAD 혹은 일람불신용장에 의해 지급하고, 5%의 금액은 기술보장기간이 지난 이후에 지급한다는 계약을 선호하고 있다. 또한, 러시아에서는 소규모거래라 하더라도 자본재 수입의 경우에는 5년 이상의 장기대금결제방식을 원하는데, 이때 동 조건을 거절할 경우 거래가 성립되지 않는 수가 많으므로 이와 같은 조건을 받아들일 준비를 하여야 한다.

러시아 소비재 시장에서는 품질이 조악한 중국산 염가제품이 많이 유통되었으나, 이에 식상한 바이어들이 점차 품질을 중요시하는 방향으로 선회하고 있다. 러시아의 영토가 광활하여 전국을 커버할 수 없으므로 지방별·권역별로 마케팅을 하는 것이 바람직하며, 가능하면 중요 경제지역에 1인 지사라도 설치할 필요가 있고 중장기적 안목에서 지구전을 펼 것을 권고하고 있다.[175]

이들과 상담하기 위해서는 신축적인 협상 자세가 필요하다. 이들은 러시아의 계획경제체제의 속성상 협상범위를 제약받고 있고, 서방측과의 거래가 빈번하지 않으므로 협상에 임하는 우리나라 기업은 보다 많은 인내와 신축성을 발휘해야 한다. 특히 협상태도의 경직성 및 서방기업에 대한 이해부족, 거래추진과정의 복잡한 절차, 업무처리의 비효율성 등에 대해 충분한 이해를 하여야 한다.

러시아, 동구권은 교육 및 전문지식의 정도가 높으므로 개도국으로 인식해서는 안 되며 유럽국가의 일원으로 파악해야 한다. 이들은 일단 계약이 성립되면 신뢰도와 무역계약을 충실히 이행하려 한다. 일본 기업의 경우 러시아인으로부터 대금을 지급받지 못한 사례는 거의 없다. 따라서 이들과의 최초의 계약은 힘이 들지만 계약이 성립되면 상대적으로 이익은 크다.

그리고 러시아 및 동구권에서는 구상무역(求償貿易)에 대한 요구가 많다. 우리나라에서 자본재를 수출할 경우에는 수입에 수출을 연계시키는 구상무역에 대응하는 적절한 사전대책도 요망된다.

175) 이석윤, "전게논문", pp. 311-318.

제2절 폴란드

폴란드는 중부 유럽에 자리 잡고 있으며, 이러한 지리적 위치로 인해 고난의 역사를 겪어 왔다. 북쪽으로는 발트해에 면해 있고, 서쪽으로는 오데르 강이 독일과의 경계를 이루며, 동쪽으로는 러시아가 위치해 있다. 카르파티아 산맥과 수데텐 산지의 남쪽에는 체코·슬로바키아가 있다. 호수가 군데군데 흩어져 있는 평지와 낮은 산지가 폴란드의 자연 경관을 이루며, 길게 펼쳐진 모래 해변이 발트 해안을 감싸고 있다. 역사적으로 유명한 항구인 그다니스크는 비슬라 강 하구 근처의 발트해에 있다. 전체 면적이 31만 2,683㎢인 폴란드는 유럽에서 7번째로 큰 나라이다.[176]

폴란드는 온화한 대륙성 기후 지역에 포함되지만 발틱해의 영향으로 다양한 기상 변화가 나타나기도 한다. 보통의 서유럽 지역보다 더 춥고 비도 많은 편이다. 봄철은 낮에는 따뜻하고 밤에는 추워 일교차가 크다.

2023년 총인구는 4,102만 명으로 동구 국가 가운데서 최대이며, 인구의 80% 이상이 도시에 거주하고 있다. 도시로는 수도인 바르샤바(Warszawa)에 171만 명이 거주하고 있다. 동유럽 국가 가운데서 가장 많은 인구와 면적을 가진 폴란드는 독일과 러시아의 틈에서 끊임없는 침략을 받아 120년 동안 지도상에서 사라지는 수난의 역사를 겪기도 했다.

1989년 수교 이후 우리나라와는 對폴란드 투자 환경의 미숙으로 그리 활발한 교류가 이루어지지 않았으나, 우리나라의 폴란드 수출품목으로는 전기, 전자제품, 직물, 자동차 등이 주를 이루며, 수입품목으로는 화학제품과 철강, 금속제품 및 원사 등 원자재 수입을 많이 하고 있다. 폴란드와는 1993년 12월 24일부로 사증 면제 협정이 체결되어 있다. 이 밖에 문화 분야에서의 협력도 활발하여 각종 단체의 교류가 이루어지고 있고, 1983년에 바르샤바 대학의 동양학부에 한국학과가 설치되었고, 우리나라에서도 1987년에 한국외국어대학교에 폴란드어과가 개설되었다.

176) 장평순, 전게서, 제10권, p. 116.

1. 일반현황

인구(2023) : 4,022만 명
수도 : 바르샤바(Warsaw, 171만 명)
언어 : 폴란드어(공용어)
민족 : 폴란드인(96.9%), 독일인, 벨라루스인, 우크라이나인, 유태인 등
종교 : 가톨릭(87.2%), 정교회, 개신교 등
기후 : 대륙성 기후(동부) 및 해양성 기후(서부)

2. 경제현황

화폐단위 : 줄러티(Zloty, PLN), 1US$ = 3.94 PLN(2024.7 기준)
GDP(2022) : 6,882억 달러
1인당 GDP(2022) : 18,689 달러
산업구조(2022) : 서비스업(58.2%), 광공업(28.1%), 농업(2.9%)
총수출액(2022) : 3,805억 달러
총수입액(2022) : 3,701억 달러
무역수지(2022) : 104억 달러 흑자
무역상대국 : 러시아, 미국, 독일, 체코, 영국, 이탈리아 등
주요 수출품(2022) : 철강, 구리, 알루미늄, 플라스틱 및 고무제품, 기계장비 등
주요 수입품(2022) : 차량부품, 기계, 전자제품 부품, 철강, 광물성연료 등
주요 부존자원 : 천연가스, 석탄, 구리, 유황, 납, 철광석, 은, 동, 소금 등
경제적 강점 : 양질의 인력, 서유럽과의 접근성, 과감한 경제개혁 추진, 풍부한 천연자원
경제적 약점 : 외채 부담 가중, 수출구조 취약, 인플레이션, 저축률 저하, 연구개발 투자 부족

3. 폴란드의 문화, 관습[177)]

(1) 인사와 호칭

폴란드인들은 통상적으로 만나면 악수를 하게 된다. 남성을 소개할 경우에는 'pan'이라고 부르고, 여성을 소개할 경우에는 'pani'라고 호칭을 하게 된다. 전문직에 종사하고 있는 의사, 변호사, 판사, 검사, 사장, 교수 등은 직업의 호칭을 함께 불러 주게 되지만, 이러한 호칭은 사무적인 만남에서만 불려지고 있다. 폴란드에서는 서로 친한 사람들의 일반적인 모임에서는 자연스럽게 퍼스트 네임을 부르고 있다. 10대의 청소년들과 아이들은 물론 퍼스트 네임으로 호칭한다. 남성이 여성을 처음 만났을 때에는 손등에 키스하는 관습이 있으며, 여자들끼리 만났을 때에는 양 볼에 키스하는 관습이 있다.

(2) 방문

폴란드인은 남의 집을 방문할 때에 흔히 꽃다발을 가져가는 것이 관습이며 즐겨 사용하는 꽃은 카네이션이다. 카네이션이나 수선화, 또는 폴란드의 국화인 데이지꽃을 가져가서 방문하는 집의 여주인에게 선사하게 된다. 단, 유의하여야 할 점은 붉은 장미꽃은 사랑을 고백하는 의미가 있으므로 가져가지 않는 편이 좋다. 꽃은 홀수로 가져가야 하며 짝수를 싫어하는 경향이 있다. 흔히 손님에게 홍차나 커피가 대접되는데 폴란드의 커피는 맛이 독특한 편이고 귀하다. 술을 마실 때나 축하할 일이 있는 경우에는 보드카를 단숨에 마시는 습관이 있다.

(3) 접대

폴란드인들은 손님을 집 근처의 카페로 초대하는 경우도 종종 있는데, 카페에서는 여러 가지 프랑스식 페스츄리와 함께 차를 팔고 있다. 집주인과 손님간의 대화시간은 2~3시간이 가장 일반적이며 이른 아침이나 늦은 밤을 제외하고는 언제든

177) http://www.travel21.co.kr, http://mynetian.com

지 환영하고 있으며 어울려서 지내기를 좋아한다. 파티에 초대될 때에는 반드시 정장을 하여야 한다.

(4) 관습

폴란드에서는 여성들이 약혼반지나 결혼반지를 오른손 가운데 손가락이나 넷째 손가락에 끼게 되며, 남편이 사망하거나 이혼한 경우에는 왼쪽 손에 반지를 끼게 된다. 폴란드 남성들은 여성을 소중히 여기고 있으며 '레이디 퍼스트'를 충실히 수행하고 있기 때문에 폴란드에서는 모든 것에서 여성 우선주의를 지켜야 한다. 이들은 인사할 때 여성이 조금 떨어져 있어도 찾아가 먼저 인사해야 한다. 전차나 버스에서 노인에게 자리를 양보하는 습관도 철저하다. 한편, 여성들은 핸드백에 화장지를 넣어 가지고 다니는데 폴란드에서는 화장지를 구입하기가 어렵기 때문에 항상 휴대하고 다닌다.

(5) 화장실 문화

폴란드의 호텔 등에서 화장실을 사용하려면 반드시 팁을 주어야 한다. 남성용 화장실은 붉은색과 ▽으로 표시되어 있으며, 여성용 화장실은 파란색과 ○으로 표시되어 있다. 한국에서는 남성용 화장실이 파란색이고, 여성용 화장실이 붉은색이므로 폴란드에서 혼동하지 않도록 주의하여야 한다.

(6) 유의사항

폴란드에서는 러시아와의 국민감정이 좋지 않으므로 러시아어를 자제하여야 한다. 폴란드인들은 대단한 애연가이므로 식당이나 기차, 바 등에서 자리를 잡을 때 염두에 두어야 한다. 또한, 거리에서는 아이와 함께 앉아서 구걸하는 여자들과는 눈을 마주치지 않는 것이 좋다. 대부분 거칠게 나와 당황하기 쉽다. 폴란드의 치안 상태는 여타 유럽의 대도시에 비해 안전한 편이지만, 외진 곳이나 사람이 많이 모여 있는 곳에서는 소매치기를 주의하여야 한다. 특히 남루하게 입고 역 부근이나 시장 근처를 배회하는 사람들을 주의하고, 환전소 앞에 서서 말을 걸어오는 사람이 있으면 못 들은 체하고 가만히 있으면 된다. 만약 도난이나 사고를 당해 경찰서에 신고를 하러 간다면 폴란드 경찰의 무관심과 냉담함을 각오해야 한다. 또 그들은 영어에 능숙하지 않기 때문에 통역할 사람과 함께 가는 것이 현명하다. 폴란드 경찰은 상대적으로 부유한 외국인들에게 다소 냉소적이다.

4. 폴란드인의 국민성

폴란드는 이민족에 의한 지배와 탄압을 수 없이 당하고, 심지어 국가의 소멸이라는 역사적인 상처까지 남아 있는 폴란드인은 강한 민족주의적 성향을 나타내고 있다. 또한, 억압에 대한 반동으로 강한 자유에 대한 의지와 권력에 대한 불신감도 함께 보인다. 그리고 고난을 당할 때마다 종교적 신념으로 이를 극복해 내며 폴란드인을 하나로 묶어 왔다.

폴란드인들은 세계 어느 민족보다도 악수로써 서로를 반기며, 여자가 먼저 악수를 청하기도 한다. 또한, 서로 길을 가다 부딪치거나 발을 밟더라도 사과하지 않는다. 무례해서라기보다는 그저 관습이 그럴 뿐이다.

폴란드인들은 자기주장이 강한 민족으로 자유에 대한 강한 열망을 가지고 있으며 개인적인 성향도 나타내고 있어서 국가의 이익보다는 자신의 이익을 앞세우는 경향이 있다. 화합과 협력이 평소에 잘 안 되는 편이지만 1980년에 보여준 자유노조의 단합을 보면 어려울 때는 합심하는 국민성을 가지고 있다. 폴란드인들은 의심이 많은 편으로 섣불리 선심을 베풀었다가는 낭패를 보기 쉬우며 인근 국가들의 국민들과 감정이 그렇게 좋은 편은 아니다.

종교인 가톨릭의 영향을 많이 받아서 보수적인 생활태도를 가지고 있으며, 정직하고 성실한 편이며 종교심이 매우 깊다. 폴란드에서는 살인이나 범죄가 별로 없는 편이다. 또한, 가톨릭에서 낙태를 금지하고 있으므로 폴란드에서 낙태는 불법으로 간주되고 있다.

폴란드에는 문화적인 인물인 쇼팽, 과학자인 코페르니쿠스, 퀴리부인 등이 있고 종교적 인물로는 교황 요한 바오로 2세가 있다. 따라서 폴란드 국민들은 문화적인 자긍심이 매우 높은 편이며 자존심이 강하다.

폴란드인들은 외국인에게 친절하고 외향적인 사람들이 많으며, 즐길 때는 화끈하게 즐기는 슬라브족의 습성을 지니고 있어서 가무(歌舞)를 좋아하고 낙천적인 습성도 가지고 있다. 이들은 사회주의체제에서 길들여진 습관으로 '줄서기 문화'는 잘 발달되어 있는 편이다. 반면에 자동차를 운전할 때에는 질서의식이 결여되어 있고 위반할 때가 많다. 쉽게 말하면 자발적인 준법정신은 별로 없다고 보는 것이 좋다.[178]

5. 상거래문화

폴란드인들은 가톨릭교를 대부분 믿기 때문에 종교에 대한 열의가 대단하며 정직한 편이다. 이들과 대화할 때 정치나 역사적인 사실에 대한 이야기를 화제로 삼는 것을 좋아하지 않는다. 이들은 자존심이 매우 강한 민족이므로 이 나라의 문화나 자신의 개인생활 등을 언급하는 것이 바람직하다. 한편, 폴란드인들은 지리적으로 유럽의 교차로에 위치하고 있으므로 외부의 침략을 많이 받아 왔고, 특히 인근에 있는 러시아와 독일, 체코, 슬로바키아인들과 적대적인 감정을 갖고 있는 경향이 있으나 현재는 많이 완화되어 있는 상태이다.

폴란드 사람들을 직접 만나보면 대단히 친절하고 솔직하며 사람 만나기를 좋아하는 성향이 있음을 발견하게 된다. 그렇다고 해서 아무렇게나 행동하는 것은 절대 금물이다. 특히 시간을 잘 지켜야 한다. 그 동안 꾸준히 서구화 정책을 추진해 왔기 때문에 기업인들의 비즈니스도 서구의 스타일과 크게 다르지 않아 다른 동구 국가들에서처럼 자못 느슨한 마음을 가졌다가는 낭패를 보기 십상이다.

폴란드인과 일단 약속을 정하면 확인하는 의미에서 한 번 더 시간을 체크해 두는 것이 좋다. 또한, 약속 시간도 이른 아침 시간보다는 점심시간이 가까운 시간을 선호한다는 것도 알아두어야 한다. 한편, 상담에 임하는 폴란드 기업인들은 대개 영어를 구사할 줄 알기 때문에 언어 장벽이 그다지 많은 편은 아니다.

폴란드인과 상거래 상담을 하기 위해서는 선물을 준비해 두는 것이 좋다. 이 세상에 선물을 싫어하는 사람이 별로 없겠지만, 특히 폴란드에서 선물은 중요한 역할을 한다. 비즈니스 상담의 경우, 대화가 끝날 무렵 독특한 광고용품 등을 선물

178) http://www.travel21.co.kr

하면 된다. 간단한 회사 기념품, 민속제품, 라이터, 필기구 등은 부피가 나가지 않고 소박하면서도 부담 없는 선물이 될 수 있다. 이런 선물은 우정의 표시로 받아들여질 뿐 아니라 좋은 인상을 남기는 효과도 얻을 수 있다.

폴란드에서는 일상적으로 남에게 부탁할 때나 어려운 일을 맡기는 경우 심지어 거래은행의 계좌 관리원에게도 꽃이나 포도주 등을 일상적으로 선물하는 일이 많다. 일을 맡아 처리해 주는 이에 대한 고마움의 표시이기도 하지만, 남들보다 잘해 주거나 혹은 빨리 처리해 달라는 일종의 뇌물 성격도 강하다고 볼 수 있다. 일단 선물이든 뇌물이든 일이 순조롭게 처리될 수 있다면 고민할 필요는 있다.

폴란드 기업인들과 교역을 추진할 경우 미리 만전을 기해야 한다. 새로운 파트너를 발굴하는 것도 중요하지만 무엇보다도 구매자와 직접적이면서 인간적인 관계를 구축하는데 힘을 써야 한다. 폴란드는 지리적 이점으로 동서유럽의 교역을 중개하는 역할을 전통적으로 수행해 왔으므로 거래선과 충실한 신뢰관계만 구축한다면 더 큰 비즈니스의 확장을 꾀할 수도 있다.

폴란드 기업인들은 보통 제품의 기술 및 품질을 매우 중시한다. 따라서 잦은 고장이 발생하거나 다루기 어렵거나 하면 반응이 냉담할 수밖에 없다. 가격 또한 무시 못 할 구매 요소이다. 또한, 납기일을 정확히 준수해야 하고, 이들과 일단 신뢰관계가 구축되면 많은 이익을 남길 수 있다. 폴란드 시장에 장기적 진출을 계획하고 있다면 A/S시스템 구축에도 각별한 노력을 기울여야 한다.

따라서 이들과 구체적으로 협상을 해나갈 때 단 한 번에 끝장내려 서두르지 말고 여러 번 협상에 임할 준비를 하여야 한다. 일반적으로 폴란드 측 파트너는 매우 철저한 준비로 협상에 임하는 편이다. 따라서 뛰어난 업무지식과 능숙한 상인기질을 갖추고 있다면 호감을 사게 되며, 협상은 순조롭게 풀릴 가능성이 크다. 폴란드인들도 타고난 장사꾼임을 기억해 두어야 한다. 예기치 않게 상당 폭의 가격을 할인해 달라고 요구하는 경우가 있으므로 이런 공세에도 효과적으로 반격할 태세를 갖추고 있어야 한다. 이들은 또한 시장에 여타 경쟁사 제품이 아직 진출하지 않았음에도 불구하고, 이에 대한 정보를 미리 파악해 협상 시 활용하는 경우도 있다. 따라서 이들과의 협상은 인내심을 갖고 해야 하며 동시에 유연하게 대처할 수 있어야 한다. 편견을 갖지 않고 상대방의 감정을 읽어 낼 줄 아는 능력을 갖추고 있으면 유리하다. 한편, 생산제휴를 제안해 올 경우 외면하지 않고 대금 지불 방식에도 양보할 준비가 되어 있으면 협상이 쉽게 마무리될 수도 있다.

이들과 상담할 때 폴란드 측 상대방을 점심이나 저녁에 초대하는 것도 바람직하고 유익하다. 보통 토스트와 폴란드 보드카를 먹으며 이야기를 나눈다. 가볍게 환담을 나눌 때는 가정사를 포함하여 다양한 소재가 화제로 등장할 수 있다. 하지만 정치적인 사안은 가급적 언급을 피하는 것이 좋다.

시장경제체제가 도입되면서 폴란드는 과거 생산 위주 시장에서 소비 위주 시장으로 전환되었다. 이에 따라 오래도록 경시되던 광고가 판촉 전략에서 점점 그 중요성을 더해가고 있다. 서구 유명업체들은 이미 폴란드 시장에 에이전트를 구축해 오고 있다. 폴란드에서 가장 중요한 광고 수단은 TV, 인터넷, 인쇄매체, 광고 게시판 등이며, 폴란드 소비자들은 물품을 소량으로 자주 구입하는 편이다. TV광고에서 볼 수 있는 상표들은 브랜드 제품으로 평가된다. 브랜드 이미지 못지않게 가격도 구매에 큰 영향을 미친다.

폴란드는 신용장거래를 회피하는 경향이 있는데 그 이유는 폴란드 자본이 부족하고, 은행의 지급보장 절차가 까다롭고, 전신환(T/T, Telegraphic Transfer)거래를 선호하고 있으며 주로 내구소비재와 전자제품 등 소비재를 스톡(Stock)방식으로 구매하고 있기 때문이다. 폴란드에서는 고정 거래선을 유지하기가 힘들다. 무역업체들의 업종변경과 도산 등이 많고 수출과 수입금지, 허가품목의 변화가 있으므로 신중을 기울여야 한다. 또한, 이 나라의 기업은 국영기업이므로 관리들이 자주 바뀌고 의사결정도 지연되므로 이에 대한 대비책이 요구된다.

폴란드에서 상담을 할 때에는 근무시간에 하는 것이 좋다. 아침에 출근했을 때와 퇴근할 때를 제외하고는 어느 시간이나 관계없다. 폴란드인들은 시간관념이 서구의 여러 나라 사람들과 달리 희박한 편으로 약속시간의 확인이 필요하다. 폴란드는 시장경제체제가 최근에 시작되었으므로 무역관련 자료나 기타 여러 가지 여건들이 미비한 경우가 많으므로 주의하여야 하고 상거래를 위하여 자료나 샘플을 준비하는 것이 좋다. 또한, 각종 무역법규와 관세 제도의 변경이 많으므로 정보 입수에 신중을 기울여야 한다.

폴란드인들과 무역 상담을 할 때는 간단한 선물을 하는 것이 관례로 되어 있다.

폴란드에는 소비재의 공급이 아직 풍부한 편은 아니지만, 요즘은 소비재의 보급이 높아지고 있으므로 흔하게 구할 수 있는 물건보다는 토속적인 선물이 더 좋다. 그러나 이 나라도 대부분의 동구제국과 같이 과한 선물은 법으로 금지되며 뇌물로 간주하므로 주의하여야 한다. 한편, 이들은 조직에 주는 선물에 대해서는 우호적인 표시로 간주하며 감사한다.

폴란드에서는 보통 근무시간에 점심시간이 따로 정해져 있지는 않고 하루에 8시간 정도 근무하게 된다. 비즈니스에 대해서는 아직 익숙하지가 않은 편으로 상도덕은 아직 덜 발달되어 있는 편이고 외상거래는 거의 하지 않는다.

폴란드인들은 유난히 꽃을 좋아한다. 아무리 생활이 궁핍해도 귀가할 때 꽃을 사들고 가는 일이 매우 흔하다. 그 예로 과거 사회주의 시절에 식료품 가게에는 판매할 식품이 모자라 텅텅 비어 있어도 그 바로 옆 꽃가게에는 각종 꽃이 준비되어 있었으니까, 우리가 듣기에는 어이없을지 몰라도 폴란드 국민들이 꽃을 얼마나 좋아하는가는 충분히 상상할 수 있다. 따라서 폴란드 가정을 방문할 때 꽃을 선물로 준비하는 일은 필수적이라고 할 수 있으며, 반드시 꽃송이를 홀수로 맞추어야 한다는 점을 명심하도록 하여야 한다.[179)]

폴란드인들을 접대할 때에는 공휴일은 삼가는 것이 좋다. 만약 폴란드 가정에 초대받았을 경우, 그들은 최고의 환대를 베푸는데 그 때 그들의 제안에 따르면서 자연스럽게 어울리는 것이 호의에 대한 보답이 된다. 만약 저녁식사에 초대되었다면 꽃, 꼬냑, 초콜릿 등을 사 가지고 가도록 하고, 식사 때는 여주인을 위해 건배하자고 제안하면 최고의 매너를 갖춘 사람으로 생각한다. 또한, 초대받았을 경우에는 약속시간보다 조금 늦게 도착하고, 계획한 시간보다 조금 늦게 나오는 것이 예의이다. 식사 후에는 항상 고맙다는 의미로 "지엥코예!(dzkkuje!)"라고 말하며 일어서도록 한다. 이들은 공식적이든 비공식적이든 식사하기 전에 건배를 한다. 더욱이 폴란드는 술의 소비량이 많은 나라이므로 대부분 꼬냑과 같은 술의 선물을 받으면 감사하게 생각한다.[180)]

179) 대한무역투자진흥공사, 전게서, pp. 201-204.
180) http://www.travel21.co.kr

제3절 헝가리

작은 내륙 국가인 헝가리는 중앙 유럽의 중심부에 위치하고 있으며 이 나라의 이름은 흑해의 북쪽에 있던 불가리아 오노구르 제국에 속하던 때를 떠오르게 한다. 언어는 이웃 슬라브족의 언어로써 오노구르가 헝가리어로 되었다.

오늘날 헝가리의 인구는 원주민들이 약 96.6%를 차지하며, 그들은 에스토니아어, 핀란드어와 먼 연관이 있는 고대 언어를 여전히 사용하고 있다. 헝가리인들은 가끔 자신들이 유럽에서 가장 고립된 민족이라고 말하는데, 그것은 언어나 문화, 인종적인 면에서 다른 이웃 나라와 거의 연관이 없기 때문이다.

헝가리인들은 자신들을 스스로 마자르족이라고 부른다. 이 이름은 현대 헝가리인의 조상인 마자르족으로부터 나왔다. 그들의 영향은 비교적 최근의 일인데, 그것은 그들이 800년대 말기까지 이곳에 정착하지 않았기 때문이다. 원래 그들은 볼가 강과 우랄 강 사이의 평원을 떠돌아다니던 유목 기마 민족이었다.

그들은 몇 십 년 이상을 점차적으로 서쪽으로 이주하면서 여행 도중에 다양한 민족들과 합류했다. 마자르족이 정착한 나라는 슬라브족과 게르만 민족에게 둘러싸여 있었지만, 그들은 자신들의 언어를 보존하여 오늘날까지 이어져 왔다.[181)]

1. 일반현황

인구(2022) : 961만 명

면적 : 93,030 ㎢(한국의 0.94배)

수도 : 부다페스트(171만 명)

언어 : 마자르어(헝가리어), 독일어, 영어 사용가능

민족 : 마자르족(92.3%), 루마니계(3.2%), 독일계(1.9%) 등

181) 장평순, 전게서, 제10권, p. 142.

종교 : 가톨릭교(37.2%), 개신교(13.8%), 그리스정교(1.8%) 등

기후 : 대륙성 및 대서양 기후 혼재, 남부 일부지역은 지중해성 기후

2. 경제현황

화폐단위 : 포린트(Ft), 1US$ = 359.46 HUF(2024.7 기준)

GDP(2022) : 1,957억 달러

1인당 GDP(2022) : 18,981 달러

산업구조(2022) : 농업(4.8%), 제조업(31.3%), 서비스(65.1%)

총수출액(2022) : 1,516억 달러

총수입액(2022) : 1,643억 달러

무역수지(2022) : 127억 달러 적자

무역상대국 : EU국가가 전체교역의 80% 차지

주요 수출품(2022) : 전기 및 전자제품, 기계류, 차량 및 운송장비, 공산품

주요 수입품(2022) : 기계류, 차량 및 운송장비, 공산품, 연료 및 전기에너지

경제적 강점 : 유럽의 중앙에 위치해 유럽과의 지리적 접근성으로 수출입 거래 원활, 저임금의 노동력, 수출 주도형 경제구조

경제적 약점 : 범죄율 증가 및 치안 부재, 경기 침체 및 실업률 증가, 외국 투자 부진, 국내 에너지 및 원자재 부족

3. 헝가리의 문화, 관습

가족의 평균 구성인원은 3명으로 도시에서는 주택난과 높은 생활비로 인해 농촌보다 가족 구성원이 적다. 아버지가 가족의 중심역할을 하지만, 주부의 발언권도 강하고 대부분 맞벌이를 하고 있기 때문에 이를 위해 정부가 탁아소를 운영하기도 한다. 결혼은 농촌지역에서 더 빨리 하는 경향이 있으며, 결혼 적령기는 남자는 25-30세, 여자는 24-27세로 보고 있으나 생활고로 인해 점차 늦게 결혼하는 추세이다. 이혼율은 약 40%이고 낙태율은 세계에서 가장 높다.[182)]

헝가리의 가정에서는 여성의 발언권이 강한 편이다. 특히 고가품이나 중요 비품을 구입할 때는 어머니의 서명을 요구하는 경우가 있는 등 모계사회의 전통이 강하게 남아 있다. 사회주의 체계를 거치면서 여권의 사회적 신장도 이루어져서 어느 곳을 가든지 적극적인 여성의 모습을 볼 수 있다. 여성이 결혼식 주례를 맡는가 하면 곤봉을 옆구리에 차고 거리를 순찰하는 여자 경찰, 남자 미화원들과 같이 거리를 청소하는 미화원 할머니들, 전차를 모는 여자 기사, 여자 주차요금 징수원 등 그 사례는 수없이 많다. 버스 정류소나 직장, 심지어 유치원에서 아이들을 잔디밭에 놀게 하고 거리낌 없이 담배를 피우고 있는 보모들, 가톨릭에서 신부를 보좌하는 직책인 복사를 오래전에 여자가 맡을 수 있었고(우리나라에서도 과거에는 금기사항), 제단에 오를 수 있다는 점 등은 이 나라가 모계사회의 전통을 갖고 있다고 말하기에 충분한 것이다.[183] 천주교 복사는 제대 위에서 천주교 신부를 도와 미사를 원활하게 진행될 수 있도록 도와주는 역할을 하는 사람이다.

범죄율이 높은 편은 아니지만, 최근 조직범죄 및 사업상의 채무에 관한 범죄가 늘어나고 있다. 그밖에 관광지에서 소매치기, 자동차 도난이 빈번하게 일어나 피해를 입을 수 있으므로 주의하도록 한다.

헝가리에서 일반적인 인사법은 악수이고 남녀 간에서는 여자가 먼저 악수를 청한다. 의사, 교수 등 지위가 있는 사람은 직함을 성 앞에 붙여 인사하는 것이 예의이다. 친한 친구, 친척 사이이거나 윗사람이 아랫사람을 부를 때에는 보통 이름을 부르기도 한다.

헝가리 국민의 대다수는 중류 또는 하류층에 속한다. 사회적으로 교육과 지위를 중요시하는 경향이 있어서 의사, 교수, 변호사 등 교육을 많이 받은 사람이 높은 사회적 지위를 차지하고 있다. 그리고 자살율이 세계에서 가장 높은 편에 속한다.

헝가리에서는 냉장고, 세탁기, 전자레인지 등 가전제품이 많이 보급되고 있는 추세이지만 자동차 등은 아직은 가격의 부담으로 일부층만이 보유하고 있다. 그밖의 일상용품들도 과거에 비해 기계제품을 많이 사용하고 있다. 생필품의 구입에는 큰 문제가 없으나 품질이 별로 좋지 않기 때문에 일부 사람들은 자동차로 3시

182) http://www.lycose.co.kr, http://www.daum.co.kr
183) 대한무역투자진흥공사, 전게서, pp. 211-212.

간 걸리는 빈에 가서 쇼핑을 하기도 한다.[184]

4. 헝가리인의 국민성

헝가리인들은 동유럽에서 가장 부유한 편에 속하고, 또한 경제개혁을 이루어냈다는 점에 큰 자부심을 갖고 있으며, 전통적으로 문화수준이 높아 리스트 등 저명한 예술가, 작곡가, 과학자들을 배출한 것에도 자부심을 지니고 있다. 헝가리 민속 음악과 요리도 세계에 널리 알려져 있다.

이들은 상대방에 대해 매우 호의적이며 창의력과 근면성이 높고 독립심이 강하고 인권을 존중한다. 그러나 성격이 다소 다혈질이기 때문에 운전이나 보행 시 주의가 요구되기도 한다. 서구인을 제외한 이민족에 대한 배타성이 잠재되어 있으므로 이들의 불쾌감 표시에 대응하지 말고 그냥 지나치도록 하는 것이 가장 좋은 방법이다.[185]

5. 상거래문화

헝가리에서 우범 지역인 칼린 광장, 남부역 등은 머리를 빡빡 깍은 'Skinhead'들의 활동 지역으로 심야 시간대에는 가지 않도록 주의하여야 한다. 헝가리에서 지역을 이동할 때 이용하는 택시는 국영택시, 조합택시, 개인택시 등이 있는데, 요금은 국영과 조합 택시가 비슷하며, 개인택시는 비싸다.

이들은 모든 일에 서두름이 없으며 묵묵히 기다리는 느긋한 기질을 가지고 있다. 헝가리는 동구권 국가 중에서는 학식이 높고 기초 과학 분야와 조립식 건축 기법이 뛰어나 세계적으로 인정받고 있다.

헝가리에서 비즈니스맨들은 옷차림을 정장차림으로 하여야 하며, 일반인들도 단정한 옷차림을 하고 다니도록 하여야 한다. 이들과 상담할 때에 종종 약속 시간보다 10~20분 늦는 것을 보면 시간관념이 완벽하지 않는 편이다.

---

184) http://www.lycose.co.kr, http://www.daum.co.kr
185) http://www.lycos.co.kr

이들은 인사성이 밝은 편이며 처음 보는 사람일지라도 눈이 마주치면 인사한다. 헝가리인들의 일반적인 인사법은 악수이고 남녀 간에는 여자가 먼저 악수를 청한다. 이들은 친척, 친구, 애인 등과 같이 잘 아는 사이라면 남자, 여자에 관계없이 서로의 볼을 먼저 오른쪽에 대었다가 왼쪽에 대면서 인사를 한다. 또한, 인사할 때 의사, 교수 등 지위가 있는 사람은 직함을 성 앞에 붙여 인사하는 것이 예의이다. 친한 친구, 친척 사이이거나 윗사람이 아랫사람을 부를 때에는 보통 이름을 부르기도 한다.

헝가리인은 아침 일찍 업무를 시작하는 경향이 있으므로 방문은 11시 이전까지는 끝내는 것이 좋다. 예절 및 금기사항은 서구와 대부분 유사하다. 헝가리인과 대화를 할 경우에는 헝가리의 정치·경제사정에 대한 비판은 되도록 삼가 하도록 하고, 특히 공무원에 대해서 이의를 제기할 때에는 간단한 구두항의나 공식문서로 하는 것이 좋으며, 필요 없이 이의를 제기하거나 공손하지 못하게 행동할 경우에는 상당한 불이익을 받게 되고, 심한 경우 구속되는 사례도 있으므로 각별히 주의하도록 한다.

헝가리는 경제체제 변환에 따른 실질소득 감소와 구매력 저하가 아직까지는 지속되고 있다. 아울러 대다수의 헝가리 기업들도 설립기간이 짧을 뿐만 아니라, 짧은 영업 경험과 취약한 자본 그리고 유통 노하우 등이 전반적으로 모자람에도 불구하고, 자기 회사의 여건을 과대평가하는 등의 과장된 모습을 종종 볼 수 있다. 따라서 헝가리 업체와 거래를 하기 전에는 우선적으로 업체들의 신용도를 파악하는 것이 필요하다.[186]

신생기업의 특성상 헝가리 기업인들은 너무 성급하게 기업을 키우려 하며, 자신의 기업여건을 과대평가 하는 등 비즈니스 상 미숙한 모습을 보이기도 한다. 그 결과 그들은 협상을 어기는 경우가 있음은 물론 문제가 발생할 경우, 법적인 해결절차를 신속하게 밟지 못하는 경향이 있기 때문에 처음부터 파트너 선정에 신중을 기해야 한다. 그리고 헝가리 기업인들은 서면상의 계약에 대해서도 추후 협상이 가능하다는 점에 주의를 기울여야 한다. 우리가 보기에 거의 가능성이 없어 보이는 문제에 대해서도 헝가리 기업인들은 해결책을 즉석에서 제시하곤 한다. 그들

186) 대한무역투자진흥공사, 전게서, p. 216.

은 해당 분야의 전문가라 불러도 좋을 정도로 능숙한 협상력을 발휘하기도 한다.

헝가리 기업인과 상담할 때에는 협상 여하에 따라 불가능한 것이 없다는 믿음으로 상담에 임할 필요가 있다. 실제로 해법을 찾기 어려운 문제들도 주장을 굽히지 않고 진지한 자세로 임하면 그 타결방안이 모색 될 수도 있다. 따라서 그들과의 협상에서 쉽게 포기하는 것은 피해야 한다. 그리고 헝가리 바이어들과는 개인적인 면식이 중요하므로 장기적으로 친밀한 관계를 유지할 수 있도록 노력을 기울여야 한다. 그 한 가지 방법으로서 헝가리의 기업인을 초대할 때 상대방의 부인도 함께 초청하는 것이 좋은 결과를 가져올 수도 있다.187)

헝가리 수입업체들과 거래 시에는 신용장 거래가 일반화되어 있다 신용장 자체에 신용도는 인정되고 있으나, 수입업체의 자금사정상과 현지 은행의 고금리로 외상 거래를 요구할 때도 많으니 대금 지불조건에 대하여 탄력적으로 대처하는 것이 바람직하다.

헝가리 수업업자들의 한국 상품에 대한 이미지는 삼성, 현대, 대우, LG 등의 전자제품과 자동차 등을 제외하고는 아직 뚜렷한 인식이 되어 있지 않은 상태이다. 그러나 한국산 제품들에 대해서는 막연히 괜찮을 것이라는 인식이 대부분 가지고 있어 헝가리 수입업체와의 비즈니스 상담 시 적극적인 제품 홍보에 중점을 두어야 할 것이다.188)

상담을 할 때에는 결론부터 제시하지 말고 차근차근하게 단계를 밟아나가는 것이 좋다. 헝가리의 현지 기업인들은 무역 관련법규나 시장경제에서의 경쟁원리의 중요성 및 상관행 등을 잘 모르고 있는 경우가 많으므로, 이에 대한 친절한 설명이 요구되기도 한다. 상담을 할 때에는 거래대상품목의 기본적인 사항은 물론이고 기술명세, 용도, 제품의 특성, 표준규격, 안전도 등에 관해서도 하나하나 확인해가면서 서류로 작성해 둘 필요가 있다. 그리고 헝가리인과 상담 시 주의해야 할 사항으로는 현지인들은 자본주의적인 사고가 확립되어 있지 못하고, 회사에 대한 소속감 등이 결여되어 있으며, 서비스 태도도 또한 좋지 않아 일의 효율성이 떨어진다는 점이다.

---

187) 이호건외 3인, 전게서, pp. 300-301.
188) 대한무역투자진흥공사, 전게서, pp. 216-217.

상담 내용 중 가장 중요한 사항은 상품인도 및 결제조건이므로 결제 통화, 절차, 방식 등에 대해 확실하게 합의해서 문서화 해 두는 것이 필요하다. 합작투자에 관한 상담 시에는 헝가리 기업인들 중 이에 대한 정확한 지식을 갖추고 있는 사람이 별로 없으므로 주의해야 하며, 서방국가의 자문회사를 통한 확실한 정보수집이 필요하다. 또한, 체제비판이나 정치적 이념에 관한 언급 등은 가능하면 피하는 것이 좋고, 약속을 확실하게 지키는 것이 여러 가지 면에서 유리할 수 있다.[189)]

헝가리 비즈니스맨들은 협상 능력이 능숙하며 상대방으로부터도 유연한 태도를 기대한다. 그래서인지 어떤 때는 엉뚱한 가격을 제시할 경우도 있고, 또 어떤 때는 제품에 대하여 너무 과장된 호응을 보일 때가 있어 상대방을 어리둥절하게 만드는 경우가 종종 있다.

헝가리 수입업체들과는 계약이 거의 성사 단계에 도달했어도 마음을 놓아서는 안 된다. 경쟁사의 경우를 들며 다른 조건을 제시한다든지, 좀더 생각해 보겠다든지 하면서 계약을 뒷전으로 미루는 일이 종종 있기 때문이다. 따라서 계약이 완전히 이루어지기까지는 안심하지 말아야 한다. 계약을 어겨 법적인 문제가 발생할 경우에는 법적인 해결절차가 신속하지 못하기 때문에 파트너 선정에 신중을 기해야 할 것이다. 만일 헝가리 업체가 계약을 위반하거나 무역거래에 있어 어떤 문제가 발생할 경우 법에만 의지하다간 평생이 걸릴지도 모른다는 사실을 명심해야 한다.[190)]

헝가리인들을 방문하고자 할 때는 사전에 약속을 해야 하며, 선물은 주고받는 풍습이 있으므로 방문목적에 따라 간단한 선물을 준비하여야 한다. 또한, 방문할 때 가족들의 안부를 물으면 상당히 좋아하므로 잊지 말고 실시하면 한층 더 친근한 관계를 유지할 수 있다.

이들이 가정에 초대하여 방문을 할 때에는 커피, 홍차, 주스, 브랜디, 와인이나 꽃 등 작은 것을 준비하는 것이 좋으며, 이 때 빨간 장미는 연애감정을 표현하는 것이므로 선물하지 않는 것이 좋다.[191)]

---

189) 이호건외 3인, 전게서, p. 300.
190) 대한무역투자진흥공사, 전게서, p. 217.
191) http://www.lycos.co.kr, http://www.daum.net

제 3 부

아메리카 지역

제 1 장 북미 지역

제 2 장 중남미 지역

1 chapter

북 미 지 역

제1절 미 국

50개의 주로 구성되어 있는 미국은 세계에서 세 번째로 넓은 면적을 가진 나라이다. 이 거대한 국가는 대서양과 태평양 사이에 위치한 북아메리카 대륙에 자리잡고 있으며, 북극 지역의 알래스카와 태평양에 있는 하와이 제도까지 포함하고 있다.

식민지 종주국인 영국에 혁명으로 맞서 탄생한 미국은 자유, 관용, 정의의 기초위에 세워졌다. 역사적으로 볼 때 미국은 박해와 빈곤으로 고생하는 사람들을 따뜻하게 맞아들였다. 개인에게 기회를 부여하고 자유를 주는 미국은 수백만 명의 이민자들이 보다 나은 삶을 살 수 있도록 이끌어 왔다. 이제 미국은 서방 세계를 주도하는 국가가 되어 온 세계의 자유를 수호하는 임무를 다하고 있다.

그러나 미국의 대도시에서는 빈곤과 범죄가 풍요와 더불어 현대 기술과 함께 공존하고 있다. 이 나라를 단 한 마디로 표현한다는 것은 거의 불가능한 일이다. 어떤 표현을 쓰건, 그와 정반대의 모습이 늘 존재하고 있기 때문이다. 미국은 인류의 가장 야심적인 실험, 즉 모든 인간이 자유와 관용 속에서 함께 살아가려는 꿈을 상징한다. 미국은 갖가지 사회 문제와 세계 강국으로서 무거운 부담을 짊어지고 있지만, 시민들의 힘을 통해 계속 새로워지고 있다. 이 힘이야말로 미국을 특출한 나라로 만든 원동력이라고 할 수 있다.[1)]

1. 일반현황

인구(2023) : 3억 4,182만 명(세계 3위)
면적 : 983만 ㎢(한국의 45배, 세계 3위)
수도 : Washington D. C.
언어 : 영어
민족 : 백인(73.1%), 흑인(12.7%), 아시아계(5.4%), 인디언(1.0%) 등
종교 : 개신교(46.5%), 가톨릭교(20.8%), 유태교(1.9%) 등
기후 : 해양성 및 대륙성 기후

2. 경제현황

화폐단위 : U.S. Dollar($), 1US$ = 1,387.50원(2024.7 기준)
GDP(2022) : 25조 4,628억 달러(세계 1위)
1인당 GDP(2022) : 76,340 달러(세계 6위)
산업구조(2022) : 서비스업(79.5%), 제조업(19.4%), 농업(1.1%)
총수출액(2022) : 1조 7,535억 달러
총수입액(2022) : 2조 9,362억 달러
무역수지(2022) : 1조 1,827억 달러 적자
무역상대국 : 중국, 일본, 멕시코, 독일, 영국, 캐나다 등
주요 수출품(2022) : 석유화학 제품, 비행기, 자동차 부품, 항공기, 기계, 의약품
주요 수입품(2022) : 원유, 자동차, 컴퓨터, 자동차 부품, 의약품, 기계, 반도체, 천연가스 등

1) 장평순, 전게서, 제4권, p. 11.

주요 부존자원 : 석탄, 석유, 천연가스, 구리, 철강, 목재 등
경제적 강점 : 부존자원 풍부, 각종 기술·산업 발달
경제적 약점 : 과중한 무역수지 적자 및 재정수지 적자

3. 미국의 문화, 관습

(1) 술 문화

미국 대부분의 주(州)에서 '음주연령은 20세부터'라고 법률로 정해져 있다. 미국 청년들은 식사하러 가서 술을 주문하면 운전면허증 등으로 연령을 확인한다. 일반적으로 동양인은 나이보다 젊어 보이므로 술을 살 때는 반드시 ID카드를 지참해야 한다. 미국 사회는 술 취한 사람에게 그다지 너그럽지 못하므로 몸을 가누지 못할 정도로 술을 마시는 일이 없도록 주의하여야 한다.[2)]

(2) 팁 문화

미국에서는 서비스를 받으면 팁을 주는 관습이 있다. 팁을 주는 것이 습관화되지 않은 우리나라 사람들에게는 부자연스럽고 낭비 같은 기분도 든다. 그리고 미국에 처음 도착 시 어떻게 팁을 주어야 하는지 몰라 팁에 대해 공포감을 느끼는 사람도 있다. 그러나 미국에서는 미국식을 따라야 하므로 망설이지 말고 기분 좋게 팁을 주어야 한다.

뉴욕에서의 일반적인 팁의 기준이 레스토랑에서는 총 금액의 10~15% 정도이고, 단 청구서에 서비스 비용이 포함되어 있는 경우는 잔돈 정도를 테이블 위에 놓아두면 된다. 미국은 택시를 타도 팁이 필요하고, 역시 요금의 10~15% 정도를 주며 가까운 거리에 가더라도 최저 1달러는 준다. 잔돈을 받아야 할 경우에는 팁을 뺀 금액을 이쪽에서 말한다. 호텔에서는 특별히 신세를 끼친 경우 외에는 객실 종업원에게 팁을 주지 않아도 된다. 룸서비스를 부탁한 경우는 10달러 정도를 준다. 미용실에서는 많은 팁을 줘야 하는데 샴푸 담당, 커트 담당, 드라이 담당에게

---

2) http://www.home.hanmir.com

따로 팁을 준다. 대부분의 학생들은 샴푸나 다른 서비스는 요구하지 않고 머리만 자른다.[3]

(3) 발렌타인 데이

미국 사람들은 어떤 뜻 깊은 일을 있으면 기념일로 만들어 그 때마다 작은 것이라도 반드시 선물을 챙긴다. 또 선물을 안 하면 카드라도 보내기 때문에 가능한 한 이런 날들을 알아두어야 혼자 바보가 되는 난처한 입장을 면할 수 있다. 예를 들면, 2월 14일의 성 발렌타인 데이도 그 중 하나이다.

우리가 아는 성 발렌타인 데이는 3세기경 연애결혼이 금지된 고대 로마 제국에서 사랑하는 젊은이들을 결혼으로 맺어 주고 이교도의 박해 속에서 황제의 명을 어긴 죄로 순교한 성 발렌 타인 사제를 기념하는 그의 제삿날에서 연유됐다. 그 후 15세기 경 영국의 한 시골 처녀가 이 날 짝사랑하는 총각에게 구애 편지를 보내 결혼에까지 성공하면서 서양의 젊은 남녀간에 '연인의 날'로 지켜지기 시작했다. 구미 각 국에서는 이날이 되면 젊은이들이 축제를 열고 달콤한 초콜릿과 하트 모양의 카드, 데이지 꽃 등을 주고받으며 사랑을 고백하는 것이다.

그런데 언제부터인가 우리나라에도 일본을 거쳐 이 날이 알려지기 시작하면서 각 제과점과 백화점, 호텔 등이 펼치는 요란한 상혼에 휘말려 청소년들은 마치 발렌타인 데이를 값비싼 초콜릿, 사탕, 케이크 같은 것이나 주고받는 날로 착각하고 있기도 하며 지나친 기업의 마케팅 전략으로 인해 청소년들이 특별한 의미를 부여하는 날로 생각하기도 한다.

물론 이 날이 되면 미국에서도 갖가지 아름다운 모양의 초콜릿과 사탕들이 선을 뵈고 판매도 늘어난다고 한다. 그러나 그들은 그것을 우리처럼 반드시 연인들에게만 주는 것이 아니라 선생님이 사랑하는 학생들에게, 자녀가 존경하는 부모에게 감사의 표시로 혹은 그 반대로 주고 받는가 하면, 친구들끼리도 함께 나눠 먹으면서 공동체로서의 끈끈한 정을 느끼는 계기가 되도록 하는 것이다.[4]

---

3) http://www.home.hanmir.com

4) 장경자, 『솥 단지를 걸고 본 미국』, 김영사, pp. 53-55.

(4) 즐거운 축제 - 할로윈

미국에서 10월 31일은 어린이들이 크리스마스 못지않게 자유로이 즐기며 노는 할로윈 데이라고 할 수 있다. 어린이들은 이 날이 되면 갖가지 요괴의 탈과 옷으로 분장하고 해가 지기를 기다렸다가 각 가정을 돌며 먹을 것을 주지 않으면 혼을 내준다는 의미의 말인 "Trick or Treat!"를 외치면서 캔디를 얻는다. 따라서 각 가정에서는 어린이들의 방문에 대비하여 캔디 봉지를 많이 준비해 둬야 한다.

할로윈의 기원은 매우 오래된 것으로 기독교의 성인과 순교자 중 고유의 기념일을 가지지 못한 순교자들을 위해 제사를 지내 주는 만성절, 즉 신년의 전야 행사로서 아일랜드와 스코틀랜드에 살고 있는 켈트족의 고유 의식이다. 이 날은 또한 전년도에 죽은 사람의 공양을 하는 동시에 요정이나 마녀가 고양이로 둔갑하여 출몰하는 날이기도 했는데, 이 전통이 미국 대륙으로 전해지면서 악마의 얼굴을 호박으로 바꾸어 아이들의 즐거운 축제의 날로 된 것이다.

할로윈이 다가오면 아이들은 부모와 함께 10여일 전부터 이 날 입을 복장을 준비한다. 또 각 가정에서는 낙엽을 쓸어 넣어 만든 커다란 호박 모양의 비닐 등으로 정원을 장식하고, 무서운 탈 등을 집안 여기저기 늘어놓아서 잡귀를 쫓으며 할로윈의 축제 분위기를 돋우기도 한다.

이를 겨냥하여 10월로 접어들면 백화점을 비롯한 각 상가에서는 할로윈을 위한 특설 코너가 꾸며지기도 하는데, 드라큘라와 마귀 할멈, 중국 강시 등 기괴하고 무시무시한 차림의 옷과 가면, 모자 등 보기만 해도 으스스한 제품들이 주종을 이룬다. 그러나 이러한 의상은 초등학교 고학년 이상의 청소년들이 주로 입고, 어린 아이들은 배트맨, 장군, 고양이 등 만화 영화의 주인공이나 동물 모양의 귀여운 차림, 인디언과 카우보이 같은 고유 의상을 주로 입는다.

학교에서도 할로윈을 전후하여 하루쯤 날을 잡아 축제를 여는데, 그 날은 선생님들까지 모두 특별한 차림새를 하고 와서 즐기며 분장을 제일 멋지게 한 사람을 선정하여 상을 주기도 한다. 또 지역에 따라서는 마을별로 축제가 열리기도 해서 외국인들의 입장에서는 그것 또한 이색적이고 재미있는 볼거리가 된다.

한편, 할로윈이 지나면 학교에서는 아이들에게 얻은 캔디를 가져오게 하여 불우

시설로 보내기도 하여, 자신보다 어려운 처지의 사람들과 할로윈의 즐거움을 함께 나누도록 가르치기도 한다. 그러나 이처럼 즐거운 할로윈 축제도 세상이 각박해지면서 요즘엔 이따금 나쁜 사람들의 범죄 수단으로 활용되기도 하므로 대도시는 물론 한적한 지역이라도 처음 이사 갔을 땐 각별한 주의가 필요하다.[5)]

(5) 기억하기 힘든 미국 이름

미국 사람에게 한국 이름이 어렵듯이 그들의 영어 이름을 기억하기는 조금 힘들다. 우리가 아는 미국 이름이야 고작 교과서에 나오는 톰, 메리, 존, 수잔, 부시 정도였는데 미국에는 몰테시, 크리튼 등 듣지도 보지도 못한 이름이 너무나 많다. 더욱 당황스러운 것은 그들이 말하는 이름이 퍼스트 네임인지, 라스트 네임인지 구분이 안 될 때이다.

미국에선 예의상으로라도 반드시 상대방의 퍼스트 네임을 기억해 불러야 한다. 그러나 간신히 이름이 떠올랐다 해도 한꺼번에 많은 사람을 만나다 보면 이름 따로 얼굴 따로, 즉 누가 누군지 구분하기가 힘들다. 따라서 이름 문제는 너무나도 큰 어려움이 된다. 우리의 문화는 관습상 어른의 이름 석 자를 함부로 불러선 안 된다. 그러나 미국에서는 어른이나 아이나 한 결 같이 마구 이름을 불러대니 그들의 문화를 알고 있는 사람은 쉽게 적응이 되지만, 처음 접하는 사람들은 혼란을 느끼기도 한다.[6)]

(6) 알면 좋은 제스처

미국 사람들은 프랑스나 이탈리아 사람들에 비하면 몸 전체를 사용하는 제스처는 별로 없다. 물론 이따금 두 손을 펴 보이며 어깨를 들썩이는 정도의 펭귄 짓은 하지만 몸짓보다는 손가락을 움직여서 하는 감정 표현이 더 많다.

요즘은 우리나라 청소년들도 많이 알고 있지만, 미국에서는 가운데 손가락을 세우고 나머지 손가락을 접어 상대방에게 내미는 것이 최대의 욕으로 '모욕'을 의미하는 거친 동작이다. 이 손놀림은 사실 극도의 불쾌감이나 분노를 느낄 때 써야

5) 장경자, 전게서, pp. 56-59.
6) 상게서, pp. 64-66.

함에도 불구하고 폭력물이 난무하는 텔레비전의 영향으로 어른, 아이 할 것 없이 조금만 비위가 상해도 가운데 손가락을 내민다.

미국에서 가운데 손가락을 펴는 것만큼 나쁜 의미의 손가락 동작으로는 또한 주먹을 쥐고 집게손가락과 새끼손가락을 세우는 것으로 이 동작도 천하고 비열한 뜻을 나타낸다. 예를 들어, 거리를 지나다 실수로 차와 부딪힐 뻔했을 때 자동차 운전기사에게 이런 동작을 했다고 하면 그것은 "정신 차려, 이 멍청아!"라고 생각하면 된다.

한편, 아이들이 제일 많이 하는 동작으로 "우우~" 하는 아우성과 함께 엄지손가락을 세워 아래로 내리면 뭔가 나쁜 것을 의미하고 반대로 위로 세우면 최고를 뜻한다. 비즈니스맨들은 계약을 성사시켰을 때 그 결과를 묻는 동료에게 엄지손가락을 올리거나 내리는 동작으로 답을 하기도 한다. 또 엄지손가락과 집게손가락으로 원을 만들면 우리나라에서는 돈을 뜻하지만, 미국인들은 "OK!" 혹은 "알아들었다."는 뜻을 의미한다. 이 밖에 V사인은 우리도 잘 아는 승리와 평화를, 코끝에 엄지손가락을 붙이고 수직으로 세운 다음 손가락을 앞뒤로 움직이면 모욕, 조소를 의미한다. 그들은 이리 오라는 동작으로 손등을 바깥으로 향하고 가볍게 쥔 집게손가락을 세워 앞뒤로 까딱거리는데 친한 사람이나 손아랫사람을 부르는 동작이다. 그러나 문화권이 다른 우리 입장에서는 이런 동작을 처음 대하게 되면 기분이 몹시 불쾌해진다.[7]

(7) 끝없는 줄서기 문화

미국에서 지내려면 줄을 서서 기다리는데 익숙해야 한다. 슈퍼마켓에서도, 화장실에서도, 은행에서도, 주차장에서도, 음식점에서도 어느 곳에서나 사람이 모이는 곳에서 볼일을 보려면 줄을 서야 한다. 그런데 미국의 경우 우리와 줄서기 방식이 좀 달라 까딱 잘못하면 망신당하기 쉽다.

우리는 보통 화장실 칸마다 줄을 서서 기다리다 앞사람이 나오면 들어가는 것이 과거의 경우였다. 그러나 미국에서는 칸칸이 줄을 서는 것이 아니라 전체적으로 줄을 서 있다가 어느 곳이든 먼저 나오는 곳으로 차례차례 들어가는 것이다.

---

7) 상게서, pp. 86-88.

미국 사람들처럼 줄을 선다면 우리처럼 줄을 잘 섰다가 재수가 좋게 앞사람이 먼저 나올 때 얻는 행운은 전혀 기대할 수가 없다. 우리나라에서도 요즈음 이러한 줄서기를 적극 홍보하고 사용하고 있다.

미국 사람들은 슈퍼에서 한번 장을 봤다 하면 엄청나게 많이 본다. 그래서 한 사람이 카트에 가득 싣고 온 것을 계산하려면 상당히 많은 시간이 걸리기 때문에 가능한 짐이 적은 사람을 찾아 그 뒤에 줄을 서야 한다. 그러므로 필요한 물건을 구입하고 나면 어느 계산대의 줄이 제일 짧은가를 먼저 살펴보고 그 다음엔 앞사람의 구입량을 다시 살펴 줄을 잡아야 한다. 그러나 이처럼 머리를 굴려서 줄을 서도 반드시 길었던 줄보다 빨리 끝나란 법은 없다.

Cashier가 계산을 하다가 물건 값을 잘 모르는 것이 나오면 그 물건 값을 확인하는 과정에서 어떨 땐 매니저까지 동원하는데, 뒷사람은 아무리 바빠도 그 과정이 끝날 때까지 하염없이 기다려야 한다. 그것이 싫으면 아예 줄을 바꿔 서면 되지만 그때 또 다른 줄로 가서 서려면 너무 늦기 때문에 어쩔 수 없이 기다릴 수밖에 없는 것이다.[8]

(8) 신발 벗기 싫어하는 미국인들

미국 사람들은 침실에서도 신발을 신고 지낼 만큼 신발 벗기를 싫어한다. 미국인들의 그런 모습은 외국 영화를 볼 때 조금만 주의를 기울이면 금방 느낄 수 있는 사항으로, 그들은 우리와 달리 주변 환경이 깨끗하기도 하지만 오랜 관습상 신발을 의복의 연장으로 생각하기 때문이다.

우리나라에서는 어린아이들에게 신발을 사 줄 때 편한 것도 중요하지만, 우선 신고 벗기에 편리한 것을 첫 번째 조건으로 손꼽는다. 이에 비해 미국인들은 신을 혼자 신고 벗을 능력이 없는 어린 아이라도 부모가 아침에 한번 신겨서 내보내면 돌아올 때까지 신을 벗을 일이 거의 없기 때문에 끈을 매는 불편이 있어도 농구화처럼 편한 것을 선택한다. 또 특별한 일이 없는 한 벗을 일이 거의 없어서인지 신발을 신을 때도 끈을 엄청나게 동여매어 어쩌다가 벗게 될 경우 시간이 많이 걸리기도 한다.

---

8) 상게서, pp. 89-91.

한국인 친구가 있거나 한국인들이 많이 사는 지역에서 사는 미국 사람들 중에서는 한국인들이 집에서 신을 벗고 생활한다는 사실을 아는 사람도 많다. 그런 사람들은 한국인 집에 들어올 때 특별히 이야기를 하지 않아도 미리 실내화를 찾는다. 그런 사람들은 집 안에서 신을 벗고 지낼 경우 실내가 훨씬 깨끗한 것은 물론, 카펫도 훨씬 덜 닳는다는 사실까지도 안다. 그래서 집을 세를 놓았을 경우 일부러 한국 사람들만 골라서 세를 놓는 미국인들도 있다고 한다. 집에 따라 다소간의 차이는 있겠지만, 미국 주택의 경우 집 안의 카펫을 전체적으로 바꾸려면 최소한 2,000달러 이상은 지불해야 한다. 그런데 한국인이 세입자로 살고 나갈 땐 이런 돈을 아낄 수 있다는 사실을 계산에 넣는 것이다.[9)]

(9) 예의범절

서로 모르는 남성이 소개를 나눌 경우 미국에서는 우선 자기 이름을 대면서 악수한다. 이때 우리나라에서처럼 허리까지 굽힐 필요는 없다. 또한, 한국에서는 명함을 건네면서 자기 이름을 말하는데 미국에서는 습관이 되어 있지 않으므로 상대방으로부터 명함을 건네받는 것은 별로 기대할 수 없다. 그러나 국제 거래를 하고 있는 비즈니스맨은 명함을 건네는 경우가 많다. 만일 누군가 두 사람 사이에서 상대방을 소개할 경우, “How do you do?”, 또는 “Nice to meet you.”라고 말하고 상대방이 남성일 경우는 바로 악수하지만, 여성일 경우는 저쪽이 먼저 악수를 청하지 않는 한 이쪽에서 악수를 청해서는 안 된다. 또 여성은 의자에 앉은 채 인사를 해도 무방하다.

식사를 초대받을 경우 특히 신경을 써야 하는 것은 수프나 커피를 마실 때 소리를 내지 않아야 하고, 식사 중에는 함부로 자리에서 일어서지 않아야 한다. 미국에서는 식사가 하나의 사교장이며 식사를 하면서 많은 이야기를 나누는데 될 수 있는 한 이야기에 참여하도록 해야 한다. 또한, 식사 중이나 식후에 초대해 준 사람에게 식사가 맛있었다고 칭찬해 주어야 한다. 그리고 초대받은 다음날에는 답례카드를 보내야 한다. 어쨌든 미국은 레이디 퍼스트의 나라로 인식하고 행동하면 편리하다. 엘리베이터, 버스, 택시의 승차 시는 반드시 여성이 우선해야 하고, 또

9) 상게서, pp. 96-98.

레스토랑에 들어갈 때도 남성은 반드시 도어를 열어 여성을 먼저 들여보내고 자기는 나중에 들어간다.[10)]

(10) 인종문제

1960년대부터 소수민족들은 백인 위주의 사회에 대하여 변화를 촉구하게 되었고 흑인, 히스패닉(라틴 아메리카), 비앵글로색슨계 백인단체들에 의하여 변화의 움직임이 시작되었으며, 차별을 철폐하고자 하는 사회운동이 꾸준히 미국 내에서 전개되고 있지만 큰 변화가 없는 상태이다.

한편, 미국으로 건너오는 이주자들이 증가하면 할수록 흑인들은 그들의 기득권이 이주민들로 인해 더욱 약화된다고 생각하고 있어 소수의 타민족에 대하여 심한 적대감을 갖고 있는데, 이러한 생각들로 인해 정치적, 사회적으로 많은 문제를 야기 시키고 있는 형편이다.

예를 들면, 1992년 로스앤젤레스에서 일어난 흑인폭동은, 백인 경관이 흑인인 로드니 킹을 구타한 데에서 출발하였는데, 판결이 백인 경관에게 유리하게 내려지자 이에 반발하는 흑인들이 LA근교를 중심으로 폭동을 일으킨 사건이다. 흥분한 흑인들은 도시를 파괴하고 불을 질렀는데, 이때 가장 피해를 입은 사람들은 LA 코리아타운에서 거주하고 있던 한인들이었다. 폭동을 일으킨 흑인들은 평소에 LA 코리아타운에서 상권을 형성하고 있던 한인들이 그들의 삶의 터전을 빼앗아 그들의 생활이 어려워졌고, 또한 그들을 무시한다는 생각에 한인들에 대하여 좋지 않은 감정을 가지고 있었는데, 힘이 모아지자 백인들보다 훨씬 세력이 약한 한인들에게 분풀이를 하였던 것이다.

이것은 로드니 킹 사건과는 전혀 별개의 문제였는데 미국의 언론은 백인의 흑인에 대한 인종차별로 인하여 발생한 사건을 교묘히 피해 초점을 한인과 흑인의 갈등에 맞춤으로써 사건의 본질은 사라지고 엉뚱하게도 한인들의 피해가 커지게 되었던 것이다. 이러한 사건은 미국으로 급격하게 많은 사람들이 이주하면서 나타난 사회적인 문제에서 발생한 것이라고 할 수 있다.[11)]

---

10) http://madeinkorea.com/usa/common/commonbar.htm

11) 이호건외 3인, 전게서, p. 353.

(11) 금기사항

미국에서 무엇보다 중요한 것 중의 하나는 시간약속을 철저하게 지켜야 한다는 것이며, 대화중에 주의해야 할 점은 미국인들은 종교적인 문제에 민감하므로 논쟁을 벌이는 것은 삼가야 한다는 것이다. 또한, 현지 생활에서 남의 집을 기웃거리며 들여다보거나 서성대면 'Loitering법'에 저촉되며, 13세 미만의 어린이를 혼자 두고 외출할 수 없다는 것도 명시해야 한다. 음주문화는 우리와 달리 엄격한 편이므로 과음으로 인한 실수는 용납되지 않는다는 것도 기억해야 한다. 미국은 음주 금지를 위해 한때 헌법까지 개정한 역사가 있는 국가이다.[12)]

4. 미국인의 국민성[13)]

미국사회에서는 서로 알지 못하는 사람끼리도 눈을 마주치면 인사를 나눈다. 서로가 눈이 마주치면 구면인 것 같은 사이처럼 자연스럽게 행동한다. 이들은 서로 수줍어하지 않고 자연스럽게 "좋은 하루를 보내세요!(Have a nice day!)"라고 말하면 서로가 하루를 기분 좋게 지낼 수 있다고 생각하는 국민이다. 미국인들은 일반적으로 다음과 같은 국민성을 가지고 있다.

미국인의 경우에는 형식에 매이지 않는 것을 원하고 사고방식도 귀납적이고 분석적이면서 설명을 해도 분명하게 알아들을 수 있도록 하는 것을 원한다. 미국은 개인주의와 신교 정신을 바탕으로 한 미국식 자본주의로 인해 사회 계층의 수직 이동이 심한 나라이지만, 오히려 어떤 부분에서는 개인을 존중하다 보니 보수적인 면도 있다.

미국인의 대화는 가족, 직업, 레크리에이션, 돈 등에 관해서는 자유로이 이야기하지만, 성 문제와 개인의 수입, 종교 등의 원칙적인 문제에 관해서는 터부시하여 이야기를 하지 않는다는 것을 염두에 두어야 한다. 한마디로 말하면, 미국인은 시간에 대해 철저하게 계획을 세우며, 계약에 대해서도 철저하며, 대체로 따뜻하고

12) 이호건외 3인, 전게서, p. 371.
13) http://cici.co.kr/nation/us-p. htm

친근하며, 유머가 있으며, 가족애가 강하고 개척자 정신이 강하다. 또한, 적극적인 만큼 항상 긍정적이어서 어떤 일에든지 부정적이기보다는 'Yes'라는 말을 자주 쓴다. 미국인들은 스스로 세계에서 가장 부유한 나라라고 자신하면서 돈은 많으면 많을수록 좋다는 생각을 가지고 있을 뿐 아니라, 모든 이들이 미국에서 부를 만들 기회를 원하고 찾고 있다고 생각하는 경향이 있다.

이들의 국민성을 지역별로 알아보면, 미국의 북동부에서도 뉴잉글랜드 지방은 보수적인 면이 있지만, 대학교들이 많이 밀집해 있어 자유로운 기풍이 있다고 할 수 있다. 남부 지방은 대체적으로 전통을 중시하고 개인 간의 관계를 중요시 여긴다. 중서부 지방은 가족과 개인의 가치를 존중하는 전통 있는 곳이다. 남서부 지방은 격식을 따지지 않고 비즈니스 모임에도 카우보이 신발과 모자 등의 평상복으로 임하기도 하며, 음식도 서로 격식 없는 바비큐 등으로 대인 관계를 쌓고 서로 간에 물건과 음식 나누는 것을 즐긴다. 개인의 가치와 서로의 말을 신뢰하는 편이다. 서부 지방은 매우 사교적이지만 유동적인 분위기로 서두르지 않는 느긋한 분위기가 지배적이다.

(1) 일에 대한 관념

돈을 주는 만큼 철저히 일을 시키고 근무 시간 동안 시작에서부터 끝까지 움직여서 무엇이든지 일을 해야 한다. 따라서 미국에서는 항상 일하는 상태가 되어야 한다. 이들의 일에 대한 습관은 직장에서나 가정에서나 떠나지 않아서 시간 소비보다는 무엇인가를 한다는 관념 속에서 생활한다.

(2) 교우 관계

미국인들의 교우 관계는 대개 사회적인 활동에서부터 시작된다. 이들은 직장을 얻어 새로 만난 직원이 하나의 친구로 발전한다. 또한, 학교에서나 동네에서 만난 친구들, 사교 모임에서 정치 문제를 토론하다가 친구가 되는 경우도 있고, 포커나 빙고, 그리고 볼링 게임을 하다가 사귀는 친구들도 있다. 미국인들은 친구의 범위가 아주 다양하고 연령이나 성별의 폭도 넓다.

(3) 평등의식과 경쟁의식

미국인들은 사회적으로나 관료적으로나 계급의식에 배타적이어서 이들은 나이나 지위, 명예, 권위 등에 따라 특별한 대우를 받거나 특별한 대우를 하는 것을 싫어한다. 또한, 이들은 대인 관계에 있어서 상대방을 최대한 인정해 주려는 좋은 습관도 있다. 왜냐 하면, 이들은 자기 자신을 유일한 개인이라고 생각하기 때문에 다른 사람도 유일한 개인이며, 어떤 사회의 계층이나 집단을 구성하는 일원중의 한 개인이라고 생각한다. 그러므로 미국인들은 관공서, 회사, 또는 군대에서 상급자나 하급자와의 관계는 누가 높건 낮건 간에 인간이 향유해야 할 평등성에 우선 바탕을 두어 유지된다.

그러나 이들은 다른 인종의 직업인에 대해서 전문가라고 하든지, 또는 그러한 유사한 칭찬으로 추켜세우다가도 자신이 위협을 느끼고 불안할 때에는 편견과 선입관이 작용하기 시작한다. 아마 이러한 이유는 미국인들의 경쟁의식이 표면에는 잘 나타나지 않지만 항상 마음속에 존재하고 있기 때문일 것이다. 나쁘게 말하면 이들은 철저한 이중성을 지니고 있다고 할 수 있다.

(4) 무관심과 침묵

일반적으로 미국인은 쌀쌀하여, 외국인들이 일상생활에서나 사회생활에서 미국인들에게 정(情)을 붙이기가 어렵고, 이들도 또한 다른 사람이나 외국인에게 정을 주지 않는다. 따라서 미국인들은 다른 사람에게 철저하게 무관심하다고 할 수 있고, 철저하게 개인주의와 이기심을 가지고 있으며 사생활을 침해받지 않기를 바라고 있다. 따라서 이들은 자기 자신과 이해관계가 없는 한 모든 일에 아주 무관심하다.

(5) 합리주의

미국인들은 무슨 일을 하더라도 합리적으로 수행하려고 한다. 이들의 합리주의는 일반적으로 논리적이고 타당성 있게 이론을 전개해서 어떤 일을 운영・유지함으로써 목적을 달성한다는 뜻이다.

(6) 자기 방어

미국인보다 외부로부터 공격이나 위협에 민감한 반응을 보이는 국민도 없다고 할 수 있는데, 아마 겁이 많고 의심이 많은데서 오는 것 같다. 따라서 미국인들의 습성화된 태도로 인하여 이들은 항상 방어적이며 만일의 사태에 늘 대비한다.

(7) 토론

미국인들처럼 토론을 즐기고 그것이 몸에 배어 있는 민족도 드물 것이다. 대부분 미국인들은 토론하기를 좋아하고, 토론에 참여하기도 좋아하며, 토론 광경을 경청하기도 좋아한다.

5. 상거래문화

미국은 세계의 선진국 중에서 역사가 가장 짧은 나라이고, 면적은 러시아, 캐나다 다음으로 넓고, 국민은 전 세계의 여러 인종과 민족으로 이루어져 있다. 미국이 세계의 지도적 국가로 성장할 수 있었던 것은 넓은 국토와 풍부한 자원, 그리고 알맞은 기후에다가, 민주주의의 바탕 위에 근대 사회를 이룩한 사람들의 노력에 힘입은 것이다.

미국은 세계 최대의 무역국으로써 세계 각국의 경제에 커다란 영향을 미치고 있다. 이것은 미국의 풍부한 자원, 높은 생산력과 생활수준이 그 원인이라 할 수 있다. 일반적으로 한국은 무역의존도가 높다고 할 수 있으며, 반면에 미국은 무역액이 큰 데 비해서는 무역 의존도가 낮다. 미국은 자원이 풍부하고 원료나 식량의 자급률이 높기 때문에 무역액이 많음에도 불구하고 무역 의존도가 낮은 것이다.

미국인의 국민성과 상거래문화를 문화적 관점에서 본다면, 미국인은 일반적으로 세계는 정신이 아니고 물질이 지배한다고 생각하고 있으며, 인간은 자연을 지배하여야 한다고 믿는다. 또한, 이들은 집단보다는 개인을 중요시하고, 모든 행동은 목적을 가져야 하며, 모든 일을 명시적으로 분명히 해야 한다고 생각한다. 미국인들은 일등국민이라는 자부심에 차 있고, 외국인들에게 주제넘게 나서고 강압적인 기질이 있다.

미국에서 비즈니스를 할 때 일반적으로 주의해야 할 사항으로는 다음과 같다.

① 공공장소나 자동차 안에서 술을 마시지 않아야 한다. 그리고 자동차의 트렁크를 열고 다니면 처벌받을 수 있고, 음주운전은 반드시 처벌 대상이므로 금지해야 한다. 위반 및 처벌에 대한 알코올 농도는 각 주마다 다르기 때문이다.

② 사우나에 나체 혹은 토플리스 차림으로 들어가서는 안 된다. 남성인 경우에는 목욕용 짧은 가운을 걸치는 것이 좋다.

③ 치한의 습격에 많은 손해를 보지 않으려면, 50달러짜리 지폐는 지갑에 넣지 말고 따로 보관해 두는 것이 좋다. 그러나 미국은 다른 지역보다 치안이 잘 되어 있는 편이다.

④ 미국에서는 소액이라 할지라도 카드로 지불하는 것이 상용화되어 있기 때문에 미국으로 여행할 때는 한도가 높은 신용카드(credit card)를 소지하도록 한다. 또한, 장기 체류 시에는 카드회사별로 결제방법이 다르므로 결제 기간이 2개월 정도 되는 카드를 마련하는 것이 좋다. 그 밖에 여행자수표도 유용하다.

⑤ 이동 교통수단은 택시, 렌터카를 이용하는 것이 편리하다. 시카고, 뉴욕, 샌프란시스코, 워싱턴을 제외하면 대중교통의 운행간격이 잦은 편이 아니기 때문이다. 공항에서 시내로 나오거나 시내에서 공항으로 갈 때는 셔틀버스를 이용하면 된다.

⑥ 택시를 타기 전에 요금미터기가 장착되어 있는지 확인하도록 한다. 만약 문제가 생기면 운전사의 이름이나 계기판 혹은 승객 자리에 쓰여 있는 면허번호를 신고해야 한다. 또한, 돌발사건이 발생했을 때는 해당 관청에 신고하면 된다.

⑦ 렌터카 비용은 유럽보다 싼 편이다. 요금은 도시에 따라 혹은 렌터카 회사에 따라 조금씩 차이가 있으나 대개 1일 20-30달러 선이다. 이 밖에 1일 10달러의 차량보험료가 추가되며, 자동으로 가입되는 것은 아니지만 약 10달러 정도의 책임보험에도 가입해야 한다. 그러나 만약 본인 외에 다른 사람도 운전하는 경우라면 기존 보험료에 달러의 프리미엄이 더 가산된다. 또한, 캐나다나 멕시코로 여행을 하려면 국제 운전면허증이 반드시 있어야 한다. 여행사를 통해 렌터카를 미리 예약해 두면 좋지만(비용이 더 저렴하다), 필수 사항은 아니다.

⑧ 생활필수품은 어느 도시에서나 쉽게 구할 수 있다. 가게는 보통 밤 9시에 문을 닫고 일요일에는 영업을 하지만, 점포에 따라서는 토요일에도 문을 닫는 곳이 있다. 물건 가격에는 부가세가 포함되지 않는 것이 보통이며, 부가세는 주별로 다르지만 대개 6-9% 정도이다.

미국에서 비즈니스를 하기 위해서는 다음과 같은 사항을 주의해야 할 필요가 있다.

① 미국에서는 흑인을 "African American"이라 칭하여야 하며, 절대로 "니그로(검둥이)"라는 표현을 쓰는 일이 없도록 한다.

② 선물 이외의 돈을 주는 것은 뇌물로 간주되며, 선물도 50달러 이상인 경우에는 위법이다. 선물을 받은 후에는 답례로 카드를 보내는 것이 예의이다.[14)]

이들과 상담 시 각 지방의 특색을 알아두는 것도 중요하며, 해당 지방의 역사나 성격을 미리 습득해 두면 여러 가지로 도움이 될 것이다. 특히 아직도 인종차별의식을 가지고 있는 지역도 있어서 흑인이나 동양인 등 유색인종을 차별하는 지방이나 사람들이 있다는 사실을 항상 유념해 두어야 한다.[15)]

미국은 인구가 많고 생활수준이 높은 소비가 많은 국가이지만, 인종과 연령, 소득, 교육정도에 따라 차이가 심해 특별계층과 특정한 분야를 형성하고 있다. 미국과의 비즈니스에 있어서는 신용이 가장 중요한 요소이다.

미국 대도시의 경우, 특히 뉴욕에서는 교통체증이 심하기 때문에 약속시간의 엄수를 위해서는 충분한 시간을 두고 출발하여야 한다. 더욱이 이들은 시간에 신축성이 있어서는 안 되고, 행동은 예정되어야 하고 시간은 귀중한 것이므로 시간의 엄수가 중요하다고 생각한다. 상담할 때에는 주말이나 휴가철은 피하여야 한다.

미국인들은 특수한 경우 이외에는 주말이나 휴가철에 사생활을 침해받는 것을 매우 싫어한다.

미국인들도 지식층이나 가문이 있는 가정에서 태어난 경우 예의를 중요시하고 있다. 따라서 우리가 미국영화에서 많이 보았던 것처럼 웃어른의 이름을 마음대로 부르고, 상대방과 대충 악수하여 인사를 끝낸다는 생각을 버려야 한다. 미국인들

14) 대한무역투자진흥공사, 전게서, pp. 252-253.
15) 이호건외 3인, 전게서, p. 372.

도 일본을 분석하기 위해서 일본과 동양의 문화를 연구하여 동양식 문화를 어느 정도 이해하고 이를 좋아하는 사람들도 많다. 그러므로 상대방과 접촉할 때 한국적인 예의를 갖추는 것이 좋고, 일반 미국인들이 행하는 행동에 따라 처신하는 것은 바람직하지 못하다.

미국인들과 상담이나 대화를 할 때에는 반드시 상대방의 눈을 보고 얘기를 해야만 한다. 우리나라 사람들은 가부장적인 사회를 살아왔기 때문에 어른들을 쳐다보면서 이야기를 하지 못했었다. 따라서 이들과 대화할 때도 상대방의 시선에 맞추지 않고 대화를 하는 습관이 있다. 그러나 이들은 대화할 때 시선을 딴 곳으로 돌리며 말하면 안 된다. 왜냐하면, 상대방이 시선을 맞추지 못하면 무엇인가 속이려 한다고 생각해서 의심을 하기 때문이다.

미국에서 협상은 사안에 따라 최고관리자부터 하급관리자까지 수행하게 된다. 미국의 경우 의사결정권이 사안에 따라 분산된 경우도 있으며, 협상할 때에는 정확한 의사교환이 필요하고 논리적인 접근방법이 바람직하다.[16] 그러나 이들은 업무에 있어서 재량권의 폭이 크므로 그것을 자랑스럽게 생각한다. 이들과 상담할 때 우선 판매하고자 하는 제품이 타 경쟁회사의 제품과 비교하여 어떤 특성이나 장점을 갖고 있다는 점을 강조하여야 한다. 그리고 될 수 있는 한 결론부터 언급하여야 하고, 모든 일을 적당히 처리하지 않아야 하며 상대방과의 커뮤니케이션은 명시적이어야 한다. 협상한 후에는 가능하면 합의서를 작성하여 상대방의 서명을 받아 놓는 것이 차후 문제의 발생소지를 없앨 수 있다.

미국인들은 시간을 소중히 여기기 때문에 시간엄수가 중요하다. 협정은 문서로 이루어져야 하고, 명시적이어야 하며 계약서에는 당사자의 상호책임을 세부적으로 명시하여야 하고, 법률적인 효력이 있어야 한다. 시간의 중요성을 알며 합리적이며 논리적인 미국인들은 협상에 임함에 있어 주제에 대해 명시적 동의를 요구하며 일을 신속히 매듭지으려고 한다. 그래서 이들은 절박한 의사결정에 익숙해져 있고 최종적 결정을 내릴 권한을 갖고 있는 경우가 많다.[17]

국가간에 이루어지는 협상에서는 공통되는 특징을 이해하는 것이 중요하다. 다

---

16) 이승영, 전게서, p. 298.
17) 이호건외 3인, 전게서, p. 371.

른 문화나 협상 유형을 많이 알면 알수록 협상에서 성공하는 확률이 높게 된다. 우리가 사용하는 협상의 거의 대부분이 미국인과의 협상이므로 이들과의 협상 기술을 개발하면 상당히 쓸모가 있을 것이다.

미국인들이 주로 사용하고 있는 협상 유형으로 존 웨인 유형이 있다. 즉, "Shoot first and ask questions later"라는 말이 있다. 이것은 행동을 중요시한다는 말이다. 미국인들은 상당히 행동을 중요시 여기며, 이들이 협상에서 가지고 있는 특성을 보면 다음과 같다. 미국인들은 상당히 독립적이고, 힘의 윤리에 의존하는 편이다. 또한, 모든 일을 솔직하게 협상하기를 좋아하고 경쟁하는 것과 이기는 것 모두를 중요시한다.

문화적인 특성을 보면 미국인을 좀더 쉽게 이해할 수 있다. 이들은 일본인과는 반대로 감정을 높이 평가하지 않으며, 모든 거래가 합리적으로 이루어진다. 약육강식의 논리가 뚜렷하게 나타나며 체면이 협상에서 그렇게 중요시 여겨지는 것이 아니므로 모든 의사 결정은 비용과 편익 분석에 의해서 한다. 이들은 자기들의 주장과 논리를 분명하게 펴며, 실제적인 행동을 취한다.

실제 협상에서 나타나는 특징을 지적하여 보면 미국인들은 항상 통역을 합석시킨다. 이것은 통역자가 통역하는 동안 시간을 벌게 되어 생각을 할 수 있다. 따라서 협상 진행에서 실수를 그만큼 줄일 수 있다. 그리고 협상을 실제적으로 이끌기 위해서 대외적으로 친분관계를 일단 유지시킨 다음 실제 일과 관련된 정보를 교환한다. 이 단계까지는 필수적인 단계이지만 미국인들은 실제 관심 있는 단계에만 관심이 있다. 예컨대 브라질 사람들은 대인관계의 발전을 위해 상당한 시간을 투여하며, 협상에서 제시하는 가격은 협상이 가능한 근접한 가격에서 시작한다. 그러나 동양인들은 터무니없는 가격을 부르는 경우가 가끔 있다.

이들은 협상을 진행하는 동안 결코 침묵을 지키는 법은 없고, 무슨 말이든지 한다. 이들은 확고한 결론에 도달할 때까지 끈기를 가지고 계속적으로 접근해 온다. 또한, 이들의 협상은 어디까지나 협상이라는 인식을 가지고 있기 때문에 융통성이 없는 편견을 배척한다. 또한, 이들은 행동 지향적, 예측성, 확고성을 중요시 여기는 협상을 전개하므로 법적인 문제에 근거해서 협상을 진행시킨다.[18)]

---

18) 장대환, 전게서, pp. 104-106.

상담을 시작할 때 선물을 주는 것은 좋은 인상을 주지 못하고 상담이 끝난 후에 주는 편이 오히려 좋으며, 과도한 선물은 뇌물이라는 선입견을 가지고 있다. 또한, 미국인들은 공과 사를 확실히 구분하며 상대방을 접대할 때 회사비용인지 개인비용인지 알려주는 것이 좋다.[19]

미국에서는 대부분의 접대가 호텔이나 레스토랑에서 이루어지며, 특별한 경우 집으로 초청하기도 한다. 가정으로 초대받을 경우 약간의 선물을 준비하는 것이 바람직하다. 호텔이나 레스토랑에서 회합을 가질 경우 금연석과 비금연석이 구분되어 있으므로 유의해야 하며, 흡연석일 경우라도 사전에 상대방의 양해를 구하고 흡연하는 것이 좋다. 호텔이나 레스토랑에서 외투를 맡겼다가 찾을 경우 팁(보통 1달러)을 주어야 한다.[20]

제2절 캐나다

원래 이 땅에는 인디언과 이누잇 족과 같은 토착민들이 숲과 평원과 툰드라를 자유롭게 누비고 다녔었다. 그러다가 1700년대에 와서 영국과 프랑스가 캐나다에서 패권을 다투었으며, 몬트리올이나 핼리팩스 같은 소규모 개척지들이 서서히 크면서 번창하는 도시가 되었다. 캐나다는 1867년에 독립을 하였다. 그러자 정착자들이 철도를 이용하여 비옥한 서부 지역으로 물밀듯이 밀려 들어왔다.

광대한 삼림과 밀 경작지, 광물 자원은 캐나다 번영의 기초를 이루었으며, 이것이 캐나다를 세계에서 가장 부유한 나라 가운데 하나로 만든 요인이 되었다. 남부 온타리오와 세인트로렌스 강 유역에서 번성하고 있는 공업 지대에는 중요한 첨단 기술지역이 있다. 캐나다는 앨버타의 유전과 북부의 수력 발전 시설로 에너지의 자급자족이 가능하다. 그러나 이러한 풍부한 자원에도 불구하고, 아직까지 지역간 불균형을 해소하지 못하고 있으며, 퀘벡 주의 독립 문제로 골치를 앓고 있다.

크리 인디언의 언어로 '카나타'는 '깨끗한 땅'이라는 뜻이다. 그러나 캐나다가 급

19) 이호건외 3인, 전게서, p. 373.
20) 이승영, 전게서, p. 298.

속한 발전을 하는 과정에서 자연 환경이 크게 파괴되었다. 캐나다는 세계 최대의 담수 지대이지만, 오늘날 산성비와 폐기된 오물 더미가 수많은 호수와 강을 심각하게 오염시키고 있다. 그렇지만 아직도 광대한 지역이 자연의 웅장함을 간직한 채 남아 있다. 동부에 펼쳐진 삼림대에 황량한 아름다움을 지닌 북부 툰드라에 이르는 드넓은 대지야말로 캐나다 최대의 매력이라고 할 수 있다.[21)]

1. 일반현황

인구(2024) : 3,911만 명
면적 : 998만 ㎢(한국의 45배, 세계 2위)
수도 : 오타와(Ottawa, 100만 명)
언어 : 영어(59.3%), 프랑스어(23.2%로 연방정부 공용어) 등
민족 : 영국계(28%), 프랑스계(23%), 기타 유럽계(20%), 아시아계(11.5%) 등
종교 : 가톨릭교(39%), 기독교(28%), 이슬람 등
기후 : 북부(길고 추운 겨울, 짧고 서늘한 여름), 남부(따뜻하고 습함), 서부(온화함)

2. 경제현황

화폐단위 : 캐나다 달러(C$), 1US$ = 1.37 CAD(2024.7 기준)
GDP(2022) : 2조 1,399억 달러
1인당 GDP(2022) : 54,967 달러
산업구조(2022) : 서비스업(70.0%), 제조업(10.6%), 에너지자원(8.4%), 기타
총수출액(2022) : 7,793억 달러
총수입액(2022) : 7,442억 달러
무역수지(2022) : 351억 달러 흑자
무역상대국 : 미국(수출 77%, 수입 54%), 중국, 멕시코, 영국 일본 등

21) 장평순, 전게서, 제4권, p. 59.

주요 수출품(2022) : 석유, 석탄, 자동차 및 부품, 알루미늄, 비료, 목재, 펄프, 비행기 및 부품

주요 수입품(2022) : 정제유, 자동차 및 부품, 의약품, 의료기기, 철강, 플라스틱, 컴퓨터, 휴대전화

주요 부존자원 : 석유(세계 5위 생산국), 천연가스(세계 5위 생산국), 우라늄, 철광석, 아연, 니켈 등

경제적 강점 : 기술력 발전, 농업, 임업, 광산자원, 천연자원이 풍부

경제적 약점 : 경제적 대외의존도가 큼, 노동력 부족

3. 여행정보

캐나다에서의 야생동물을 보호하려는 노력은 매우 치밀하다. 특히 국립공원으로 되어 있는 로키산맥과 부근 지역은 특히 세심하여, 공중 쓰레기통 하나에도 그 배려를 알 수 있다. 이 지역의 쓰레기통들은 손잡이가 달린 뚜껑이 무겁게 덮여 있는 것을 볼 수 있는데, 이것은 야생동물들의 보호를 위한 것이다. 야생동물들이 쓰레기통 안의 음식물을 먹거나 쓰레기통 안을 뒤지면서 생길 수 있는 그들의 자생력 약화와 부상문제 등을 방지하기 위함이다. 캐나다인들의 자연에 대한 보호정책의 치밀함에 놀라지 않을 수 없다.

로키산맥은 자연이 훼손되지 않고 그대로의 원시림이 보존되어 있기 때문에 다양한 야생동물들이 서식하고 있다. 이 야생동물들은 야생의 자연 속에서 그들의 생존방식을 그대로 유지시키며 살아가고 있다. 이 지역의 야생동물이 잘 생존해 나가고 있는 것은 캐나다 정부가 철저한 야생동물 보호정책을 펴나가고 있기 때문이다.

로키산맥지역에서는 동물들을 보호하기 위해서 사람들이 야생동물들에게 먹이를 주는 행위를 금지시키고 있다. 이것은 그들의 야생성을 해칠 우려가 있기 때문이다. 따라서 이 야생동물에게 먹이를 주는 행위가 적발되면 벌금을 물게 된다. 특히 이곳 야생동물들은 사람들의 접근을 본적이 없어 사람을 무서워하지 않는 경우가 많다. 관광객들은 이것이 신기하여 먹이를 주거나 가까이 가려고 하는 것

에 주의를 해야 한다. 때로는 차가 다니는 길에도 야생동물들이 서 있는 경우가 많은데, 이때는 동물들이 저절로 길을 비켜줄 때까지 가만히 기다려야 한다. 이때 클락션을 울리거나 위협을 주면 안 된다. 캐나다 사람들은 이런 것이 생활화되어 운전 도중 동물을 만나면 그들이 사라질 때까지 기다리는 모습을 심심찮게 볼 수 있다.[22)]

4. 캐나다의 문화, 관습

캐나다는 세계의 모든 민족이 고유의 특성을 그대로 유지하면서도 조화와 화합을 이루면서 살아가는 독특한 사회이다. 소수 민족들도 자신의 언어와 풍습을 지킬 수 있도록 도와주는 다문화주의(多文化主義, Multiculturalism) 프로그램이 헌법으로 보장된 국가이다.

그리고 영어와 불어를 공용어로 사용하고 있어 모든 공문서는 2개 국어를 함께 사용하고 있다. 캐나다인들의 의식구조 밑바탕에는 모든 인간이 기본적 평등권에 대한 신뢰가 있기 때문에 어떤 특정한 민족에 대한 편견이 없다.

캐나다인들은 공손하면서도 개인주의적이며 외국인에게도 비교적 우호적이지만, 프라이버시 존중에 대해서는 다소 보수적이라 할 수 있다. 캐나다 사회에서도 기본적으로 지켜야 할 예의는 있다. 캐나다에서는 나이, 기혼과 미혼의 여부, 월수입, 몸무게, 종교, 이성교제와 같은 개인적이고 민감한 문제에 대해 본인 스스로 먼저 이야기하기 전에 질문을 받으면 불편스럽게 생각하므로 질문을 삼가야 한다. 이들은 행동 양식이나 옷차림 등에 대해서는 비교적 자유스럽고 스포츠를 매우 즐기는 편이고, 여가선용으로 골프, 스키, 승마, 낚시, 요트 등은 누구나 즐길 수 있는 운동이다. 캐나다인들은 건강과 자연 환경을 지키는데 관심이 많다.

미국과 캐나다 등에서는 상대방의 눈을 쳐다보면서 대화를 해야 하는데, 충분한 시선 교환이 없다면 상대방이 솔직하지 못하다고 단정한다. 그리고 가운데 손가락을 올리거나 집게손가락과 새끼손가락을 오므리고 주먹을 쥐는 행위도 일종의 욕으로 굉장히 무례한 행동으로 여긴다. 캐나다에서는 동성끼리 손을 잡기, 입을 벌

22) http://www.worldtour.co.kr, http://www.khan.co.kr

리고 음식 먹기, 큰 소리로 말하기, 상대방과 대화 중 상대방을 만지거나 건드리는 행동 등은 피해야 한다. 우리나라에서는 이런 행동들이 잘못된 행동은 아니지만 캐나다에서는 흔한 일이 아니기 때문에 오해를 일으킬 수도 있다. 따라서 우리가 그 나라 문화나 관습을 이해하고 존중하는 것은, 상대국가에 대한 종속적인 태도라기보다는 문화적 상대성을 인식하고 세계인으로 행동하는 것으로 이해해야 한다.

캐나다에서는 일반적으로 알고 있어야 할 다음과 같은 생활양식이 있다.

① 캐나다에서 사람은 좌측통행이 아닌 우측통행을 하여야 한다. 또한, 에스컬레이터 좌측은 걸어서 가는 바쁜 사람을 위한 공간이므로 우측에 서서 있어야 하고, 좌측에 서 있어도 비키라거나 미는 사람은 없지만 눈총을 받는다.

② 캐나다에서는 모르는 사람의 몸에 손을 대거나 부딪치는 것은 예의에 어긋난다. 부딪혔을 때는 “Excuse me”라는 말을 하여야 한다. 이들은 복잡한 차내에서도 “Excuse me” 한마디에 모두 비켜 준다. 이러한 것은 우리나라 사람들이 외국인에게 가장 많이 지적당하는 것으로써 부딪혔을 때, 잘못한 사람은 마음속으로 미안한 마음을 가지고 있으나 미안하다는 표현을 잘 못하므로 한국의 문화나 국민성을 모르면 무례한 것으로 오해하기 쉽다.

③ 일반적으로 실내에서는 금연이고, 거리의 버스정류장도 지붕이 있고 유리벽이 있으면 금연이다. 또한, 일부 식당에서는 좌석이나 흡연실에서만 흡연이 가능하다.

④ 캐나다에서 건물 출입문은 소방법에 의거하여 안에서 밖으로 밀게(밖에서는 당기게)되어 있으며 반대로는 열리지 않는다.

⑤ 캐나다에서 공중화장실은 인근 건물에 들어가 Washroom을 찾아야 한다. 화장실 안의 손 말리는 건조기는 바람도 세지만 소리도 요란하고, 한번 누르면 한참 나오므로 신경 쓰지 말고 그냥 나가야 한다.

⑥ 욕실 바닥에 배수구가 없다. 고급 호텔은 욕실 바닥에도 카펫트가 깔려 있다. 일부 숙박 시설은 아침 식사를 무료로 제공하며 Check-in할 때 식사시간과 장소를 확인한다.[23)]

23) http://www.mynetian.com

5. 캐나다인의 국민성

다양한 민족의 이주민들이 정착한 캐나다는 한마디로 설명할 수 있는 독특한 국민성을 갖고 있지는 않으나, 영국인처럼 까다롭지도 않으며, 그렇다고 형식적이지도 않다. 캐나다인들은 전반적으로 친절하고 보수적이며 질서의식이 강하며, 그들이 살고 있는 도시나 지방을 아끼고 이웃에게 늘 친절하고 청결함을 가지고 있다.

캐나다인들은 식당 등에서 대화를 나눌 때 미국인들만큼 주의를 소란스럽게 하지 않는다. 엘리베이터나 공공장소에서 먼저 이야기를 걸거나 서로 대화를 나누는 것은 드물지만, 상대방이 먼저 이야기를 걸 때는 친절하게 응답하면 된다.

캐나다인들은 사업적이고 꼼꼼하지만, 친절하며, 중남미 국가의 사람들처럼 개인적인 대화를 위해 많은 시간을 소비하지 않는 성격이다. 주로 자료 수집을 위해 캐나다를 방문하는 외국인 투자자들은 같은 도시에서 하루 동안에 3-4개의 사업 미팅을 처리할 수가 있다.

그들은 대체로 융통성은 적으나 모든 일에 여유를 가지고 차근차근 일을 처리하기 때문에 늦다는 인상을 가지고 있다. 하지만 기본적으로 시간관념이 철저하고 합리적인 정신을 가지고 있다. 한편, 대개의 캐나다인들은 실용주의에 바탕을 둔 그들 선조들의 근면성을 물려받아 근검절약하는 생활습관을 가지고 있으며, 호화스럽고 값비싼 장식품, 보석, 옷치장을 하기보다는 연극이나 오페라 등의 문화생활, 골프, 스키, 아이스하키, 스케이팅 등 각종 스포츠에 많은 시간을 할애한다.[24)]

6. 캐나다 시장의 특성

캐나다의 소비와 구매패턴을 살펴보면, 경제규모는 중부권이 56%, 서부권이 29.1%, 대서양권이 6.1%로 나타나 경제활동이 일부지역에 지나치게 편중되어 있고, 이러한 현상이 최근 들어 점차 심화되고 있다는 것을 알고 있다. 캐나다에서

24) 이호건 외 3인, 전게서, pp. 383-384.

는 크리스마스와 부활절, 그리고 추수감사절 등이 다가오기 전 며칠 동안이 가장 활기 있는 연중 최대의 구매시즌이다. 각종 선물용품이 주로 판매되며, 학생용품은 매년 9월 개학 전 Back to school 세일기간에 많이 판매된다.

크리스마스 다음날인 12월 26일부터 12월 말(또는 1월 초)까지 Boxing day sale이 계속되고, 이 기간에 도소매 업주들이 대폭 할인된 가격으로 구 모델, 재고상품처리를 하므로 알뜰한 소비자들의 대량구매가 단시일 내에 이루어진다. 각 백화점이나 할인매장에서는 연중 내내 판촉 세일을 하므로 같은 제품을 조금이라도 싸게 구입하려는 소비자들이 판매장소나 시즌에 상관없이 몰리는 경우가 많다.

유통구조를 보면 품목에 따라 다소 차이가 있으나 대체로 수입상(혹은 생산자), 공급업자, 소매상이 유통체제를 유지하고 있다. 최근에는 수입절차나 수입에 관한 신고가 간편하게 개선되어 대형 도매상이나 고급품을 취급하는 업체들이 직수입하거나 캐나다의 생산업체들도 도매상을 거치지 않고 소매상으로 직접 납품하는 등 유통과정이 매우 간소화되어 가는 추세에 있어 가격경쟁이 더욱 치열해지고 있다.

건국 이후 20세기 초까지 캐나다는 본국인 영국의 자연 공급기지이자 제품소비지로서의 역할을 담당하는 식민지 경제 상황이었으므로 건국 초기 캐나다 경제는 농업과 광업 중심의 경제구조였으나, 20세기 중반 이후 미국과의 경제협력을 통해 공업 분야의 비약적인 발전을 이룩하였다. 현재 캐나다는 GNP의 25%가 무역에 의존하는 무역의존도가 높은 국가이기도 하다.

현재 문제가 되는 것은 미국에 대한 높은 무역의존도이다. 캐나다 국내 경제의 핵심인 제조업분야의 투자자본 중 상당부분이 미국에 의존하고 있으며, 특히 대외거래부분은 대미의존도가 높아 총수출입 규모의 70%가 미국에 집중되어 있다. 주목할 만한 사실은 수출품목 가운데 원자재의 비율이 높고 완제품의 비율이 낮다는 것이다. 최근 캐나다는 대미 의존도를 낮추기 위해 아시아, 중남미와의 관계를 개선하기 위한 노력을 시도하고 있으며, 이러한 움직임은 미국과의 무역마찰로 이루어져 캐나다 경제의 최대해결과제로 부상하고 있다.[25]

25) 이호건외 3인, 전게서, pp. 379-380.

7. 상거래문화

서양 문화권에서는 대화 도중에 충분한 시선 교환 없이 눈길을 피하면 솔직하지 못한 것으로 오해받기도 하지만, 계속적인 응시 태도는 공격적인 것으로 인정되어 무례하게 생각한다. 또한, 크게 입을 벌리고 음식을 먹는 습성이나, 큰소리로 떠드는 태도 등은 조심해야 할 행동이다. 캐나다인들은 항상 "Sorry"와 "Thank you"를 연발하며, 남에게 불쾌감을 주지 않으려고 노력한다. 이들은 시골 사람처럼 순박하고 검소하며 문제가 생기면 이성적으로 해결하려는 냉정한 일면도 있다.[26)]

캐나다에서는 여러 종족이 하나의 나라를 이루며 공존하므로 헌법에서도 인종, 성별, 연령 등에 의한 차별을 금지하고 있다. 캐나다는 유럽, 특히 프랑스와 영국과의 강한 문화적 유대 관계로 인해 전통적인 유럽스타일이 지배적이다. 그러나 대부분의 캐나다인들은 미국 국경으로부터 수백 마일 이내에 살고 있으므로 미국의 관행을 잘 알고 있다. 캐나다인들은 일반적으로 대부분의 미국인보다 예의가 바르고 보수적이며 조심성이 많다.

캐나다인들은 이해관계에 있어서는 놀라울 정도로 철저해 한국인들처럼 인정이 통하지 않는다. 일반적으로 사람이 살다 보면 뜨거운 감정이 이성을 앞지르고, 의리를 중요시하게 되면 남에게 의존하기도 하고 모든 결정을 상급자에게 떠넘길 때도 있다. 그러나 만약 캐나다에서 생활하려면 무엇보다 내실 위주의 알찬 생활철학을 가져야 하고, 공과 사를 구분해야 하고, 외양과 겉치레를 좋아하지 않고 실속을 중요시 하며 허영심이 없다.

캐나다인들이 이름(first name)을 불러주도록 요구하기 전까지는 존칭을 사용하여야 한다. 캐나다에서 불어를 사용하는 사람들에게는 가족이나 아주 가까운 친구들에게나 사용되는 2인칭 대명사 'tu(너)'를 사용하지 않고, 정중한 2인칭 대명사인 'vous(당신)'를 사용한다.[27)]

---

26) http://www.goodvisa.co.kr/canada.htm

27) 이승영, 전게서, p. 304.

공무원들은 대부분 친절하며, 관공서 방문 시에는 번호표를 받아 순서를 배정받게 되어 있어, 거의 예외 없이 선착순으로 일이 처리되므로 뇌물은 절대로 통용되지 않는 사회이다. 관공서 직원들은 원리원칙을 고집하므로 변칙적인 방법을 통한 빠른 일 처리를 기대하기는 어려우므로 기다리는 인내심이 필요하다. 관공서의 특정 인물을 방문하고자 할 경우에는 사전에 약속을 한 후 약속시간 5분전쯤에 도착하는 것이 관례이다.

이들과 신뢰관계를 유지하기 위해서는 사전에 충분한 회사관련 자료를 준비해야 하며, 상대방에 대한 정보는 신용전문 자문기관에 의뢰하여 조사하거나 비공식적으로 거래업체나 고객들을 통해서 알아볼 수 있다. 비즈니스 출장 시 시장조사가 긍정적으로 나타났을 경우, 무역박람회를 중심으로 한 현지사업방문이 가장 좋은 전략이다. 목표로 하는 산업분야의 무역박람회가 없을 경우 차선의 방법은 정부부처, 사업협회, 잠재파트너와 사전에 약속하여 만나는 것이며, 국내에서는 주한 캐나다 대사관을 통해 면담을 주선하는 것이 가능하다.[28]

캐나다인들은 쓸데없는 시간낭비는 하지 않는 국민이므로 비즈니스를 상담하기 위해서는 처음부터 본론으로 들어가는 것이 좋다. 이들과의 정보교환은 명료하고 철저하게 서로 교환되도록 계획하여야 하고, 일반적으로 표현과 행동에 보수적인 태도를 취하여야 한다.[29]

사업미팅은 남성이나 여성 모두 주로 악수와 함께 시작하고, 명함의 교환은 미팅 중 언제라도 가능하지만 다른 나라처럼 공식화된 것은 아니다. 만약 방문하는 회사에 비서가 있을 경우, 명함을 남기는 것이 유리하며 사업미팅에서는 팜플렛과 같은 홍보물의 교환은 필수적이다. 상담할 때에는 되도록 정장을 하는 것이 좋으며, 대부분의 정부기관들은 안보를 위하여 로비에서 신분검사를 하고 있다는 사실을 감안하여 대비해야 한다.[30]

이들과 상담 시 주의사항으로는 상대방의 나이, 결혼여부 등 개인 신상에 관한 질문은 삼가야 한다는 것이다. 상담약속은 사전에 미리 예약을 해야만 하는데, 성사 가능성을 높이려면 적어도 면담희망일 1주일 이전에 요청하는 것이 바람직하

28) 이호건외 3인, 전게서, p. 387.
29) 이승영, 전게서, p. 304.
30) 이호건외 3인, 전게서, p. 386.

다. 또한, 상대방의 스케줄을 감안하는 호의를 베풀 줄도 알아야 한다. 그리고 충분한 상담을 위해서는 주말이나 금요일 오후는 가급적 피하는 것이 좋다. 또한, 상담 약속시간은 철저히 지켜야 하며 교통체증 등 약속시간에 영향을 주는 요소들을 충분히 감안하여 계획을 세워야 한다. 어쩔 수 없이 늦을 경우에는 사전에 전화로 상황을 설명하는 것이 바람직하다. 특히 캐나다인들은 철저히 즐기는 생활이 체질화되어 있기 때문에 여름휴가기인 7, 8월 및 연말인 12월은 비즈니스 활동이 저조하므로 상담을 피하는 것이 좋다.

캐나다인들은 제품에 대한 감각으로 우선 품질을 중요시하며 디자인 등은 그 다음으로 생각한다. 캐나다인들은 높은 급료를 받기 위해서 자기의 능력을 최대한 발휘하고, 돈의 중요성을 어릴 때부터 가르치며 절약하는 습성이 몸에 배도록 가르친다. 그래서 이들은 적은 물건을 살 때에도 충분히 검토를 한 후 구입한다. 또한, 유행에 민감치 않으며 실용적인 제품에 대한 선호도가 높다. 그러나 퀘백(Quebec)인들은 돈벌이에 열심인 사람을 경시한다.

이러한 국민성 때문에 캐나다인들은 시간이 걸려도 물건은 되도록 싸게 사려고 노력하며, 타인의 생활방식을 자기의 생활방식의 기준으로 하지 않는 북미공통의 국민성도 가지고 있다. 따라서 이들과 상담하기 전에 사전에 협상내용을 충분히 숙지하고 논리 정연하게 입장을 피력해야 한다. 또한, 상황변화에 따르는 대안의 사전준비가 필요하며, 특히 가격의 경우에는 조정 가능한 범위를 사전에 내부적으로 설정하는 것이 필요하다.

이들과 대화할 때 인종문제에 대해서는 얘기하지 않는 것이 좋다. 특히 퀘백(Quebec)에서는 프랑스와 영국간의 관계에 있어서 강한 감정이 남아 있다. 또한, 많은 캐나다인들은 미국인들로부터 냉대를 받고 있다고 느끼며, 미국인으로부터 무시당하는 것을 싫어한다. 그러나 또 한편으로 캐나다는 미국의 좋은 이웃나라로써 주요 우방국이며 교역국의 하나라는 것을 인식하여야 한다.

캐나다의 사업동료가 자신의 집으로 초대하는 것은 개인적인 친분을 나타내는 행동이며, 이때는 정중하게 받아들여야 한다. 방문 시에는 꼭 필요한 것은 아니지만 꽃이나 와인, 자국에서 갖고 온 토산품 등의 선물을 준비하는 것이 좋으며, 간혹 큰 거래가 성사되었을 경우 사업상의 선물을 하기도 한다. 점심식사는 사업상대와의 격의 없는 미팅을 위한 좋은 시간이지만, 첫 만남으로는 부적절하고 저녁은 주로 잠재사업 파트너들과의 공식적인 만남을 위한 시간으로 비용은 초청자가 지급하는 것이 관례이다.

일반적으로 이들은 모든 일을 정해진 시간 내에 능률적으로 움직이며 업무가 끝나면 빨리 집으로 돌아가서 가족과 즐긴다. 이들을 접대할 때 만찬은 이른 저녁이라 할 수 있는 5시~7시 이후에 개최되는 것이 좋으며, 보통 2~3시간 정도 머물도록 계획을 세워야 한다.[31]

31) 이승영, 전게서, pp. 304-305.

2
chapter

중남미지역

중남미는 첨단산업이 고도로 발달한 곳이 있는가 하면, 아직도 뿌리 깊은 농경 및 목축문화를 토대로 생활하는 곳이 공존하는 곳이다. 중남미는 현지 전체 인구 중에서 40% 미만을 점하고 있는 유럽계가 정치, 경제, 사회, 문화 전반에 걸쳐 거의 절대적인 영향력을 행사하고 있으며, 스스로를 유럽인이라고 생각하는 정신문화를 소유하고 있는 곳이기도 하다. 하지만 현실을 살펴본다면, 그러한 정신문화가 현실과 상당한 거리를 가진 채 자신들의 현재 상황을 자위하는 방편일 뿐이라는 것을 어렵지 않게 눈치 챌 수 있다.

중남미는 약 3,000~4,000달러의 높은 국민소득을 누리던 1950~1960년대의 영화는 이미 간 곳이 없고, 세계에서 가장 높은 수준의 외채와 실업률, 문맹률 등에 시달리고 있으며, 정치의 안정은 간 곳이 없고, 내부분쟁이 그칠 날이 없으며, 반군 및 게릴라가 창궐하는 현실에 대하여 강력한 통제를 가할 수 있는 국가는 중남미에서 손에 꼽을 수 있을 정도로 적다.

중남미의 국가 중에는 자국 최고의 국립대학에 유리창이 깨진 채 8년을 방치하는 국가가 해외원조로 수억 달러를 쏟아 붓는데 인색하지 않는 나라도 있고, 자국 내 산업기반이 전혀 존재하지 않은 상태에서도 외국 산업에 대한 개방을 추진하고 있으며, 외국자본에 대해 거부감이 전혀 없는 국가가 많다. 또한, 식량부족으로 폭동이 일어나고 외채 상환불능상태에 직면하면서도 막대한 돈을 쏟아 부어 국회 의사당을 손질하는 것은 마치 부패한 정치권을 보고 있는 듯한 느낌이 드는 대륙이 바로 중남미이다.

폴 케네디 저서 '준비된 21세기'를 참조하면, 중남미는 성장이 멈추어 버린 대륙이라고 할 수 있다. 이 저서에서 중남미는 과거 유럽과 아메리카대륙을 이어 제3세계의 중심으로 여겨졌던 무한한 잠재력을 지닌 대륙이었지만, 내부의 혼란과 융화되지 않는 정신문화, 대중을 이끌어 줄 지도자의 부재 등으로 인하여 격변하는 흐름을 외면하고 퇴보를 자초한 어리석은 대륙이라고 언급하고 있다.

우리나라 기업이 중남미 진출을 하기 위한 기본적인 요소를 살펴보면 다음과 같다. 이것은 현지에서 활동하고 있는 사람들의 이야기라고 할 수 있다. 먼저 업무수행 과정 중에 느낀 점들을 간략히 소개하고자 한다.

첫째로는 적극적으로 중남미를 알기 위하여 노력하여야 한다. 중남미는 알면 알수록, 다가가면 갈수록 모를 곳이라는 평가가 지배적이다. 이러한 사항이 실무에서는 막연한 어려움으로 다가오는데, 이를 극복할 수 있는 적극성이 가장 필요하다.

둘째로 끈기를 가지고 접근해야 한다. 적극적으로 노력한 결과 이제 자신 있다는 생각이 들 때쯤 다시 어려워지는 그러한 과정을 수 없이 반복해야 되므로 계속 인내하고 유지해 나갈 수 있는 끈기가 필수라고 할 수 있다.

셋째로 중남미에서는 어학이 수반되어야 한다. 이 대륙에 진출해 있는 한국인 중에서 비즈니스맨이나 대사관 직원은 최소한 60% 이상이 한국외국어대학 출신이며, 그들은 모두 스페인어에 능통하다는 공통점을 가지고 있다. 이것은 어학이 중남미에 필요한 사람을 선발하는 기업의 기준이라는 것을 증명하는 것이다.

넷째로 중남미의 모든 것에 대하여 이해심이 필요하다. 이들은 우리와 다른 인종이고, 대륙이며, 문화를 가지고 있다. 이들은 자기 환경에 맞도록 사고하고 행동하므로 우리의 목적인 비즈니스를 위해서는 그들의 입장에서 사고하고, 행동해야 한다. 이러한 것은 같은 한국인이 만나서 친구가 되는 과정에서도, 서로의 성장배경이나 환경을 인정해야만, 진정한 친구로 다가설 수 있다는 것과 동일한 것이다. 그들의 휴대폰, TV, 인터넷 등의 보급률이 우리보다 낮고, 그들의 문맹률이 높다고 해서 우리가 더욱 훌륭하고 그들을 무시할 수 있는 것은 아니다. 우리는 단지 그들보다 교육의 환경에서 앞서 있을 뿐 다른 그 무엇도 그들에 비해 우월하다고 할 수 없다.

이러한 것은 어떠한 국가나 민족에게 다 적용되는 것이다. 더욱 중요한 것은 마음속에 우월의식이 존재한다면, 그러한 생각은 어떠한 경로를 통해서든 외부로 표출이 되며, 이는 곧 수출입업체에게 전달되기 마련이기 때문이다.

중남미는 절대 우리가 생각하는 것만큼 후진적이거나 요주의 대상이 아니고, 오히려 비즈니스를 떠나서 개인적으로 휴가를 가고 싶을 만큼 정감이 가는 곳이다. 하지만 우리가 의도하는 바는 이러한 관광이나 유람이 아니라 비즈니스라는 점에 초점을 맞춘다고 하면 이야기는 상당히 달라질 수 있다.

중남미는 사회간접시설이 아직 충분하지 못하고, 금융 및 통신 인프라의 보급도 충분하지 못하며, 약속이나 보증에 대한 절대적인 신뢰를 가지지 못하는 위험요소가 있다. 그러므로 비즈니스 중에 발생할지도 모르는 위험요소를 제거하는 것이 비즈니스의 관건이다.

현재 한국과 같은 입장에서 가장 매력적인 시장은 중남미와 동남아시아, 중동, 그리고 아프리카 대륙이라고 보면 거의 틀림이 없다. 그 중에서도 중남미는 우리의 재화, 상품을 구매할 수 있는 경제적인 여건이 비교적 양호한 곳이므로 일차 공략대상이라고 본다.

과거 우리와 상반된 수입 대체형 공업화를 추진하다 실패한 이후로 아직 세계경제의 전면에 나서지도, 주목받지도 못하고 있지만, 그들에게는 충분한 가능성이 있다. 만약 중남미의 여러 국가에서 교육의 개혁과 강력한 지도자의 출현이라는 두 가지 요소가 충족되는 날 중남미, 특히 남미는 또 한번 세계의 주목을 받으며 새로운 모습을 보이리라 생각한다.[32)]

32) http://www.culturebank.com, http://www.invertir.com

제1절 멕시코

라틴 아메리카의 최북단에 위치한 멕시코는 아메리카 인디언 문화와 스페인 문화가 멋지게 조화를 이루고 있는 나라이다. 이곳은 몇몇 독특한 인디언 문명의 발상지였으나, 1521년에 아스테카 문명을 최후로 스페인 정복자에 의해 멸망했다. 그러나 고대 인디언들은 거대한 피라미드와 웅장하며 아름다운 건축 유산들을 많이 남겨 놓았다.

오늘날 대부분의 멕시코인들은 인디언과 스페인계의 혼혈인 메스티조이다. 멀리 떨어진 일부 지역을 제외하고는 스페인어가 공용어로 사용된다. 그러나 500만 명이 넘는 아메리카 인디언들은 아직도 그들의 고유 언어를 일상어로 사용하고 있다. 그렇지만 중남미에서 가장 많은 인구를 가진 국가 중의 하나인 멕시코는, 사실상 세계에서 스페인어 사용인구가 가장 많은 나라이다.

한때 가난한 농업 국가였던 멕시코는 1821년에 독립을 성취하였다. 그러나 독립 후에도 수십 년 동안이나 혼란이 계속되었고, 마침내 1910년 멕시코 혁명이 일어났다. 멕시코 소작민들의 최대 관심사는 토지개혁이었는데, 이 문제는 멕시코 혁명으로 어느 정도 해결되었다. 오늘날에도 이 나라에는 농업 인구가 상당히 많은데, 대농장주가 있는가 하면 작은 산지를 개간하여 겨우 연명해 나가는 농부도 있다.

1940년에는 멕시코 인구의 3분의 1이 도시에 거주했으며, 현재는 3분의 2 이상이 도시에 살고 있다. 그리고 멕시코시티는 세계에서 가장 큰 메트로폴리스(거대도시)가 되었다.

1980년대 후반에 멕시코는 브라질 다음으로 세계 제2의 채무국이 되는 불명예를 안았다. 이렇듯 멕시코내의 가난과 인구 증가로 인해 멕시코인들은 이민을 가는데, 특히 미국으로 이민을 많이 간다.[33]

33) 장평순, 전게서, 제4권, p. 41.

1. 일반현황

인구(2023) : 1억 2,846만 명

면적: 196만㎢(한반도의 9배)

수도 : 멕시코시티(약 2,000만 명)

언어 : 스페인어, 인디언 언어도 널리 사용되고 있음.

민족 : 메스티조(60%), 인디언(30%), 백인(9%), 기타(1%)

종교 : 가톨릭교(89%), 기독교(6%) 등

기후 : 열대성(남부), 온대성(고지대)

2. 경제현황

화폐단위 : 멕시코 페소(Peso), 1US$ = 18.06 MXN(2024.7 기준)

GDP(2022) : 1조 4,659억 달러(세계 15위)

1인당 GDP(2022) : 11,266달러

산업구조(2022) : 서비스업(62.1%), 제조업(34.2%), 농업(3.7%)

총수출액(2022) : 5,783억 달러

총수입액(2022) : 6,409억 달러

무역수지(2022) : 626억 달러 적자

무역상대국 : 미국, 독일, 일본, 프랑스, 영국, 네덜란드, 캐나다, 중국 등

주요 수출품(2022) : 평판디스플레이, 철강판, 자동차부품, 영상기기 등

주요 수입품(2022) : 아연광, 고철, 철강제품, 동제품, 무선 통신기기 등

주요 부존자원 : 석유, 금, 은, 구리, 아연, 우라늄, 천연가스, 목재 등

경제적 강점 : 석유, 천연가스, 금, 은 등의 광물자원 풍부

경제적 약점 : 과중한 대외채무

3. 멕시코의 문화, 관습

(1) 생활양식

멕시코인들은 여전히 남아선호사상이 있으나 서양식의 여성존중 예절이 발달하여 'Lady first'의 예절이 보편화되어 있다. 과거의 가정생활은 대가족제도였으나 점차 핵가족화 되는 경향이 있고, 자녀교육은 매우 엄격하며 경제가 악화되면서 부부 맞벌이가 점차 증가하고 있다. 또한, 대다수 중남미인들이 그렇듯이 멕시코인들도 가족친지나 친구들이 모이면 당연히 춤을 추며 파티를 즐긴다. 도시의 멕시코인들은 실용적이며 타산적이지만, 시골에 사는 인디오들은 순수하고 정이 많다. 멕시코인들은 스포츠를 좋아하는데 국기는 축구이고, 권투도 인기가 있어 '훌리오 차베스'와 같은 세계적인 선수를 배출하였다.[34]

(2) 제비뽑기로 군대 가는 멕시코

멕시코 하면 챙 넓은 솜브레로 모자와 정열적인 마리아치스 악단, 그리고 선인장과 데킬라 등을 먼저 생각할 것이다. 그런데 멕시코에는 더 재미있는 문화가 있다. 국민 생활 구석구석 스며 있는 '요행시스템'이다.

일반적으로 처음 멕시코시티 근처 '베니토 후아레스 공항'에 내린 경우 짐을 찾아 공항을 나서면 세관에 신호등 같이 생긴 것이 있다. 만약 검색대의 버튼을 눌러 녹색 불이 켜지면 검색 없이 통과되고 빨간 색 불이 켜지면 짐 전체를 열어 엄중한 검색을 받아야 한다는 것이다. 이것은 단지 그 날 운에 따라 전부 검색을 받든지 무사히 통과되든지 하는 시스템이다.

더 기상천외한 것은 멕시코의 징병제도이다. 과거 멕시코의 KOTRA 한국무역관에는 멕시코인 남자 직원이 세 명 있었는데, 이 중 한 명은 병역을 필했고 두 명은 병역을 면제받았다. 한 명은 흰 공을 집었고, 두 사람은 검은 공을 집었기 때문이다. 즉, 이 나라에서는 징집명령서를 받고 징병사무소에 가보면 검은색 주머니 한 개가 놓여 있고, 주머니 안에는 흰 공 4개와 검은 공 1개가 들어 있다.

34) http://www.kotra.or.kr, http://mofat.go.kr

흰 공을 뽑으면 군대에 가야하고, 검은 공을 뽑으면 병역이 면제된다. 따라서 병역을 피하기 위해 자해나 편법을 사용한다든지 하는 일은 없다고 한다.

이러한 것을 우리의 눈으로 볼 때 멕시코의 '요행시스템'은 불합리해 보일지도 모른다. 그러나 그들의 눈으로 볼 때는 오히려 우리의 시스템이 불합리해 보이지 않을까 생각해본다. 이러한 시스템은 우리나라에서 정말 힘 있고 배경 있는 사람은 건강하더라도 군대를 면제받은 경우가 많고, 힘없고 배경이 없는 사람은 건강하지 못하더라도 군대에 가야 되는 억울한 사례에 대한 해결책이 될 수도 있다 하겠다. 한국인이 멕시코에서 오래 살수록 그들의 '요행시스템'에 나름대로 합리성이 있다는 점을 깨닫게 된다는 것이다.35)

(3) 운전면허 얻기 쉬운 멕시코

한국과 멕시코는 여러 가지 비슷한 점이 있지만, 두 나라 국민 모두 과속 운전을 잘한다는 것도 공통점이다. 멕시코 사람들은 평소에는 행동이 느리지만 운전대를 잡으면 과속을 잘하며, 보통 최고 속도가 시속 110km인 곳에서도 140~150km로 주행하는 경우가 많다. 그러나 자동차 사고율은 생각보다 높지 않은 편이다.

이러한 과속습관은 여러 가지 요인이 있겠지만, 역설적으로 말하면 멕시코에서는 운전면허를 쉽게 발급해 주는 것도 한 원인이 아닌가 생각한다. 멕시코에서 운전면허를 신청해 발급 받기까지는 보통 30분~1시간 30분이 걸린다. 멕시코시티에는 구청이나 공항에도 운전면허 발급소가 있고, 시내를 주기적으로 운행하는 운전면허 발급차량도 있다. 따라서 운전면허발급이 슈퍼마켓에서 일용품을 사는 것처럼 간단한 편이다.

어떤 사람이 "운전면허란 본인이나 타인의 생명과 직결된 중요한 사항인데 발급체계가 너무 허술한 것 아닌가." 하고 담당 경찰관에게 물어 본 적이 있었다. 그는 "엄격하게 운전면허를 발급하였다고 할지라도 사고를 예방하지는 못하며, 사고는 운전자 자신이 조심할 때만 피할 수 있다."는 상식적 답변을 했다. 멕시코의 쉬운 운전면허발급이 운전은 결국 운전자 책임 하에 있음을 무언중에 인식시키고 있다. 그러나 엄격한 시험을 거쳐 어렵게 면허를 취득하는 한국에서는 국가기관으

35) http://www.kotra.or.kr, http://mofat.go.kr

로부터 면허증을 받았다는 과신이 사고를 촉발하는 면도 있지 않나 생각해 본다.36)

(4) 사회의 특징

멕시코는 마야, 아스테카, 톨테카 문명 등 아메리칸 인디오의 찬란한 토착 문명을 지니고 있으며, 스페인 식민통치를 통해 서구문명이 유입되어 혼합문명이 형성되어 있다. 현재 멕시코는 미국의 영향으로 점차 미국화 되어 가고 있으며, 한편으로는 국민의식 저변에 미국에 대한 경계심이 깔려 있지만 미국과 유사한 사회로 변모되고 있다. 국가 지도층은 대체로 백인들로 구성되어 있다.37)

(5) 멕시코 예절

방문 및 초대 시 멕시코인들은 예의를 지키는 것을 매우 중요하게 생각하며, 초대받는 파티에 도착하면 먼저 손님들과 주인에게 악수로 인사를 나누어야 하고, 아는 사람이 있다고 그쪽으로 먼저 다가가는 것은 실례라고 할 수 있다. 파티를 떠날 때에도 반드시 모든 사람에게 인사를 하며 여자들끼리는 볼과 볼을 대고 입으로 뽀뽀하는 소리를 내면 되고, 남자들인 경우에는 가볍게 포옹하고 악수를 나누면 된다. 또한, 안면이 있는 멕시코인 에게는 가족의 안부를 묻는 것이 중요하다.

방문할 때의 복장은 가급적 예의를 갖춘 단정한 복장을 하여야 한다. 또한, 간단한 선물을 지참하고(부담을 주는 비싼 선물은 금물), 술을 선물로 가져갈 때에는 주인이 어떤 술을 좋아하는지 사전에 알아보고 가져가야 한다. 그리고 초대받았을 경우에는 될 수 있는 한 밝은 표정을 유지하여야 한다. 그러나 일반적으로 초대받지 않은 상태에서 가정을 방문하는 경우에 식사시간 방문은 피하여야 하고, 장시간 체류를 금해야 한다. 또한, 주인 안내 없이 집안 내부를 둘러보지 않아야 한다.38)

---

36) http://www.kotra.or.kr, http://mofat.go.kr
37) http://www.mofat.go.kr/mexico
38) http://www.mofat.go.kr/mexico

(6) 빈부의 격차

멕시코 국민은 메스티조가 60%, 원주민인 인디언이 30%, 백인이 9% 정도를 차지한다. 이들 간에는 법적으로 인종차별이 존재하는 것이 아니지만, 실제로는 상위층과 중·하위 층의 문화 및 정치세력 등이 엄격히 구별되어 있다. 전체 사회를 소수 백인이 지배하고 그 기득권은 거의 세습되는 것과 마찬가지여서 하위층의 상위층으로의 계층상승은 거의 불가능하다.39) 빈부격차가 워낙 심한 사회이기 때문에 실제로는 같은 계층끼리만 결혼이 가능하다. 하위층의 무교육, 무기화가 악순환되는 한 멕시코의 이러한 고질적인 빈부의 격차 및 계층 간 갈등은 치유되기 힘든 상황이다.40)

(7) 악수가 첫인상을 결정

멕시코 사람을 처음 만나 악수를 할 때 손을 힘 있게 꼭 쥐지 않고 살며시 잡았다가 놓아 버리면, 그는 틀림없이 '아, 이 사람은 못 믿을 사람이구나.'라는 생각으로 상대측 세일즈맨을 처음부터 불신하게 된다. 사람에 따라서는 상당한 불쾌감까지 갖는 경우도 있으므로 이렇게 시작된 상담에서 좋은 결과를 기대하기란 어렵다.41)

4. 상거래문화

멕시코의 문화는 주로 식민지 지배국인 스페인의 영향을 받았고, 그 다음 프랑스, 미국 등 서방 선진국의 영향을 받았다. 그러나 멕시코인들은 자기 국가를 그들 스스로 설립해야 한다고 믿고 있고 지금도 그렇게 하고 있다.42)

이 나라 상권은 멕시코시티를 중심으로 한 대도시에 전체 경제의 72%가 집중되어 있으며, 미국경제에의 의존도가 매우 높다. 멕시코인들의 소득분포는 극빈층

39) 대한무역투자진흥공사, 전게서, p. 268.
40) 상게서, p. 268.
41) 상게서, p. 272.
42) 장대환, 전게서, p. 110.

이 30%, 저소득층이 50%, 중산층이 15%, 부유층이 5%로 구성되어 있으며, 부유층은 고가 수입품을 사용하고 있는 반면, 대다수 빈민층은 저가제품을 선호하고 있다. 멕시코는 미국과 접경을 이루고 있어 밀수가 성행하고 있으며, 멕시코의 시장은 품질보다 가격을 중요시하는 경향이 강해 중국, 대만, 홍콩으로의 저가 상품이 대량으로 유입되고 있다.

비즈니스에는 개인관계가 아주 중요하며 접촉은 직접적이고 빈번히 시도하여야 한다. 그리고 현지에 대리인을 두어야 하고, 멕시코에서는 많은 비즈니스가 비공식적 채널과 인맥을 통해서 행해진다.43)

멕시코의 최근 경제동향을 보면, 최근 멕시코기업들은 기존의 對미시장 중심에서 벗어나 유럽, 중남미, 아시아까지 시장을 확대하기 위한 노력이 계속되고 있는데, 멕시코의 대표적인 상품 Corona 맥주나 Cemex의 시멘트를 포함하여 섬유, 식료품, 유리, 농산물, 전통 공예품 등 중소기업제품의 수출이 다양해지고 있는 추세이며, 특히 멕시코 중소기업들의 경우, 對미 히스패닉 시장을 중심으로 진출이 활발해지고 있는 특징을 보이고 있다.44)

멕시코인의 국민성은 친절하고 낙천적이나, 배타적이기도 하다. 그리고 동양인에 대한 감정은 멕시코 원주민 조상이 동양인이라는 이유에서 좋은 편이다. 멕시코에서는 사회생활에서의 인사로써 사람들이 서로 만났을 때나 소개를 받았을 때 매번 악수를 한다. 친한 동성 간에는 강한 악수와 함께 서로 껴안는데 반해, 친한 이성간의 친구 사이에서는 볼에 키스를 한다.

멕시코인들은 누구하고도 쉽게 친해져 함께 식사하고 술 마시고 놀 수는 있으나, 이것만으로 친구가 되고 믿을 수 있다고 생각하면 큰 착각이다. 또한, 멕시코인도 다른 중남미인들 처럼 'No'라는 말을 쓰지 않고, 보통 'Si(Yes)' 또는 'Manana(내일)'라는 말을 쉽게 사용한다. 'Manana'라는 말은 'No'를 뜻하는 점잖은 말이라는 것을 알아야 한다.45)

멕시코인들은 매우 신분을 의식한다. 그에 따라 그들은 그들이 입은 것과 타는 것에 대단히 신경을 쓴다. 그리고 전문적인 타이틀도 매우 중요하다. 비즈니스 파

43) 이승영, 전게서, p. 296.
44) http://www.mofat.go.kr/ek/ek_a002/ek_mxmx/ek_03.jsp
45) http://www.topas.net

트너를 비록 그가 licenciado(석사)가 아닐지라도, 학사 타이틀보다 한 단계 더 의미있는 뜻이라고 할 수 있는 'Licenciado'라고 호칭하는 것이 관례이다. 그리고 'ingeniero(engineer)'와 'Doctor(의학박사든 Ph.D든 간에)'라는 호칭도 자주 쓰는 타이틀이다.[46)]

멕시코인들은 사업상에서도 인간관계를 중요하게 생각하므로 멕시코인들과 비즈니스를 하기 전에 좋은 관계를 만드는 것이 무엇보다도 중요하다. 일반적으로 멕시코인들은 친구 사이라면 더 친절하고 더 열심히 도와주기 때문이다.[47)]

멕시코인들과 비즈니스 협상하기 위해서 몇 가지 주의해야 될 사항이 있다.

① 멕시코인들은 멕시코에 대한 비판에 심한 거부감을 보이므로 부채, 부패, 교회, 군대, 인디오의 지위, 각 부족 간의 관계 등은 화제로 삼지 말아야 한다. 이들은 자신들의 자존심을 상하게 하거나 명예를 훼손하면 공격적인 반응을 보이기도 하기 때문이다.

② 이들은 상대방의 기분을 맞추어 주는 인사치레의 말을 매우 즐긴다. 하찮은 도움에도 "Muchas gracias(Thank you very much)"를 연발하며, 상대방에게 발을 밟혀도 먼저 "Perdon(I'm sorry)"을 외친다. 이는 가식이 아니라 어려서부터 몸에 밴 습관이며, 남을 기분 나쁘게 하는 일을 극히 꺼리는 문화에서 나온 산물이다. 따라서 이들의 눈에는 여간해선 고맙다는 인사를 하지 않는 동양인들이 매우 무례한 사람으로 생각하는 경우도 흔히 발생한다.

③ 상대방이 정확한 의사표현을 하지 않더라도 인내심을 잃으면 안 되며 잘못하면 체면을 잃게 된다. 큰소리로 화를 내는 일도 피해야 한다.

④ 멕시코는 미국과 지리적으로나 경제적으로 밀접한 관계를 유지하고 있으나 예상외로 영어소통이 원활치 못하다. 따라서 대부분의 바이어들은 외국 수출상과 상담을 하고자 할 때에는 스페인어 통역을 대동해 주기를 희망하는 경우가 많다.

⑤ 멕시코인들은 여간해선 잘못을 인정하지 않는다. 이는 자신의 잘못을 인정하는 것을 큰 수치로 여기며, 잘못을 인정하면 자기 신상에 피해가 올 수 있다고 생각하는 식민지시절부터의 뿌리 깊은 문화적 소산이다. 따라서 멕시코 바이어와의

---

46) http://my.netian.com/~park0926/mexico/travel-bizo.html

47) http://www.mofat.go.kr/mexico

거래관계 시 문제가 발생했을 경우 상대방에게 명백한 잘못이 있다 하더라도 잘못을 인정하도록 심히 추궁하는 것은 바람직하지 못하며, 상대방의 기분을 상하지 않도록 배려해 주면서 문제를 풀어나가려는 마음자세가 필요하다.

이들과 성공적인 상담 분위기를 연출해 내기 위해서는 상담을 본격 시작하기에 앞서 멕시코의 훌륭한 기후조건이나, 문화유적, 카리브의 아름다운 해변, 또는 멕시코인의 친절성이나 데낄라와 꼬로나 맥주의 한국 내에서의 인기, 멕시코 여성의 아름다움, 마리아치스의 낭만 등 다양한 소재를 이용하여 분위기를 부드럽게 바꾼 뒤에 본론으로 들어가는 것이 바람직하다.

상거래협상의 본론으로 들어간 뒤에는 처음부터 최종가격을 제시해서는 안 되는데, 그 이유는 멕시코인들은 값을 깎으려 하는 경향이 강하기 때문이다. 만약 이를 전혀 들어주지 않으면 융통성이 없는 사람이라고 간주되어 상대하려 들지 않게 된다. 이들은 값을 깎는데서 일종의 희열을 맛보기 때문에 처음부터 깎을 것을 감안해 가격을 제시한 후, 가격인하를 요구할 때 못 이기는 척 하며 할인을 해주는 상술이 필요하다. 그러나 가격을 적당히 제시해야지 터무니없이 높은 가격을 매겨놓으면 아예 깎으려 들지도 않고 상담을 포기할 수 있기 때문에 적정가격 제시가 필요하다.[48)]

이들의 협상의 특징을 살펴보면, ① 그들은 협상이 조건 對 조건의 협상이 아니라 뒷돈이나 막후 세력에 의해서 이루어지는 것으로 믿고 있다. 따라서 멕시코에서는 일단 친분이 없으면 협상관계는 어렵게 되며, 친분관계에서 협상이 시작되므로 친분관계 유지가 무척 중요하다. ② 이들은 전문성에 의한 업적보다도 개인적인 능력을 높이 평가하므로 정치적, 사회적 신뢰도를 개인이 얼마나 갖고 있느냐에 따라 협상상황은 달라진다고 생각하고 있다. ③ 이들은 의사를 표현할 때 몸짓이나 감정을 많이 사용한다. ④ 멕시코인들은 감정적인 요소에 의해 쉽게 좌우되어 설득되는 경향이 많다. ⑤ 이들은 안정적인 것을 좋아하고 위험성이 있는 것은 피한다.

또한, 멕시코인들은 미국에 대해 강한 의구심을 가지고 있고, 마치 미국이 멕시코에 은혜를 베푸는 듯한 태도나 비교를 하면 아주 싫어한다. 이들은 일상생활 속

48) 대한무역투자진흥공사, 전게서, pp. 274-277.

에서 선물을 주고받으므로 상담 및 연말 등에 방문하는 경우 적절한 선물을 준비해야 한다.[49]

가정에 초대되면 첫 방문일 경우 부인에게 꽃을 선물하는 것이 보통이다. 사업 파트너와 개인적 관계가 이루어지면 배우자가 함께 초대되는 것이 관례이다. 저녁초대는 보통 8시 30분이나 9시경에 시작된다. 그러나 실제 식사시간은 10시 이후가 대부분이므로 저녁 초대를 받았을 때는 간단한 식사를 하고 가는 것이 좋다. 멕시코에서 저녁식사에 초대받았을 때는 절대로 시간보다 일찍 가지 않아야 한다. 초대에 대한 감사의 표현은 떠날 때에 문 앞에서 그리고 후에는 전화로 하면 된다.[50]

제2절 브라질

거대한 브라질은 남아메리카 대륙에서 가장 큰 나라이며, 그 면적은 남아메리카의 다른 나라들을 모두 합친 면적과 맞먹는다. 또한, 브라질의 인구는 남아메리카에서 가장 많고 다른 나라들의 국민을 합친 것보다 더 많은 국민들이 살고 있다. 브라질은 거의 모든 면에서 거대하다. 남아메리카에서 인구가 가장 조밀한 도시들이 있으며, 가장 큰 군대와 가장 강한 경제력을 가지고 있다. 남아메리카에서 가장 길고 폭이 넓은 거대한 아마존 강의 수로 중 절반가량이 브라질을 가로질러 흐른다.

도시들도 현저한 대조를 보인다. 리우데자네이루와 같은 브라질 대도시들은 거대한 바로크식 교회가 빛나는 현대식 초고층 건물 옆에 서 있는가 하면, 도심의 외곽 지대에는 몇 km에 걸쳐 빈민가와 판자촌이 흩어져 있다.

브라질은 거대한 나라의 크기에 못지않게 문제점도 많다. 1965~1990년 사이에 인구가 4배로 증가했으며, 15세 이하의 인구가 35%를 차지한다. 이처럼 폭발적으로 늘어난 인구에게 식량과 직업, 교육 등을 적절하게 제공한다는 것은 결코 쉬운

49) 장대환, 전게서, pp. 110-111.
50) 이승영, 전게서, p. 296.

일이 아니다. 경제를 성장시키기 위해 역대의 정부가 엄청난 외국 차관을 들여와 현재 브라질은 남아메리카에서 가장 부채가 많은 나라가 되었다.

그러나 외부 세계의 관점에서 볼 때 브라질의 가장 큰 문제는 아마존의 열대 우림의 파괴이다. 이것은 동식물과 인디언 종족의 생존을 위협할 뿐만 아니라, 지구상의 생태계에 이루 헤아릴 수 없을 만큼 많은 해를 끼칠지도 모른다. 이런 문제들과 더불어 브라질 주민 대다수가 절망적인 빈곤에 시달리고 있다. 그러나 이 나라를 이루는 다양한 종족들은 조화를 이루며 살아가고 있고, 나라 전체는 따뜻함과 명랑함으로 가득 차 있다. 이것은 세계적으로 유명한 리우데자네이루 카니발에서 절정을 이룬다.[51)]

1. 일반현황

인구(2022) : 2억 1,536만 명(세계 5위)

면적 : 852만 ㎢(세계 5위)

수도 : 브라질리아(Brasilia, 인구 약 3,094만명)

언어 : 포르투갈어(공용어), 전통적인 인디언 부족언어 등

민족 : 백인(54.7%), 뮬라토(혼혈인, 38.4%), 흑인(5.8%) 등

종교 : 가톨릭교(85%), 기독교(11%), 정령신앙 등

기후 : 열대(북부), 아열대(중부), 온대(남부) 기후가 폭넓게 분포

2. 경제현황

화폐단위 : 레알(Real), 1US$ = 5.61 BRL(2024.7 기준)

GDP(2022) : 1조 9,201억 달러(세계 8위)

1인당 GDP(2022) : 8,918 달러

산업구조(2022) : 제조업(42%), 농업(30%), 기타

총수출액(2022) : 3,341억 달러

51) 장평순, 전게서, 제3권, p. 99.

총수입액(2022) : 2,731억 달러

무역수지(2022) : 610억 달러 흑자

무역상대국 : 미국, 아르헨티나, 네덜란드, 일본, 독일, 스웨덴, 이탈리아 등

주요 수출품(2022) : 기계류, 자동차, 철강, 육류(쇠고기, 닭고기 등), 곡물, 철광석, 광물성연료, 사료, 항공기, 설탕, 커피 등

주요 수입품(2022) : 광물성연료, 기계류, 전기기기, 자동차, 유기화학품, 광학정밀 기기, 플라스틱제품, 석탄, 비료 등

주요 부존자원 : 임산자원, 보크사이트, 철광석, 망간, 금, 니켈, 우라늄, 희토류, 석유 등

경제적 강점 : 풍부한 식량, 부존자원 풍부, 풍부한 내수시장

경제적 약점 : 자원의존형 경제, 과중한 외채부담, 경제적 불평등으로 인한 심각한 빈부격차, 부정부패, 치안문제

3. 여행정보

(1) 리오데자네이로의 나체주의자 해변

Rio de Janeio의 Guaratiba 지역에 있는 200미터 길이의 'Meio 해변(Praia de Meio)'을 나체주의자들을 위한 새로운 공식적인 해변으로 지정하였고, 브라질에서 약 10개 정도의 나체주의자 해변이 있으며, 약 25만 명 정도의 나체주의자가 있다. 그런데 브라질의 나체주의자들은 자기가 나체주의자라는 사실을 나타내는 것을 꺼려하는 경향이 있다. 왜냐하면, 주변 사람들이 거의 보수적이기 때문이다. 그러나 브라질에는 나체주의자들을 위한 시설이 해변 말고도 많은 시설이 있다.

세계에서 제일 먼저 나체주의자를 위한 공식적인 공간이 마련된 것은 1906년 독일에서였다. 현재 세계에는 7,000만 명이라는 나체주의 예찬론자가 있다. 가끔 나체주의와 에로티시즘의 관계에 대해서 논란이 일어나지만, 나체주의는 에로와는 관계없이 자연 그대로의 모습을 찬미하자는 생각이다.

그래서 브라질에서는 나체주의자들이 벗은 모습으로 공중 앞에서 애무하는 행

위를 금지하고 있다. 브라질 자연주의자 협회(Federa Brasileira de Naturismo)의 Celso Rossi 회장은 "옷을 벗는다는 것은 곧 사회적 제약에서 벗어난다는 것이다. 옷을 입는다는 것은 때로 부자연스러운 행위이다. 뜨거울 때, 굳이 옷을 입을 필요가 없으며. 발가벗는다는 것은 참으로 자연스러운 모습 아닌가?"라고 말하기도 하였다.

Paraiba에 있는 땀바바 해변, 아마조니아의 휴양지, 산따 까따리나에 있는 뻬뇨 해변의 숙박지나 식당에 가면 나체주의자들은 여느 사람들이 휴일을 즐기는 모습과 조금도 다름없는 모습이지만 옷 입은 사람이 하나도 없다. 브라질 Rio Grande do Sul에는 'Colina do Sol'이라는 조그만 마을이 있다. 평소 이 마을에는 70만 명의 주민이 살고 있는데, 주말이 되면 400만 명으로 늘어난다. 모두 한 짝의 샌들도, 한 오라기의 옷자락도 걸치지 않은 자연 그대로라고 한다.52)

(2) 치 안

브라질에는 3~5명 무리의 폭력적인 소매치기가 출몰하고 있다. 미성년일 경우가 특히 많으므로 주의를 하여야 한다. 만일 당했을 때는 저항하지 않는 것이 상책이고, 야간에는 코파카바나 지역이 위험하다. 따라서 야간 외출은 되도록 집단으로 하고 인적이 많은 곳을 찾아가야 한다. 인적이 드문 곳에서는 권총 강도와 부딪치는 경우도 있다. 여자나 부인의 경우 목걸이, 귀걸이, 반지 등 귀금속을 지니고 다니면 소매치기의 표적이 된다.

택시를 이용할 경우 공항, 역, 버스 터미널에는 여행자를 목표로 "택시가 있다."고 하면서 접근해 오는 악질 운전수가 있다. 이들은 터무니없는 요금을 청구하기도 하여 위험한 사태를 초래하는 경우도 있으므로 택시는 'Ponto de Taxi'의 표시가 있는 곳에서 승차해야 한다.

택시를 이용했을 경우 요금을 지불한 후에 지갑이나 잔돈을 손에 들고 택시를 내리는 순간에 날치기 당하는 수가 흔하다. 택시로 호텔에 도착해서 짐을 가지고 들어갈 때나 호텔에서 나올 때에 소매치기 당하는 경우가 있다. 또한, 노상의 구두닦이에게 요금을 지불하기 위해 지갑을 꺼내는 순간에 당하는 경우도 흔히 있

52) http://www.mirero.com.br/brasil/noticias/2000/2000_3/nudist.htm

다.[53)]

4. 브라질의 문화, 관습[54)]

(1) 리오의 삼바 축제

삼바축제는 브라질 전역에서 거행되는 음악과 춤의 호화찬란한 퍼레이드로서, 삼바축제이라면 리오데자네이로의 카니발을 따라갈 수가 없는데, 여기서 거행되는 자유분방하고 떠들썩한 축제는 브라질에서 가장 많은 관광객을 끌어들이는 행사이다.

리오의 삼바축제는 삼바학교라고 불리는 카니발 단체들의 회원 80,000명이 '거리의 챔피언'이라는 타이틀을 따기 위해 경쟁하는 퍼레이드에서 절정을 이룬다.

이 삼바축제를 위해서 어떤 학교는 30,000명에 달하는 대원의 의상비로 일 년에 50만 달러를 쓰기도 하고, 어떤 학교는 자금을 조달하기 위해 아마추어 단체에서 실업단체로 변모하여 브라질 국가와 국외에서 연중 쇼를 공연하고 레코드 등을 팔기도 한다. 브라질을 방문하는 연 170만 명의 관광객 가운데 3분의 1은 리오의 삼바축제를 보러 오지만, 이에 못지않게 자연경치를 보러오는 외국의 관광객들도 늘어가고 있다. 즉, 남부의 이과수 폭포, 브라질의 대서양 연안에 끝없이 뻗어 있는 열대의 해변, 그리고 마나우스에서 가장 잘 구경할 수 있는 신비로운 아마존강 등이 관광객들을 끌어들이고 있다.

(2) 인종차별, 계층차별

브라질은 미국이나 유럽과 비교해 볼 때 인종이나 계층 간의 차별의식이 적은 것만은 분명하다. 그러나 인종차별뿐 아니라 계층 간의 갈등도 겉으로는 쉽게 드러나지 않지만 의외로 완강하게 남아 있는 곳이 바로 브라질이다.

브라질의 계층간 차별의식을 보여주는 예로 브라질 특유의 아파트 구조를 들 수 있다. 브라질에서는 한 개의 아파트에 용도가 다른 두 개의 엘리베이터가 있다

53) http://www.topas.net/travel_info/nation/S_fr.htm
54) http://www.topas.net/travel_info/nation, http://mynetian.com

는 것은 사실이다. 물론 아직 저소득층이 사는 아파트는 그렇지 않지만 대부분의 아파트는 두 개의 엘리베이터가 있으며, 아파트내의 각 가구로 들어가는 문도 두 개씩 마련되어 있다.

이 같은 형태는 어떤 제도나 교육에 의해 이루어진 것이 아니다. 오랜 세월동안 철저한 관습으로 전해 내려오면서 하나의 피고용인 문화로 정착된 것이라 할 수 있다. 게다가 이런 관습은 개선될 기미가 전혀 보이지 않고 있으며, 고용자는 물론이고 피고용자들까지 이 관습을 당연하게 받아들이고 있을 뿐만 아니라, 피고용인들이 오히려 이를 스스로 고수하려고 하는 경향까지 보인다는 사실이다.

브라질은 분명히 인종차별을 법으로 금지하고 있고 그 법이 상당한 효력을 발휘하는 것은 사실이다. 그러나 상류사회로 갈수록 흑·백간, 혹은 황인종과 백인종간의 보이지 않는 차별이 분명히 존재한다.

(3) 젊은 층이 많은 인구

브라질은 역사적인 면에서도 그렇지만 인구분포 면에서도 젊은 나라이며, 또한 세계에서 인구증가율이 가장 빠른 나라중의 하나인 브라질은 그 인구의 반수가 20~30대 연령이라 할 수 있다. 그러나 출산율은 농촌지역이 훨씬 높아서 도시의 1가구는 평균 세 명의 아이들을 갖고 있는데 비해, 농촌의 1가구는 평균 6명의 아이들을 갖고 있다. 따라서 유아사망률은 지역에 따라 상당히 다르다. 가난하고 인구가 희박한 동북지역은 1,000명당 140명으로 아주 높은데 반하여, 도시지역인 남부는 1,000명당 54명의 유아사망률을 보이고 있다.

(4) 다신의 나라

2억 명 정도의 인구 중에서 85% 이상이 가톨릭교를 믿고 있는 브라질은 세계에서 가장 많은 천주교 신자가 있는 나라이다. 그런데 또한 마을과 도시마다 자체적인 수호신이 있으며, 이 수호신을 경축하는 페스티발은 대중들이 참여하는 경축행사로 성황을 이룬다. 매년 수백만 명의 독실한 신자들이 이 나라의 성지로 순례를 떠난다. 가톨릭교가 국교로 되어 있지만 약 3,000만 명의 브라질인들은 신앙의 자유에 대한 법적 권리를 행사한다. 더구나 이들은 가톨릭교를 믿으면서 동시에 아프리카 또는 브라질 자체에서 기원한 신비교파에 속한다는 사실을 아무렇지 않게 생각한다.

이와 같은 이단은 역사적으로 볼 때 브라질의 가톨릭교가 다른 종교에 대해 관용을 보인 것에 기인한다. 즉, 브라질의 가톨릭교는 아프리카 종교와 인디언의 신앙을 모두 포용하여 그들의 신과 신령을 가톨릭교의 우주론 속에 끌어들였던 것이다. 가톨릭교와 당국은 마쿰바나 칸돔블레 같은 강신술의 신앙을 가진 사람들이 가톨릭교의 의식과 축제에 적극적으로 참여하도록 권장하고 있다.

(5) 생활양식

브라질에서는 가톨릭적인 전통으로 가부장적인 사회구조를 지니고 있기 때문에 성차별이 다소 존재한다. 또한, 결혼 전에는 성이 개방되어 있으나 결혼 후에는 가정에 충실하고 건전한 편이며, 결혼 후에 구입하거나 상속되는 모든 재산은 부부공동 소유이다. 이들은 정열적이고 비교적 친절하며 남을 돕는 것을 좋아하고, 특히 축구, 배구, 자동차 경주, 수상스키 등의 스포츠를 즐긴다.

(6) 부자와 빈자

브라질 군사정권의 경제정책이 남긴 결과는 시간이 지나면서 더욱 깊이 뿌리박힌 사회적, 경제적 불평등이며, 오늘날 엄청나게 무거운 부담으로 남아 있다. 현재 브라질의 외채는 수천억 달러에 이르러, 이 금액에 대한 이자를 갚는 데만도 많은 기간이 필요할 것으로 예상된다.

사회 문제도 또한 매우 심각하다. 고도로 발전된 남부 지역과 빈곤에 시달리는 북동쪽의 시골 지역 사이의 현저한 차이는 잠재적인 불안감을 조성한다. 이 나라 인구의 약 10% 정도 되는 사람들이 브라질 전체 농토의 약 80%를 소유하는 부(富)의 불평등이 분쟁의 원인이 되고 있다. 땅을 소유하지 못한 가난한 시골 사람들은 일거리를 찾아 도시로 계속해서 이주하지만, 사실상 그들은 도시에 빈민가만 더욱 늘려 놓을 뿐이다.

현재 브라질은 국민의 약 3분의 1 정도가 가난하게 살고 있다. 그러나 많은 브라질 사람들은 노점상, 심부름꾼 그리고 임시 노동자로서 불법 고용되어 일하고 있다. 현재 브라질에서 문맹률은 점점 낮아지고 있지만, 아직도 5명 가운데 1명 정도는 글을 읽고 쓰지 못한다. 브라질에서는 7~15세에 해당하는 모든 어린이들이 교육을 받도록 법으로 정해져 있지만, 약 1,000만 명의 어린이들이 경제적 이유 때문에 학교에 다니지 못하고 있다. 이와 같은 사실들은 숭고한 헌법 이념과 브라질 사람들의 실생활 사이의 전형적인 대비를 보여 준다.

(7) 생선을 좋아하는 상류층

브라질인들은 일반적으로 생선보다는 육류를 더 선호하지만 상류층 인사들은 생선회를 즐겨 먹는다. 상파울루에서 가장 번화한 빠울리스따 부근에 있는 고급 일식집인 '산토리'와 별 다섯 개짜리 호텔의 일본식당에는 일본인이나 한국인 등 동양인들보다 고급 정장차림의 브라질인들이 더 많은 자리를 차지하고 있다. 일본인들은 생선요리 그것도 날 생선음식이 좋다는 인식을 심어주기 위해 브라질 상류층, 연예인들을 집중적으로 공략하였다. 이 전략이 성공을 이루자 일반인들에게 날 생선이 주는 거부감을 불식시킬 수 있게 되었다.55)

(8) 여성 차별

브라질의 국어인 포르투갈어에서 '아내'나 '여자'가 한 단어로 사용된다는 것은 사회적 모임에서 남녀 사이의 법적인 관계를 적당히 얼버무릴 수 있다는 것을 암시한다. 남자와 여자의 역할에 대한 낡아빠진 의식구조는 변화되기가 어려웠다. 브라질 남자들의 대부분은 근로 여성들의 진보적인 견해를 심각히 받아들이지를 않았다. 여성에 대한 구식 사고방식은 취업여성의 외모에 유별나게 중요성을 둔다는 데에도 나타나 있다.

여자 종업원을 구하는 광고에는 준수한 외모와 젊음이 필수적이라고 강조하고 있다. 브라질 여성의 대다수는 이러한 성별에 다른 요구조건에 분개하는 대신에 즐겁게 이에 대응하는 전법을 쓴다. 면접 시에는 기가 막히게 멋있는 옷을 차려입으며, 사무실에서는 여자다움을 무기로 구사한다. 그러나 이러한 태연자약한 것도 35세 정도가 되면 당황으로 바뀐다. 젊음에 대해 지나치게 강조하는 풍토 속에

55) http://www.travel21.co.kr, http://www.mynetian.com

서 얼굴에 주름살이 지기 시작하면 자연히 공포가 엄습해오는 것이다. 따라서 브라질은 성형수술이 번창하고 있다.[56)]

5. 브라질인의 국민성[57)]

(1) 개인주의

브라질에서는 집단, 특히 가족 집단에 대한 충성이나 참여와 관계된 개인주의에 대해서 높이 평가한다. 개인의 신분은 흔히 사회적·교육적 측면에서 규정되는데, 그 신분이 자기 존중의 기초가 되며 자기 존중 의식은 다시 개인적 권력이나 내적 가치로 연결된다. 한 개인은 자립성과 업무 성취도에 의해서가 아니라 성격과 인간관계라는 독특한 특성에 의해 규정된다. 일반적으로 이들은 다른 모든 의무보다 가족에 대한 의무를 가장 중요시한다.

사교 관계는 가족과 친구 사이에서 이루어지는데 이를 확대해서 고용주도 가족의 일원으로 간주하는 경우가 많다. 브라질은 종업원의 일상생활에까지 업무가 연결되기도 하고, 연고주의는 당연한 것으로 여긴다. 취업문제는 가족과 친구들의 견해까지 고려하여 결정되는 수가 많다. 이들은 개인의 전문 지식이나 자격보다 그 사람의 절친한 사교 관계를 더 중요하게 생각하고, 해고되면 위신이 많이 깎인다고 생각하기 때문에 한 직장에서 오래 일하는 것이 보통이다.

(2) 외유내강

브라질인들은 일반적으로 친절하고 동정심이 많다는 평을 듣는데, 예를 들어 비 오는 날 차창 밖에서 질문을 해도 자신의 옷이 젖는 것은 염두에 두지 않고 몇 분이 걸리더라도 친절하게 가르쳐 주곤 한다. 거리에 넘쳐나는 부랑아들이 신호대기 중인 차에 다가와 손을 벌리면 기꺼이 적선하는 모습도 쉽게 발견할 수 있다. 또한, 전혀 모르는 사람들끼리라도 눈길이 마주치면 웃으며 인사를 나누고 쉽게

56) 한국일보타임, "세계국가 시리즈", 한국일보 라이프편집부, pp. 65-66.
57) http://www.topas.net/travel_info/nation, http://www.kotra.or.kr

대화를 하기도 한다.

그러나 이런 모습만으로 브라질인들을 인정 많고 친절하다고 평가하는 것은 옳지 않다는 견해도 있다. 이들은 자신들과 이해관계가 첨예하게 걸려 있지 않을 때는 분명히 친절과 인정을 보여주지만, 그렇지 않을 경우 '세르까 온사'의 가시 같은 날카로운 속마음을 드러내는 게 브라질인들의 속성이다.

여기서 말하는 '세르까 온사'는 브라질에서 가장 흔하게 볼 수 있는 다년생 관목이다. 어른 손가락 크기와 모양을 닮은 진한 초록색 장방형 잎으로 뒤덮여 있는데다 수시로 빨간색 꽃을 피우는 등 부드러운 겉모습을 보여준다. 겉보기에는 부드러운 관목처럼 보이지만 무성한 잎을 헤치고 속을 들여다보면 억세고 날카로운 가시를 빼곡히 갖고 있다. 그래서 침입자로부터 자신을 보호하는 특성이 브라질인의 성격과 맞아 떨어진다고 볼 수 있다.

(3) 저축을 중요시하지 않음

일반적으로 브라질인들은 저축하는 습관을 거의 갖고 있지 않다. 돈만 생기면 무엇이든 사야 직성이 풀린다. 이러한 원인은 브라질 경제가 그 동안 국민들에게 돈이 생기면 바로 써야 하며, 저축은 할 필요가 없다는 풍토를 조성한 탓이다. 즉, 하루가 다르게 물가가 급등하여 돈을 쓰지 않고 갖고 있는 것은 곧 구매력의 하락으로 연결되어 어쩔 수 없이 소비를 할 수밖에 없었다. 은행에 예금을 해도 이자가 인플레를 따라가지 못하므로 저축에 대한 필요성을 느끼지 못한 것이다.

(4) 자율적인 행동과 사고방식

브라질인들은 어느 나라 사람들보다 자유분방하여 어떤 틀에 얽매이는 것을 싫어한다. 1997~1998년에 한국에서 한창 유행했었던 배꼽티와 몸에 꼭 끼는 타이즈 바지 패션은 브라질이 원조라고 할 수 있다. 이러한 패션뿐만 아니라 애정표현에도 그들만의 자유분방함을 느낄 수 있는데, 브라질인들의 자유분방함은 때로는 정도를 넘어 무질서로 흐르는 경향도 있다. 이러한 자유분방함은 약속을 잘 지키지 않거나 공중도덕심, 준법정신이 다소 부족한 것으로 연결된다. 그러나 이러한 브라질인들의 준법정신의 부족을 가장 효과적으로 다스리고 있는 방법이 하나 있는

데 그것은 바로 고액의 벌금이다. 브라질에서 벌금제는 오히려 체벌보다 더욱 큰 효과를 발휘하게 되어 브라질인들의 행동에 대한 책임을 지우고 있다.

(5) 시간관념

브라질인들은 시간을 유동적인 것으로 보기 때문에 우선 사항에 변동이 생기면 스케줄도 쉽게 바꾼다. 산업 사회적 시간 감각보다는 농업 사회적 시간 감각이 지배적이다. 일이 행해져야 하는 때는 신의 뜻에 달려 있으므로 계획이나 스케줄에도 당연히 신의 뜻이 개입된다. 그렇기 때문에 약속 시간이 훨씬 지나서야 회의가 시작되는 경우가 다반사이고, 심지어 가정 문제 때문에 회의가 중단될 수도 있다. 이들은 신뢰감 있는 관계의 형성을 중요시하기 때문에 이들과 비즈니스를 하기 위해서는 시간도 더 많이 걸리는 게 보통이지만, 일단 관계를 맺고 나면 장기간에 걸쳐 확실한 관계를 유지한다. 브라질인들은 상대방과 관계를 계속 유지할 것인가에 관해서는 그 관계의 깊이에 달려 있다.

6. 브라질 시장의 특성[58)]

(1) 즉각적인 구매성향

브라질인들은 돈이 모이면 물건을 사야 한다는 소비개념을 가지고 있기 때문에 이들의 구매스타일에까지 영향을 미쳤다. 이들은 현금을 가지고 있는 그 순간의 구매력이 최고 정점이기 때문에 일단 마음에 드는 물건이 보이면 여러 면을 생각하지 않는다. 그러므로 브라질인들은 물건을 사는데 까다롭게 굴지 않는다.

이들은 한국 상품이라면 대부분 '질이 좋은 외제'로 인정을 하여 브라질의 국산보다 비싼 값을 지불하고서라도 구입할 자세가 되어 있다. 따라서 우리나라 사람들의 노력 여하에 따라 전 세계 어느 나라 사람들보다 브라질인들이 우리의 상품을 사줄 수 있는 엄청난 고객이 될 수 있는 것이다.

58) http://www.kotra.or.kr

(2) 상류층의 생활양식 및 구매패턴

상류층은 질만 좋다면 가격이야 얼마가 되던 물건을 구입할 준비가 되어 있다. 또한, 중산층은 물론이고 저소득층, 극빈자들도 다른 나라 사람들과 판이한 생활태도를 갖고 있다. 이들은 저축보다는 소비함으로써 오늘을 즐기는데 더 큰 가치를 두고 있다.

비록 한국인들이 사치와 낭비가 심하다고 해도 저축을 염두에 두고 살아가지만, 브라질인들은 저축하는 습관은 거의 갖고 있지 않다고 해도 과언이 아니며, 돈만 생기면 무엇이든 사야 직성이 풀리는 성격이다.

7. 상거래문화

브라질 사람들과 상담을 한 뒤 브라질이란 국가 이름을 쓸 일이 있을 때는 가급적, 아니 꼭 'Brazil' 대신 'Brasil'로 표기하기를 권한다. 특히 상거래와 관련한 영문서류를 만들 때 모든 단어는 영어식 단어를 쓰되 국명만은 Brasil로 기입하는 게 상대방을 기분 좋게 해줄 것이다. 이 같은 충고를 하는 이유는 우리 입장에서는 Brazil이나 Brasil이나 그게 그것이지만, 브라질인들에게는 뉘앙스가 완전히 다르게 느껴지기 때문이다. 브라질인들은 Brazil로 기록하는 것은 영어식 표기방법일 뿐이라고 생각하고 있으며, 엄밀한 의미에서 브라질인은 자기네 나라 이름을 잘못 쓰고 있다고 생각하고 있다. 이들에게는 브라질이란 고유명사는 Brasil이라 생각한다. 브라질을 Brasil로 쓰고 발음까지 '브라지~우'라고 한다면 당신은 거의 틀림없이 다른 대접을 받을 것이다. 그러면 "아! 이 외국인은 우리나라를 제대로 아는 양반이구나."하고 감동하여 당신을 한참 달리 볼 것이기 때문이다.[59)]

우리는 흔히 브라질하면 삼바의 나라, 축구의 나라, 축제의 나라를 연상하게 된다. 하지만 브라질은 중남미의 중국과 같은 위치를 가지고 있는 나라라고 생각하면, 국민성과 대륙에서 차지하는 비중을 이해하는데 큰 도움이 될 수 있다.

브라질에서의 커피는 미국식 묽은 커피와는 다른 진한 커피를 마시며, 남성이

---

59) 김인규, 『브라질 문화의 틈새』, 다다미디어, pp. 164-165.

여성에게 인사할 때 얼굴을 옆으로 맞대고 가볍게 키스해 주는 관습을 가지고 있다. 물론 남자들 사이에서는 얼굴을 맞대고 키스하는 것은 보기 힘들고 악수와 포옹이 인사로 통한다.

브라질이 1998년 모라토리움(Moratorium)을 불러일으켰던 이후에 지방정부의 채무불이행 선언에서 볼 수 있듯이 이해관계국과의 관계를 고려하지 않을 정도의 자존심으로 뭉쳐져 있다.

브라질은 경공업 부문에 대해서는 매우 취약한 산업구조를 가지고 있다. 국민 전체의 생활수준이 일정하지 않을 뿐만 아니라, 이들은 풍부한 농산물을 바탕으로 의식주를 해결함으로써 만족을 느끼는 평범한 주민이 대다수이다. 그러나 한편으로 믿기 어려운 우주 항공 산업에 관해서는 최첨단 지식을 보유하고 있으며, 독자적인 위성발사 능력을 보유하고 있다. 이들은 군수산업에서도 상당한 능력을 보유하고 있으며, 남미대륙의 패자로서 미국의 입김에 영향 받지 않는 나라이기도 하다.

세계적인 명소인 리오 데 자네이로 해안은 마치 하얀 설탕을 뿌려놓은 듯한 수려함을 가지고 있지만, 사실은 도시전체가 슬럼가를 연상시킬 만큼 빈민화되어 가고 있다. 이들은 축구와 삼바만 있다면 끼니를 걱정하지 않을 만큼 낙천적이지만, 최근 들어서는 상당부분 변화를 시도하는 중이다. 그 중에서도 외국계기업(시티은행, Nike, Ericsson, Philips, Motorola)에서 근무하는 엘리트계층의 주도로 젊은 층의 의식이 바뀌어 가고 있다.

세계의 축제인 삼바축제는 며칠 동안 밤새워 계속되며, 동기간 중 전 세계 1년치 콘돔 소요량의 13%가 소요될 만큼 광적이고 열정적인 축제가 지속된다. 특히 축제의 마지막 밤은 세계의 남성이 기대하는 날로서, 축제에 참가했던 여자와 낯선 남자의 뜨거운 밤으로 유명한데 아무런 조건 없이 구애하는 것으로도 유명하다. 유럽인들이 휴가를 위해서 1년을 일한다면, 브라질인들은 삼바축제를 위해 1년을 일한다고 생각해도 틀리다고 말할 수 없다.

브라질에 대해서 빼놓을 수 없는 축구는 빈민가 아이들의 유일한 낙이자 탈출구라 할 수 있으며, 실제로 동네마다 축구장을 겸비하고 있으므로 모든 아이들이 축구를 즐기면서 성장한다고 해도 과언이 아니다. 특히 월드컵 기간에는 TV의 수출이 전년보다 80% 이상 증가하는 것만 봐도 그들의 축구에 대한 관심을 쉽게 이해할 수 있다.

브라질은 지리적으로 가까운 북미시장의 영향을 많이 받고 있을 뿐 아니라, 일본 제품이 많이 진출해 있어서 매우 수준 높은 시장으로 평가받고 있다. 특히 인간관계가 비즈니스의 중요한 열쇠가 되고 있다. 브라질인들은 인맥을 무척 중요시 여기기 때문에 친구가 되면 어려운 점을 많이 도와주고 비즈니스에도 도움을 주는 경우가 많다.

브라질의 비즈니스맨을 만날 때 반드시 염두에 두어야 할 점은 그들의 허술한 옷차림을 보고 모든 것을 판단하지 말라는 것이다. 브라질 사람들은 격식을 갖추는 일에 익숙한 편이 못된다. 상당한 재력가들도 비즈니스 상담에 나서면서 정장을 갖추기보다는 간편한 평상복 차림을 선호하기 때문이다. 브라질 비즈니스맨이 품위 있는 양복에 말끔한 외모, 깨끗한 매너를 갖추기를 기대했다면 다소 실망하게 될지도 모른다.[60)]

그러나 비즈니스에 대해서는 이들만큼 까다로운 국가도 찾기 힘들다. 모든 업종마다 나름대로의 협회가 존재하며, 백서를 통해 수입가격 및 결제기준을 낱낱이 표시하고 있다.

특히 결제조건에서는 D/A 360 days after sight 이상인 경우가 대부분이기 때문에 중소규모의 업체로서는 도저히 꿈꿀 수 없는 조건이므로, 글로벌기업체를 이용하거나, 혹은 한국무역보험공사를 통해 보험을 반드시 부보(付保)해야 하는데, 이마저도 용이하지 않으므로 국내 중소기업체에게는 그림의 떡과 같은 시장이기도 하다. 그러나 그 잠재성과 구매력이 남미의 절반을 넘는 비중을 차지하므로, 무역업을 활성화하기 위해서는 반드시 개척하고 뚫어야 할 곳이기도 하다.

이들의 상거래 관습은 결코 동양인에게 호의적이지 않다. 세계 어느 곳에서도 그렇듯이 브라질에서도 일본과의 대결은 피할 수 없는 운명이다. 특히 일본 본토의 적극적인 중남미 이민정책으로, 남미에서는 일본에 대해 매우 호의적이지만 기타의 국가에 대해서는 상당히 부정적인 선입견을 갖고 있다는 것이 비즈니스의 가장 큰 난점이다(실제 페루의 후지모리 대통령은 일본계 이민 3세임). 특히 한국

60) 대한무역투자진흥공사, 전게서, pp. 298-300.

과 중국에 대해서는 그 정도가 심한 편이며, 남미대륙에서 가장 심한 욕은 "치노(Chino)"이며 이는 중국 사람을 일컫는 말이지만, 사실은 동양인 전체를 싸잡아 욕하는 말이기도 하다.

비즈니스에서 이러한 단어가 나오면, 그 비즈니스는 백발백중 실패이며, 당장 "메스티조(Mestizo)"라고 말하고 회의장을 박차고 나와야 한다. 그들은 동양인이 조그만 체격이기 때문에 욕해도 반박하지 못할 것이라 생각하는 관습이 있는데, 반드시 극복해야 하는 부분이다.

그들 산업의 전반에는 수많은 일본계 이민 2~3세대가 포진하고 있고, 브라질인들의 일하는 방식은 전형적인 일본 스타일이지만, 동양인을 무시하는 것은 전형적인 남미사람인 이중적인 태도를 취하고 있으므로 쉽게 마음을 열지도 않고 가까워지기도 힘든 사람들이다.

이러한 조건에서 필요한 것이 어학이라 할 수 있는데 중남미는 대부분 스페인어가 공용어이지만, 브라질만은 포르투갈어를 사용하므로 어학이 뒷받침된다면 비즈니스에 매우 큰 도움이 된다.

브라질 사람들은 약속시간을 별로 중요시 여기지 않고, 업무상 단도직입적인 접근은 금물이다. 그러나 일단 친분관계를 형성하고 어느 정도 친분토대가 마련된 후에 시간을 두고 상담을 진행하면 의외의 성과를 얻을 수 있다. 이들은 상대방이 먼저 제의하지 않는 한 먼저 상거래관계를 언급하지 않아야 한다. 이들과 상담할 때 제공하는 강한 커피도 맛있게 먹으면 좋아한다.

브라질에서는 국영기업체가 경제의 핵심적 역할을 하고 있으며, 많은 기업들이 전적으로 또는 부분적으로 정부의 통제를 받고 있다. 브라질 대기업의 중간 관리층 정도는 영어를 구사하지만 그 외에는 의사소통에 어려움이 많으므로 통역이나 사전 준비를 철저히 하는 것이 좋다. 또한, 상거래에 친분관계가 상당한 영향을 미치므로 현지사정을 잘 아는 현지직원 등의 도움을 받는 것이 좋다.

브라질에서는 종교적으로 특별한 금기사항은 없으며, 상담을 위해 접대할 때에는 부인을 동반하지 않는 것이 관례이며, 식사 시에는 대부분 술을 곁들이고 있다. 상담을 위한 장소는 주로 식당을 이용하고 있으며, 대도시에는 많은 식당들이 있으므로 선택의 어려움은 없다.

브라질에서는 무엇보다 느긋한 마음으로 브라질인들의 생활을 이해하고 노력하는 것이 상담에서나 협상에서나 많은 도움을 줄 수 있다. 그리고 사회전체에 만연된 지연성과 복잡한 관료행정 등으로 상거래 추진에 상당한 시간이 소요되는 점을 감안하는 것이 좋다.

브라질은 대국기질이 있어서 상거래를 할 때 대량의 주문을 하는 경향이 많다. 그러나 만약 이를 액면 그대로 믿는다면 제조업체는 도산할 가능성이 많다. 더구나 자신들이 급한 일에는 상대방을 배려하는 것이 없고 급하게 서두르며 자신들의 이익에만 관심이 있다. 또한, 공급업자나 제조업자의 일방적인 희생을 강요하는 좋지 않은 상관습이 있으며, 이들과 상거래시에는 최소한 5년 이상의 장기거래를 해야만 그들의 습성을 이해할 수 있다. 그러나 D/A거래의 특성상 5년 이상 거래가 쉽지 않다는 것이 역시 근본적인 문제이다.

현재 남미 전체를 경제동맹으로 묶기 위해 브라질을 주도로 'MERCOSUR'(메르코수르: 남미공동시장)라는 경제 블럭이 형성되어 있다. 이는 브라질, 아르헨티나, 우루과이, 파라과이 등 남미 국가 간 무역장벽을 없애기 위해 1991년 창설된 남미공동시장이자 경제공동체이다. 2012년 베네수엘라가 정식 가입해 정회원국이 5개국으로 늘어나 메르토수르는 남미 전체 면적의 62%를 차지하며 2014년 기준 국내총생산(GDP)이 3조 달러로 남미 전체 국가 GDP의 52%를 차지하는 경제공동체로 확대되었다. 하지만 2017년 브라질, 아르헨티나, 우루과이, 파라과이 등 창립회원국이 베네수엘라에 대해 민주주의가 복구될 때까지 회원자격을 정지한다고 결정함으로써 4개국으로 다시 줄게 됐다. 메르코수르 회원국들은 창설 30년이 넘었지만 현재까지 의미 있는 FTA를 체결하지 못하고 있다.

우리나라도 메르코수르와 FTA를 체결하기 위해 2007년 공동연구를 마치고 2009년 7월 '무역투자 증진을 위한 공동협의체'를 구성하였다. 하지만 특별한 진전이 없다가 2015년 박근혜 대통령의 현지 방문을 계기로 협의체를 다시 가동하기로 합의한 뒤 6년 만에 두 차례 회의를 개최하였었다.[61]

남미국가는 미국의 앞마당이며 대외원조 중에서 미국이 차지하는 비중이 가장 크지만, 이상하게도 미국에 대한 감정이 좋지 않으며, 실제 제품 브랜드에서도 미

61) 네이버 지식백과

국계 브랜드보다는 유럽계 브랜드의 강세가 눈에 띈다.

브라질에서는 고객일 경우 가정에 초대되기도 하는데, 이때 초대받은 다음날 꽃과 짧은 카드로 감사의 표시를 하는 것이 바람직하다. 만약 초청장에 'American time' 또는 'Airport time'이라고 적혀 있으면 이것은 정시 정각을 의미한다. 그러나 이러한 말이 적혀있지 않으면 주인이 준비를 끝내기도 전에 도착하여 그들을 당황하게 하는 일이 없도록 약간 늦게 도착하는 것이 좋다. 선물은 반드시 하여야 할 필요는 없지만 캔디, 샴페인, 과일 등이 무난하고, 브라질에서 자주색은 죽음의 상징으로 생각하기 때문에 자주색의 선물은 삼가는 것이 좋다. 그리고 그 다음날 꽃을 보내면 좋아한다.62)

제3절 아르헨티나

아르헨티나 공화국은 면적과 인구 면으로 볼 때 브라질 다음으로 남아메리카에서 둘째로 큰 나라이다. 북쪽에서 남쪽으로 약 3,700km나 뻗어 있는 아르헨티나는 남아메리카 대륙의 남쪽 대부분을 차지하고 있으며, 웅장한 안데스 산맥의 서부에 위치한 칠레만이 아르헨티나 남쪽 지역의 일부분을 차지하고 있다. 이 나라의 북쪽으로는 볼리비아와 파라과이가 국경을 접하고 있고, 북동쪽으로는 브라질과 우루과이 국경의 중요한 부분을 구성하고 있는 우루과이 강이 자리잡고 있다. 긴 리본 모양의 대서양이 아르헨티나의 동쪽 경계를 이룬다.

영토 면에서 아르헨티나는 티에라델푸에고 섬의 남쪽에 있는 비글 해협의 몇몇 섬과 남극 대륙의 많은 지역에 대하여 소유권을 주장하고 있다(영국과 칠레도 남극 대륙에 대한 소유권을 주장하고 있다). 또한 아르헨티나는 '말비나스 제도'라고 부르는 포클랜드 제도도 그들의 영토라고 주장하고 있다. 1982년 초에 아르헨티나는 포클랜드 제도를 점령하였으나, 짧은 기간 동안에 일어났던 영국과의 전쟁에서 패하여 포클랜드 제도를 다시 빼앗겼다. 아르헨티나는 이 패배로 중요한 정치 변화를 겪었다. 그 중 주목할 만한 것은 군사 정권이 종식되고 민간 정부가 수립된

62) 이승영, 전게서, p. 303.

것이다.

스페인의 식민지로 시작된 아르헨티나는 1820년대에 국가로 등장하였다. 1800년대 말부터 1920년대까지 아르헨티나는 팜파스에 있는 거대한 농장에서 생산되는 육류와 곡식을 유럽에 수출하여 번영을 이루었다. 이 지역에는 '가우초'라 불리는 목동들이 있는데 이들은 지금도 노련하게 말을 다루는 기술을 과시하고 있다. 수도인 부에노스아이레스는 아르헨티나의 산업, 무역, 문화의 중심지이다. 아르헨티나는 아직까지 주요한 농산물 수출국이지만, 최근에는 심각한 경제위기에 처해 있는 실정이다. 높은 인플레이션, 생산성 감소, 정치 불안 등의 문제가 1980년대에 문제를 일으켰는데 이에 대응하여 아르헨티나 정부는 과감한 경제 개혁을 도입하였다.[63)]

1. 일반현황

인구(2023) : 4,665만 명

면적 : 279만 ㎢(세계 8위)

수도 : 부에노스아이레스

언어 : 스페인어, 유럽 언어와 몇몇 인디언 부족의 언어가 여전히 사용됨.

민족 : 백인(95%:대부분 이태리계 및 스페인계), 메스티조(4.5%), 원주민(0.3%) 등

종교 : 가톨릭교(92%), 기독교(2%), 유대교(2%) 등

기후 : 아열대(북부), 온대(중부), 한대(남부),우기(10~3월), 건기(4~9월)

2. 경제현황

화폐단위 : 아르헨티나 페소(Peso), 1US$ = 919.43 ARS(2024.7 기준)

GDP(2022) : 6,301억 달러(세계 23위)

1인당 GDP(2022) : 12,188 달러

63) 장평순, 전게서, 제3권, p. 70.

산업구조(2022) : 광업・농림수산업(1.5%), 제조・건설업(39.7%), 서비스(52.8%)
총수출액(2022) : 901억 달러
총수입액(2022) : 810억 달러
무역수지(2022) : 91억 달러 흑자
무역상대국 : 브라질 및 라틴 아메리카, 미국, 중국 및 아시아, EU 등
주요 수출품(2022) : 대두 및 대두유, 쇠고기, 자동차, 농기계, 시멘트, 농산물 가공품 등
주요 수입품(2022) : 승용차, 전화기, 공산품, 중간재, 전기에너지 등
주요 부존자원 : 석유, 천연가스, 광물, 에너지, 농산물 생산 등
경제적 강점 : 풍부한 자원 보유
경제적 약점 : 과중한 외채부담, 만성적인 재정적자, 인플레이션과 높은 빈곤율

3. 여행정보

(1) 치안

아르헨티나는 1990년대 초에는 기타 남미 국가에 비해 국내 치안은 대체로 안전한 편이어서 여행객 혼자서도 시내를 산보할 수 있었다. 그러나 최근 경제 불안 및 실업증대로 도난 및 강도, 특히 살인・강도사건이 증가추세에 있으며, 사고 발생 시 경찰의 수사력은 미흡한 수준이어서 현지인들도 밤늦게는 외출을 삼가는 새로운 풍속도가 생기기 시작하였다.[64]

(2) 이과수폭포

이과수폭포는 녹색의 정글을 가르고 떨어지는 다갈색 물기둥, 그야 말로 박력이 넘치는 대자연의 드라마를 실감케 한다. 브라질, 아르헨티나, 파라과이 3국의 국경이 접해 있고, 파라나 강과 이과수 강이 합류하는 지점의 부근에 있는, 세계 최대의 폭포이다. 폭포의 수는 크고 작은 것을 합쳐서 약 300개가 넘고, 낙차가 높은

64) http://members.tripod.lycos.co.kr/amlee

것은 100m 이상 되며, 전체의 너비는 3,700m나 된다. 그 중 약 80%는 아르헨티나 쪽에 속해 있지만, 경관은 브라질 쪽이 훨씬 훌륭하다. 또한, 아르헨티나 쪽에는 폭포 위로 걸어 다닐 수 있는 통로가 있으며, 폭포소리는 20km 밖에까지 들린다고 한다.[65]

4. 아르헨티나의 문화, 관습

(1) 이민의 나라

아르헨티나는 이민의 나라이며, 미주 대륙에서 가장 유럽풍이 강한 나라이다. 이탈리아계가 35%, 스페인계가 25%, 그 외에도 프랑스, 폴란드, 러시아, 독일계 등 유럽계가 총 95%를 차지하고 있다. 인구의 92%가 가톨릭 신자로 스페인어가 공용어 이지만, 워낙 다인종의 이민 국가이기에 수도 부에노스아이레스에는 이탈리아, 포르투갈, 스페인, 프랑스, 독일 및 아프리카 등 수많은 나라의 언어에서 유래된 어휘로 구성되어진 '비공식적인 언어'가 발달되었고, 이러한 언어가 대중가요나 연극무대에 등장하고 있는 것이 흥미롭다. 또한, 이민의 뿌리가 다양하기에 공용어인 스페인어도 사람에 따라 말투가 천차만별이다.[66]

(2) 정열의 춤 – 탱고

정열의 나라 아르헨티나의 대명사는 '탱고' 춤이라 하겠다. 길게 미끄러지듯 밟는 스텝과 기묘한 포즈는 스페인의 플라멩코에 뿌리를 둔 것이라 한다. 플라멩코는 스페인 남부 안달루시아 지방의 집시들이 기타 반주에 맞추어 추는 민속춤이다. 아르헨티나인들의 정열은 축구장에서 발산되는데 정말로 광기에 가까운 축구 열기를 가지고 있다.[67]

---

65) 김현식, 『월드 투어 가이드』, 동아출판사, pp. 134-135.
66) http://www.tourservice.co.kr, http://www.mofat.go.kr
67) http://www.tourservice.co.kr, http://www.mofat.go.kr

(3) 생활양식

아르헨티나에서는 'Machismo'를 중요시하는 가부장적인 사회로 여성에 대해서는 가정생활에서의 역할을 중시하여 남녀차별이 존재한다. 따라서 아르헨티나의 여성들은 유럽이나 미국의 여성들보다 제한적인 사회활동을 하고 있다. 이들은 가정생활을 중요시하며 가족단위로 운영되는 중소기업이 많다. 아르헨티나인들은 개성이 강한 특징을 지니고 있고, '가우초(Gaucho)'로 대표되는 국민성을 지니고 있다. 이들은 새로운 변화를 싫어하는 반면 전체 국민들이 솔직하고 성실한 생활 자세를 지니고 있으며, 스포츠로는 축구, 럭비, 테니스, 골프, 스키, 사이클 등을 좋아한다.68)

(4) 결혼

아르헨티나에서의 결혼은 보통 3번에 걸쳐 이루어진다고 할 수 있다. 우선, 성당에서 거행되는 결혼식, 피로연 형태의 친구나 친지를 모시고 거행되는 파티 형태의 결혼 행사를 거쳐 관공서에서 법적으로 혼인을 인정함으로써 결혼식이 끝난다.

아르헨티나는 가톨릭 국가인 만큼 성당에서 거행되는 결혼식이 가장 중요한데, 결혼식 절차는 한국과 거의 대동소이하다. 신랑, 신부가 함께 하객들에게 각각의 인사를 나누며, 참석한 손님들은 그들과 일일이 포옹과 키스를 나누며 새 인생을 시작하는 이들 신혼부부에게 행운과 축복의 말을 아끼지 않는다. 친구 및 친지와의 파티는 밤에 있는 것이 보통인데, 주로 금요일이나 토요일 밤에 많이 있으며, 늦은 새벽까지 먹고 마시며 한바탕 노는 분위기이다. 성당에서 거행되는 결혼식에 참석할 때에는 하객들은 신랑과 신부가 더욱 돋보이게 하기 위하여, 되도록 눈에 띄는 복장을 삼간다. 우리나라에서는 검은 양복과 드레스가 정장으로써 사용되기도 하지만 이곳에서는 상복으로 사용되므로 이러한 점은 잘 감안하여야 한다.

결혼식이 끝나면 피로연 형태의 행사를 하는데, 이것은 결혼식 당일 밤에 있으며 주말을 이용해 별도로 날짜가 잡히기도 한다. 이 피로연에는 신랑·신부의 가

68) http://www.tourservice.co.kr, http://www.mofat.go.kr

족, 친지, 대부(Padrino), 친구들이 함께 한다. 신랑·신부를 위한 축배 시에는 주로 샴페인이나, 와인(Vino)을 사용하며, 행사가 진행되는 말미에는 서로 흥겹게 춤도 추고 노래를 부르면서 새벽까지 이어지는 것이 보통이다.

청첩장을 받으면 축하선물을 보내는 것이 원칙이다. 선물은 결혼하는 사람과 얼마나 가까운 사이인지의 여부에 따라 다르다. 흔히 볼 수 있는 결혼 축하 선물로는 은 식기류, 커피 잔 세트, 샐러드 볼 세트 등 실생활에서 사용할 수 있는 가정용품이 많다. 어떤 선물을 보내야 할지를 잘 모르는 경우 신랑·신부 측에 직접 문의를 하는 것도 좋은 방법이다. 한국에서와 같이 현금으로 직접 축의금을 전달하는 일은 거의 없다는 점을 주의하여야 한다.[69]

(5) 술

아르헨티나에서는 주로 저녁 식사가 밤 9시 이후에 시작되고, 실제로 9시 이후에나 문을 여는 식당들도 많으며 지방일수록 더욱 심하다. 따라서 저녁 식사에 초대받아도 9시경에나 가야하고 식사가 시작되면 끝날 때까지 보통 2-3시간은 충분히 걸리는데, 이렇게 늦은 시간까지 먹고 마시더라도 술에 취해 비틀거리는 사람, 싸우는 사람, 시비 거는 사람은 찾아볼 수 없다.

이들은 보통 맥주나 와인을 많이 마시지만, 술을 마시는 것 자체가 목적이 아니고 목을 축이는 정도이기 때문에 한잔을 놓고 밤을 세는 경우가 많으며, 그렇다고 눈총 주는 식당 주인이나 바(Bar) 종업원은 하나도 없다. 맥주는 전혀 권하는 술이 아니며, 일반적으로 와인은 잔이 비면 다시 주위의 사람들이 채워 준다. 고급 레스토랑에서는 웨이터가 주로 술을 서브하는데 술을 마시는 사람이 사양하면 그만 주어야 하고, 우리나라에서 폭탄주 돌리듯이 강제로 술을 권하면 야만인으로 낙인찍히기 쉽다.[70]

(6) 축구

아르헨티나인들은 축구에 관한 한 거의 광적이다. 제각기 따로 놀고 민족 간의

69) http://www.commac.com
70) http://www.tourservice.co.kr

이기주의에서 오는 사회 갈등도 축구 경기 앞에서는 모두 하나가 된다. 아르헨티나에서 축구는 게임이나 스포츠 이상의 의미를 가지며 일종의 삶의 방식으로 인식되는데, 아르헨티나 국민은 축구 경기를 보면서 축구를 논할 때 드디어 아르헨티나 국민이 된다고 해도 과언이 아닐 정도로 축구는 그들의 최고 구심체이다.

초면에 인사할 때 흔히 어느 팀을 응원하느냐를 물어볼 만큼 아르헨티나인은 모두가 광신적으로 응원하는 팀을 가지고 있다. 그 중에서도 축구계의 간판이라 할 수 있는 마라도나 소속팀인 'Boca Junior'와 'River Plate'가 가장 많은 팬을 확보하고 있다.

이 두 팀은 아르헨티나 축구의 양대 산맥을 구축해 온 숙적의 라이벌로, 팀 성격이나 팬의 계층이 확연히 달라 두 팀의 대결은 축구 이상의 의미를 지닌다. 'Boca Junior'팀은 빈민, 서민층의 전폭적인 지지를 받는 과격한 스타일의 축구를 구사하고, 'River Plate'팀은 중산층을 기반으로 한 조직적인 플레이를 내세우는 팀이다.

때로는 이 두 팀의 경기가 개혁세력과 보수 세력의 대결 양상을 띠기도 해서, 상반된 사회적 입장의 전통적 맞수 대결인 데다가 축구 경기 그 자체의 흥미가 보태져 두 팀이 경기를 치를 때면 온 나라가 들썩거린다. 그런 만큼 경기도 과격해지고, 경기 후 결과에 불복하거나 응원단끼리 패싸움으로 번지는 등 불상사가 종종 발생한다. 한편, 양측 골대 뒤에 있는 관중석은 좌석이 없고, 모두 입석 형태로 가격은 제일 싸지만, 안전도는 보장 못한다.

이들은 축구경기가 계속되는 90분 동안 모두 어깨동무를 하고, 응원 팀의 깃발을 휘두르며 온갖 응원가와 환호, 야유 등을 계속하며, 자기가 응원하는 팀이 골이라도 넣는 순간에는 관중석 최고 상단에 있는 사람이 관중석 최고 하단까지 밀고 내려오므로 안전사고가 자주 발생한다. 외국인으로서 아르헨티나에서의 금기사항 중 첫 번째는 상대방이 어느 팀을 응원하는지 알지 못하는 상태에서 축구선수나 경기에 대하여 논하지 않는 것이 좋다. 아르헨티나인 에게 무심코 던진 자신의 비평이 상대방의 마음을 상하게 할 수 있고, 심한 경우 그 곳 축구 정보에 무지한 우리를 집중적으로 공격하며 놀려먹는 계기를 마련해 줄 수 있기 때문이다. 축구에 있어서는 그들을 말로는 이기지 못한다는 사실을 인식하고 항상 중립적인 위

치에 서있는 것이 좋다.[71]

(7) 외국인관

아르헨티나인들은 타 인종에 대한 배타성이 강하고 동양계 이민족을 무시하려는 경향이 있다. 특히 볼리비아 난민이나 현지 저소득층 사람들은 동양인에 대한 반감이 있으며, 특히 한국 사람들은 대체적으로 현금을 많이 소지하고 있다고 생각하기 때문에 일반거리나 택시 등에서 가끔 피해를 보는 사람이 발생된다.[72]

(8) 자동차 선호

아르헨티나인들이 가장 좋아하고 갖고 싶어 하는 것 3가지는 '좋은 포도주, 멋진 자동차, 그리고 여자'라는 우스갯소리가 있을 정도로 자동차에 대한 소유욕이 대단하다. 주거지 주변을 왕래할 때는 승용차의 필요성을 못 느끼지만, 외곽의 대형 슈퍼마켓이나 쇼핑몰 방문, 지방을 갈 때 승용차의 사용은 필수적이다.[73]

(9) 인사예절

남성과 남성 사이에는 일반적으로 악수를 한다. 그러나 절친한 사이에는 서로의 반가움을 표시하는 방법으로 뺨에 키스하는 경우, 서로 껴안는 경우도 있다. 그런데 남성과 여성 사이에는 동양인의 인사습관을 아는 여성의 경우에는 아주 드물게 악수를 위해 먼저 손을 내미는 경우가 있으나, 이곳은 대부분의 남녀 사이에서 인사의 수단으로 'Beso(베쏘, Kiss)'를 한다.

Beso하는 요령은 남녀 관계없이 자신의 오른편 뺨을 상대방의 오른쪽 뺨에 가볍게 대면서 입으로는 "쪽" 하는 소리만 내면 된다. Beso에 익숙하지 않는 사람들은 상대편 뺨 혹은 입술에 입술을 대거나, 긴장하는 경우도 있으나, 아주 자연스러운 인사형태이므로 너무 좋아할 필요는 없다. 다른 국가에서는 양 볼에 반복해서 Beso 하는 경우가 있으나, 아르헨티나에서는 일반적으로 한번의 Beso로 충분하다.[74]

71) http://www.tourservice.co.kr
72) http://www.commac.com
73) http://www.commac.com

(10) 알아두면 좋은 제스처

아르헨티나인들은 미국이나 유럽인들보다 가까이 서서 말하기를 좋아하는 편이며, 대화를 하는 도중에도 팔이나 어깨를 툭툭 칠 때가 있다. 이것은 그들의 전형적인 친근감의 표시이다. 아르헨티나인들이 자주 사용하는 제스처 몇 가지를 소개하면 다음과 같다.

① 손으로 턱밑을 쓸어 올리는 행동 : 모르겠다는 뜻

② 서서 허리를 두 손으로 잡는 행동 : 화가 나 있다는 뜻

③ 엄지와 검지를 구부려 둥글게 만드는 행동 : (서구에서는 '좋다'는 표현이지만) 아르헨티나에서는 매우 나쁜 의미

④ 한 팔로 어깨를 툭툭 치는 행위 : 친근감을 표시[75]

5. 아르헨티나인의 국민성

(1) 우월성

아르헨티나는 지역적으로 남미에 속해 있을 뿐, 국민의 95% 이상이 유럽계 이민이고, 국민성, 풍습, 생활관습, 도시형태, 상거래관습, 건축양식 등 대부분이 유럽식으로 독특한 문화를 형성하고 있다. 이들은 라틴 계통이면서도 특유의 열정을 외부에 나타내지 않으며, 일반적으로 유럽 문화 및 유행을 모방하거나 선호하는 경향이 짙다. 또한, 과거의 풍요로운 시절을 경험하였던 것에 대한 자부심이 대단하며, 보통 자기들은 남미의 다른 나라와 다르며 유럽 대륙의 한 국가라는 생각을 한다.[76]

(2) 현실주의

아르헨티나인들은 보통 느긋하며 "아스타 마냐나.(내일 봅시다.)"라는 의식으로

74) 대한무역투자진흥공사, 전게서, p. 285.
75) 대한무역투자진흥공사, 전게서, p. 287.
76) http://www.commac.com

살고 있다는 인상을 주는데 전통적으로 정치, 사회구조가 비능률적으로 되어 있는 점과 개인주의를 우선하는 습관을 가지고 있다. 또한, 이들은 현실주의자이기 때문에 터무니 없는 사소한 일에는 간섭받지 않으려 하며, 쓸데없는 다툼을 피하기 위해 말을 충분히 활용하는 습관을 갖고 있으며, 자신의 요구는 일사천리로 추진하고 다른 사람의 일은 능숙하게 얼버무린다. 이것이 뻔뻔스럽다거나 비위를 잘 맞춘다는 비판거리가 되기도 하지만, 이쪽도 그런 방식을 이해하게 되면 배울 점이 많다.[77]

(3) 강한 자존심

이들의 성격은 라틴계의 낙천성을 갖고 있어 개방적이며 관대한 것처럼 보이지만 반드시 그렇지도 않으며, 특히 자존심이 강하다는 점에 주의하여야 한다. 아르헨티나는 라틴계 특유의 자존심을 가지고 있으며, 중남미 국가들이 스페인으로부터의 독립전쟁을 전개하던 시기 이후에도 아르헨티나가 항상 역내에서 지도적 역할을 하고 있다는 대국의식, 풍부한 자원, 높은 수준의 문화와 교육 수준, 그리고 백인종으로서의 우월감 등이 높은 자존심의 바탕이 되어 있다. 따라서 아르헨티나인과 접촉할 때는 항상 이 점을 고려하여야 한다. 도회지의 아르헨티나인은 진취적이고, 적극적이며, 잘 떠들고, 정부, 정치, 세금, 경찰에 대해 대부분의 사람이 확고한 의견을 갖고 있다.[78]

6. 상거래문화

아르헨티나는 브라질의 남쪽에 이웃하고 있는 나라로써, 북쪽의 아열대에서 남단의 한대기후까지 뻗쳐 있는 국토가 남한 면적의 28배나 되지만 인구는 우리나라보다 훨씬 적다. 아르헨티나 인구의 1/3 정도가 수도권에 집결되어 있고, 전체 인구의 86%가 도시에 거주하고 있다.

아르헨티나에는 광물자원의 매장량이 상당히 많은 것으로 추정되고 있으나, 이

77) http://www.commac.com
78) http://www.commac.com

나라의 개발이 농·축산업에서 시작한 탓으로, 지하자원의 개발과 공업과의 결합은 아직 충분히 이루어지지 않고 있는 실정이다. 아르헨티나의 산업 경제의 중심부는 라플라타 강 하류의 팜파스 지역이다. 오늘날 부에노스아이레스 주변은 수출용 밀 생산이 활발하며, 동시에 주요한 낙농지대이기도 하다. 그 외곽 지역은 옥수수 지대로 되어 있고 '아마'도 재배되고 있다. 아르헨티나에서는 외화를 획득하기 위한 수출품의 약 70%가 농·축산물로 되어 있다. 아르헨티나는 자동차 공업이 발달되어 있고, 또 우라늄이 풍부하므로 원자력의 개발은 중남미에서 가장 앞서 있고, 1974년 최초의 원자력 발전소를 가동시켰다.

브라질이 남미의 맹주인 것에는 의심의 여지가 없으나, 그에 못지 않는 매력을 가진 곳이 바로 이곳 아르헨티나이다. 아르헨티나 역시 1만개가 넘는 축구 클럽이 있을 정도로 축구에 대해 광적이며, 특히 'River Plate'와 'Boca Junior'라는 두 개의 클럽이 부유층과 빈민가를 대표하는 팀으로서, 이들의 경기가 있는 날에는 부에노스아이레스 거리가 차량의 경적과 총소리가 난무한다.

브라질이 '삼바'와 '축구'의 나라라고 한다면, 아르헨티나는 '탱고'와 '가우초(남미의 카우보이)'의 나라이다. 아르헨티나인들은 아르헨티나를 '탱고, 축구, 세뇨리따(여자의 스페인어)' 등의 세 가지가 사랑스러운 나라라고 말한다. 이것은 아르헨티나가 '탱고의 발상지이고, 세계최강의 축구(자신들의 주장임)이며, 아르헨티나 아가씨가 세계에서 가장 아름다운 아가씨'라는 것을 의미한다.

아르헨티나는 유럽향수가 남미에서 가장 강한 국가이다. 특히 최근까지 인종차별이 있었으며, 유색인종에 대한 혐오감이 지금도 뿌리 깊게 남아 있다. 과거에는 유색인종, 특히 흑인은 거리를 활보할 수도 없었으며, 오로지 외교관과 비즈니스맨만이 예외였다.

아르헨티나는 아름다운 자연경관, 풍성한 농·축산물 등으로 인해 처음 오는 사람에게는 영화와 같은 감흥을 갖게 하기에 충분하다. 팜파스와 초원으로 달리는 말과 소는 우리의 정서에 너무 생소하고 아름다운 풍경이지만, 그들에게는 쓸모없이 넓은 대지로 받아들여지기도 한다.

아르헨티나는 두 번의 독립기념일이 있으며, 음악을 사랑하는 나라라고 할 수 있는데, 유럽 최정상의 악단이 1년에 한번은 반드시 연주회를 갖는 곳(실제로는 유럽의 휴가기간에 방문하는 것이며, 한국의 조수미, 정트리오 등도 방문한 적이 있음)이라는 자부심이 대단한 나라이다.

아르헨티나인들은 개인주의와 가족주의가 섞인 특유의 개인주의 성향이 강하다. 이들은 노약자, 임산부, 장애인 등에 대한 보호의식이 높고, 친절하다. 외국인들은 아르헨티나 국민의 전통적인 문화와 함께 현대적인 아르헨티나 비즈니스 환경의 밸런스를 다룰 줄 알아야 한다. 아르헨티나인들은 상당한 궤변과 하이테크 비즈니스 스타일을 갖추면서도, 한편으로는 전통적이며 보수적이기 때문이다.

아르헨티나인들은 고급스러우면서 귀족풍이라 할 수 있는 런던이나 밀라노 스타일을 선호하는 편이다. 따라서 비즈니스 상담을 하려 갈 때는 와이셔츠에 넥타이를 반드시 매도록 하며, 양복 색깔은 중후한 느낌이 드는 짙은 색을 입는 것이 좋다. 점퍼나 일반 티셔츠를 입는 것은 자칫 쉽게 보이는 인상을 줄 수 있다. 아르헨티나인들은 복장에 매우 민감해서 상대방의 신발에도 신경을 쓰는 것으로 알려져 있다.

상대방이 담배를 피울 때는 자신이 담배를 피우지 않더라도 이를 불쾌하게 여기지 말아야 한다. 아르헨티나에서는 담배 피우는 것을 매우 사교적인 행동으로 이해하며, 담배를 피우고자 하는 사람은 주위 사람들에게도 으레 담배를 권하게 되어 있다.

아르헨티나인들과 비즈니스 상담을 할 때 개인적인 질문을 한다는 것은 거의 금기사항에 가깝다. 대화를 원만하게 이끌어 나가기 위해서는 처음부터 단도직입적으로 비즈니스와 관련된 것을 화제로 삼는 것보다는 아르헨티나의 자랑스러운 거리, 문화, 역사, 스포츠, 문학, 영화, 음악 등에 관한 화제로 부드러운 대화를 시작하는 것이 좋다. 그리고 절대로 아르헨티나의 과거 잘못된 역사, 특히 과거의 독재 정권 등을 잘못 언급하면 상대방의 반감을 살 수 있으므로 조심해야 한다. 이들과 일단 비즈니스 상담이 시작되면 상대방의 말에 숨겨진 의미와 뉘앙스에 주의해야 한다. 자신이 이해한 것이 맞는지 다시 한번 확인하고 거기에 동의할 수 있는지 판단하는 것이 좋다.[79]

자기 자신을 소개할 때에는 본인의 직책을 사용하지 않는 것이 상례이기 때문

79) 대한무역투자진흥공사, 전게서, pp. 284-286.

에 비즈니스 목적으로 만날 때에는 Full Name과 소속회사를 분명히 말해야 한다. 사교모임의 경우 처음 소개받는 두 사람의 대화를 위하여 사전 정보나 화제 거리를 미리 생각해 두는 것도 한 방법이다. 악수를 하는 경우, 눈을 정면으로 응시하는 것과 굳건히 손을 잡는 것이 매우 중요하다. 두 눈을 정면으로 응시하는 것은 정직성을, 굳건히 손을 잡는 것은 자신감 및 신뢰감을 연상시킨다.

고객지향 비즈니스의 기본 에티켓은 상대방의 복장에 맞춰 옷을 준비한다는 것이다. 정장차림으로 방문 시 상대방이 Casual 복장을 하고 있으면 양복 겉옷을 차에 두고 가벼운 와이셔츠 차림으로 상대방을 편하게 해 주는 감각이 필요하다. 한국에서 인사할 때에는 명함을 교환하는 것이 상례처럼 되어 있으나, 아르헨티나에서는 비즈니스 목적이 아닐 경우에는 명함 교환까지는 하지 않는다. 따라서 명함이 필요한 경우에는 상대방에게 정중히 요청하면 된다.[80] 따라서 이들과 비즈니스를 하기 위해서는 명함이 필수적이다. 가급적 스페인어로 만들어 두는 것이 좋고 그렇지 않은 경우에도 영어로 된 것이어야 한다. 'Presidente'라는 직함을 사용해도 별로 규모가 큰 회사가 아닐 수 있다.[81]

아르헨티나인들은 상거래관습에 있어서 유럽의 효율성과 중남미의 유동성을 동시에 지니고 있다. 이들과 친분관계가 가까울수록 협상의 기회가 더 좋아지고, 아르헨티나인들은 유럽의 영향을 받아 정장을 좋아하는 편이다. 아르헨티나는 지속되는 인플레로 중산층이 점차 소멸 되어가고 있으며, 빈부의 격차가 더욱 심화됨으로써 소비시장이 고급품시장과 저가품시장으로 이원화되어 가고 있다.

상거래관습은 브라질과 거의 유사한 형태를 보이나, 실제로는 조금 더 느슨한 편이다. 특히 이곳은 실업에 대한 관심이 매우 크기 때문에, 각종 산업을 완제품보다는 부품상태의 수입을 권장하고 있으며 그 이유는 고용의 창출이라는 목적에서 연유된다.

그러나 아르헨티나 역시 점차 브라질과 유사한 상거래관습으로 바뀌어 가고 있는 데, 가장 큰 이유는 브라질로부터의 밀수에서 비롯된다. 이들은 브라질에 대하여 피해의식이 있으므로, 브라질과 가급적 비교하지 않는 것이 좋다. 환율은 달러

80) http://www.commac.com

81) 대한무역투자진흥공사, 전게서, p. 286.

태환정책을 사용하고 있는데 비교적 안정적이며, 경제의 상당부분이 브라질에 의존하는 관계이다.

이들은 격식을 매우 좋아하며, 특히 식사를 같이 하는 것은 수입업자와의 관계가 개선되고 있다는 신호로 해석해도 무방하다. 이들은 상담이나 회의를 같이 하고 있을 때라도 식사시간에는 자기네만 식사하러 가고, 방문자에게 식사 후 다시 보자는 말을 매우 당연하게 말한다. 그러므로 식사를 같이 한다는 것은 일단 매우 호의적인 관계가 되었다는 뜻이며, 강한 의지의 표현이라고 보아도 좋다. 물론 이들의 식사시간은 우리와 상당히 다르다. 특히 저녁식사를 보통 밤 9시 이후에 하면서 2시간 정도 하기 때문에 한국 사람에게는 상당한 인내가 필요하다.

아르헨티나인들은 상담할 때 보통 완곡한 거절을 매너로 알기 때문에, 그들의 정확한 의도를 파악하는 것이 바람직하며, 브라질의 경우처럼 회의석상에서 "치노(Chino)"라는 단어가 나타나면 회의장을 박차고 나와야 하며, 반드시 "치리노(Chilino)"라고 대꾸해 주어야 한다. 이들은 칠레와 오랫동안 영토분쟁이 있었으며, 칠레인들을 뜻하는 "치리노"라는 단어에 거의 실신직전까지 간다. 그러므로 "치리노"라고 말할 때는 더 이상 그 수입업자와는 얼굴을 보지 않을 각오를 해야 한다.

이들과 첫 대면일 때는 다정다감한 인사로 시작하여야 하고, 상담에 앞서 흥미있는 대화로 시작하는 것이 좋으며, 특히 축구경기에 대한 대화는 중남미 어디에서나 통할 수 있다. 현재 아르헨티나가 비록 경제적으로 어려운 지경에 있다 하더라도, 이들에게 여러 가지 다른 것들에 대하여 칭찬해 주면 매우 좋아한다. 특히 이들과 대화할 때 "탱고의 발상지에 와서 기쁘다."는 등의 말을 건네면 상당히 좋아한다.

이들과 협상하기 위해서는 아르헨티나 사람들의 특징을 먼저 이해하는 것이 중요하다. 이들은 선진국 국민이라는 자부심에 차 있고 자존심도 상당히 강한 국민이므로 상대방의 자존심을 채워주어야 하며, 단번에 일을 끝내려 하면 실패를 자초한다는 점에 유의해야 한다. 과거 풍요로운 시절을 경험하였던 것에 대한 자부심이 대단하나, 부지런하지가 않고, 모든 일에 서두르는 것이 거의 없을 뿐만 아니라 책임성도 희박하다. 이들은 일반적으로 양보심이 없으며, 백인국가로서의 우월성을 은연중에 과시하는 경향이 있다. 자기들이 물건을 판매할 때는 가격인하를 요청할 경우 판매를 거부하지만, 우리 측과 무역 상담을 할 경우에는 끈질기게 가격인하를 요구한다.

이들과 비즈니스를 이행하는 속도는 일반적으로 느린 편이다. 일을 성사시키기 위해 아르헨티나를 여러 번 방문해야 할 경우도 있다. 비즈니스가 느리게 진행되는 이유는 아르헨티나가 관료적이고 소송이 많은 나라이며, 모든 결정은 많은 사람들에 의해서 승인 받아야 하기 때문이다.

아르헨티나에서는 개인적인 관계가 회사 사이의 관계보다 훨씬 중요하다. 자회사의 상담 대표자가 바뀌면 실제로 원점으로부터 다시 시작해야 하는데, 그 이유는 비즈니스를 진행하기 전에 새로운 관계를 형성해야 하기 때문이다. 그러므로 아르헨티나 정부와 협상을 할 경우는 중개인 역할을 할 수 있는 유력한 현지인과 함께 가는 것이 좋으며, 현지인이 없는 경우에는 약속조차 잡기 어렵다.[82)]

아르헨티나의 저녁은 늦게 시작되고 늦게 끝이 난다. 비즈니스 상담도 저녁 8시경에 시작되는 것이 보통이다. 심지어 밤 9시가 넘는 시간에 상담약속을 잡는 경우도 있다. 간혹 이러한 문화를 이해하지 못한 한국인들은 저녁식사에 늦게 만나자는 의사에 불쾌감을 표시하기도 하지만, 그들은 저녁식사 시간이 우리보다 조금 늦다는 걸 알게 되면 오히려 자신의 비즈니스를 잘 알리는 좋은 기회로 삼게 될지도 모른다. 물론 이런 경우에도 약속시간에 늦는 습관은 빠지지 않는다.

흔한 경우는 아니지만, 가끔 상대방의 집에 초대되었을 때에도 약속시간보다 약 30분 정도 늦게 도착하는 것이 그곳에서의 예의이다. 이 경우 꽃이나 어린이들을 위한 선물을 준비하면 되지만, 빈손으로 가거나 여성이 남성 비즈니스 파트너에게 선물하는 일은 오해를 살 여지가 있으므로 주의하는 것이 좋다.[83)]

아르헨티나에서는 사업상 선물 수수가 일상화되어 있으며, 친분관계가 형성된 이후에는 사업상 선물을 반드시 해야 한다. 그리고 이들은 자기 자녀를 매우 사랑하므로 선물할 때 아이들에 대한 선물이 효과적이다.

---

82) http://www.commac.com

83) 대한무역투자진흥공사, 전게서, pp. 286-287.

제4절 칠 레

남북의 길이가 4,200㎞인데 비해서 동서의 폭은 불과 180km밖에 되지 않는 칠레는 뱀장어가 잠자는 모습처럼 가늘고 긴 나라이다. 또한, 페루의 남쪽과 태평양에 면해 있고 볼리비아, 아르헨티나와 국경을 접하고 있다.

북쪽에서 남쪽으로 칠레의 종단 여행을 하면 자연이 눈부시게 변화한다. 북부의 아타카마 사막에서 시작하여 삼림과 호수의 호소지대를 지나 파타고니아로 들어가면 피오르드와 만년설의 산봉우리 및 빙하로 황량해진 팜파스까지 나타나며 그 끝은 남극 대륙이다. 지도를 펼쳐보는 것만으로도 가슴이 설레는 칠레의 자연을 직접 대하며, 남하하는 루트를 갈 때의 두근거림은 한층 더한다. 이미 남미의 각 도시를 여행한 사람이라면 더욱 두근거릴 것이다.

인구의 대부분은 백인 계통이고 교육 수준은 라틴 아메리카의 여러 나라 중에서 최고이다. 그렇다고 해도 개인주의에 철저한 아르헨티나 사람들과는 달리, 칠레노스(칠레인)들은 다정다감해서 친해지기 쉬운 민족이다. 수도인 산티아고는 다른 나라에 비해서 비교적 치안이 좋은 편이다.[84)]

1. 일반현황

인구(2024) : 1,966만 명

수도 : 산티아고(Santiago, 825만 명)

언어 : 스페인어

민족 : 메스티조(66%), 백인계(29%), 원주민 인디오(3%)

종교 : 가톨릭교(59%), 기독교(12%) 등

기후 : 북부(사막지대로 아열대성기후), 중부(온대성기후), 남부(한랭), 위도에

84) 유승삼, 『세계를 간다(남미 7개국)』, 중앙M&B, p. 465.

따라 기후가 다양함

2. 경제현황

화폐단위 : 칠레 페소(Chilean Peso), 1US$ = 933.28 CLP(2024.7 기준)
GDP(2022) : 3,011억 달러(세계 46위)
1인당 GDP(2022) : 15,356 달러(세계 53위)
산업구조(2022) : 서비스업(71%), 제조업(12%), 광업(7%), 건설(6%), 농수산업(4%)
총수출액(2022) : 976억 달러
총수입액(2022) : 1,045억 달러
무역수지(2022) : 69억 달러 적자
무역상대국 : 중국, 미국, 일본, 한국, 브라질 및 라틴 아메리카, EU 제국 등
주요 수출품(2022) : 자동차 및 자동차 부품, 구리, 펄프, 포도 및 포도주, 철광석, 합성수지, 석유제품 등
주요 수입품(2022) : 석유, 원유, 자동차, 천연가스, 광물, 펄프, 전화기 등
주요 부존자원 : 석유, 구리, 몰리브덴, 수산물 등
경제적 강점 : 부존자원 풍부
경제적 약점 : 제조업 기반 취약

3. 칠레의 문화, 관습

칠레인들은 사회활동에서 남녀차별이 없으며, 여성들은 가정 내에서도 가사 및 자녀양육에 대한 의무를 남성과 분담하고 있다. 칠레인들은 가정을 중요시하는 편이지만, 이혼율도 상대적으로 높아 전체 배우자의 1/3이 이혼하는 경향이 있다. 그러나 실제로는 가톨릭 교리상 이혼이 쉽지 않아 별거 가정이 많다.

칠레인들은 보수적이고 개인적인 특성을 보이나 매우 사교적이라 할 수 있고, 또한 동양인 등 소수민족에게 비교적 우호적이며 외국인에게 친절하다. 칠레인들

은 대중음악과 춤을 생활의 일부로 여기며 가장 인기 있는 야간 활동 장소는 저녁식사를 하며 춤을 즐길 수 있는 식당이라 할 수 있다. 또한, 이들이 가장 좋아하는 스포츠는 축구이지만 세계 최고의 실력을 가진 브라질, 아르헨티나, 우루과이 때문에 월드컵 예선에서 탈락하는 경우가 많다.

칠레는 스페인 사람들에 의해 건설되고 독립될 때까지 지배를 받아 왔기 때문에 보이지 않는 계급사회가 형성되어 있으며, 가문을 중시하고 일반인은 신분의 상승이 거의 불가능하다. 일상생활에서 줄서기 등은 생활화되어 있으나 교통질서 의식이 희박하여 교통 사고율이 남미에서는 다소 높은 수준이다.[85)]

칠레는 과반수 이상(61%)이 메스티조(스페인계 혼혈)이며, 백인 29%, 토착민 10%라는 인종적 구조로서, 대부분의 메스티조들은 자신들이 스페인의 전통과 유럽문화를 지녔다는 문화적 우월주의에 빠져있다. 그들은 자신들이 적어도 한국과 비교해서 40-50년 정도 문화가 앞서 있다고 생각하고 있고, 실제로도 모든 도시의 도시계획과 문화의 수준이 유럽에 뒤지지 않음을 느낄 수 있다.

칠레인들은 과반수 이상이 혼혈계이면서도 자신들을 백인계 인종으로 생각하고 그렇게 생활하고 사고한다. 그래서 흑인과 황인종에 대한 차별이 보이지 않게 자리 잡고 있다. 한 예로써, 거리를 다니다 보면 황인족을 보고 "Chino", "Chino"라며 손짓하는데, 이 말의 의미는 "더러운 중국인"이라는 뜻이지만 동양인 전체를 싸잡아 욕하는 말이다.

칠레에도 개발도상국의 전형적인 형태인 '부익부(富益富) 빈익빈(貧益貧)'의 현상이 보여 지게 되는데, 이로 말미암아 가난하고 소외되는 계층과 인종이 형성되고 이들은 정치, 사회, 경제, 특히 종교에 대해 민감하게 반응하며 도전적인 양상을 띠게 된다.[86)]

4. 상거래문화

길쭉한 국토의 모양 외에 칠레를 유명하게 만든 것은 바로 3W이다. 즉, 여자

85) http://union.kimc.co.kr/Profch/chile05.txt
86) http://www.churchnet-kr.org/kimensik/yesno.html

(Women), 기후(Weather), 포도주(Wine)이다. 아름다운 남미의 여성들, 북쪽과 남쪽을 제외하면 대부분 온난하고 사계절이 뚜렷한 기후, 이 풍요로운 땅에서 자라는 포도로 만든 포도주가 바로 그것이다. 특히 칠레의 포도주는 맛이 좋으면서도 값이 싼 것이 특징이다. 1병 당 보통 2-9달러 정도이고 3-4달러 정도의 포도주라면 포도주 식도락가들로 감탄할 만한 맛이다. 온화한 기후 덕분에 칠레에는 포도 외에도 여러 가지 과일이 풍부하다. 사과, 배, 복숭아, 수박, 오렌지, 키위 등의 과일들이 계절마다 쏟아져 나온다. 또한, 긴 국토의 서쪽은 태평양에 접하고 있어 갖가지 싱싱한 해산물이 관광객들의 발길을 잡는다.

보통 남미인들의 기질은 태평스럽기 그지없다. 관공서에서도 업무가 언제 처리될지 모르는 경우가 많고, 만날 약속을 했어도 상대방이 정확한 시간에 나오리라는 기대는 하지 않는 것이 좋을 정도이다. 그러나 상대적으로 유럽의 영향을 많이 받은 칠레에서는 시간 관념이 철저한 편이다. 사적인 초대나 약속시간에도 10분 이상 늦는 법이 없다. 이 점에서는 다른 남미국가와 다르므로 유의해 두었다가 실수를 범하는 일이 없도록 하여야 한다.

칠레는 역사적으로 스페인의 지배를 받은 적이 있기 때문에 가톨릭 문화의 전통이 깊다. 종교의 자유가 허용되는 국가이지만 국민의 대부분이 가톨릭을 신봉하며, 가톨릭 교회가 일상생활이나 정치에서도 막강한 영향력을 행사한다.

가톨릭의 영향을 받았기 때문에 칠레 국민들은 약간 보수적인 성향을 지니고 있다. 남성 우월주의가 여전히 존재하고 있으며, 작은 집에서 일가족이 함께 모여 사는 가족중심의 문화가 발달되어 있다. 특히 유럽식 예의범절에도 익숙하다.

칠레에서 비즈니스를 하기 위해서는 다음과 같은 사항을 주의하여야 한다.

① 렌터카를 사용할 때 산티아고 시내에서는 운전에 특히 조심해야 한다. 국제적으로 통용되지 않는 독특한 도로표지판(특히, 일방통행)을 사용하고 있으며, 산티아고 시내버스의 난폭한 운전은 우리나라보다 한 수 위로 평가된다.

② 칠레는 중남미에서 유일하게 여자들이 밤거리를 자유롭게 걸어 다닐 수 있을 나라일 정도로 치안이 비교적 양호하며, 칠레 경찰은 청렴하기로 명성이 높기 때문에 교통위반 시 뇌물을 주려 해서는 안 된다. 또한, 칠레에서도 지하철, 버스 등 대중교통수단 내에서 소매치기는 주의해야 한다.

③ 칠레의 소비계층은 빈부의 격차가 심하여 인구의 2%에 해당하는 계층이 부의 70~80%를 독점하고 있다. 따라서 구미식 호화 쇼핑몰, 백화점 등을 중심으로 세계 유명브랜드 제품이 넘쳐나는가 하면 일반 대중을 상대로 한 우리의 동대문, 남대문 시장과 같이 중저가 시장도 활성화되어 있다.

④ 칠레는 여타 중남미 시장과는 달리 고립돼 있는 시장이다. 따라서 칠레시장 조사를 위해서는 반드시 칠레 출신 인사를 고용하는 것이 좋다.[87)]

칠레는 현재 빈부의 격차가 극심해 심각한 사회 문제로 대두되고 있다. 칠레의 산업구조는 동(銅) 생산을 비롯한 광업, 과일을 위주로 한 농업, 수산업, 임업의 1차 산업이 발달되어 있으며, 서비스 및 유통, 금융업 등의 3차 산업이 주 업종이다. 이에 비해 제조업을 비롯한 2차 산업은 상당히 취약한 편이지만 칠레 정부는 칠레를 남미 시장의 진입 및 유통 기지화하고 있다.[88)]

칠레는 산업의 구조가 남미대륙에서 가장 개방적인 구조를 가지고 있으며, 현재는 완전한 시장개방을 통해 자국민에게 양질의 제품을 구매할 수 있는 기회를 제공하고 있는 나라이다.

이들은 유럽문화의 영향으로 상거래관습이 상당히 서구적이지만 미국인보다 보수적이며 대체로 정장을 선호한다. 이들과 상담할 때에는 감청색 또는 회색 양복에 밝은 색 셔츠, 은은한 넥타이가 무난하며, 여성은 정장에 하이힐이 필수적이다.

칠레인들은 일반적인 사회생활에서는 행사 및 약속 시간을 잘 지키지 않으나, 상거래에 대한 상담약속시간은 거의 준수하는 편이다. 이들과 상거래에 대한 상담・방문하기 위해서는 사전 약속이 필수적이다.

그러나 사전 약속을 위한 담당자와의 직접 통화가 쉽지 않기 때문에 계속 끈질긴 노력을 기울여야 가능하고, 상담 약속은 반드시 약속한 날의 하루 전에 확인이 필요하다. 칠레의 비즈니스맨들은 보통 교육수준이 높고 영어구사도 뛰어난 편으로 의사소통에는 불편이 없으나, 홍보용 소책자나 카탈로그는 스페인어로 제작하는 것이 좋다.

칠레의 사업가는 자신의 사무실을 상담 장소로 선호하고 있으며, 최고급 호텔에

---

87) 대한무역투자진흥공사, 전게서, pp. 255-265.
88) http://www.koreanair.co.kr/travel_info/nation/htm/bb0295.htm

체류하여 상대방에게 좋은 인상을 심어주는 전략도 바람직하다. 이들의 인간관계 유지는 현지 비즈니스에서 가장 중요한 요소이고, 최초의 거래인 경우 최고위층이 실무자와 동행하여 상대 고위층과 인사하고 친분 관계를 맺어야 하며, 세부적인 상담진행은 실무자의 몫이라고 할 수 있다.

칠레인들은 정치, 경제, 사회 등 전반에서 보수적인 태도를 취하며 정직과 성실을 높이 평가하고 있고, 또한 명예를 중요시하기 때문에 상대방을 공개 장소에서 비판하는 행위는 금물이다.

칠레인들은 상담할 때 아주 가까이서 얘기하는 것을 좋아한다. 이들이 한 손을 상대의 양복 깃이나 어깨에 대는 행동은 친밀함의 표시이므로 절대 뒤로 물러나면 안 되고, 가까운 거리에서 대화할 때에는 항상 상대방 눈을 주시해야 한다. 이들과 식사 중에는 양손을 테이블 위에 올려놓아야 하고, 오른손 주먹을 머리 위로 올리는 행위는 공산당을 표시하므로 조심해야 한다. 그러나 칠레인들은 상담할 때 직설적이고, 남미 여러 국가와는 달리 상당히 진지한 편이다.

칠레는 완전한 브랜드위주의 시장이며, OEM 거래방식은 많지 않다. 특히 시장이 고가의 브랜드이거나, 저가 제품이어야 하는 양극화 현상이 매우 뚜렷하기 때문에 상당히 난해한 시장이 되고 있다. 칠레에서는 신규 브랜드가 자생한다거나, 국내 브랜드가 살아남기가 척박한 경제 환경을 가지고 있다.

이미 아르헨티나의 상거래문화에서 언급하였듯이 칠레는 아르헨티나와 오랫동안 영토분쟁이 있다는 사실을 염두에 두어야 하며, 고산지대이기 때문에 방문하는 사람은 주의를 기울여야 한다.

남미국가가 모두 그렇듯이 칠레도 축구에 광적이며, 여타 남미 국가에 비해서 백인의 비율이 상대적으로 낮으며 혼혈인들이 매우 많다. 칠레는 시장상황에 매우 민감하며, 특히 가격에 민감한 시장이다. 그러나 칠레인들은 나름대로 신의를 가지고 임하는 상거래가 많으므로, 한번 거래를 맺은 업체에 대해서는 신규업체에 비해 우선시 하는 상거래관습을 가지고 있다.

원활한 비즈니스를 원한다면 상담 시 스페인어 사용이 효과적이며, 부득이 영어를 사용해야 할 때에는 반드시 제대로 이해했는지 확인해야 한다. 특히 관청에서는 스페인어 사용이 바람직하다.

명예와 자부심이 강한 칠레 사람들과 접촉하기 위해서는 여타 중남미국가들과는 달리 철저한 시간관념과 예의범절이 요망된다고는 하나 실제로 100%가 모두 그렇지는 않다. 칠레 사람들 특히, 비즈니스맨들은 이러한 인식을 악용하여 자기가 필요한 경우에는 남미근성을 내밀곤 한다.

비즈니스 방문 시 불시에 방문해서는 만날 가능성이 희박하며 반드시 사전 약속을 해두어야 한다. 특히 칠레인들은 구두로 상담한 내용에 대해 중남미 관행이라는 핑계로 번복하는 사례가 많기 때문에 모든 거래는 반드시 문서로 확실히 해두어야 한다.

칠레 사람들은 17년간에 걸친 피노체트 독재정치의 여파로 이웃조차 믿지 못하는 상호불신풍조가 사회전반에 확산돼 있으며, 이에 대한 자격지심이 강하다. 따라서 칠레 사람들을 대할 때는 비록 칠레 사람들이 그러한 태도를 갖고 있더라도 우리가 칠레 사람을 믿지 못하겠다는 인상을 주어서는 안 된다.

역시 독재정치의 여파로 칠레 기업이나 공공기관에서 위계질서나 권위주의가 남아 있긴 하나 생각보다 심하지 않다. 소수 파워엘리트 정치를 지향해온 까닭에 중남미 국가 중 공무원의 부패도가 가장 낮다. 관공서 민원처리 과정에서 급행료 등 뇌물관행이 거의 없기 때문에 일 처리가 늦고 융통성이 없더라도 정상적인 절차를 밟는 것이 최선의 방법이다. 따라서 선물보다는 개인적인 친분을 쌓는 것이 비즈니스에 보다 효과적이다.

거래처를 방문하게 되면 명함을 교환한다. 칠레 사람들은 어떤 면에서 우리보다도 외국어에 서툴기 때문에 가급적 스페인어 명함이 좋으나 영어도 무방하다. 명함에는 직위(구매담당 매니저 등)를 표시하며, 학위 등은 표시하지 않는 것이 좋다.

칠레는 결제수단으로 개인수표가 발달되어 있는 반면 신용카드는 과거에는 많이 사용되지 않았지만 점차 사용비율이 증가하고 있다. 은행시스템도 우리 나라보다 낙후되어 있어 타 은행간 계좌이체가 안 되는 경우도 있으므로 한국에서의 은행서비스 수준을 기대해서는 안 된다.[89]

칠레인들은 선물을 주고받는 것은 흔하지 않은 일이지만, 상담 및 방문할 때 관

89) 대한무역투자진흥공사, 전게서, pp. 261-262.

심 표명 수준의 간단한 선물을 하는 것이 좋다. 선물로는 가죽커버의 Diary, 고급 볼펜, 라이터, 향수, 수·공예품 등이 효과적이고, 선물을 받았을 경우 즉시 개봉하고 감사의 표시를 해야 한다.

초대 및 접대를 받았을 때 상식적으로 알고 있어야 하는 것은 일반적으로 저녁은 통상 8~9시에 제공되고, 그에 앞서 5~6시에는 간단한 술과 스낵을 대접한다. 따라서 스낵에 초대되었을 경우는 저녁초대로 간주해야 한다. 접대는 대형 식당이나 호텔에서 하는 것이 효과적이며 사전에 지배인을 불러 계산을 마쳐야 한다.

칠레인들은 테이블 매너를 중요시하는데, 서양식 기준을 따라야 하며 와인은 오른손으로 따르고 제공된 음식은 조금씩이라도 맛을 보아야 한다.

만약 가정집에 초대받았을 경우 사전에 꽃이나 사탕을 보내거나 술을 가져가면 좋다. 그러나 꽃을 가져갈 때는 노란색 장미는 피하여야 하는데 이는 상대방을 경멸한다는 뜻이기 때문이다. 이들과 대화할 때 가장 무난한 주제로는 가족, 칠레의 역사, 요리, 와인, 스키, 낚시, 유명 관광지 등이고, 대부분의 칠레인들은 세계 여행에 관심이 많아 자기가 여행한 관광지를 얘기해 주면 좋아한다.

또한, 파티에서 인사할 경우 상대방의 직업을 단도직입적으로 묻는 것은 실례이다. 그리고 만약 여성의 15번째 생일파티(Quinceanera)에 초대받았을 경우에는 순금 보석을 선물로 준비해야 한다. 한편, 초대에 대한 감사의 편지는 관례적이 아니며 감사의 표시는 전화로 하는 편이 좋다.

제 4 부

아프리카 지역

1
chapter

아프리카 지역의 문화와 국민성

우리가 세계화를 논할 때 아프리카를 생각하지 않는 경우가 많으며, 남아프리카 공화국을 제외하고 아프리카에 기회가 많을 것이라고 생각하는 비즈니스맨은 거의 없을 것이다. 우리가 일반적으로 아프리카 하면 떠올리는 것은 기근, 극도의 궁핍, 질병, 문맹, 정치적 불안정, 부패, 막대한 외채 정도이므로 아프리카의 전망은 어둡다고 할 수 있다. 아프리카인들의 대부분은 아직도 생계 수단을 농사에 의존하고 있다.

아프리카 대륙의 문화적 상황을 알고자 할 때 부딪히게 되는 가장 어려운 문제는 대부분의 아프리카 국가들이 식민지 경험 이후 탄생되었다는 점이다. 아프리카 제국들은 대부분 전통적인 왕국이나 약 3,000개 정도의 부족들의 각 문화를 지켜오고 있다. 따라서 같은 나라에서도 부족 집단 간의 적대관계로 인하여 계속 전쟁을 하고 있는 국가도 많다.

문화적으로 볼 때 아프리카의 문화는 이슬람교, 기독교, 그리고 순수 전통 신앙들의 혼합체로 구성되어 있다. 따라서 아프리카인들은 서구인들이 오랫동안 지배했던 결과로 서구적 가치를 가지고 있는 한편, 전통적으로 부족에 대한 충성과 복종이 뒤섞인 문화를 형성하고 있다.

아프리카인들이 정상적인 생각을 할 수 없고, 자신과 국가가 통제·관리의 생각을 가질 수 없었던 이유는 대부분의 사람들에게 교육의 기회가 거의 없었고, 적절한 행정적·물질적 하부구조가 결핍되어 있으며 외국의 원조에 의존하고 있기 때문이다.

따라서 대부분의 아프리카인들은 기후·환경, 외국의 원조, 독재적인 자국 정부 등에 의해서 지배되는 자국의 현실을 보면서 자신들의 삶을 그저 바라보는 수밖에 없었다. 그러나 이러한 태도에도 약간의 변화가 일고 있는데, 최근에야 아프리카인들이 자신들의 과거 잘못을 기꺼이 인정하게 되었다는 것이다.

이제 그들은 아프리카 대륙의 저개발을 서구와 식민 역사의 유산 탓으로만 돌리는 것보다는 무능하고 타락한 지도자들에 의한 총체적 비리를 원인으로 생각하게 되었다.

대부분의 아프리카인들은 시간에 대해 정확히 지켜야 된다는 생각보다 유동적이어야 한다는 자세를 보인다. 이들은 비즈니스의 스케줄 보다 인간관계가 중요시되고 있으며, 이들과 상담할 때는 인내하여야 하고 서두르는 태도를 보이면 반감을 갖거나 불신하기 쉽다.

일반적으로 친구사이나 지방에서의 시간관념은 더욱 지키지 않고 있지만, 도시에 사는 아프리카인들은 특히 외국인에 대해서는 시간을 지키려고 노력한다. 최근에 아프리카인들은 기독교와 서구식 교육의 영향으로 시간 개념도 바뀌어 가고 있다. 또한, 아프리카 여러 나라에서 경제성장 계획을 세우고 있으며 교육에도 많은 관심을 가지고 있다.

이들은 주로 복잡한 것을 싫어하고, 심지어는 자신의 나이도 기억하기 싫어할 정도이다.

아프리카인들은 상담이나 대화를 할 때 상황에 의존하는 경향이 있고, 간접적인 표현을 하는 경우가 많이 있다. 이들은 손님을 초대할 때 겸손과 예의를 가지고 접대하고, 중동인들과 같이 손님을 후하게 대접하며 주로 상대방의 외모나 차림새를 보고 지위나 인간관계를 판단한다.

이들과 대화할 때 자신들의 전통과 업적을 아주 자랑스러워하기 때문에 이러한 것을 칭찬해 주면 좋아한다. 아프리카인들이나 거주하는 백인들은 모두 약간 내성적이라 할 수 있고, 상대방이 요란하고 우쭐대는 태도를 싫어한다.

아프리카인들은 일반적으로 개인주의 성격보다는 집단주의적 성향을 보인다. 이들은 가족적 충성심이 강조되고, 국가적으로 족벌주의를 조장하고 있으며 친·인척 관계가 관료체제를 지배한다. 블래인 하든(B. Harden)은 '아프리카에 대한 아주 유익한 책'에서, "가족적 충성심은 개인의 성공에도 악영향을 미치고, 친척 간에 시기하여 서로 피해를 끼치기도 한다. 만약 성공한 친척이 그 가족에게 기대한 만큼 돈을 보내주지 않으면 소문을 내고, 욕을 하며, 토지 분쟁을 일으키며, 살인이나 주술적 방식까지 동원한다."라고 이야기하고 있다.

따라서 아프리카 국가들이 부패가 많은 이유는 가족과 부족에 대한 의무가 하나의 원인이 된다. 만약 개인이 뇌물을 착복하는 경우 그 돈의 상당액은 시골에 있는 친척들에게로 흘러 들어간다. 일반적으로 아프리카에서는 국가의 법보다 부족내의 관습법이 더 강하다고 할 수 있다. 그러나 최근 도시에 거주하는 아프리카인들 중에는 집단주의적 전통을 지키는 것보다 서구적인 태도와 개인주의적 가치를 가진 사람들도 가끔 보인다.[1)]

1) 테렌스 브레이크 외 지음, 정우찬 감역, 『국제협상 문화를 알아야 성공한다』, 21세기 북스, pp. 160-166.

2 chapter

아프리카 지역

제 1 절 이집트

세계 4대 문명 중의 하나인 고대 이집트 문명이 시작된 것은 기원전 3,000년경의 일로 나일 강을 중심으로 고도의 문명이 탄생했다. 흔히 '이집트' 하면 떠올리게 되는 피라미드나 스핑크스, 혹은 투탕카멘의 황금 마스크 등은 이런 고대 이집트의 유적으로 5,000년 전 파라오(왕)들의 부귀영화와 신에 대한 신앙심, 그리고 고대 이집트인들의 생활상 등을 엿볼 수 있는 중요한 문화유산이다.

그러나 이집트의 매력은 여기에서 그치지 않는다. 아시아와 아프리카 2개 대륙을 연결하는 교통의 요충지(수에즈 운하)로서 지중해와 홍해에 둘러싸여 있어 지리적으로나 역사적으로 빼놓을 수 없는데, 아시아와 중동의 많은 선박들이 유럽을 향하여 이곳을 지나게 된다. 따라서 이집트를 이 지역의 중심점이라고 할 수 있다. 이집트는 이슬람의 머리라고 불리는데 이는 정치적, 군사적인 면에서 아랍국들을 이끌어 가는 자리에 있기 때문이다.

모세가 십계를 받은 곳으로 알려진 시나이 반도의 모세(시나이)산은 유대교, 기독교, 이슬람교의 성지이다. 세계 각국에서 모여든 사람들은 모세의 발자취를 더듬으며 눈물을 흘린다. 지금도 그곳에는 마치 구약성경 같은 광경이 펼쳐지고 있으며, 하늘 가득 떠있는 수많은 별들과 유성들이 환상적인 분위기를 자아내고 있다. 예수님의 어린 시절, 가족과 함께 기거했던 곳도 바로 이곳 아슈우트 주변이다. 그리고 이집트의 정식국명은 이집트 아랍 공화국(Arab Republic Of Egypt)이다.

주민은 대부분이 지중해 인종의 하나인 이집트인으로 지리적 위치 때문에 다른 지중해 인종, 아시아인, 흑인과도 혼혈해 왔다. 그리고 나일 강을 거슬러 올라감에 따라 검은 피부의 사람이 많아지며, 7세기 이후 아랍인의 지배로 이슬람화, 아라비아화했다. 소수민족으로는 수단 국경 가까이의 누비아인, 만잘라 호반의 바스물리트족, 리비아 국경 부근의 베두인족 등이 있다. 이 밖에 그리스인, 이탈리아인, 아르메니아인들의 외국계 주민도 있다.2)

1. 일반현황

인구(2024) : 11,448만 명(세계 14위)

수도 : 카이로(Cairo, 약 969만 명)

언어 : 아랍어(공용어), 영어 및 불어(상류층)

민족 : 이집트인, 베드윈족, 베르베르인으로 구성된 햄족(99%)

종교 : 이슬람교(90%, 수니파), 콥틱교(6.3%) 등

기후 : 아열대성 기후(여름은 덥고, 겨울은 온화한 건조한 기후)

2. 경제현황

화폐단위 : Egyptian Pound(E£), 1US$ = 48.25 EGP(2024.7 기준)

GDP(2022) : 3,476억 달러(세계 42위)

1인당 GDP(2022) : 4,296 달러

2) 김동익, 『세계를 간다』, 중앙일보사, pp. 58-68.

산업구조(2022) : 서비스업(51%), 농업(29%), 제조업(20%)
총수출액(2022) : 522억 달러
총수입액(2022) : 963억 달러
무역수지(2022) : 441억 달러 적자
무역상대국 : 미국, 이탈리아, 루마니아, 독일, 영국, 프랑스, 독일, 중동국가 등
주요 수출품(2022) : 원유 및 석유제품, 면직, 섬유, 금속, 화학, 가공 식품
주요 수입품(2022) : 기계장비, 밀 및 식량, 철강, 반가공품, 화학, 목재, 연료
주요 부존자원 : 원유, 천연가스, 광물자원, 원면 등
경제적 강점 : 관광자원, 저렴한 양질의 노동력 풍부, 중동 및 아프리카와의 지리적·전략적 요충지, 천연자원 풍부
경제적 약점 : 식량부족, 사회간접자본 빈약, 산업기반 취약, 경제 불평등, 정치적 불안, 외화조달원 취약, 인프라 부족, 높은 실업률

3. 여행정보

이슬람 국가에서는 대부분의 여자들이 베일을 쓴다. 인구의 90%가 이슬람교를 신봉하고 있지만 이집트의 경우 다른 이슬람 국가들과는 다르게 많이 개방되어서 여성이 베일을 쓰는 경우는 드문 편이다. 그러나 길거리에서 외국인이 이집트 여성에게 말을 거는 행위는 매우 조심해야 한다. 그 즉시 주변 이집트 남성들의 주목을 받으며 그 대화 내용이 불순할 경우 이집트 경찰이 출동하는 수가 종종 있다.

그리고 외국여성이 여행할 때에 이집트에서 너무 현란하거나 노출이 심한 복장은 삼가는 것이 좋다. 왜냐하면, 이집트 남성들은 자국의 여성들에게는 그렇게 생각하지 않지만 외국의 여성들은 모든 것이 개방적이라고 여겨 매우 귀찮은 일이 많이 생기게 되기 때문이다. 특히 외진 곳이나 늦은 밤 혼자 외출은 삼가야 하고, 무슨 일이 생기면 즉시 큰 소리로 주변의 도움을 청하거나 주변 아무 가게나 들어가는 것이 가장 좋은 방법이다. 특히 지하철은 맨 앞 차량, 버스 역시 운전석 바로 뒤의 앞쪽 좌석이 여성 전용이므로 이를 이용하도록 하는 것이 좋다.

또한, 이집트에서는 허가증이 없으면 이집트인이 외국인과 함께 걷는 것조차 불법이다. 물론 카이로 같은 대도시에서는 이집트인과 같이 걷는다고 잡아가는 사람은 없다. 그러나 이집트인과 같이 다른 도시로 여행하거나 오랫동안 걸어가는 것은 사전 허가를 받아야 하는 것이 좋다. 요즘은 이를 엄격히 적용하는 경우는 거의 없다고 하지만 이집트인과 함께 장거리 여행을 하는 것은 좋은 생각이 아니다.

이집트인들이 음식 같은 것을 들기를 권하면 관광지 주변의 가이드들을 제외하고 대개 일단은 "No"라고 해야 한다. 이들에게 처음부터 덥석 "Yes"라고 하는 것은 무례하다고 여기기 때문이고, 그래야 그들 뜻을 제대로 존중하는 것이다. 이집트 현지에는 신발이 아주 귀하기 때문에 대부분 슬리퍼나 쪼리(게다)를 신고 다닌다. 좀 더 어려운 사람들은 아예 맨발로 다니며 화장실에 가면 사람들이 세면대에서 발을 씻는 모습을 많이 보는데, 이러한 것도 모두 맨발로 다니기 때문이다.

그리고 이집트인들의 집에 가서 어떤 물건에 대한 칭찬을 세 번 이상 한다면, 즉 예를 들어 그릇이 예쁘다는 말을 세 번 이상하게 되면 그걸 달라는 뜻이 되어 집에 갈 때 싸서 준다. 따라서 상대방이 가지고 있는 것을 너무 많이 칭찬하는 것은 삼가야 한다.[3]

4. 이집트의 문화, 관습[4]

(1) 문화

피라미드와 신전으로 대표되는 몇 천 년에 이르는 문화 위에 지중해의 여러 문화, 이슬람문화, 서유럽 문화가 겹쳐지고 있다. 그러나 이들이 여러 문화의 영향을 받으면서도 그 기반에는 나일 강의 강변에서 생겨난 유구한 토착 이집트인의 문화가 있다.

(2) 식사

이슬람교도들은 돼지고기를 먹지 않으므로 고기요리의 재료는 양이나 닭고기

3) 김동익, 전게서, pp. 58-68.
4) http://egypt.x-y.net

등이다. 대표적인 음식은 양고기를 바베큐로 한 '바브', 비둘기의 배에 쌀을 넣고 구운 '하맘피르 타겐', 닭고기에 향신료를 넣고 삶은 '물루키야' 등이 있다.

(3) 아랍식 화장실

이집트의 아랍식 화장실에는 일반적으로 변기와 수도·빈 깡통이 놓여 있다. 변기는 한가운데에 둥근 구멍이 뚫려 있는 것이며, 준비된 빈 깡통과 수도는 배변처리를 하기 위한 것이다. 이집트인들은 깡통에 물을 담아서 왼손으로 엉덩이를 씻고, 그 물로 변기를 씻는다. 처음에는 이 방법에 저항감을 느낄지도 모르지만 화장실에서 휴지를 사용하는 나라와 마찬가지로 지금까지 많은 사람들이 해오고 있다. 배변 후 뒤처리를 하는 왼손을 아랍 세계에서는 부정하다고 말하고 있다. 그런데 현재 이집트에서는 맨손으로 빵 등을 먹을 때는 오른손만 사용하도록 되어있지만, 실제로는 모두가 태연하게 양손을 사용해서 먹고 있다. 따라서 여행자라면 그다지 신경 쓸 필요는 없지만 악수를 할 때는 반드시 오른손을 내밀도록 하여야 한다. 최근 이집트에는 서양식 화장실도 많아졌다. 특히 관광객이 출입하는 호텔이나 레스토랑 등은 대부분 서양식으로 만들어졌지만 서양식 화장실에는 좌변기가 없는 곳도 있다.[5)]

(4) 결혼풍속

이집트의 결혼풍속은 토착적인 관습과 이슬람의 계율이라는 2가지 요소로 특징지워진다. 이슬람법인 '샤리아'가 종교적으로 결혼이라는 사회활동에 필요한 원칙을 규정하고, 이 원칙 내에서 지역마다 독특한 결혼관습이 전통처럼 지켜지고 있다. 이 '샤리아'라는 공통요인을 제외하면 이집트의 결혼풍습은 지역에 따라 크게 ① 카이로를 비롯한 도시지역, ② 이집트(남부지방)의 농촌지역, ③ 사막의 유목민들의 결혼풍습 등 3가지로 구분할 수 있다.

이슬람에서 무슬림들은 하느님께서 창조하신 뜻에 따라 이 땅 위에 자손을 번창시킬 의무가 있다고 생각한다. 따라서 신체적인 결함이 없는 한 성인이 되면 누구나 결혼을 해야 하며, 가톨릭의 신부나 불교의 승려처럼 독신으로 살아서는 안

5) 김동익, 전게서, pp. 58-59.

된다. 이집트 속담에 '결혼은 신앙의 절반'이라는 말이 있을 정도로 이슬람을 믿는 사람들에게 결혼과 자손에 대한 양육은 매우 중요한 의무이다. 이슬람 세계에서 결혼은 젊은 남녀가 성적인 욕구를 합법적으로 배출시킬 수 있는 유일한 길이다. 이슬람 세계에는 사창가가 없고 매춘은 엄격히 금지되어 있으며, 남녀의 자위행위는 자손의 번창을 목표로 한 것이 아니므로 도덕적, 종교적으로 죄악시된다. 또한, 혼외 성관계에 대하여는 사회전체가 엄격히 감시하고 금지한다. 이집트에서 남자는 결혼하기 위해 집과 직업과 같이 갖추어야 할 것이 많으므로 자연스럽게 결혼할 수 있는 연령이 늦추어져 있다. 일반적으로 남자의 결혼연령이 30세가 넘는 것이 보통인 반면에 여자들의 결혼연령은 낮다. 그 이유는 여자들은 자신과 어울리는 연배에서는 결혼조건을 갖춘 남자를 찾기가 어렵기 때문이다. 따라서 이집트의 부부들은 나이 차이가 아주 많은 편이다.

이집트에서는 결혼연령이 여자가 남자보다 훨씬 빠르고 농촌이 도시보다 빠르다. 농촌에서는 대가족제도가 아직 널리 남아 있으므로, 남자가 살아야 할 집을 마련하기가 도시인보다 쉽기 때문이다. 그리고 여자는 무조건 일찍 보내려는 경향이 있다. 이집트에서는 법적으로 최소 16세는 되어야 결혼할 수 있지만, 이집트 농촌의 아버지들은 딸이 16세가 되기를 기다리지 않는다. 그 이유는 이집트 여자에게 가장 중요한 것은 정절인데, 이 정절을 지키기가 쉽지가 않다고 여기기 때문이다. 여자가 정절을 잃거나, 아니면 남자와 사귀어 소문이 나빠지면, 그 수치는 여자 개인의 것일 뿐 아니라 가문 전체의 수치로 여겨진다. 유난히 가문의 명예를 중시하는 농촌의 남자들은 명예를 위해서라면 딸을 죽이기도 한다. 이 같은 살인은 '명예살인'이라고 하여 형사처벌도 가벼우며 대략 3-6개월 정도의 징역형이면 된다고 한다.

정절을 지킨 처녀인 채로 시집보내기 위해 농촌의 아버지들은 딸을 학교에 보내 교육시키는데 소극적이고, 될 수 있는 한 일찌감치 시집을 보내려 한다. 최근의 통계에 의하면, 이집트의 결혼하는 처녀 100명 가운데 18명은 16세 미만이라고 한다. 도시에서는 조혼이 어렵다는 점을 감안한다면 농촌처녀들의 조혼이 얼마나 많은지 알 수 있다.

조혼에는 여러 가지 문제가 따른다. 20세 미만에 결혼하는 여자들 가운데 80%

가 문맹이다. 이집트의 통계를 보면 대졸 여성들은 평균 2.6명의 자녀를 낳는데 반해 문맹여성은 평균 7명을 낳는다고 한다. 조혼으로 낳은 아이들은 대체로 정상아 보다 약하다. 따라서 문맹여성은 이집트의 과도한 인구팽창에 일조를 하는 셈이고, 조혼과 문맹과 인구문제는 서로 밀접한 관계에 있다.

그런데 이집트에서는 16세 미만의 결혼은 법으로 금지되어 있는데, 어떻게 전체 여성의 18%가 16세가 되기 전에 결혼하는가? 여기에는 농촌의 문제점이 숨어 있다. 농촌의 아버지들은 출생신고를 안 하거나, 했더라도 뇌물을 써서 없애버리고는 시골 보건소의 의사한테서 연령추정증명서를 발급 받아서 이 증명서를 근거로 어린 딸을 결혼시킨다.

이집트에서는 중매결혼이 일반적이다. 대도시에서도, 특히 대학생들 사이에서나 제한적으로 가능하지만 젊은 남녀가 연애를 하더라도 그 관계를 집안에 알리고 부모의 동의를 얻은 후에 하는 것이 보통이다. 일반적으로 산업사회에서는 혼인 당사자가 배우자를 선택하고 결정한다. 반대로 전통사회에서는 부모, 특히 아버지가 결정권을 갖는다. 이집트의 결혼풍속은 전통사회형이라 할 수 있다. 이집트에서는 결혼이 당사자끼리 사랑에 의한 결합이기에 앞서 가문간의 결합이라는 점이 중시된다. 따라서 결혼에서 중요한 것은 신랑신부가 누구냐 보다는 누구의 아들, 누구의 딸이냐가 더 중요하다.

이집트 사람들은 어느 한쪽으로 심하게 기울어지는 혼인은 쉽사리 깨진다고 생각한다. 종교 지도자들도 결혼하는 두 집안의 사회적, 경제적 지위가 비슷할수록 성공 가능성이 높다고 설교한다. 이들에게는 남녀 간의 사랑이 어떤 난관도 헤쳐 나갈 수 있게 하는 고귀한 에너지가 아니다. 안정적인 결혼생활을 이어가다 보면 차츰차츰 쌓이는 것이 사랑이다. 따라서 이집트 사람들은 사랑은 결혼 후에 생기는 것이라고 말한다.[6)]

5. 이집트인의 국민성

이집트의 비효율적이고 느린 행동을 두고 이집트인의 국민성이 그렇다고 많이

6) http://my.netian.com/~tosong/kovlnfoEg/polecoMil.htm

이야기한다. 일을 하는 주체는 이집트인들이기 때문에 이 말은 맞다. 비효율적이고 느린 행동이 구조적인 문제라 하더라도, 그 틀을 바꿀 수 있는지의 여부는 결국은 이들에게 달린 문제이다. 이들이 어떤 일을 한다는 것은 시간적으로 늦게 시작하고 진행한다는 것을 의미하는 것이기 때문에 우리들은 이것을 보고 '나쁘다'라는 의미를 가져서는 안 된다. 이집트는 물질적인 수준에서는 한국과 다르게 개발도상국가라고 할 수 있다. 그리고 한국에 비해 못하는 것도 많지만 잘하는 것도 많다. 그러니 한 단면만을 보고 국민성이 나쁘다는 것은 좋지 못한 시각이라 할 수 있다.[7)]

이집트는 고대로부터 현대에 이르는 동안 수많은 인종과 문화와의 만남을 통해 다양한 가치 체계를 경험하고 흡수해 왔다. 이슬람 교리는 이집트인들의 법률, 사회, 정치의 토대를 이루고 있을 뿐 아니라 일반 생활과 의식구조의 핵심을 이루고 있다. 이들은 이슬람에 대한 긍지가 강하고, 이슬람을 전하고 있는 아랍어에 대한 자부심도 대단하다. 이집트인들은 신이 선택한 마지막 예언자 무함마드와 지존의 모든 종교를 초월하는 최상의 계시 종교인 이슬람은 인류 최후의 구원의 종교이므로, 어느 종교와도 비교될 수 없다고 생각한다. 따라서 이집트인들과 종교에 관한 논의를 하며 타종교와 비교하거나 비판을 하면 이들은 상당히 불쾌하게 생각하며, 그와는 더 이상 상대하지 않으려 한다. 외국인들에게 있어 종교 논쟁은 금기사항인 것으로 보인다.

이집트인들은 혈연적인 연대의식이 매우 강하다. 사촌끼리의 결혼이 하나도 이상하지 않을 만큼 친족 결혼이 일반화되어 혈연의식을 강화시키는데, 이러한 혈연에 대한 애착은 거의 맹신적인 것처럼 보인다. 따라서 가문이나 가족의 일원에 대한 타인의 비방은 그들에겐 참을 수 없는 최대의 모욕이다. 만약 가족 중의 한 사람이 비난을 당하면 이것을 가족 전체에 대한 모욕으로 여겨 집단으로 설욕하려 하고, 가족 중의 한 사람이 잘못을 저지르면 가족과 가문 전체의 수치로 생각하고 집안 전체가 충고와 처벌을 한다고 한다. 이들은 개인의 능력보다 가족의 출신 성분을 더욱 중요시한다. 결혼 문제도 가족 전체의 문제이므로 가족 간의 이해관계라는 관심을 갖고 상대를 물색한다. 농촌에서는 여전히 사촌이 배우자 선택의 우

7) http://www.my.netian.com/~tosong/Kov Story Eg/Charac-Egyptian.htm

선 순위에 놓이고 있지만, 최근 도시에서는 근친간의 결혼이 많이 줄어들었다.

이 때문에 사회 각계·각층에서는 정실주의가 팽배해 '와스타(커넥션)'가 없으면 일이 성사되기 어렵다고 할 수 있다. 또 한편으로는 혈연·인척, 가까운 친구의 범주 밖에 존재하는 다른 집단에 대해서는 상대적으로 배타적이다. 혈연과 자기의 주변을 벗어나면 혈연 내에서 유지하던 도덕과 의무와 규율은 별 의미가 없어진다. 이러한 태도는 흔히 공공의식의 결여로 나타나기도 하는데, 국가나 사회를 위해 헌신하겠다는 생각도 상대적으로 희박한 것 같다. 거리에서 보게 되는 혼란한 교통질서, 공중 위생관념 부족, 공중도덕 위반은 이러한 의식의 반영이며, 이것은 현대 산업 사회로 발전하는 데 있어 매우 심각한 장애요소가 되고 있다.

이집트인들은 또한 눈에 보이는 것, 즉 체면을 대단히 중요하게 생각한다. 자신에 대한 타인의 평판에 대해 늘 신경을 쓰고 있으며, 남을 잘 도울 줄 모른다든가 구두쇠라는 이미지를 최악의 것으로 간주한다. 따라서 인척이나 친구가 어려운 일을 당하면 무조건 도와야 하고, 해결할 능력이 없더라도 타인의 요청을 결코 딱 잘라 거절하지 않으며, 손님 접대를 필요 이상으로 과대하게 하는 경향이 있다.

특히 결혼식은 가문, 부(富), 신분을 과시하는 최대의 행사이므로 할 수 있는 한 성대하게 치르려 애쓴다.

그러나 이집트인들은 자신의 존재가 알려져 있지 않거나 익명성이 보장된다면 마음대로 행동하는 경향을 보인다. 따라서 외부에 나타나는 모습과 실제의 모습 사이에는 상당한 거리가 있으며, 친분관계가 오래 가게 되면 이러한 차이점이 드러나게 되어 말과 행동이 어긋나는 경우를 종종 볼 수 있다. 하지만 외국인들이 그 잘못을 지적하면 이를 인정하려 하지 않고 장황한 변명을 하는 경우가 많다.

이들은 또한 말솜씨가 뛰어나다. 본인의 속마음과 상관없이 상대방을 칭찬하고 그것이 정말인 것처럼 믿도록 하는 언어 수완이 대단하다. 자기를 과시해야 할 필요가 있을 땐 주저하지 않고 능력과 업적을 자랑하고, 도움이 필요할 때에도 결코 망설이지 않고 훌륭한 말솜씨로 상대방을 설득한다. 이들의 인사말 교환은 우리가 보기에는 다소 지나친 듯한 인상을 주는데, 이것은 역시 뛰어난 말솜씨로 상대방의 안위에 대해 관심을 가지고 있다는 각별한 성의를 표시하려 하기 때문이다.

이집트인들을 대할 때 주의해야 할 사항이 몇 가지 있다. 앞에서 말했듯이 종교

문제는 첫 번째의 금기사항이며, 그 외에 이집트의 국내 정치, 중동 분쟁과 같은 주제는 민감한 사항이므로 가능한 언쟁을 하지 않는 편이 좋다. 성(Sex)에 대한 이야기도 주의해야 한다. 그러나 가까운 사람들끼리는 상황이 좀 다르다. 자기들끼리는 농담을 많이 하는 편이며, 그 주제는 정치에서부터 종교, 섹스에 이르기까지 다양하다.

한 가지 덧붙이면, 이집트인들은 아랍어를 사용하고 아랍에 속해 있으면서도 자신들을 아랍인이라고 생각하지 않는다는 점이다. 그러나 이집트가 아랍권의 지도국이라는 사실을 강조하고 이에 대해서는 대단히 자랑스러워하며 이에 부응하려 애쓰고 있다.[8)]

6. 상거래문화

종교적인 이유로 술, 오락 등이 제한되어 가족 중심으로 움직일 수밖에 없으며, 이에 따라 가족에 대한 애착심이 대단하다. 모든 생활이 가족 중심이라 가문이 중시되며 친인척 사이에 우애와 협력이 중요한 미덕으로 간주된다. 가족중심, 즉 가부장 제도는 남존여비 사상을 수반하기 마련이어서 아직도 사회 구석구석에는 남성 우월주의가 팽배하지만 여타 아랍 국가보다는 여성의 사회진출이 매우 높은 편이다. 사회 전반적으로 '부익부 빈익빈' 현상이 매우 뚜렷하여 생활수준에도 극심한 격차를 보이지만 이들 양 계층은 불협화음 없이 서로의 위치를 인정하면서 살아간다. 종교의 힘 말고는 달리 설명할 방법이 없다.[9)]

이집트는 공공부문이 약 70%, 민간부문이 30%를 차지하고 있는데, 공공부문에서는 주로 재입찰을 통해 필요 물자를 조달하며, 산업용 기자재를 제외한 일반 생필품은 공공부문에서 수입하여 정부의 직영상점 등을 통해 일반에게 공급하고 있다. 상거래에서는 영어와 불어가 통용되고 있어 무역회사의 구매 담당자들과의 상담에는 별다른 불편이 없다. 그러나 빈부의 격차가 심해 고소득층은 전문점, 또는 슈퍼마켓에서 품질이 우수한 고가품을 구입하는 경향이 있고, 저소득층은 정부의

8) 홍혜선, 『벤츠와 당나귀』, 삶과 꿈 출판사, pp. 184-188.
9) 대한무역투자진흥공사, 전게서, pp. 307-308.

직영상점 또는 일반 시장에서 저가품을 구입하고 있다.

공기업의 경우 구매위원회가 구성되어 구매결정을 하는데 많은 시일이 소요되고 과정이 복잡하다. 그러므로 각 분야의 담당자나 위원회 구성원들과 수시 접촉 및 선물제공 등으로 유대관계를 돈독히 해 두어야 입찰할 때 좋은 결과를 가져올 수 있다. 또 공기업 입찰 시는 반드시 현지 대리인을 통해 응찰할 수 있으므로 유력한 대리인을 선정해야 하고, 이러한 현지 대리인을 통해야 위원회의 유력한 인사들에게 인정을 받을 수 있는 경우도 많으므로 대리인을 선정할 때부터 최선을 다해야 한다.[10]

이집트인은 예절에 대해 많은 의식을 가지고 있다. 만약 약속장소에 도착하거나 떠날 때에는 현장에 있는 모든 사람들과 악수를 하여야 한다. 이집트에서는 빈번한 전화, 잦은 방문객 및 끊임없는 차 대접 등으로 회의가 방해받는 것은 이상한 일이 아니기 때문에 이들과 상담할 때 조급하게 서둘지 않아야 한다. 이집트인들은 라마단 기간 중에는 현지인들이 모두 금식하므로, 특히 이슬람교도 앞에서는 음식을 먹거나, 술을 마시거나 또는 담배를 피우지 않아야 한다.

다른 나라도 마찬가지지만, 특히 이집트에서의 성공적인 비즈니스는 누가 개인적으로 친분관계를 많이 쌓는가에 달려 있다고 해도 과언이 아니다. 실력보다는 배경이 통하는 사회이기 때문에, 상담에 있어서 가격 경쟁력도 중요하지만 개인적인 친분 관계를 이용하면 의외로 쉽게 풀리는 사안들이 한두 가지가 아니다. 특히 금액이 큰 정부 및 국영기업과의 거래 시 이집트인들은 책임을 분산하기 위해 구매결정이 위원회 단위로 이루어진다. 그러다 보니 시간이 지체될 뿐만 아니라 최종결정도 엉뚱하게 나는 일이 비일비재하다. 이때 위원회에 영향을 행사할 수 있는 인사와 친분관계가 있으면 만사 OK이다. 말도 많고 탈도 많은 이집트인과의 거래 시 이것이 특효약이라는 이야기이다.

따라서 이집트인과 상담을 하기 위해서 정확하게 인맥이 닿는 이집트인을 찾아야 한다. 이들과의 상거래는 진심에서 우러나오는 개인관계가 중요하고, 비즈니스가 수행되기에 앞서 신뢰가 구축되어야 한다. 따라서 방문목적에 들어가기에 앞서 항상 사교를 위한 충분한 시간을 가져야 한다. 이들과 상담하기 위해서 협상은 의

10) http://www.mynetian.com

사결정권을 가진 오너나 최고관리자와 행하여야 한다. 이들은 합의내용을 자기에게 유리한 쪽으로 해석하고 터무니없는 조치를 취할 수 있으니 각 조항마다 모호한 단어 및 표현은 가급적 피해야 한다.

이집트인들과 대화할 때는 말뜻을 정확히 이해하도록 해야 한다. 이들은 성격자체가 낙천적이기 때문에 거절하는 표현으로 상대방을 당황케 하는 "No" 또는 "I can't"라는 직접적인 표현 대신에 '부크라(내일)' 또는 '인샬라(신의 뜻)'식의 완곡한 거절을 하는 경우가 많으므로 앞 뒤 상황을 정확히 이해하여 그 의도를 파악하도록 한다.

이집트인들은 주문할 때 처음에는 아주 소량을 주문하고, 소비자 반응을 살핀 후 수입규모를 점차 늘려 가는 것이 일반적이다. 실제로 거래할 때 이집트는 품질상의 클레임 제기가 많아 까다로운 시장이라 할 수 있고, 이들은 매매계약 체결 후에 신용장을 개설하지 않는 경우도 종종 발생하며, 또한 계약 체결 후 신용장 개설까지 3~4개월이 소요되는 경우도 빈번하므로 신뢰할 만한 고정 거래선이 아니면 가급적 신용장을 개설하기 전에 제품생산에 들어가지 않는 것이 바람직하다. 그리고 이들과 매매계약을 체결할 때 신용장에 커버해야 할 내용을 상세히 삽입하는 것이 좋다.

친분관계를 유지하려면 상대방과 대화하는 방법을 알고 있어야 한다. 찬란한 고대문화를 자랑하는 민족이라 그런지 자긍심과 자존심이 무척 강한 편이므로 유의하는 것이 좋다.

이집트인이 생각하는 친밀함은 우리가 생각하는 것보다 훨씬 가까운 거리에서 이루어진다. 따라서 이집트인과 이야기를 할 때 코앞에 바짝 붙어서 이야기를 하여야 한다. 또한, 대화 시 종교문제, 정치문제는 좋은 주제가 아니며, 특히 여성에 대해서 언급하는 것은 가급적 피하는 것이 좋다. 가끔 자신의 호방한 성격을 자랑한답시고 여성을 대화의 토픽으로 삼았다가 낭패를 보는 경우도 있다. 이집트 남성이라고 여성을 싫어하지는 않겠지만, 아직도 보수적 성향이 강해 이런 주제를 터부시한다.

적당한 선물은 개인적인 친분관계를 만드는 데 좋다. 세상에 선물 싫어하는 사람들이 있지 않겠지만 이집트인들은 특히 선물에 약하다. 어느 한 업체 관계자는 이집트 정부가 발주하는 공사 입찰에 응하게 되었는데, 마땅히 선물을 줄 시기를 잡지 못해 차일피일 미루고 있었다. 그런데 오히려 발주자 측이 거의 뇌물성격에 가까운 선물을 요구해 와 당황한 적이 있었다고 한다. 선물은 이처럼 비즈니스에 거의 필수적인 요소로 자리 잡아 가고 있지만, 여성에게만 따로 선물하는 행동은 오해의 소지가 있으므로 주의해야 한다. 선호되는 선물로는 보석류 등 화려한 것이며, 일부 상류계층은 우리나라 인삼의 우수성을 알기 때문에 인삼제품이면 무난하다.[11]

또한, 이 사람들은 외국인을 집으로 초대하는 것을 큰 기쁨으로 여기기 때문에 좀 친해지면 초대를 하게 된다. 이때 만약 당장 초대에 응할 수 없을 경우 "다음에 가겠다."라고 했다면 반드시 다음에 그 약속을 지켜야 하며, 약속을 지키지 않으면 그들에게 모욕이 된다. 이집트인들의 초대에 보답하는 방법으로는 그들 가족을 식당으로 초대하여 외식을 함께 하는 것이 가장 많이 쓰는 방법이다.

이집트에서는 저녁보다 점심이 정찬이라 할 수 있고, 대개 2~4시까지 진행되며 11시나 12시경에 도착해야 한다. 가정에 초대를 받았을 경우에는 아이들을 위해 캔디나 케이크를 가지고 가면 된다. 그리고 혹시 누가 아프거나 결혼하는 경우가 아니면 꽃을 가져가서는 안 되고, 식사 전과 식사 후에는 반드시 손을 씻어야 한다.[12]

---

11) 대한무역투자진흥공사, 전게서, pp. 309-312.

12) http://egypt.x-y.net

제2절 남아프리카 공화국

불규칙하게 펼쳐진 평원, 붐비는 도시와 드라켄즈버그 산맥의 장대한 경치, 이런 모든 것들이 아프리카 대륙의 남단에 자리 잡고 있는 남아프리카공화국(Republic of South Africa)의 모습이다. 이 나라에서 가장 오래된 정착 지역은 테이블 산(山) 밑에 있는 케이프타운이다. 1652년에 네덜란드 정착자들이 이곳에 도착하여 코이코이족(호텐토트족) 같은 여러 흑인 부족과 맞부딪쳤다.

복잡하고 때로는 극적이기까지 한 남아프리카 공화국의 역사 덕택에 여러 민족과 문화가 특이하게 혼합되었으며, 발전할 수 있는 잠재력을 무한하게 지닌 사회를 만들어낼 수 있었다. 그러나 1940년대 말에 남아프리카 공화국은 '아파르트헤이트'로 알려진 인종 차별 정책을 실행하여 세계 여러 나라로부터 심한 비난을 받았다.

이 나라의 총면적은 약 122만 ㎢로 아프리카 대륙 전체 면적의 약 4%에 해당한다. 이 나라의 최남단 지점인 아굴라스 곶은 대서양과 인도양이 만나는 곳에 위치한다. 남아프리카 공화국은 북쪽으로는 모잠비크, 보츠와나, 나미비아와 맞닿아 있다. 이 나라의 동쪽에는 모잠비크와 일부 국경을 접하고 나머지는 거의 남아프리카 공화국에 둘러싸여 있는 스와질란드 왕국이 자리 잡고 있다. 실제로 남아프리카 공화국에 둘러싸인 나라는 작은 레소토 왕국이다. 남아프리카 공화국은 케이프, 나탈, 오렌지 자유주, 트란스발의 4개 주로 구성되어 있다.

남아프리카 공화국은 아프리카 대륙에서 생산되는 광물의 50%, 제조 상품의 40%, 농산물의 20%를 생산하며, 대륙에서 산출하는 전력의 반 이상을 생산한다. 이 국가가 가지고 있는 경제력 때문에 인접 국가인 레소토, 모잠비크, 잠비아에서 이주 노동자들이 이 나라로 들어오고 있다.

그러나 남아프리카 공화국은 인접국들의 문제에 무력을 사용하며 개입하여 왔다. 남아프리카 공화국 정부가 인종 차별 정책을 고수하자 '전선 제국'으로 알려진 여러 이웃 국가들은 이에 항의하며, 남아프리카 공화국에게 무역 제재와 다른 보복을 해야 한다고 세계 선진 산업국에 호소하였다. 불과 몇 년 전까지 이러한 인종 차별 정책하에서 아프리칸스어(語)와 영어를 사용하는 백인 인구(총인구의 9.6%)가 정치적인 대표성이 전혀 없거나 거의 갖지 못한 흑인(총인구의 79.0% 정도)을 정치적으로 지배하였다. 그러나 만델라 흑인 지도자가 대통령으로 당선됨으로써 흑인의 인권이 점차 개선되었다.[13)]

1. 일반현황

인구(2022) : 5,991만 명(세계 24위)
면적: 122만 1,037km² (한반도의 5.5배)
수도 : 행정(Pretoria), 입법(Cape Town), 사법(Bloemfontein)
언어 : 영어 및 아프리칸스, 기타 9개 흑인 부족어를 공용어로 사용
민족 : 흑인(79.0%), 백인(9.6%), 아시아인(2.5%), 혼혈인(8.9%) 등
종교 : 기독교(79%), 가톨릭교(10%), 이슬람교, 유태교, 힌두교 및 토착신앙 등
기후 : 온화하고 건조, 여름은 우기, 겨울은 건기로 강우량이 소량에 불과함

2. 경제현황

화폐단위 : 랜드(Rand), 1US$ = 18.28 ZAR(2024.7 기준)
GDP(2022) : 4,059억 달러
1인당 GDP(2022) : 6,777 달러
산업구조(2022) : 서비스업(68%), 제조업(29%), 농업(3%)
총수출액(2022) : 1,234억 달러
총수입액(2022) : 1,173억 달러
무역수지(2022) : 61억 달러 흑자
무역상대국 : 영국, 미국, 독일, 이탈리아, 일본, 동아시아, 남부 아프리카 등
주요 수출품(2022) : 백금류, 금, 유연탄, 철합금, 알미늄, 광물, 농산물, 승용차,

13) 장평순, 전게서, 제8권, p. 153.

기계류, 다이아몬드 등

주요 수입품(2022) : 원유, 기계류, 전자, 자동차 및 자동차 부속품, 플라스틱, 의약품, 컴퓨터 등

주요 부존자원 : 석유와 보크사이트를 제외한 대부분의 주요 자원(금, 석탄, 철광석, 망간, 니켈, 우라늄 등)이 풍부

경제적 강점 : 부존자원 풍부, 사회간접자본 및 선진국형 산업구조의 공업기반 양호, 안정적인 민주주의 정치체제

경제적 약점 : 정치 상황이 불안, 인종차별 문제 잠복, 소득 불균형으로 인한 빈부격차 및 불평등지수 높음, 부정부패, 물가 상승, 치안 문제

3. 남아프리카공화국의 문화, 관습[14)]

(1) 국민

남아프리카 공화국의 인구 중에서 흑인 반투족이 전 인구의 79.0%를 차지하고 있는데 비해 백인은 9.6% 내외이다. 그 외에 혼혈족과 아시아인(주로 인도인)들도 거주한다. 또한, 백인은 아프리칸스어(아프리카 어를 사용하는 네덜란드계)를 사용하는 '아프리카나'와 영어를 사용하는 영국 이민자들로 나뉜다. 아프리카나가 완고하고 강건한 성격인데 반해 영국계는 진취적이고 진보적이다. 백인은 전학제가 의무교육이지만 흑인의 취학률은 고작 10%밖에 되지 않는다.

(2) 인종문제가 심각한 남아프리카 공화국

남아프리카 공화국은 1486년 희망봉이 발견된 이후 네덜란드인의 이주가 시작되었고, 1815년부터 영국의 식민지가 되었다가 1910년 4개의 주가 합병하여 영국 연방의 자치령으로 독립하였다. 그러나 정치권력을 쥐고 있는 소수 백인들의 인종차별 정책에 대해 영국이 비방하자 1961년에 영연방에서 탈퇴하고 공화국이 되었다.

이 나라는 그 동안 전 인구의 1/5에 지나지 않는 유럽계 백인이 나머지의 유색

14) http://www.mofat.go.kr, http://www.mynetian.com

인종을 지배하였는데, 유럽계 백인은 네덜란드인의 후손인 보어인과 영국의 이주민들로서 그 비율은 3 : 2 정도이다. 비 유럽계 주민들로는 전 인구의 2/3 이상을 차지하는 반투니그로족 외에 혼혈족 · 인도인 · 말레이인 등이 있다.

남아프리카 공화국에서는 '아파르트헤이트'라고 불리는 인종 차별 정책을 법률로 정하여 유색 인종(특히 흑인)들에게 여러 가지 제약을 가하였다. 예를 들면, 유색 인종은 참정권이 없을 뿐만 아니라, 광산에서의 임금도 백인의 10~16분의 1에 지나지 않는다. 또 백인과 흑인은 서로 혼인할 수가 없고, 시내의 호텔이나 식당 · 영화관 등에도 유색 인종은 출입할 수 없으며, 관청이나 우체국의 창구, 버스나 학교 등에도 백인과 유색 인종의 자리가 구별되어 있었다. 그리고 산지나 황지에 '홈랜드'라는 일정한 구역을 만들어 흑인들을 그 곳에서만 거주하게 하였다.

이러한 정부의 인종 차별에 반대하여 흑인들이 1960년 이후 계속적으로 폭동을 일으켰고, 남아공은 국제 사회에서 고립 상태에 있었다. 그러나 1989년에 집권한 드클레르크 대통령은 30년간 비합법조직이었던 흑인해방조직 ANC(아프리카 민족회의)를 합법화하고 만델라 의장을 석방하였다. 또한, 1990년 흑백분리법을 폐지하고 흑인참정권을 보장하는 신헌법을 선거에 붙여 통과시켰지만, 이후에 흑인 42명이 학살되는 '보이파통' 사건으로 흑백 간에 유혈사태가 발생하였다. 이에 정부는 1994년 자유총선거 실시를 조건으로 흑인들의 불만을 무마하였고, 흑인지도자 만델라가 대통령으로 당선됨으로써 백인 통치는 마감하게 되었다.

4. 상거래문화

남아프리카공화국을 처음 방문하는 사람들은 대체로 남아공이 이렇게 서구화된 줄 몰랐다고 한다. 대부분 사람들은 남아공을 발전된 국가라고 하지만, 그래도 아프리카 국가인데 하는 선입견을 가지고 있다. 그러나 잘 정비된 도로망, 우뚝 선 빌딩, 울창한 숲에 들어선 주택 등을 보면 유럽의 한 나라에 와 있는 듯한 착각을 한다는 것이다. 남아공에는 아프리카를 연상시키는 것과 상반되는 요소들이 많다. 연중 강우량이 적어 고생하는 것이 그렇고 요하네스버그 인근은 해발 1,760m로 냉난방 시설이 없어도 불편하지 않을 정도다.

남아공의 도로공학은 세계적으로 인정받는 수준이고, 물품을 구입하고 한달 안에 자유롭게 반품할 수 있는데서 서구식 유통구조를 발견할 수 있다. 흑인 인구 비율이 79%에 이르는 남아공은 문맹률이 높을 것 같은데 15세 이상을 기준으로 하면 18%라고 하니 높은 편은 아니다. 남아공은 세 명이 노벨평화상을 받은 것을 비롯해 다섯 명의 노벨상 수상자를 배출하였다. 남아공은 예약문화가 정착되어 있어 유명 관광지의 숙박예약은 1년 전부터 이루어지고 이발소도 예약하지 않으면 손님 대접을 못 받는다. 남아공은 인종과 문화적 전통이 다양하여 '무지개 나라'라고 부르기도 한다. 만델라 대통령의 재혼으로 축제분위기였던 나라인 남아공을 아프리카 후진국 중의 하나라고 생각하는 것은 큰 착각이다.

이 나라는 아프리카에서 광공업이 가장 발달한 나라로, 특히 킴벌리를 중심으로 하는 다이아몬드와 요하네스버그를 중심으로 하는 금은 세계적으로 유명하며, 금은 세계 제1위, 다이아몬드는 세계 제2위를 차지하고 있다. 이 밖에도 우라늄, 석탄, 구리, 철, 납, 망간, 크롬, 백금 등의 지하자원도 풍부하다.

공업도 종래에는 양조, 제당 등 식품 가공을 중심으로 하는 경공업 위주였으나, 현재는 철강, 기계, 섬유, 화학 공업 등도 발달하였다. 한편, 국토의 10%가 농경지로써 농장에서는 옥수수를 비롯해 밀, 포도, 오렌지, 사탕수수, 담배 등이 대규모로 재배되고 있으며, 또 고원에서는 목축이 번성하고 있다. 행정수도인 프리토리아는 보어인이 내륙 고원에 건설한 도시로, 교외에 이 나라 최대의 제철 공장이 있다. 남아공에서는 대부분의 산업체들이 흑인 노동력을 사용하고 있으므로 흑인들의 사기를 높여줄 필요도 있다.

우리나라와 남아공의 관계는 우리나라가 경제발전을 이룬 이후에 이루어진 것이어서 그런지 남아공 사람들이 우리나라 사람들에 대해 가지는 인식은 아주 좋다. 따라서 남아공에 수출된 한국 상품에도 좋은 영향을 미쳐 '품질은 일본산과 대등하나 가격은 저렴한 상품'이라는 이미지를 갖고 있다.

남아공의 비즈니스 활동은 협상, 사교 등에 있어서 유럽식을 많이 따른다. 중요한 비즈니스 협상의 경우 짙은 색의 양복, 하얀 셔츠, 넥타이 정장차림이 좋으며 향수는 은은한 향을 사용하는 것이 좋다. 아침 9시 이전의 이른 시간이나 오후 4시 이후의 늦은 시간에는 상담 약속을 하지 않는 것이 좋지만, 영세한 개인사업자의 경우 바쁜 시간대를 피해 4시 이후에 상담약속을 해오는 경우도 있다.

상담이 어느 정도 성공적이라고 평가하면 자신의 사무실이나 공장으로 상대방을 초대하는 경우가 있으며, 언어는 영어를 사용하나 주로 영국식 영어를 사용하기 때문에 발음의 차이를 주의 깊게 알아들어야 한다. 대화가 어느 정도 마무리되었다고 생각하면 "OK"라는 말을 자주 사용한다. 이때의 OK발음은 뒷부분을 높였다가 내리는 억양을 구사한다. 20초 이내에 2번 이상 OK라는 말을 하면 이제 상담을 끝내자는 뜻으로 이해해도 무방하다.

남아공 사람들과의 비즈니스는 흑인과 백인의 역할을 제외하면 영국에서와 거의 같다고 생각하면 된다. 대부분의 국제상거래는 영국계 가문의 사람들에 의해서 이루어진다. 이들과 만날 때와 헤어질 때에 보편적으로 하는 인사는 악수이다. 인사말은 단지 "Hello"로 끝나는 것이 아니라, 가족에 대한 안부나 기타 사교상의 대화로 연장되어야 한다. 남아공의 일부지역에서 흑인들이 아주 가까운 친구사이에는 악수를 할 때에 엄지손가락을 거머쥐고 좌우로 흔든다.

남아공에는 살얼음과 같은 인종간의 긴장상태가 유지되고 있다. 흑인들은 백인들이 이러한 긴장상태를 변화시키기에 충분한 활동을 하고 있지 않다고 비난하고 있고, 백인들은 외부인의 이러한 비난에 거북해 한다. 따라서 대화나 상담할 때에는 인종간의 갈등이나 정치현황 등에 관해 언급하는 것은 피해야 한다. 그리고 이들은 약간 보수적이어서 영국계 백인과 아프리카 흑인들은 일반적으로 말이 적은 편이다. 따라서 이들과 상담이나 대화를 할 때에는 큰소리로 말하거나 떠들지 않아야 한다.

이들과 상거래에 대한 상담을 할 때에는 시간을 엄수하여야 하지만, 상대방이 약속시간보다 늦게 왔더라도 화를 내서는 안 된다. 이들과 상담할 때에는 어느 정도 격식을 차려야 하지만 아프리카 특유의 관료정치의 복잡성과 업무의 지연에 대비하여야 한다. 그리고 상거래를 이행하기 위해서는 자신이 스스로 의욕과 동기를 찾아야 하는데, 일부 해외주재원들이 말하기를 경제내부의 부정부패 때문에 관리자들의 긴장이 풀려 있다고 말한다.

이들과 비즈니스 하기 위해 주의할 것은, 주말(토, 일요일)에는 상담이 불가능하며, 금요일 오후 2시 이후에는 상담약속을 하지 않는 것이 좋고, 특히 남아공의 여름철인 12월 중순부터 1월 중순까지는 대부분의 업체들이 휴가를 떠나는 기간으로 거의 비즈니스 업무가 중단된다는 점을 유의해야 한다.[15)]

이들이 손님을 접대할 때 만찬은 저녁 일찍 오후 5시에 시작하는 것이 보통이다. 따라서 식사초대를 받았을 때는 정시에 도착해야 하고, 선물을 꼭 가져가야 한다. 그리고 이들과 식사할 때 손님은 식탁에서 어떤 것을 건네 달라고 부탁하지 않아야 하고, 식사가 끝난 후 몇 시간 동안은 자리에 머물러 이야기를 나눠야 한다.

15) 대한무역투자진흥공사, 전게서, pp. 360-365.

[저자 소개]

▪ 장흥훈(張興勳)

중앙대학교 무역학과 졸업(경영학학사)
성균관대학교 무역대학원 졸업(경제학석사)
중앙대학교 대학원 무역학과 졸업(경영학박사)
Utah State University, College of Business 객원교수
University of Missouri, Economics Department 객원교수
한국무역협회, 중앙대, 전주대, 호원대 강사 역임
현, 순천대학교 사회과학대학 학장 역임, 무역학대사전 편찬위원 역임, 대한상사중재원 중재인 역임, 행정고시 출제위원, 관세사 출제 및 선정위원, 서울특별시 공무원 임용시험 검증위원, 산업통상자원부 지방투자자문위원, 물류관리사 자격시험 출제 및 선정위원, 검수사·검량사·감정사 출제위원, 한국구매자재관리협회 전문위원, 한국국제상학회 회장 역임, 한국무역학회 부회장, 한국통상정보학회 부회장, 한국항만경제학회 부회장, 한국문화무역학회 이사 역임
순천대학교 경제무역학부 무역학전공 교수

[저서]
국제무역통상연습(Ⅰ,Ⅱ), 도서출판 두남, 1999.
무역실무연습, 청목출판사, 2001.
문화무역론, 두남출판사, 2002.
전자신용장통일규칙론, 두남출판사, 2002.
국제무역실무사례, 두남출판사, 2004.
현대 무역실무영어, 두남출판사, 2014.
현대 무역개론, 청목출판사, 2019.
무역실무, 청목출판사, 2022.

▪ 최성희(崔成熙)

목포해양대학교 해상운송시스템학부 졸업(공학사)
순천대학교 경영행정대학원 무역학전공 졸업(경영학석사)
순천대학교 대학원 무역학전공 졸업(경영학박사)
Maritime Overseas Corp. 항해사, 순천대학교·전남대학교·청암대학교 강사, (사)광양만권 발전연구원 책임연구원, PT. Krakatau Argo Logistics(인도네시아 JVC) 운영이사/재무이사, 순천대학교 미래융합대학 전임연구원·물류비즈니스학과 강사 역임
현, 전라남도 해운항만과 항만물류팀장(사무관)

[연구실적]
글로벌 비즈니스 환경에 따른 여수·광양항의 해운·항만물류 전문인력 양성에 관한 수요분석 연구, e-비즈니스연구, 2019.
광양항의 경쟁력 제고를 위한 비표준화 화물의 컨테이너화에 관한 연구, 한국항만경제학회지, 2019.
스마트항만 도입에 대한 항만 운영자와 이용자 간의 인식차이에 관한 실증연구: 광양항을 중심으로, 한국항만경제학회지, 2020.

세계상거래문화(개정2판)

2024년 8월 10일 초판인쇄
2024년 8월 20일 초판발행

저 자 장흥훈 · 최성희

발행인 유 성 열
발행처 형지사
서울특별시 영등포구 신길로 40길 20
전화 (02) 833-6091
FAX (02) 849-0817
등록 제318-2005-000030호

파본은 바꾸어 드립니다. 값 28,000원

http : //www.chongmok.co.kr

ISBN 979-11-5908-054-8(93320)